Mit digitalen Extras: Exklusiv für Buchkäuferinnen und Buchkäufern!

Ihre digitalen Extras zum Download:

Checklisten:
- Anhänge zur Einladung zu einer Versammlung
- Prüfung sachenrechtliche Fragestellungen
- Zuordnung von Räumen und wesentlichen Gebäudebestandteilen

Muster:
- Absenkungsbeschluss
- Beschluss für einen Darlehensvertrag
- Beschluss nach § 16 Abs. 2 Satz 2 WEG (Sondervergütung)
- Beschluss über Vorschüsse
- Erweiterung der Verwalterrechte nach § 27 Abs. 2 WEG
- Beschluss für einen Grundstückskaufvertrag
- Staffelklausel im Verwaltervertrag
- Streitbeitritt
- Verbotsbeschluss
- Vollmacht
- Vorgaben an einen Messdienstleister
- Weisung wegen des Verständnisses einer Umlagevereinbarung

Den Link sowie Ihren Zugangscode finden Sie am Buchende.

WEG-Recht

Dr. Oliver Elzer

WEG-Recht

4., aktualisierte und erweiterte Auflage

Haufe Group
Freiburg · München · Stuttgart

Bibliografische Information der Deutschen Nationalbibliothek

Die Deutsche Nationalbibliothek verzeichnet diese Publikation in der Deutschen Nationalbibliografie; detaillierte bibliografische Daten sind im Internet über http://dnb.dnb.de/ abrufbar.

Print:	ISBN 978-3-648-14912-6	Bestell-Nr. 06729-0004
ePub:	ISBN 978-3-648-14913-3	Bestell-Nr. 06729-0103
ePDF:	ISBN 978-3-648-14914-0	Bestell-Nr. 06729-0153

Dr. Oliver Elzer
WEG-Recht
4., aktualisierte und erweiterte Auflage, November 2022

© 2022 Haufe-Lexware GmbH & Co. KG, Freiburg
www.haufe.de
info@haufe.de

Bildnachweis (Cover): red GmbH Krailing

Produktmanagement: Jasmin Jallad
Lektorat: Ursula Thum, Text+Design Jutta Cram, Augsburg

Dieses Werk einschließlich aller seiner Teile ist urheberrechtlich geschützt. Alle Rechte, insbesondere die der Vervielfältigung, des auszugsweisen Nachdrucks, der Übersetzung und der Einspeicherung und Verarbeitung in elektronischen Systemen, vorbehalten. Alle Angaben/Daten nach bestem Wissen, jedoch ohne Gewähr für Vollständigkeit und Richtigkeit.

> Sofern diese Publikation ein ergänzendes Online-Angebot beinhaltet, stehen die Inhalte für 12 Monate nach Einstellen bzw. Abverkauf des Buches, mindestens aber für zwei Jahre nach Erscheinen des Buches, online zur Verfügung. Ein Anspruch auf Nutzung darüber hinaus besteht nicht.
>
> Sollte dieses Buch bzw. das Online-Angebot Links auf Webseiten Dritter enthalten, so übernehmen wir für deren Inhalte und die Verfügbarkeit keine Haftung. Wir machen uns diese Inhalte nicht zu eigen und verweisen lediglich auf deren Stand zum Zeitpunkt der Erstveröffentlichung.

Inhaltsverzeichnis

Vorwort			13
1	**Allgemeine Fragestellungen**		**15**
1.1	Werdender Wohnungseigentümer		15
1.2	Vereinbarungen der WEG und Folgen der WEG-Reform		17
	1.2.1	Auslegung nach dem 1.12.2020 (Beschlussfähigkeit I)	17
	1.2.2	Auslegung nach dem 1.12.2020 (Beschlussfähigkeit II)	20
	1.2.3	Inhaltskontrolle	22
	1.2.4	Was ist ein Haustier?	24
1.3	Beschlüsse und Beschlusskompetenz		27
	1.3.1	Beschlusskompetenz	27
	1.3.2	Bestimmtheit	34
	1.3.3	Beschluss außerhalb einer Versammlung	36
	1.3.4	Zweitbeschluss	42
	1.3.5	Grundlose Wiederholung	44
1.4	Mehrhausanlagen		45
	1.4.1	Verständnis der Gemeinschaftsordnung	45
	1.4.2	Anrecht auf Schlüssel?	50
1.5	Öffentliches Recht		52
	1.5.1	Haftung des Wohnungseigentümers neben Gemeinschaft der Wohnungseigentümer?	52
	1.5.2	Gemeinschaft der Wohnungseigentümer: Drittbetroffener?	56
	1.5.3	Vorgehen gegen Baugenehmigung	57
2	**Sachenrecht (§§ 2 bis 9 WEG)**		**61**
2.1	Teilungserklärung		61
2.2	Genehmigungsvorbehalt		63
2.3	Umfang von Wohnungseigentum		65
3	**Gemeinschaft der Wohnungseigentümer (§§ 9a, 9b WEG)**		**69**
3.1	Umsatzsteuer bei Wärmelieferung?		69
3.2	Kann eine Gemeinschaft der Wohnungseigentümer Verbraucherin sein?		72
3.3	Rechte und Pflichten der Wohnungseigentümer (§ 9a Abs. 2 WEG)		74
	3.3.1	Entstörung des gemeinschaftlichen Eigentums	74
	3.3.2	Keller wird bewohnt/umgebaut: Wer kann dagegen vorgehen?	79
	3.3.3	Schadensersatz für die Entfernung von Pflanzen	82
	3.3.4	Kaufrechtliche Mängelansprüche des Erwerbers von Wohnungseigentum	83

		3.3.5	Schadensersatzansprüche der Wohnungseigentümer gegen den Verwalter	85
		3.3.6	Mängelrechte gegen Bauträger	86
		3.3.7	Öffentlich-rechtliche Nachbaransprüche der WEG	90
		3.3.8	Verkehrssicherung	91
	3.4	Die verwalterlose Gemeinschaft als Beklagte		97
	3.5	Die verwalterlose Gemeinschaft der Wohnungseigentümer als Klägerin		101
	3.6	Betretungsrechte		104
	3.7	Aufwendungsersatz (§ 9a Abs. 4 WEG)		106
		3.7.1	Ex-Wohnungseigentümer	106
		3.7.2	Zerstrittene Zweiergemeinschaft	108
	3.8	Rauchwarnmelder		110
4	**Veräußerungsbeschränkung (§ 12 WEG)**			**113**
4.1	Nachweis der Bestellung			113
4.2	Klage auf Zustimmung			116
5	**Gebrauch und Nutzungen (§§ 13 bis 16 WEG)**			**119**
5.1	Wohnungseigentum			119
		5.1.1	Pflege kranker Menschen	119
		5.1.2	Störung durch Zigaretten	120
5.2	Teileigentum			122
		5.2.1	Wohnen im Teileigentum I	122
		5.2.2	Wohnen im Teileigentum II	124
		5.2.3	Wohnen im Teileigentum III	129
		5.2.4	Laden	131
		5.2.5	Keller	134
5.3	Vermietetes Sondereigentum			136
		5.3.1	Haftung des vermietenden Wohnungseigentümers	136
		5.3.2	Zustimmung zur Vermietung	138
		5.3.3	Einwirkung auf Mieter	140
6	**Sondernutzungsrecht**			**145**
6.1	Eintragung			145
6.2	Entstörung			147
6.3	Umfang des Benutzungsrechts			150
6.4	Vermietung			154
7	**Umlageschlüssel (§ 16 WEG)**			**157**
7.1	Änderung			157
7.2	Umdeutung			159

8	Heizkosten und ihre Abrechnung	163
8.1	Verbundene Anlagen	163
8.2	Kürzungsrecht	165
8.3	Schätzungen	166
8.4	Unverhältnismäßig hohe Kosten	170
9	**Verwaltung (§§ 18, 19 WEG)**	**173**
9.1	Veräußerungsverlangen (§ 17 WEG)	173
	9.1.1 Hausgeldschulden	173
	9.1.2 Verwirkung	176
9.2	Begriff der Verwaltung	177
9.3	Einsichtnahme (§ 18 Abs. 4 WEG)	179
	9.3.1 Auskunft trotz Einsichtnahme?	179
	9.3.2 Klage auf Einsicht	181
9.4	Benutzungsbeschluss (§ 19 Abs. 1 WEG)	183
	9.4.1 Verbot der Benutzung?	183
	9.4.2 Verbot von Elektroautos?	185
	9.4.3 Verbot von Standheizungen?	188
9.5	Einzelne Verwaltungsmaßnahmen (§ 19 Abs. 2 WEG)	191
	9.5.1 Erhaltung (§ 19 Abs. 2 Nr. 2 WEG)	191
	9.5.2 Wohnungseigentum und Gebäudeversicherung (§ 19 Abs. 2 Nr. 3 WEG)	200
9.6	Datenschutz	203
	9.6.1 Legionellenbefall	203
	9.6.2 Mieter schwärzt Mieter an: Auskunft?	207
	9.6.3 Videoüberwachung	210
9.7	Folgenbeseitigungsanspruch	212
10	**Bauliche Veränderungen und ihre Kosten (§§ 20, 21 WEG)**	**215**
10.1	Anspruch auf bauliche Veränderung	215
	10.1.1 Lademöglichkeit für E-Autos	215
	10.1.2 Klimaanlage	218
10.2	Verlegung Müllplatz	220
10.3	Kosten einer privilegierten baulichen Veränderung	221
10.4	Störungen: Sondereigentum	224
11	**Versammlung (§§ 23 bis 25 WEG)**	**227**
11.1	Einberufung (Ladung)	227
	11.1.1 Was gilt, wenn der Falsche lädt? (I)	228
	11.1.2 Was gilt, wenn der Falsche lädt? (II)	231

	11.1.3	Irreführung der Wohnungseigentümer	235
	11.1.4	Bezeichnung der Gegenstände I	237
	11.1.5	Bezeichnung der Gegenstände II	240
11.2	Stimmrecht		241
	11.2.1	Mehrere Wohnungseigentumsrechte	241
	11.2.2	Stimmverbot I	244
	11.2.3	Stimmverbot II	246
	11.2.4	Majorisierung	251
11.3	Elektronische Kommunikation		252
11.4	Niederschrift: Berichtigung		253

12	**Verwalter (§§ 26, 27 WEG)**		**257**
12.1	Bestellung		257
	12.1.1	Verflechtungen und Ordnungsmäßigkeit	257
	12.1.2	Versendung von Alternativangeboten?	258
12.2	Abberufung		261
12.3	Faktischer Verwalter		264
12.4	Rechte und Pflichten		266
	12.4.1	Kompetenzschutzklage I	266
	12.4.2	Kompetenzschutzklage II	268
12.5	Aufwendungs- und Bereicherungsansprüche		270
12.6	Vergleich mit Gemeinschaft der Wohnungseigentümer		273
12.7	Verwaltervertrag: Staffelklausel		275

13	**Wirtschaftsplan, Sonderumlage, Jahresabrechnung und Hausgeldschuldner (§ 28 WEG)**		**279**
13.1	Wirtschaftsplan (§ 28 Abs. 1 WEG)		279
	13.1.1	Anspruch auf Vorschuss	279
	13.1.2	Beschlussfassung	281
13.2	Jahresabrechnung (§ 28 Abs. 2 WEG)		283
	13.2.1	Darstellung der Kostenpositionen	283
	13.2.2	Mängel des Nachschuss-Beschlusses	284
	13.2.3	Gegenstand der Beschlussfassung	287
	13.2.4	Ausreichende Tatsachengrundlage	289
	13.2.5	Klage auf Jahresabrechnung	291

14	**Verwaltungsbeirat (§ 29 WEG)**		**293**
14.1	Entlastung?		293
14.2	Bestellung eines Nichteigentümers?		295
14.3	Kompetenzschutzklage		296

15	**WEG-Verfahrensrecht (§§ 43 bis 45 WEG)**	299
15.1	Falsche Rechtsmittelbelehrung	299
15.2	Zuständigkeit	300
	15.2.1 Prüfung	300
	15.2.2 Ausgleichsanspruch	303
	15.2.3 Vollzug eines Teilungsvertrags	307
15.3	Probleme der Beschlussklagen	309
	15.3.1 Anfechtungsklage und Rechtsschutzbedürfnis	309
	15.3.2 Anfechtungsklage: Anfechtungsbefugnis	310
	15.3.3 Beschlussersetzungsklage	312
15.4	Hausgeldklagen	316
15.5	Selbstständiges Beweisverfahren	318
	15.5.1 Möglichkeit eines selbstständigen Beweisverfahrens	318
	15.5.2 Grenzen des selbstständigen Beweisverfahrens	320
16	**Übergangsvorschriften (§ 48 WEG)**	323
16.1	Störungsabwehr I	323
16.2	Störungsabwehr II	325
16.3	Beschlussersetzungsklage	327
16.4	Schadensersatz gegen den Verwalter	328
17	**COVID-19-Pandemie**	331
17.1	Versammlung	331
	17.1.1 Versammlung unter 2 G+-Bedingungen?	331
	17.1.2 Anspruch auf Versammlung	333
	17.1.3 Vollmachtsversammlung	336
	17.1.4 Anspruch auf Absage	341
17.2	Schutz- und Hygienekonzepte	342

Glossar	345
Übersicht: Gemeinschaftliches Eigentum und Sondereigentum	363
Abkürzungsverzeichnis	373
Stichwortverzeichnis	375
Der Autor	385

Vorwort

Das vorliegende Werk versucht, die jüngere, deutsche WEG-Rechtsprechung zusammenzufassen. Es berichtet im Kern über die wichtigsten, in den Jahren 2020 bis 2022 veröffentlichten Entscheidungen. Dadurch entsteht eine Lücke: Denn die Darstellung in der vorherigen 3. Auflage endete mit dem Jahr 2017. Wir haben uns dennoch für diesen Weg entschieden, weil am 1.12.2020 eine umfassende Reform des WEG in Kraft getreten ist. Das Wohnungseigentumsmodernisierungsgesetz (WEMoG) vom 16.10.2020 (BGBl. I S. 2187) hat das WEG von Grund auf geändert. Die Entscheidungen der Jahre 2018 und 2019 sind damit häufig nicht mehr relevant. Wenn wir vereinzelt dennoch Entscheidungen zum »Altrecht« aufgenommen haben, haben wir diese dem neuem Recht angepasst, jedenfalls aber umfassende Hinweise gegeben, was aktuell gilt. Im Übrigen werden Sie überall im Buch von der Zeit vor dem 1.12.2020 und nach dem 30.11.2020 lesen können.

Beim Stoff haben wir wieder versucht, aus der Fülle das Wichtigste herauszufiltern. Es ging außerdem darum, die Entscheidungen so darzustellen, dass grundsätzlich jeder verstehen kann, welches Problem vorlag, wie es gelöst wurde und wie die Aussagen des Gerichts einzuordnen sind. Dazu haben wir den Sachverhalt und die Entscheidung auf das Notwendigste verkürzt. Anschließend haben wir versucht, die angesprochenen Probleme einzuordnen.

Zum besseren Verständnis bietet das Werk an vielen Stellen einen Überblick über die jeweilige Problematik oder Systematik. Außerdem werden Checklisten, Arbeitshilfen bzw. Muster angeboten – Letztere sind jeweils an die Bedürfnisse der jeweils konkreten Wohnungseigentumsanlage anzupassen. Das Werk wird durch ein Glossar und einen Index abgerundet.

Ich danke Herrn Harald Reicke für die umsichtige, mehrfache und gründliche Durchsicht des Manuskripts und seine Anmerkungen. Auch Frau Thum gilt mein Dank für die sehr sorgfältige Lektorierung und kritische Durchsicht des Textes.

Berlin, im Oktober 2022
Dr. Oliver Elzer

1 Allgemeine Fragestellungen

Gegenstand dieses Abschnitts sind Entscheidungen, die für alle Bereiche des Wohnungseigentumsrechts eine große Bedeutung haben, aber nicht an einem konkreten Platz im Gesetz verortet sind. Von zentraler Bedeutung sind vor allem solche Entscheidungen, die Begriffe klären oder sich mit der Frage beschäftigen, wie Beschlüsse und Vereinbarungen zustande kommen, welche Mängel sie haben können und wann ein Recht der Wohnungseigentümer besteht, sich der einen oder anderen Form zu bedienen.

1.1 Werdender Wohnungseigentümer

BGH, Urteil v. 26.2.2021, V ZR 33/20
Bei einer Aufteilung durch einen Teilungsvertrag gem. § 3 WEG a. F. kann derjenige, der sein Wohnungseigentumsrecht von einem der teilenden Eigentümer erwirbt, als werdender Wohnungseigentümer anzusehen sein; das kommt jedenfalls dann in Betracht, wenn aus objektivierter Erwerbersicht eine strukturelle Vergleichbarkeit mit einer einseitigen Aufteilung gem. § 8 WEG a. F. durch einen Bauträger gegeben ist, weil das Gebäude seitens der teilenden Eigentümer errichtet oder grundlegend saniert und zumindest ein Teil der Wohnungseigentumsrechte im Zuge der Aufteilung veräußert werden soll.

Sachverhalt
K, eine GmbH, und ihre Schwestergesellschaft S mit demselben Geschäftsführer erwerben im Jahr 2013 gemeinsam ein Grundstück. K soll insgesamt 43 Wohneinheiten, 52 Tiefgaragenplätze, 2 Kellerräume sowie eine Gewerbeeinheit errichten. Im Jahr 2015 wird das Grundstück gem. § 3 WEG a. F. aufgeteilt, wobei S die Gewerbeeinheit und K die übrigen Einheiten zum Eigentum erhält.

Nach Vollzug der Aufteilung im Grundbuch errichtet K das Gebäude und veräußert sämtliche Einheiten. S bleibt Eigentümerin der Gewerbeeinheit. Im Jahr 2018 findet eine Versammlung statt. Zu diesem Zeitpunkt sind bereits einzelne Erwerber als Eigentümer in das Grundbuch eingetragen, und die Übereignungsansprüche der übrigen sind durch Vormerkungen gesichert. Zu der Versammlung eingeladen sind sämtliche Erwerber sowie K und S. Unter Mitwirkung der Erwerber werden sieben Beschlüsse gefasst.

K ist der Ansicht, den noch nicht in das Grundbuch eingetragenen Erwerbern habe kein Stimmrecht zugestanden. Das LG sieht das anders und meint daher, K sei nicht einmal befugt anzufechten.

Entscheidung

Der BGH sieht das auch so: Die Erwerber seien als werdende Wohnungseigentümer anzusehen. Bei einer Aufteilung durch Teilungsvertrag gem. § 3 WEG a. F. könne derjenige, der sein Wohnungseigentum von einem der teilenden Eigentümer erwerbe, als werdender Wohnungseigentümer anzusehen sein. Das komme jedenfalls dann in Betracht, wenn aus objektivierter Erwerbersicht eine strukturelle Vergleichbarkeit mit einer einseitigen Aufteilung gem. § 8 WEG a. F. durch einen Bauträger gegeben sei, weil das Gebäude seitens der teilenden Eigentümer errichtet oder grundlegend saniert und zumindest ein Teil der Wohnungseigentumsrechte im Zuge der Aufteilung veräußert werden soll.

Zwar könnten bilaterale Vereinbarungen den Erwerberschutz gewährleisten. Die Anfangsphase einer Wohnungseigentümergemeinschaft unterscheide sich aber von einer vollständig und rechtlich in Vollzug gesetzten Gemeinschaft strukturell. Insbesondere wegen der Geltendmachung von Mängelrechten bestünden typischerweise gegenläufige Interessen des teilenden Eigentümers einerseits und einer Mehrzahl von Erwerbern andererseits. Angesichts dieser »Lagerbildung« wiesen von dem Veräußerer abgeleitete Rechte entscheidende Schutzlücken auf.

> ### Hinweis für die Verwaltungspraxis
>
> Wohnungs- oder Teileigentümer ist, wer zu Recht im Wohnungs- oder Teileigentumsgrundbuch eingetragen ist; dies kann auch die Gemeinschaft der Wohnungseigentümer – selbst in einer anderen Wohnungseigentumsanlage – sein. Wohnungseigentümer ist ferner, wer durch Erbfall oder durch Zuschlag in der Zwangsversteigerung Wohnungseigentum erwirbt. Steht ein Wohnungs- und/oder Teileigentum mehreren zu, ist nach h. M. jeder i. S. d. Gesetzes Wohnungseigentümer.
>
> **Teilungserklärung**
> Wer einen durch Vormerkung im Grundbuch gesicherten Anspruch auf Übertragung von Wohnungseigentum gegen den teilenden Eigentümer hat, gilt gegenüber der Gemeinschaft der Wohnungseigentümer und den anderen Wohnungseigentümern anstelle des teilenden Eigentümers als Wohnungseigentümer, sobald ihm der Besitz an den zum Sondereigentum gehörenden Räumen übergeben wurde.
>
> **Teilungsvertrag**
> Bei einem Teilungsvertrag ist es grundsätzlich anders. Denn dort geben mehrere Personen gegenüber dem Grundbuchamt eine Erklärung ab. Ist die Erklärung wirksam, werden die Grundbuchblätter in der Regel zeitgleich angelegt. Die Aufteiler werden damit auch zeitgleich Wohnungseigentümer. Einen Zeitraum, in

dem ein Besteller/Erwerber zu schützen wäre, ist eigentlich nicht vorstellbar. Im Einzelfall kann es aber anders sein. Im entschiedenen Fall lässt sich beispielsweise nur schwer erklären, warum die von der K Erwerbenden weniger schutzbedürftig wären.

Die Entscheidung ist allerdings zum Recht ergangen, das bis zum 30.11.2020 galt! Ob sie für das neue Recht Bedeutung hat und ob also § 8 Abs. 3 WEG entsprechend angewandt werden kann, ist noch offen. Dies wäre möglich, wenn es entgegen der Gesetzgebung bei § 3 WEG ein »Demokratisierungsinteresse« gäbe und die Voraussetzungen einer Analogie vorlägen (verneinend Lehmann-Richter/Wobst, WEG-Reform 2020, Rn. 293; bejahend Reif, ZWE 2021, S. 35, 36).

Muster: Vollmacht

Ich erteile Herrn und Frau … [Name und Adresse] eine Vollmacht, meine sämtlichen Rechte als Wohnungseigentümer in der Wohnungseigentumsanlage … [Adresse] und der dortigen Gemeinschaft der Wohnungseigentümer und in der Wohnungseigentümergemeinschaft in meinem Namen wahrzunehmen.
[Datum, Unterschrift]

DIGITALE EXTRAS

1.2 Vereinbarungen der WEG und Folgen der WEG-Reform

1.2.1 Auslegung nach dem 1.12.2020 (Beschlussfähigkeit I)

AG Mettmann, Urteil vom 16.4.2021, 26 C 1/21
Wenn nach der Gemeinschaftsordnung eine Beschlussfähigkeit der Versammlung vom Erreichen von mehr als 50 Prozent der MEA abhängig ist, gilt dies wegen der Vermutung des § 47 WEG nicht mehr seit 1.12.2020.

Sachverhalt
Nach der Gemeinschaftsordnung einer Wohnungseigentumsanlage mit 150 Wohnungen ist die Versammlung beschlussfähig, wenn mehr als die Hälfte der Stimmen, gerechnet nach der Größe der Miteigentumsanteile, vertreten ist. Ist die Versammlung hiernach nicht beschlussfähig, so hat der Verwalter eine zweite Versammlung mit gleichem Gegenstand einzuberufen. Diese ist dann in jedem Fall beschlussfähig. Hierauf ist in der Einladung besonders hinzuweisen.

Mit Schreiben vom 16.11.2020 lädt der Verwalter zu einer Versammlung am 16.12.2020 in das Verwalterbüro ein (dort haben nur 20 Personen Platz). Der Verwalter bittet die Wohnungseigentümer dringend, nicht persönlich zu erscheinen, sondern eine weisungsgebundene Stimmrechtsvollmacht zu erteilen. In der Versammlung wird die

Jahresabrechnung nach § 28 Abs. 5 WEG a. F. genehmigt. Gegen diesen Beschluss geht Wohnungseigentümer K vor. Er hält die Ladung schon für formal nicht ordnungsmäßig. Im Übrigen sei die Versammlung nicht beschlussfähig gewesen.

Entscheidung

Die Anfechtungsklage hat Erfolg. Zwar sei die Versammlung nach § 47 WEG beschlussfähig gewesen.

> ### § 47 WEG Auslegung von Altvereinbarungen
> Vereinbarungen, die vor dem 1. Dezember 2020 getroffen wurden und die von solchen Vorschriften dieses Gesetzes abweichen, die durch das Wohnungseigentumsmodernisierungsgesetz vom 16. Oktober 2020 (BGBl. I S. 2187) geändert wurden, stehen der Anwendung dieser Vorschriften in der vom 1. Dezember 2020 an geltenden Fassung nicht entgegen, soweit sich aus der Vereinbarung nicht ein anderer Wille ergibt. Ein solcher Wille ist in der Regel nicht anzunehmen.

Die dringende Bitte, nicht persönlich zu erscheinen, sondern eine weisungsgebundene Stimmrechtsvollmacht zu erteilen, und das Abhalten der Versammlung in einem Raum, der nur für den Aufenthalt von 20 Personen bei einer Gemeinschaft mit 150 Eigentümern geeignet war, führe aber zur Annahme eines formalen Beschlussmangels. Zwar unterfalle die Auswahl und Festlegung des Versammlungsortes und der Versammlungsstätte bei Fehlen einer Vereinbarung dem Ermessen des Einberufenden. Jedoch müssten Versammlungsort und -stätte so beschaffen sein, dass eine ordnungsgemäße Durchführung gewährleistet und allen Wohnungseigentümern die Teilnahme möglich sei (Hinweis auf Hügel/Elzer, WEG 3. Aufl., § 24 Rn. 19). Letzteres könne nicht angenommen werden. Der Verwalter habe nicht nur von der persönlichen Teilnahme abgeraten, sondern die persönliche Teilnahme sei allen Wohnungseigentümern allein schon aufgrund der Auswahl des Versammlungsortes gar nicht möglich gewesen. Es gelte hier die Vermutung, dass ein Beschluss auf einem formalen Mangel beruhe. Es könne nicht ausgeschlossen werden, dass K bei Durchführung einer Präsenzveranstaltung mit einem Hinweis darauf, die Jahresabrechnung sei rechnerisch nicht schlüssig gewesen, andere Wohnungseigentümer zu einem anderen Abstimmungsverhalten veranlasst hätte.

> ### Hinweis für die Verwaltungspraxis
>
> Im dargestellten Fall geht es zum einen um eine Vereinbarung zur Beschlussfähigkeit der Versammlung und die Frage, ob diese Vereinbarung noch anwendbar ist. Zum anderem geht es um die Frage, wie angesichts der COVID-19-Beschränkungen zu laden ist.

Vereinbarungen zur Beschlussfähigkeit
Eine Vereinbarung, die nach altem Recht getroffen wurde und die von den aktuellen Vorschriften abweicht, stellt an die Beschlussfähigkeit der Versammlung besondere Anforderungen. Sie ist daher, wie es das AG zu Recht entschieden hat, nicht anwendbar, sofern nicht zweifelsfrei feststeht, dass die Vereinbarung bestehen bleiben soll. Das ist hier nicht anzunehmen, denn die Vereinbarung wiederholt wörtlich § 25 Abs. 3, Abs. 4 WEG a. F. Diese lauteten: Die Versammlung ist nur beschlussfähig, wenn die erschienenen stimmberechtigten Wohnungseigentümer mehr als die Hälfte der Miteigentumsanteile, berechnet nach der im Grundbuch eingetragenen Größe dieser Anteile, vertreten. Ist eine Versammlung nicht gemäß Abs. 3 beschlussfähig, so beruft der Verwalter eine neue Versammlung mit dem gleichen Gegenstand ein. Diese Versammlung ist ohne Rücksicht auf die Höhe der vertretenen Anteile beschlussfähig; hierauf ist bei der Einberufung hinzuweisen.

Versammlung während der COVID-19-Pandemie
Die COVID-19-Pandemie ist kein Grund, keine Versammlung abzuhalten. Ob der Verwalter zu einer Versammlung einladen muss und nach Ablauf der Jahresfrist einem Ersuchen der Wohnungseigentümer oder des Verwaltungsbeirats nachkommen muss, richtet sich allein danach, ob eine Einladung rechtlich und tatsächlich möglich ist. Was gilt, kann sich von Landkreis zu Landkreis unterscheiden. Der Verwalter ist gehalten, sich über die Rechtslage für jede Wohnungseigentümergemeinschaft angemessen zu informieren. Verbietet das öffentliche Recht Versammlungen, darf der Verwalter keine anberaumen. In diesem Fall darf und muss er alle Verwaltungsentscheidungen nach § 27 Abs. 1 Nr. 1, Nr. 2 WEG selbst treffen. Erlaubt das öffentliche Recht Versammlungen, sind diese abzuhalten. Dies gilt auch dann, wenn sich nicht sämtliche Wohnungseigentümer versammeln dürfen.

Ferner ändern die bis zum 31.8.2022 geltenden Bestimmungen des Gesetzes über Maßnahmen im Gesellschafts-, Genossenschafts-, Vereins-, Stiftungs- und Wohnungseigentumsrecht zur Bekämpfung der Auswirkungen der COVID-19-Pandemie (COVMG) zum Wirtschaftsplan und zur Weiterbestellung des Verwalters nichts. Die Verlängerung der Verwalterbestellung nach § 6 Abs. 1 COVMG macht eine Versammlung, auf der über die Verwalterneubestellung entschieden werden soll, mithin nicht entbehrlich. Ist eine Versammlung möglich, obliegt es dem Ermessen des Verwalters, wann, wo, zu welchem Zeitpunkt, an welchen Ort und in welche Stätte er die Versammlung einberuft. Um den besonderen Anforderungen der COVID-19-Pandemie zu begegnen, kann es im Einzelfall z. B. richtig sein, eine Versammlung auf einem zur Wohnungseigentumsanlage gehörenden Spielplatz durchzuführen, wenn der Grundsatz der Nichtöffentlichkeit gewahrt bleibt. Es ist unzulässig, Versammlungen dahin gehend zu beschränken, dass lediglich eine Teilnahme einzelner Personen gewährleistet wird und die übrigen Eigentümer Vollmachten zu erteilen haben oder gar von vornherein lediglich zu Vertreterversammlungen geladen wird, bei denen sich die Eigentümer nur vertreten lassen können (LG Frankfurt a. M., Urteil v. 17.12.2020, 2-13 S 108/20).

Bei der Einladung zu einer Vertreterversammlung ist daher große Vorsicht geboten. Der Verwalter darf den Wohnungseigentümern zwar die Möglichkeit einer Vollmacht vorstellen. Er darf insoweit aber keinen – auch nur mittelbaren – Zwang ausüben. Weist der Verwalter die Wohnungseigentümer in seinem Einladungsschreiben beispielsweise darauf hin, dass wegen der COVID-19-Pandemie sein Büro für den Publikumsverkehr geschlossen sei und Versammlungen mit Anwesenheit wegen der Kontaktsperre nicht stattfinden könnten, fordert er die Wohnungseigentümer ferner auf, ihm eine Vollmacht zu erteilen und auf einem beigefügten Protokoll ihre Abstimmungswünsche anzukreuzen, und fordert er dann die Wohnungseigentümer noch auf, nicht persönlich zur Versammlung zu erscheinen, liegt hierin der Sache nach eine »Ausladung« vor, und auf einer solchen Versammlung gefasste Beschlüsse sind wenigstens anfechtbar (siehe AG München, Urteil v. 29.10.2020, 483 C 8456/20 und AG Lemgo, Urteil v. 24.8.2020, 16 C 10/20).

1.2.2 Auslegung nach dem 1.12.2020 (Beschlussfähigkeit II)

AG Hamburg-St. Georg, Urteil vom 28.5.2021, 980a C 1/21
Nach § 47 WEG ist eine Vereinbarung, nach der die Versammlung nur beschlussfähig ist, wenn mindestens drei Wohnungen von fünf Wohnungen vertreten sind, nicht mehr anwendbar.

Sachverhalt
Nach einer Vereinbarung ist die Versammlung nur beschlussfähig, wenn »mindestens drei Wohnungen vertreten sind«. Fraglich ist, ob diese Vereinbarung noch anzuwenden ist, wenn auch vereinbart ist, dass sich »Das Verhältnis der Eigentümer untereinander […] nach den Vorschriften des Wohnungseigentumsgesetzes vom 15.03.1951 in seiner jeweils gültigen Fassung [bestimmt], soweit diese Erklärung nichts Abweichendes bestimmt«. Ferner ist fraglich, welche Wirkungen der bis zum 31.8.2022 geltende § 6 COVMG für den Verwalter hatte, dessen Amt am 29.2.2020 endete.

Entscheidung
Das AG meint, die Vereinbarung sei nicht mehr anzuwenden. Die Gemeinschaftsordnung werde von der seit dem 1.12.2020 geltenden (Neu-)Regelung in § 25 Abs. 1 WEG »überlagert«, wonach jede Versammlung – im Grundsatz ohne Rücksicht auf bestimm-

te Quoren – beschlussfähig sei. Dies folge aus § 47 WEG. Das Gericht könne der Gemeinschaftsordnung keinen Versteinerungswillen entnehmen, der eine Anwendbarkeit des neuen Rechts auf die Frage der Beschlussfähigkeit ausschließe.

Der Kläger habe »in Abkehr von der gesetzlichen Vermutung in § 47 Satz 2 WEG nicht dargetan, dass sich aus dem Gesamtgefüge der in Rede stehenden Vereinbarung selbst« ergebe, dass die Eigentümer an der Regelung für alle Zeit festhalten wollten. Deren Abweichung von der früheren Rechtslage sei »in ihrer Zielrichtung nicht wesensverschieden«, sondern habe für die Frage der Beschlussfähigkeit lediglich eine andere Berechnungsgrundlage angeordnet. In Bezug auf den Verwalter ist das AG der Ansicht, dessen Amt sei am 29.2.2020 beendet gewesen.

Die Regelung in § 6 Abs. 1 COVMG führe nicht dazu, dass ein Verwalter, dessen Amtszeit abgelaufen war, wieder ins Amt gesetzt worden sei. Dagegen spreche schon der Wortlaut der Vorschrift. § 6 Abs. 1 COVMG solle zwar nach der Intention des Gesetzgebers auch für den Fall gelten, dass die Amtszeit des Verwalters zum Zeitpunkt des Inkrafttretens der Norm bereits abgelaufen ist (Hinweis auf BT-Drs. 19/18110, S. 31). Dieser Wille komme in dem Wortlaut der Vorschrift aber nicht zum Ausdruck und wäre auch verfassungsrechtlich höchst bedenklich.

Hinweis für die Verwaltungspraxis

Im Fall geht es erstens um die Frage, ob eine Vereinbarung über die Beschlussfähigkeit noch anwendbar ist. Zweitens ist zu fragen, welche Wirkungen der bis zum 31.8.2022 geltende § 6 Abs. 1 COVMG hatte. Dieser zweiten Frage wird hier nicht nachgegangen, da das COVMG nicht mehr in Kraft ist.

Auslegung von Altvereinbarungen
Vereinbarungen, die vor dem 1.12.2020 getroffen wurden und die von solchen WEG-Vorschriften abweichen, die durch das Wohnungseigentumsmodernisierungsgesetz (WEMoG) vom 16.10.2020 (BGBl. I S. 2187) geändert wurden, stehen nach § 47 Satz 1 WEG der Anwendung dieser Vorschriften in der vom 1.12.2020 an geltenden Fassung nicht entgegen, soweit sich aus der Vereinbarung nicht ein anderer Wille ergibt. Ein solcher Wille ist nach § 47 Satz 2 WEG in der Regel nicht anzunehmen.

Im Fall geht es um eine Vereinbarung, die von § 25 Abs. 3 WEG a. F. abweicht, der durch das WEMoG geändert wurde. Nach § 25 Abs. 3 WEG a. F. war die Versammlung nur beschlussfähig, wenn die erschienenen stimmberechtigten Wohnungseigentümer mehr als die Hälfte der Miteigentumsanteile, berechnet nach der im Grundbuch eingetragenen Größe dieser Anteile, vertreten. Anstelle dieser Regelung knüpft die Vereinbarung nicht an die Anzahl der vertretenen Miteigentumsanteile, sondern an die Anzahl der vertretenen Wohnungen an.

Ich meine, dass damit deutlich geworden ist, dass die Vereinbarung weiterhin gelten soll. Für diese Annahme spricht im angeführten Fall, dass nach der Präambel gerade zwischen der »jeweils gültigen Fassung« des WEG und anderen Bestimmungen unterschieden ist.

1.2.3 Inhaltskontrolle

BGH, Urteil vom 20.11.2020, V ZR 196/19
Von dem teilenden Eigentümer vorgegebene Bestimmungen in der Gemeinschaftsordnung, die in einem spezifischen Zusammenhang mit der einseitigen Aufteilung stehen, unterliegen einer Inhaltskontrolle im Hinblick auf einen Missbrauch der einseitigen Gestaltungsmacht; diese Inhaltskontrolle richtet sich unter Berücksichtigung der Besonderheiten des Einzelfalls am Maßstab von Treu und Glauben gemäß § 242 BGB aus.

Enthält die Gemeinschaftsordnung für die Versammlung die Regelung »Für die Ordnungsmäßigkeit der Einberufung genügt die Absendung an die Anschrift, die dem Verwalter von dem Wohnungseigentümer zuletzt mitgeteilt worden ist«, so setzt die Ordnungsmäßigkeit der Einberufung nicht den Zugang, sondern lediglich die rechtzeitige Absendung der Ladung an die Wohnungseigentümer voraus; dies bezieht sich auf alle Wohnungseigentümer und nicht nur auf diejenigen, die einen Wohnsitzwechsel nicht mitgeteilt haben. Eine solche Regelung ist wirksam.

Sachverhalt
Wohnungseigentümer K geht gegen einen Beschluss vor, mit dem der Verwalter wiederbestellt worden ist. K moniert, nicht zur Versammlung geladen worden zu sein. AG und LG sehen in der behaupteten Nichtladung einen relevanten Beschlussmangel. Die Beweislast für den rechtzeitigen Zugang trügen die Beklagten. Da diese lediglich den Beweis für die rechtzeitige Absendung der Einladung angetreten hätten, sei der Beweis nicht geführt. Aus der Gemeinschaftsordnung ergebe sich nichts anders. Zwar heiße es dort wie folgt:

»Für die Ordnungsmäßigkeit der Einberufung genügt die Absendung an die Anschrift, die dem Verwalter von dem Wohnungseigentümer zuletzt mitgeteilt worden ist.«

Diese Klausel regele aber nur bei einem Adresswechsel eine Zugangsfiktion.

Entscheidung
Dies sieht der BGH anders. Nach der Klausel sei die rechtzeitige Absendung einer Ladung für die Ordnungsmäßigkeit einer Einberufung ausreichend. Die Klausel sei so auszulegen, dass sie sich auf alle Wohnungseigentümer bezieht und nicht nur auf die-

jenigen, die einen Wohnsitzwechsel nicht mitgeteilt hatten. Die Klausel sei auch wirksam. Prüfungsmaßstab sei § 242 BGB und nicht die entsprechende Anwendung der §§ 307 ff. BGB. Denn wegen der unionsrechtlichen Vorgaben aus der Klausel-Richtlinie könne die Heranziehung des AGB-Rechts nur ganz ausnahmsweise geboten sein. Dies sei dann der Fall, wenn die Gemeinschaftsordnung vorschreibe, dass die Wohnungseigentümer als Verbraucher bestimmte Verträge mit Dritten abschließen müssten. Richtig sei allerdings, dass der teilende Eigentümer Regelungen in der Gemeinschaftsordnung vorgeben könne, die ihn – ähnlich wie einen Verwender unangemessener AGB – insbesondere in der Aufteilungsphase einseitig begünstigten. Aus diesem Grund unterlägen von ihm vorgegebene Bestimmungen in der Gemeinschaftsordnung, die in einem spezifischen Zusammenhang mit der einseitigen Aufteilung stünden, einer Inhaltskontrolle. Diese habe sich unter Berücksichtigung der Besonderheiten des Einzelfalls am Maßstab von Treu und Glauben gem. § 242 BGB auszurichten. Nach diesem Maßstab sei die Klausel wirksam. Ein spezifischer Zusammenhang mit einer einseitigen Aufteilung sei nicht erkennbar. Die Klausel greife auch nicht in schwerwiegender Weise in das Teilnahme- und Mitwirkungsrecht als unverzichtbares Mitgliedschaftsrecht ein und verstoße damit nicht i. S. v. § 134 BGB gegen ein gesetzliches Verbot.

Hinweis für die Verwaltungspraxis

Das Gesetz sieht vor, dass die Einberufung in Textform ausgesprochen werden muss, wobei die Frist, sofern nicht ein Fall besonderer Dringlichkeit vorliegt, gem. § 24 Abs. 4 Satz 2 WEG mindestens drei Wochen betragen soll. Da nach der BGH-Rechtsprechung § 130 Abs. 1 Satz 1 BGB entsprechend anzuwenden ist, ist für die fristwahrende Ladung nicht die Absendung, sondern der Zugang bei den jeweiligen Wohnungseigentümern maßgeblich. Ist die Ladung einzelnen Wohnungseigentümern infolge von Postversehen nicht zugegangen, kann die Anfechtung hierauf allerdings nur dann gestützt werden, wenn sich dies auf das Abstimmungsergebnis ausgewirkt haben kann. Teilt ein Eigentümer seine Anschrift nicht oder nicht rechtzeitig mit, führt diese Obliegenheitsverletzung dazu, dass die Anfechtung von vornherein nicht auf die fehlende Ladung gestützt werden kann.

Ladungsfiktionen

Von dieser Rechtslage abweichende Vereinbarungen in der Gemeinschaftsordnung sind weit verbreitet und nach einhelliger Auffassung im Grundsatz zulässig. Die im Fall verwendete Formulierung wurde bislang unterschiedlich ausgelegt. Die weit überwiegende Ansicht entnimmt ihr, dass allgemein der Nachweis der rechtzeitigen Absendung für die Ordnungsmäßigkeit der Einberufung ausreichend ist, und hält dies auch für wirksam. Eine Gegenauffassung legt die Klausel einschränkend aus und misst ihr nur im Fall einer nicht angezeigten Adressänderung Bedeutung bei. Der Senat hält die h. M für zutreffend. Bei unbefangener Betrachtung des Wortlauts enthalte die Klausel (nur) zwei Voraussetzungen für eine ordnungsmäßige Einberufung. Es genüge (erstens) die Absendung, und zwar (zweitens) an die Anschrift, die dem Verwalter von dem Wohnungseigentümer zuletzt mitgeteilt worden sei. Eine dritte Voraussetzung, wonach es einen Wohnsitzwechsel gegeben habe, enthalte die Klausel nicht.

Ort einer Inhaltskontrolle

Der BGH klärt mit dem Fall im Übrigen einen Streit, der seit den 1970er-Jahren tobte – und grundsätzlich bedeutungslos ist. Im Ergebnis kann es nämlich keine Rolle spielen, ob sich eine Inhaltskontrolle (nur) an § 242 BGB ausrichtet oder an den §§ 307 ff. BGB. Denn die §§ 307 ff. BGB sind nur eine besondere Ausprägung des Grundsatzes von Treu und Glauben. Die Ergebnisse müssen daher grundsätzlich identisch sein. Dennoch ist jetzt klar: Es gibt eine Inhaltskontrolle. Diese ist anhand von § 242 BGB, aber auch anhand von §§ 134, 138 BGB zu unternehmen.

1.2.4 Was ist ein Haustier?

AG Konstanz, Urteil vom 10.2.2022, 4 C 397/21 WEG
Der Begriff »Haustier« in einer Gemeinschaftsordnung ist zu unbestimmt.

Sachverhalt

Nach der Gemeinschaftsordnung ist die Haustierhaltung, soweit gesetzlich zulässig, verboten. Ungeachtet dessen erwerben die Wohnungseigentümer B1 und B2 als Welpe eine Flat-Coated-Retriever-Hündin. Dieser Hund wird von ihrer 10-jährigen Tochter in der Wohnung gehalten. Die Wohnungseigentümer ermächtigen den Verwalter, außergerichtlich und gerichtlich gegen die Hundehaltung vorzugehen. Der Verwalter fordert daraufhin B1 und B2 vergeblich auf, den Hund zu entfernen.

Nun klagt die Gemeinschaft der Wohnungseigentümer K, B1 und B2 sollen den Hund entfernen und künftig seine Haltung und/oder Unterbringung unterlassen. K behauptet, der Hund verursache Lärm durch Bellen sowie Dreck und führe zu Geruchsbelästigungen, insbesondere wenn das Tier nass sei. Auch seien die allergenen Hundehaare nicht hinzunehmen. Es hätten sich schon Drittnutzer beschwert.

B1 und B2 behaupten, ihre Tochter habe durch einen Umzug, zwei Schulwechsel sowie die Corona-Isolation Ängste und Depressionen sowie Symptome einer Computerspielsucht. Der Hund sei von einer Fachärztin für Psychotherapie als Therapiehund empfohlen worden. Er habe dazu geführt, dass es ihrer Tochter besser gehe. Würde ihr das Tier wieder weggenommen werden, sei ein gravierender Rückschritt der psychischen Gesundheit des Kindes die Folge. Eine konkrete Belästigung gehe von dem Tier nicht aus. Das Tierhalteverbot in der Gemeinschaftsordnung verstoße gegen Treu und Glauben, auf jeden Fall dessen konkrete Durchsetzung.

Entscheidung

Die Klage hat keinen Erfolg. Da K keine Verhaltensweisen des Hundes behaupte, die über ein »normales Hundeverhalten« hinausgingen, könne sie seine Entfernung und eine Unterlassung künftiger Hundehaltung nur aus der Gemeinschaftsordnung i. V. m. § 1004 Abs. 1 BGB herleiten.

Die einschlägige Regelung der Gemeinschaftsordnung sei jedoch unwirksam. Ein eindeutiger Inhalt, was Haustierhaltung angehe, sei nicht zu finden. Die Regelung bleibe unbestimmt, d. h. sie sei nicht klar und eindeutig, und das Verbot sei daher unwirksam (Hinweis u. a. auf BGH, Urteil v. 9.12.2016, V ZR 124/16). Bei der Suche nach der Bedeutung des Wortes »Haustierhaltung« sei über Folgendes nachzudenken: § 833 Satz 2 BGB, wonach Haustiere Nutztiere seien, spiele keine Rolle. Dies sei ein althergebrachtes Verständnis und wohl nur Juristen wüssten von dieser speziellen Einordnung. Sie sei daher nicht naheliegend. Gleiches gelte für die Tiere, die nach tierschutzrechtlichen Bestimmungen in einer Wohnung (artgerecht) gehalten werden dürften. Was darunter falle, sei den meisten Menschen auch unbekannt. Es sei vom Sprachgebrauch naheliegend, dass alle Tiere, die jemand bewusst in seiner Wohnung aufgenommen habe, Haustiere seien.

Noch weiter gehe die Definition in Wikipedia, wonach Haustiere Tierarten seien, die durch Domestikation aus Wildtierarten hervorgegangen seien. Auch sei naheliegend, dass in Terrarien gehaltene Tiere wie giftige Skorpione oder Vogelspinnen noch Haustiere seien, da sie ein Hobby ihres Eigentümers sein könnten. In einem Aquarium gehaltene Fische seien für den einen noch Haustiere und für den anderen nicht. Es könne ebenfalls als naheliegend angesehen werden, dass Haustiere nur diejenigen Lebewesen seien, die ein Fell hätten, sodass der Mensch sie streicheln wolle und könne. Dies seien die »klassischen« Haustiere. Gewiss bestehe Einigkeit, dass nicht bissige und ungefährliche Hunde wie jener von B1 und B2 unter den gängigen Haustierbegriff fielen. Dies helfe K jedoch nicht. Auch wenn das AGB-Recht nicht anzuwenden sei, so gelte trotzdem regelmäßig der Ausschluss der geltungserhaltenden Reduktion. Es genüge also nicht, dass nach jeder nächstliegenden Auffassung ein Streichel-Hund ein Haustier sei.

Hinweis für die Verwaltungspraxis

Im Fall geht es nach den Feststellungen des AG um einen Hund, der nicht durch sein Verhalten stört. Andernfalls müsste sein Eigentümer auf ihn einwirken und z. B. übermäßiges Bellen unterbinden. Eine Hundehaltung ist aber dennoch unzulässig, wenn die Wohnungseigentümer das so bestimmt haben. Dazu stehen ihnen zwei Wege offen: ein Beschluss und eine Vereinbarung. Im Fall geht es um eine Vereinbarung. Für diese kann man fragen, ob sie überhaupt wirksam ist. Dies verneint das AG.

Unbestimmte Vereinbarungen
Eine Vereinbarung ist unwirksam und von der Verwaltung und den Wohnungseigentümern nicht zu beachten, wenn sie zu »unbestimmt« ist. Ebenso wie ein Beschluss muss eine Vereinbarung klar und eindeutig bestimmen, was sie regeln und was ihr Anwendungsbereich sein soll. »Klassiker« in diesem Bereich sind Umlagevereinbarungen. Eine Umlagevereinbarung muss klar und eindeutig ihrem Inhalt nach feststellbar sein. Unklare und/oder undurchführbare Umlageschlüssel ändern § 16 Abs. 2 Satz 1 WEG nicht ab und sind unwirksam.

Im Fall geht es um den Begriff »Haustier«. Zu fragen ist, ob klar ist, was der Begriff meint. Das AG ist der Ansicht, er sei unscharf. Es stellt dazu dar, welche Quellen es zurate gezogen hat. Ich war insoweit zunächst verblüfft, denke aber, dem AG ist zuzustimmen. Welche Tiere »Haustiere« sind, ist wirklich nicht ganz klar. Ist es auch der Goldfisch in einem Glas, sind es Ameisen in einem Terrarium oder ein Kanarienvogel?

Allerdings gibt es einen Kernbereich, der unstreitig ist. Dies sind zweifellos »normale« Hunde und Hauskatzen. Ich schreibe »normale« Hunde, weil es auch Hunde gibt, die nach ihrem Wesen und/oder ihrer Erziehung nicht in Wohnungen gehalten werden sollten und eigentlich kein Haustier sind. Das AG sieht das auch so, meint aber, man könne die Vereinbarung, die Haustiere verbietet, insoweit nicht einschränkend auslegen. Es benutzt dazu den Begriff aus dem AGB-Recht, den der »geltungserhaltenden Reduktion«. Der passt aber nicht, da Vereinbarungen der Wohnungseigentümer nicht nach den §§ 305 ff. BGB (= dem AGB-Recht) geprüft werden. Ich denke aber wie das AG, dass die »Idee« passt. Diese besteht darin, dass man nicht im Wege der Auslegung einen Begriff auf seinen noch zulässigen Inhalt zurückführen darf. Ist eine Vereinbarung nach einer Auslegung unklar, ist sie unwirksam – auch dann, wenn es Bereiche gäbe, in der sie wirksam wäre. Wichtiger noch: Was wäre der Inhalt?

Andere Ansicht
Der Innsbrucker Prof. Häublein sieht die Rechtslage anders. Der These, die Verwendung des Begriffs »Haustier« mache eine Vereinbarung der Wohnungseigentümer mangels Bestimmtheit nichtig, sei »vehement zu widersprechen« (Häublein, ZWE 2022, S. 272). Die damit verbundene Beschränkung der Privatautonomie sei »inakzeptabel«. Das Gericht sei der Versuchung erlegen, eine – aus welchen Gründen auch immer – für unbillig gehaltene privatautonom getroffene Regelung für nichtig zu erklären, weil sie Auslegungsbedarf hervorrufe. Da bei Vereinbarungen keine Anfechtungsmöglichkeit bestehe und diese als vertragliche Regelungen eine »höhere Dignität« besäßen als Beschlüsse, könne ihre Nichtigkeit nur die Folge eines Bestimmtheitsdefizits sein (Häublein, ZWE 2022, S. 272, 273). Nur dann, wenn es auch im Wege (normativer) Auslegung nicht gelingen

könne, einen Regelungsgehalt festzulegen, sei die Vereinbarung nichtig. Davon könne nicht die Rede sein. Selbstverständlich gebe es Tiere, insbesondere Hunde, die ohne Zweifel zum Kreis der Haustiere zählten. Dass der Begriff jenseits dieses Begriffskerns beispielsweise in Bezug auf Tiere, die in Aquarien oder Terrarien leben, nicht eindeutig sei, dürfte stimmen, besage aber nichts über die Wirksamkeit der Regelung (Häublein, ZWE 2022, S. 272, 273). Diese Ansicht lässt aber im Ergebnis dann doch offen, welche Tiere von der Vereinbarung gemeint sind.

1.3 Beschlüsse und Beschlusskompetenz

1.3.1 Beschlusskompetenz

1.3.1.1 Stilllegung von Schwimmbad und Sauna

AG Hamburg-Altona Urteil vom 11.1.2022, 303 C 10/21
Der Beschluss, ein im gemeinschaftlichen Eigentum stehendes Schwimmbad und eine im gemeinschaftlichen Eigentum stehende Sauna stillzulegen, entspricht nicht ordnungsmäßiger Verwaltung.

Sachverhalt
Die Wohnungseigentümer beschließen, das im gemeinschaftlichen Eigentum stehende Schwimmbad und die im gemeinschaftlichen Eigentum stehende Sauna stillzulegen. Dagegen geht Wohnungseigentümer K vor. Die Gemeinschaft der Wohnungseigentümer meint, der Stilllegungsbeschluss könne als Grundlagenbeschluss über eine bauliche Veränderung verstanden werden.

Entscheidung
Die Anfechtungsklage hat Erfolg. Die Beschlusskompetenz der Wohnungseigentümer setze voraus, dass die Verwaltung des gemeinschaftlichen Eigentums sowie die Benutzung des gemeinschaftlichen Eigentums und des Sondereigentums nicht durch eine Vereinbarung geregelt seien. Dies sei aber der Fall. Die Gemeinschaftsordnung mache das Schwimmbad und die Sauna zu Einrichtungen des gemeinschaftlichen Eigentums. Sie seien daher beschlussfest.

Bereits für das bis zum 30.11.2020 geltende Recht sei entschieden worden, dass die Nichtinbetriebnahme einer in der Gemeinschaftsordnung als instand zu halten genannten Einrichtung eine bauliche Veränderung darstelle, die nicht mehrheitlich beschlossen werden könne (Hinweis auf OLG Saarbrücken, Beschluss v. 29.11.2006, 5 W 104/06, und AG München, Urteil v. 11.1.2017, 485 C 12234/16). Wenn B darauf abstelle, der BGH habe unter Hinweis auf diese Entscheidungen nur geurteilt, dass die Nutzung nicht durch Mehrheitsbeschluss verboten werden dürfe, wenn dadurch die Nutzung des Sondereigentums zu dem vereinbarten Zweck erheblich beeinträchtigt werde und eine solche Sachverhaltskonstellation hier nicht vorliege, sei darauf hinzuweisen, dass die Existenz eines Schwimmbads die Kaufentscheidung erheblich beeinflussen könne und die Nutzung einer Wohnung durch den Wegfall des im selben Gebäude liegenden Schwimmbads (oder einer Sauna) erheblich beeinträchtigt werde.

B könne sich auch nicht auf § 20 Abs. 1 WEG berufen. Dabei könne dahingestellt bleiben, ob die Stilllegung einer Einrichtung als bauliche Veränderung i. S. d. Gesetzes angesehen werden könne. Auch eine Beschlussfassung über bauliche Veränderungen dürfe einer Vereinbarung nicht widersprechen. Das folge aus dem Zusammenspiel der beiden Vorschriften. Es wäre widersinnig, die schwereren Eingriffe, wenn sie gegen Vereinbarungen verstoßen, zuzulassen, während geringfügigere Eingriffe durch Mehrheitsbeschluss nicht möglich wären. Denn beide Vorschriften dienten dem Interessenausgleich der Wohnungseigentümer.

Hinweis für die Verwaltungspraxis

Im Fall geht es um die Frage, ob es eine Beschlusskompetenz gibt, eine Anlage oder Einrichtung, die im gemeinschaftlichen Eigentum steht, stillzulegen. Daneben wird auch gefragt, ob es bei einer baulichen Veränderung anders wäre.

Stilllegungen
Das AG hat Recht, soweit es keine Beschlusskompetenz in § 19 Abs. 1 WEG entdeckt. Denn in einer andauernden Benutzungsuntersagung liegt keine bloße Verwaltung i. S. v. § 18 Abs. 1 WEG. Es ist kein Gegenstand der Verwaltung, das gemeinschaftliche Eigentum aufzugeben (Hügel/Elzer, WEG, 3. Aufl., § 18 Rn. 10). Bei der Bestimmung, gemeinschaftliches Eigentum nicht mehr zu benutzen, z. B. einen Personenaufzug (das war der vom AG zitierte Fall OLG Saarbrücken, Beschluss v. 29.11.2006, 5 W 104/06 NJOZ 2007 S. 1109), einen Müllschlucker (OLG Frankfurt a. M., Beschluss v. 30.8.2004, 20 W 440/01, NZM 2004 S. 910) oder eine Heizungsanlage, handelt es sich jeweils um einen totalen Gebrauchsentzug und damit um eine Änderung dessen, was allen Wohnungseigentümern nach § 16 Abs. 1 Satz 3 WEG zum Mitgebrauch zur Verfügung stehen soll.

Bauliche Veränderung
Die Gemeinschaft der Wohnungseigentümer hatte argumentiert, ihr seien die Stilllegungen als bauliche Veränderungen erlaubt. Dem stellt sich das AG zu Recht entgegen. Auch eine bauliche Veränderung steht nämlich richtigerweise unter dem Vorbehalt, dass nichts anderes vereinbart ist. Selbstverständlich steht ein Beschluss nach § 20 Abs. 1 WEG unter dem Vorbehalt einer entgegenstehenden Vereinbarung und ist nichtig, wenn er diese dauerhaft ändern will (Dötsch, ZWE 2021, S. 341, 347; a. A. Häublein/Jacoby/Lehmann-Richter/Wobst, ZWE 2021, S. 27, 28).

1.3.1.2 Sondereigentum

AG Hamburg-St. Georg, Urteil vom 22.10.2021, 980b C 26/18
Es besteht keine Beschlusskompetenz, Angelegenheiten der Sondereigentümer im Zusammenhang mit der Erfassung von Mängeln am Sondereigentum zu regeln.

Sachverhalt
Die Wohnungseigentümer entlasten den Verwalter unter TOP 3 für das Jahr 2017. Unter TOP 6 wird der Verwalter beauftragt, die Wohnungseigentümer anzuschreiben, um Mängel im Sondereigentum zu erfassen (mit der Liste soll versucht werden, sich mit dem Bauträger zu vergleichen). Und zu TOP 8 stellen die Wohnungseigentümer fest, dass ein Regenfallrohr nicht ordnungsmäßig verbaut und am Ende des Ablaufs verschlossen worden sei. Der Ablauf soll daher »unterhalb der Treppe« geführt und instand gesetzt werden. Hierfür sollen Angebote eingeholt werden. Sollte die Ausführung »schwierig« sein, soll hingegen versucht werden, die Leitung beim »linken Nachbarn anzuschließen«.

Gegen diese Beschlüsse geht Wohnungseigentümer K vor. Er meint, die Entlastung (TOP 3) sei fehlerhaft, weil der Verwalter die Beseitigung der Mängel am gemeinschaftlichen Eigentum nicht durch Vorbereitungsmaßnahmen – nämlich durch eine Bedarfs- und Kostenermittlung sowie Beschlussanträge – gefördert habe. Der Beschluss zu TOP 6 sei nichtig, weil die Wohnungseigentümer keine Beschlusskompetenz in Bezug auf das Sondereigentum hätten. Auch der Beschluss zu TOP 8 sei für ungültig zu erklären. Denn der Anschluss des Regenwasserfallrohrs am Fallrohr des Nachbargebäudes widerspreche den anerkannten Regeln der Technik und den baurechtlichen Vorschriften.

Entscheidung
Das AG unterscheidet hier: Es meint, der Beschluss, den Verwalter zu entlasten, entspreche ordnungsmäßiger Verwaltung. Etwas anderes müsse zwar gelten, wenn Ansprüche gegen die Verwaltung in Betracht kämen und kein Grund ersichtlich sei, auf diese zu verzichten. Im Fall seien solche Ansprüche aber nicht erkennbar.

Der Beschluss zu TOP 6 widerspreche hingegen ordnungsmäßiger Verwaltung. Denn es bestehe keine Beschlusskompetenz, die Angelegenheiten der Sondereigentümer im Zusammenhang mit der Erfassung von Mängeln am Sondereigentum zu regeln. Ein Anschreiben an die Wohnungseigentümer, Mängel des Sondereigentums zu erfassen, betreffe aber eine solche Angelegenheit. Auch der Beschluss zu TOP 8 widerspreche ordnungsmäßiger Verwaltung. Denn K habe bewiesen, dass eine Entwässerung über das Regenrohr auf der Straßenseite nicht ordnungsmäßig sei. Mithin entspreche es weder ordnungsmäßiger Verwaltung, einen Ablauf des Rohrs »unterhalb der Treppe« entlangzuführen und dafür Angebote einzuholen, noch entspreche es ordnungsmäßiger Verwaltung, das Rohr beim Nachbarn anzuschließen; in beiden Fällen sei ein Abtransport des Wassers nicht ausreichend sichergestellt.

Hinweis für die Verwaltungspraxis

Im Fall muss das AG drei Beschlüsse auf ihre Ordnungsmäßigkeit prüfen. Beim Beschluss zu TOP 8 geht es um eine Tatfrage, die wohnungseigentumsrechtlich nicht wirklich interessiert. Hier muss man nur wissen, dass eine Mangelbeseitigung natürlich so ausgeführt werden muss, damit sie geeignet ist, einen Mangel auch zu beseitigen. Dies ist selbstverständlich nicht der Fall, wenn der Mangel nicht in der Führung eines Rohres, sondern in seiner Dimensionierung besteht.

Von näherem Interesse sind hingegen die anderen beiden Beschlüsse, also der zur Entlastung der Verwaltung sowie der zur Verwaltung des Sondereigentums.

Entlastung der Verwaltung
Nach h. M. sind die Wohnungseigentümer befugt, der Verwaltung nach § 19 Abs. 1 WEG eine Entlastung zu erteilen. Der Beschluss nach § 28 Abs. 2 Satz 1 WEG ist hingegen nicht so zu verstehen. Eine besondere Mehrheit ist für den Entlastungsbeschluss nicht erforderlich – auch dann nicht, wenn »aus guten Gründen« auf Ansprüche verzichtet wird. Ein Entlastungsbeschluss entspricht ordnungsmäßiger Verwaltung, wenn keine Schadensersatzansprüche absehbar sind. Er widerspricht ihr hingegen, wenn gegen den Verwalter Ansprüche in Betracht kommen und kein Grund ersichtlich ist, auf diese Ansprüche zu verzichten.

Die Entlastung wird für Ansprüche der Gemeinschaft der Wohnungseigentümer erteilt, nicht für Ansprüche der einzelnen Wohnungseigentümer. Eine Beschlusskompetenz, im Namen eines Wohnungseigentümers eine Entlastung zu erteilen und ihm damit individuelle Ersatzansprüche zu nehmen, besteht nicht. Dies gilt für Ansprüche in Bezug auf das Sondereigentum, aber auch für solche in Bezug auf das gemeinschaftliche Eigentum. Die Entlastung ist der Sache nach ein negatives Schuldanerkenntnis. Dieses erfasst vor allem etwaige, nicht aus einer Straftat herrührende Ersatzansprüche der Gemeinschaft der Wohnungseigentümer gegen den Verwalter aus den §§ 280, 812 ff., 823 ff. BGB, soweit sie den Wohnungseigentümern bekannt oder für sie bei sorgfältiger Prüfung der Vorlagen und Berichte erkennbar waren.

Gerichte und Schrifttum unterscheiden zum Teil, auf welche Art und Weise die Entlastung beschlossen wurde. Man meint, in der Regel betreffe eine gesondert beschlossene Entlastung die gesamte Tätigkeit des Verwalters, also nicht nur einzelne Tätigkeiten, in Bezug auf die gemeinschaftliche Verwaltung bis zur Beschlussfassung. Dem ist in dieser Art und Weise nicht zu folgen. Welche Ansprüche von einer Entlastung umfasst sein sollen, ist das Ergebnis des durch Auslegung zu ermittelnden Willens des Entlastenden.

Beschlusskompetenz zur Verwaltung des Sondereigentums
Die Wohnungseigentümer haben nach § 19 Abs. 1 WEG keine Beschlusskompetenz, Entscheidungen über die Verwaltung des Sondereigentums zu fällen. Tun sie es dennoch, überschreiten sie ihre Kompetenzen und der Beschluss ist nichtig.

Im Fall geht es allerdings nicht um die Verwaltung des Sondereigentums, sondern um die bloße Sammlung von Informationen. Die Wohnungseigentümer sollen gebeten werden, der Gemeinschaft der Wohnungseigentümer Mängel, für die wohl noch der Bauträger verantwortlich ist, zu benennen. Sollten die Wohnungseigentümer im Zusammenhang mit den Mängeln stehende Ansprüche der Gemeinschaft der Wohnungseigentümer abtreten, könnte die Gemeinschaft der Wohnungseigentümer ihre Verhandlungsposition gegenüber dem Bauträger verbessern. Der Beschluss ist daher nicht nur nicht nichtig, sondern entspricht – anders als es das AG annimmt – ordnungsmäßiger Verwaltung.

1.3.1.3 Vermietung

AG Essen, Urteil vom 9.12.2021, 196 C 73/21
Die Wohnungseigentümer haben keine Beschlusskompetenz, einen Zustimmungsvorbehalt für die Vermietung des Sondereigentums zu bestimmen.

Sachverhalt
Die Wohnungseigentümer beschließen, bei einer Neuvermietung solle »ein Zustimmungsvorbehalt der Eigentümergemeinschaft« gelten. Der vermietende Eigentümer habe die Gemeinschaft der Wohnungseigentümer außerdem »über den Namen, Beruf, Familienstand und Wohnanschrift des Mietinteressenten sowie die Zahl der einziehenden Personen vor Vermietung zu informieren«. Damit soll sichergestellt werden, dass keine Personen in die Gemeinschaft aufgenommen werden, die von den anderen Eigentümern aus berechtigten Gründen nicht akzeptiert würden. Der Verwalter hat die Zustimmung unter Beachtung der Eigentümerrückmeldungen schriftlich auszusprechen oder zu versagen.

Gegen diesen Beschluss geht Wohnungseigentümer K vor. Er hält ihn nicht für ordnungsmäßig.

Entscheidung
K hat Erfolg: Der Beschluss ist nach Auffassung des AG in Ermangelung einer Beschlusskompetenz nichtig. Gem. § 13 Abs. 1 WEG dürfe jeder Wohnungseigentümer,

soweit nicht das Gesetz entgegenstehe, mit seinem Sondereigentum nach Belieben verfahren, insbesondere dieses bewohnen, vermieten, verpachten oder in sonstiger Weise nutzen, und andere von Einwirkungen ausschließen.

Ein Wohnungseigentümer benötige keine Zustimmung des Verwalters, bevor er sein Wohnungseigentum vermiete. Es sei zwar allgemein anerkannt, dass die Wohnungseigentümer die Vermietung/Verpachtung von der Zustimmung eines Dritten entsprechend § 12 WEG abhängig machen könnten. Allerdings könne das Recht auf Vermietung des Sondereigentums nur durch die Gemeinschaftsordnung, d. h. eine Vereinbarung, eingeschränkt werden (Hinweis auf OLG Frankfurt a. M., Beschluss v. 15.6.2005, 20 W 63/05). Ein Beschluss, der eine Vermietung und/oder Verpachtung untersage oder wesentlich einschränke, wie das hier der Fall sei, sei hingegen nichtig (Hinweis auf Hügel/Elzer, WEG, 3. Aufl., § 13 Rn. 28).

Da auch ein nichtiger Beschluss angefochten werden könne und auf denselben Lebenssachverhalt gestützte Anfechtungs- und Nichtigkeitsgründe nach h. M. insoweit keine unterschiedlichen Streitgegenstände beträfen, weil Anfechtungs- und Nichtigkeitsklage materiell dasselbe Ziel verfolgten und einen einheitlichen Streitgegenstand hätten, nämlich die Vernichtung eines konkreten Beschlusses, habe das Gericht auch ohne entsprechenden Antrag die Nichtigkeit des angefochtenen Beschlusses festzustellen.

Hinweis für die Verwaltungspraxis

Nach § 13 Abs. 1 WEG kann jeder Wohnungseigentümer mit den in seinem Sondereigentum stehenden Gebäudeteilen nach Belieben verfahren, insbesondere diese vermieten. Die Wohnungseigentümer können dieses Recht einschränken. Sie können z. B. das Recht zur Vermietung des Sondereigentums eines Wohnungs- oder Teileigentums im Wege einer Vereinbarung untersagen (absolutes Vermietungsverbot) und/oder einschränken (relatives Vermietungsverbot). Ein relatives Vermietungsverbot liegt beispielsweise in der Vereinbarung, dass eine Vermietung nur mit Zustimmung der Gemeinschaft der Wohnungseigentümer oder des Verwalters erlaubt sein soll (Zustimmungsvorbehalt). In der Entscheidung stellt sich die Frage, ob man einen solchen Zustimmungsvorbehalt auch beschließen kann.

Beschlusskompetenz
Die Wohnungseigentümer können über einen Gegenstand beschließen, wenn ihnen das Gesetz oder eine Vereinbarung eine Beschlusskompetenz einräumt. Im Fall scheint es keine Vereinbarung gegeben zu haben (das wäre eine Öffnungsklausel i. S. v. § 23 Abs. 1 Satz 1 WEG).

Also kommt es auf das Gesetz an. Das räumt den Wohnungseigentümern für einen Zustimmungsvorbehalt aber keine Beschlusskompetenz ein. Man könnte zwar argumentieren, dass es sich um einen Beschluss nach § 19 Abs. 1 WEG handele. Soweit die Verwaltung des gemeinschaftlichen Eigentums und die Benutzung des gemeinschaftlichen Eigentums und des Sondereigentums nicht durch Vereinbarung der Wohnungseigentümer geregelt sind, können danach die Wohnungseigentümer eine ordnungsmäßige Verwaltung und Benutzung beschließen. Grenzen nennt die Norm nicht. Dennoch sind sich alle, die sich in der Literatur dazu äußern, – bislang – einig, dass § 19 Abs. 1 WEG enger als sein Wortlaut zu verstehen ist. Warum, ist allerdings nicht ganz deutlich.

Streitgegenstand
Das AG meint, Anfechtungs- und Nichtigkeitsgründe beträfen keine unterschiedlichen Streitgegenstände. Dieses Denken entspricht der h. M., ist aber nicht unumstritten. Einigkeit besteht darin, dass der Streitgegenstand durch den (Wider-)Klageantrag bestimmt wird, in dem sich die vom Kläger geltend gemachte Rechtsfolge konkretisiert, und durch den Lebenssachverhalt (Anspruchsgrund), aus dem der Kläger die begehrte Rechtsfolge herleitet. Streitig ist aber, was als »Lebenssachverhalt« anzusehen ist. Nach hier vertretener Ansicht ist der Lebenssachverhalt der Beschlussklagen der Weg, der zu einem Beschluss führt, nicht aber der Mangel, der dem Beschluss anhaftet. Nach einer neuen Ansicht wird der Lebenssachverhalt durch den konkreten Beschlussmangel bestimmt (Lehmann-Richter/Jacoby ZMR 2021, S. 273, 274).

1.3.1.4 Gebrauch des gemeinschaftlichen Eigentums

LG Lüneburg, Urteil vom 30.6.2020, 3 S 59/19
Es besteht keine Beschlusskompetenz, den Gebrauch des gemeinschaftlichen Eigentums vollständig zu untersagen.

Sachverhalt
Die Wohnungseigentümer bestimmen durch Beschluss, dass der individuelle Gebrauch der Gemeinschaftsflächen bis zum Beschluss einer Gebrauchs- und Nutzungsordnung grundsätzlich untersagt sein soll. Zulässige legitime Nutzungen sind mindestens zwei Tage vorab anzumelden. Gegen diesen Beschluss geht Wohnungseigentümer K vor.

Entscheidung
K hat Erfolg: Der Beschluss sei in Ermangelung einer Beschlusskompetenz nichtig. Der angefochtene Beschluss enthalte nicht nur eine Benutzungsregelung. Eine Benutzungsregelung läge nur vor, wenn ein Mitgebrauch des gemeinschaftlichen Eigentums

durch die Wohnungseigentümer überhaupt vorgesehen wäre. Dies sei nicht der Fall, weil nach dem Beschluss der individuelle Gebrauch der Gemeinschaftsflächen insgesamt untersagt werde und damit Gegenstand des Beschlusses ein Ausschluss des Mitgebrauchs des gemeinschaftlichen Eigentums sei.

Hieran ändere auch der Umstand nichts, dass der Ausschluss des Mitgebrauchs mit einer Art Öffnungsklausel versehen sei. Abgesehen davon, dass schon unklar sei, bei wem die Nutzung vorher angemeldet werden solle, und abgesehen davon, dass die Regelung ersichtlich unpraktikabel sei, wenn jeder einzelne Wohnungseigentümer eine von ihm beabsichtigte Nutzung des gemeinschaftlichen Eigentums, zu dem auch Zufahrt, Zuwege, Treppenhaus oder der Abstellplatz der Mülltonnen zählten, zwei Tage vorher anmelden solle, ändere dies nichts daran, dass der Beschluss einen Nutzungsausschluss bzw. eine unter Vorbehalt gestellte Nutzung des gemeinschaftlichen Eigentums enthalte. Für so einen Beschluss gebe es keine Beschlusskompetenz. Der Umstand, dass der Beschluss nur vorläufigen Charakter haben solle, weil er nur »bis zum Beschluss einer Gebrauchs- und Nutzungsordnung« gelte, ändere daran nichts.

> **Hinweis für die Verwaltungspraxis**
>
> Ein Benutzungsbeschluss kann eine nach §§ 13 Abs. 1, 16 Abs. 1 Satz 3 WEG i.V.m. §§ 903, 1004 BGB grundsätzlich erlaubte Benutzung jederzeit einschränken, konkretisieren oder ändern. Ein möglicher Benutzungsbeschluss ist daher beispielsweise die Bestimmung, den Gebrauch eines im gemeinschaftlichen Eigentum stehenden Raums oder einer Fläche zu ändern, z.B. die Umwidmung eines allen Wohnungseigentümern für allgemeine Zwecke dienenden Raums in ein Archiv oder die Bestimmung, einen Stellplatz künftig als Grillplatz zu gebrauchen. Denn in diesen Fällen besteht jeweils weiterhin eine Gebrauchsmöglichkeit, wenn auch eine geänderte.
>
> Ein Benutzungsbeschluss darf eine vom Gesetz oder einer Vereinbarung erlaubte Benutzung hingegen nicht vollständig verbieten bzw. ausschließen oder eine Benutzung erlauben, die von Gesetzes wegen oder aufgrund einer Vereinbarung verboten ist. Eine solche Bestimmung änderte der Sache nach das Gesetz und/oder die Vereinbarung ab und wäre in Ermangelung einer Beschlusskompetenz nichtig. Eine Benutzungsbestimmung durch Benutzungsbeschluss setzt also stets den Mitgebrauch weiterhin voraus.

1.3.2 Bestimmtheit

LG Berlin, Urteil vom 19.3.2021, 85 S 30/20 WEG
Soll ein bestimmter Vertrag gekündigt werden, darf es im Beschluss nicht heißen, es seien mehrere Verträge zu kündigen – auch dann, wenn es tatsächlich nur einen Vertrag gibt.

Sachverhalt

Die Wohnungseigentümer beschließen, »alle mit der S-GmbH abgeschlossenen Verträge zu kündigen und die S-GmbH als Verwalterin abzuberufen«. Fraglich ist, ob nur ein Baubetreuungsvertrag gekündigt wurde. Die Wohnungseigentümer sehen es so, da es zwischen der Gemeinschaft der Wohnungseigentümer und der S-GmbH keine anderen Verträge gebe.

Entscheidung

Das LG sieht das anders: Es hält den Beschluss für zu unbestimmt. Lese ein Dritter den Beschluss, so müsse er zu der Einsicht gelangen, dass mehrere Verträge gekündigt worden seien. Dass es nur einen Vertrag gibt, könne man nur anhand aller seit der Teilungserklärung im Jahre 1999 geschlossenen Verträge ermitteln, da die Beschluss-Sammlung nicht vollständig sein müsse und im Fall auch nicht sein könne.

Hinweis für die Verwaltungspraxis

Im besprochenen Fall geht es um das Standardproblem, dass ein Beschluss »bestimmt« sein muss. Die Frage wird anhand eines in Bezug auf Verträge mehrdeutigen Beschlusses aufgeworfen.

Grundsatz der Bestimmtheit

Beschlüsse müssen »bestimmt« genug formuliert sein. Dies ist der Fall, wenn ein Beschluss aus sich heraus genau, klar, eindeutig und widerspruchsfrei erkennen lässt, was gilt. Einem Beschluss fehlt hingegen Bestimmtheit, wenn er keine sinnvolle, in sich geschlossene und verständliche Regelung enthält. Damit ein Beschluss »bestimmt« ist, muss er so ausführlich wie nötig beschreiben, was gelten soll. Er muss – gegebenenfalls durch Verweisung – sein Regelungsproblem (den Anlass seiner Entstehung) vollständig lösen. Außerdem muss er so formuliert werden, dass er in sich nicht widersprüchlich ist. Lässt sich ein Gegenstand im Beschlusstext selbst nur schlecht oder gar nicht oder nur ungenau oder nur widersprüchlich darstellen, bedarf es für eine Herstellung von Bestimmtheit in der Regel einer Beschlussanlage. Ein Beschlusstext kann auch aus diesem Grund selbst kurz sein und zur näheren Erläuterung auf eine Anlage Bezug nehmen. Eine solche Beschlussanlage kann z. B. ein Gutachten, ein Bild, eine Zeichnung, eine Baubeschreibung, ein Leistungsverzeichnis, ein Bauplan, eine Skizze etc. sein.

Im Fall wendet das LG den Grundsatz der Bestimmtheit meines Erachtens zu eng an. Gibt es nur einen Vertrag, kann für niemanden ein Zweifel bestehen, auch wenn es im Beschlusstext »alle« heißt. »Alle« ist eben auch ein Vertrag.

Teilunwirksamkeit nach § 139 BGB
Die Wohnungseigentümer wollen im Zweifel keine rechtswidrigen Beschlüsse fassen. Diese Auslegungsregel gilt aber nur bei Zweifeln. Sollte sich ein Beschluss nach seinem eindeutigen Inhalt teilweise als rechtswidrig erweisen, entscheidet sich nach den Vorgaben von § 139 BGB, ob er im Übrigen aufrechterhalten werden kann. Nach dieser Vorgabe ist es meines Erachtens schwer vertretbar, auch die Abberufung für unwirksam zu halten.

1.3.3 Beschluss außerhalb einer Versammlung

1.3.3.1 Grundsätze

LG Bremen, Urteil vom 2.10.2020, 4 S 188/19
Stimmen nicht alle Wohnungseigentümer einem Beschluss außerhalb der Versammlung nach § 23 Abs. 1 Satz 1 WEG zu, handelt es sich um einen wirkungslosen Nichtbeschluss.

Sachverhalt

Am 28.9.2016 genehmigen die Wohnungseigentümer nach § 28 Abs. 5 WEG a. F. den Einzelwirtschaftsplan der Teileigentümerin B für das Jahr 2017. Danach schuldet B monatlich 601 EUR. Da B zu dieser Versammlung versehentlich aber nicht geladen worden war und außerdem gegen den Grundsatz der Nichtöffentlichkeit verstoßen wurde, initiiert der Verwalter einen Beschluss außerhalb der Versammlung. Dort genehmigen die Wohnungseigentümer nochmals den Einzelwirtschaftsplan. Mindestens ein Wohnungseigentümer stimmt dem Beschluss allerdings nicht zu. B meint, für das Jahr 2017 kein Hausgeld zu schulden, da der Beschluss außerhalb der Versammlung nicht einstimmig gefasst worden sei. Ferner sei mittlerweile Abrechnungsreife eingetreten. Das AG gibt B Recht. Das Gericht könne dem wechselseitigen Vortrag schon nicht zweifelsfrei entnehmen, ob der Verwalter den Beschluss festgestellt und verkündet habe. Jedenfalls sei der Beschluss nicht zustande gekommen, da ihm nicht alle Wohnungseigentümer zugestimmt hätten.

Entscheidung

Das LG sieht es nicht anders: Nach einer Ansicht sei ein solcher Beschluss zwar nur anfechtbar (Hinweis u. a. auf LG Hamburg, Urteil v. 12.7.2017, 318 S 31/16, ZWE 2018 S. 28). Dem sei aber nicht zu folgen. Die Allstimmigkeit sei eine zwingende Voraussetzung für einen Beschluss außerhalb der Versammlung. Daher erscheine die Gleichstellung des Falles, in dem die Allstimmigkeit verfehlt werde, mit dem Fall, dass in einer Versammlung überhaupt keine Abstimmung stattfinde, zutreffend. Für sich betrachtet seien nämlich sowohl das Erreichen der Allstimmigkeit als auch die Feststellung und

Verkündung des Beschlussergebnisses lediglich notwendige, nicht aber hinreichende Bedingungen der Beschlussfassung.

Im Ergebnis seien Beschlüsse, die außerhalb der Versammlung ohne Zustimmung aller Eigentümer gefasst würden, als Nichtbeschlüsse anzusehen, da die Mindestanforderungen an die Willensbildung der Eigentümer nicht gewahrt seien. Ferner liege ein »Nicht-Beschluss« vor, weil es an der konstitutiven Feststellung und Verkündung des Beschlussergebnisses fehle. Wegen der konstitutiven Wirkung der Verkündung komme auch im schriftlichen Verfahren ein Beschluss erst mit der Feststellung und einer an alle Wohnungseigentümer gerichteten Mitteilung des Beschlussergebnisses zustande (Hinweis u. a. auf BGH, Beschluss v. 23.8.2001, V ZB 10/01, NJW 2001, S. 3339).

Da es nur um eine entsprechende Anwendung der Regeln zur Beschlussfeststellung und -bekanntgabe in der Versammlung gehen könne, sei dies nicht i. S. d. Zugangs der Mitteilung bei jedem einzelnen Eigentümer zu verstehen. Es genüge jede Form der Unterrichtung (beispielsweise durch einen Aushang oder ein Rundschreiben), die den internen Geschäftsbereich des Feststellenden verlassen habe und bei der den gewöhnlichen Umständen nach mit einer Kenntnisnahme durch die Wohnungseigentümer gerechnet werden könne. Selbst eine solche Bekanntmachung liege aber nicht vor.

Hinweis für die Verwaltungspraxis

Auch ohne Versammlung ist ein Beschluss nach § 23 Abs. 3 Satz 1 WEG gültig, wenn alle Wohnungseigentümer ihre Zustimmung zu einem Beschlussantrag in Textform erklären. Gegenstand des Beschlusses kann jede Maßnahme sein, für die es eine Beschlusskompetenz gibt. Die Zustimmung muss dem Beschluss selbst, aber auch der Verfahrensweise gelten. Nicht ausreichend ist es also, dass zwar sämtliche Wohnungseigentümer dem Verfahren als solches zustimmen, der Beschlussantrag aber nur mehrheitlich angenommen wird. Verfehlt ein Beschlussantrag die Zustimmung aller Stimmberechtigten, ist zu verkünden, dass ein Beschluss nicht zustande gekommen ist. Verzählt sich der Initiator oder bewertet er Stimmen falsch und stellt er einen positiven Beschluss fest und verkündet ihn, ist streitig, was gilt. Das LG meint, es handele sich um einen Nichtbeschluss. Im aktuellen Recht ist aber wohl das Gegenteil richtig.

Initiative

Ein Beschluss außerhalb der Versammlung setzt eine Initiative und damit das Bewusstsein der Wohnungseigentümer voraus, einen verbindlichen Beschluss zu fassen. Die Initiative kann von jedem Wohnungseigentümer, aber auch vom Verwalter und sogar von jedem beliebigen Dritten ausgehen. Die Initiative muss unmissverständlich sein. Notwendig, aber auch ausreichend ist dazu, dass jedem Stimmberechtigten erkennbar und klar ist, dass seine Äußerung zu einer Entscheidung gefragt ist und nicht lediglich eine unverbindliche Meinungsäußerung herbeigeführt werden soll. Einem Beschluss außerhalb der Versammlung müssen sämtliche Wohnungseigentümer zustimmen, mithin auch die Wohnungseigentümer, die in der Versammlung vom Stimmrecht ausgeschlossen wären. Haben die Wohnungseigentümer indessen vereinbart, dass für bestimmte Angelegenheiten nur ein Teil von ihnen stimmberechtigt ist, ist es für einen schriftlichen Beschluss notwendig, aber auch ausreichend, wenn nur die durch die Vereinbarung Bestimmten mit »Ja« stimmen.

Beschlussantrag vorformulieren und zur Abstimmung stellen
Damit ein Beschluss außerhalb der Versammlung entsteht, muss der Initiator einen Beschlussantrag vorformulieren und zur Abstimmung stellen. Die Abstimmung kann in der Weise geschehen, dass jeder Wohnungseigentümer auf einem gesonderten Blatt dem Beschlussantrag zustimmt. Vorstellbar ist aber auch, dass sämtliche Wohnungseigentümer ihre »Zustimmung« auf ein und demselben Blatt erklären, dieses also unterschreiben, und das von allen Wohnungseigentümern unterzeichnete Blatt im Umlaufverfahren als Zirkularbeschluss dem Initiator wieder zugeht; die Verfahren lassen sich auch kombinieren. Der Initiator muss den Abstimmenden für die Antwort eine Frist setzen. Gehen Zustimmungen zu spät und nach Ablauf der Frist ein, sind sie nicht zu berücksichtigen. Der Initiator kann das Verfahren aber neu beginnen, wenn absehbar ist, dass bei einer erneuten Fristsetzung alle Wohnungseigentümer mit Ja stimmen werden. Ein Beschluss außerhalb der Versammlung kommt dann mit seiner Feststellung und einer an alle Wohnungseigentümer gerichteten Mitteilung des Beschlussergebnisses (Verkündung) zustande. Die Feststellung darf nicht unter einer Bedingung stehen. Die Anforderungen »Feststellung« und »Verkündung« sind insoweit wie in der Versammlung der Eigentümer zu verstehen. Im Fall hat der Verwalter diese Grundsätze nicht beachtet.

1.3.3.2 Absenkungsbeschluss

AG Essen, Urteil v. 2.11.2021, 196 C 50/21
Ein Beschluss nach § 23 Abs. 3 Satz 2 WEG muss erkennen lassen, für welche Gegenstände die Mehrheit der abgegebenen Stimmen genügen soll.

Sachverhalt
Die Wohnungseigentümer beschließen am 12.1.2021 zu einem TOP 1 wie folgt:

»Die Eigentümerversammlung beschließt – unter Vorbehalt der positiven Prüfung – dass an allen Einheiten Balkone Richtung Hinterhof angebaut werden. Im Rahmen der Dachsanierung soll geprüft werden, ob Balkone angebaut werden können. Soweit ein Anbau von Balkonen möglich ist und eine entsprechende Baugenehmigung hinreichend wahrscheinlich ist, sollen konkrete Angebote und Fördermöglichkeiten eingeholt werden. Die Angebotsauswahl, das weitere Vorgehen, die Einschaltung von Beratern sowie die Erhebung eines Regieaufwands der Hausverwaltung und eine mögliche Sonderumlage kann per Umlaufverfahren beschlossen werden. Hierfür gilt Stimmmehrheit nach § 23 Abs. 3 Satz 2 WEG.«

Zu TOP 2 beschließen sie ferner, dass »finale Beschlüsse im Rahmen der Angebotsauswahl für die Modernisierung der Stromzähler, vgl. TOP 10 ETV vom 5.10.2020, über Mehrheitsbeschluss im Umlaufverfahren nach § 23 Abs. 3 Satz 2 WEG gefasst werden können«.

Im März 2021 initiiert der Verwalter auf diesen zwei Grundlagen Beschlüsse außerhalb der Versammlung, die jeweils eine Mehrheit finden. Er verkündet im Anschluss folgende Entscheidungen:

Zu TOP 1.1 An die Einheiten Nr. 3, Nr. 4 und Nr. 5 werden Balkone (ca. 5 m^2) angebaut. Für die Einheiten Nr. 1 und Nr. 2 wird ein Sondernutzungsrecht für entsprechend große Abschnitte im Gemeinschaftsgarten zur separaten Terrassennutzung (ca. 8 m^2) eingeräumt.

Zu TOP 2.1 Im Rahmen der Modernisierung der Stromzähler wird der Sicherungskasten der Einheit Nr. 1 innerhalb des Sondereigentums verlegt. Da es sich hierbei um Sondereigentum handelt, sind die Kosten durch Wohnungseigentümerin K zu tragen.

Zu TOP 2.2 Wohnungseigentümer X wird aufgrund seiner fachlichen Kenntnisse sowie freiberuflichen Tätigkeit als Ingenieur mit der baubegleitenden Qualitätssicherung beauftragt. Für die Tätigkeiten erhält er eine Aufwandsentschädigung in Höhe von 555 EUR (5 Prozent der veranschlagten Aufwendungen).

Gegen diese drei Beschlüsse wendet sich Wohnungseigentümerin K. Sie meint vor allem, dass alle Wohnungseigentümer den Beschlüssen hätten zustimmen müssen.

Entscheidung
Teilweise hat K Erfolg: Der Beschluss zu TOP 2.1 habe nicht mehrheitlich gefasst werden können. Denn der Beschluss nach § 23 Abs. 3 Satz 2 WEG habe es nur erlaubt, ein Angebot auszusuchen. Auch der Beschluss zu TOP 1.1 habe nicht mehrheitlich gefasst werden können. Er befasse sich mit einer Abänderung der Balkonanzahl und gehe damit über den Beschluss vom 12. Januar 2021 hinaus. Der Beschluss zu TOP 2.2 sei hingegen nicht zu beanstanden. Der Beschluss vom 12. Januar 2021 habe die Auswahl des Miteigentümers Z als Baubegleiter eingeschlossen.

Hinweis für die Verwaltungspraxis

Die Wohnungseigentümer können einen Beschluss in der Versammlung fassen. Sie können einen Beschluss aber auch außerhalb der Versammlung fassen. Gleichsam ein »Zwitter« ist ein Beschluss außerhalb der Versammlung, dem aber nur die Mehrheit der Wohnungseigentümer zustimmen muss. Denn er ist in der Regel erst möglich, nachdem die Wohnungseigentümer dazu in einer Versammlung die Grundlagen gelegt haben.

> **§ 23 Abs. 3 Satz 2 WEG**
> Die Wohnungseigentümer können beschließen, dass für einen einzelnen Gegenstand die Mehrheit der abgegebenen Stimmen genügt.

Möglichkeiten der Beschlussfassung
Angelegenheiten, über welche die Wohnungseigentümer nach dem WEG oder nach einer Vereinbarung durch Beschluss entscheiden können, werden gem. § 23 Abs. 1 Satz 1 WEG durch Beschlussfassung in einer Versammlung der Wohnungseigentümer geordnet (Versammlungsbeschluss). Daneben besteht die Möglichkeit, nach § 23 Abs. 3 Satz 1 WEG einen Beschluss zu fassen (Beschluss außerhalb der Versammlung).

Einem Beschluss außerhalb der Versammlung müssen nach § 23 Abs. 3 Satz 1 WEG grundsätzlich alle Wohnungseigentümer zustimmen. Die Wohnungseigentümer können nach § 23 Abs. 3 Satz 2 WEG aber auch beschließen, dass bei einem Beschluss außerhalb der Versammlung für einen einzelnen Gegenstand die Mehrheit der abgegebenen Stimmen genügt (Absenkungsbeschluss). Dieser Absenkungsbeschluss ist in einer Versammlung oder – theoretisch – außerhalb der Versammlung zu fassen. Er bedarf nach § 25 Abs. 1 WEG der Mehrheit der abgegebenen Stimmen, wenn er in einer Versammlung gefasst wird. Wird er außerhalb der Versammlung gefasst, müssen hingegen alle Wohnungseigentümer zustimmen (§ 23 Abs. 1 Satz 1 WEG).

Ein Absenkungsbeschluss muss nach h. M. bei der Einberufung nicht gem. § 23 Abs. 2 WEG bereits »bezeichnet« (= angekündigt) werden. Notwendig, aber ausreichend ist also, dass der Gegenstand, auf den der Beschluss nach § 23 Abs. 3 Satz 2 WEG abzielt, bereits auf der Tagesordnung stand, und dass über ihn in der Versammlung eigentlich beschlossen werden sollte (s. auch AG Bonn, Urteil v. 8.12.2021, 211 C 22/21, ZMR 2022, S. 245). Ein Absenkungsbeschluss muss einen »einzelnen Gegenstand« betreffen. Es besteht keine Möglichkeit, nach § 23 Abs. 3 Satz 2 WEG allgemein zu bestimmen, dass sämtliche Gegenstände künftig nur noch außerhalb der Versammlung mit der Mehrheit der abgegebenen Stimmen beschlossen werden. Ein Absenkungsbeschluss muss – wie jeder Beschluss – »bestimmt« sein. Ist er zu unbestimmt, kann er keine ausreichende Grundlage für einen Beschluss außerhalb der Versammlung sein. Stützen die Wohnungseigentümer einen Beschluss außerhalb der Versammlung dennoch auf einen solchen Absenkungsbeschluss, ist dieser Beschluss jedenfalls anfechtbar.

Im Fall hat der Verwalter, der die Beschlüsse nach § 23 Abs. 3 Satz 2 WEG formuliert haben dürfte, den Bestimmtheitserfordernissen teilweise genügt. Die außerhalb der Versammlung gefassten Beschlüsse wurden von den Absenkungsbeschlüssen aber jedenfalls nicht getragen. Hier ein Überblick:

- Balkonanbau (TOP 1): In Bezug auf den Balkonanbau sind die Gegenstände, für welche die Stimmenmehrheit abgesenkt wurde, klar: Vertragsannahme, Beratervertrag, Verwaltervertrag, Sonderumlage. Die Wohnungseigentümer haben aber nicht über diese vier Gegenstände einen Beschluss gefasst, sondern – offensichtlich nichtig – zwei Sondernutzungsrechte bestimmen wollen und sind im Übrigen von ihrem bereits gefassten Grundlagenbeschluss – Balkone für alle »Wohneinheiten« – ohne eine Ermächtigung hierfür abgewichen.
- Modernisierung der Stromzähler (TOP 2): In Bezug auf die Stromzähler ist bereits der Absenkungsbeschluss zu unbestimmt. Was sein Gegenstand ist, sollen die Wohnungseigentümer »TOP 10 ETV vom 5.10.2020« entnehmen. Diese Verweisung reicht nicht. Denn es ist nicht jedermann klar, was »finalisiert« werden soll, welche Entscheidung die Wohnungseigentümer treffen sollen/wollen und um welche Beschlüsse es im Einzelnen geht. Im Übrigen sind die Wohnungseigentümer über den Gegenstand des Absenkungsbeschlusses offensichtlich hinausgegangen. Denn bei der Entscheidung, einen Sicherungskasten im Sondereigentum zu installieren, handelt es sich nicht um eine Entscheidung »im Rahmen der Angebotsauswahl«. Dies gilt auch für die Beauftragung von Wohnungseigentümer X. Denn auch dieser Gegenstand ist dem Absenkungsbeschluss nicht mit hinreichender Bestimmtheit zu entnehmen.

Muster: Absenkungsbeschluss

1. Über die Frage, ob ... [Gegenstand genau benennen], soll nach § 23 Absatz 3 Satz 2 WEG außerhalb der Versammlung mit der Mehrheit der abgegebenen Stimmen abgestimmt werden. Eine Beschlussfassung zum jetzigen Zeitpunkt ist nicht zu empfehlen, da ... [nur aus Gründen der Transparenz].
2. Der Verwalter wird angewiesen, bis zum ... einen Beschluss außerhalb der Versammlung zu initiieren [nur aus Gründen der Transparenz]. Jeder Wohnungseigentümer soll ... Tage Zeit haben abzustimmen.
3. Mit der Initiative hat der Verwalter folgende Informationen zu geben: ...

Abstimmungsergebnis
Ja-Stimmen: ...
Nein-Stimmen: ...
Enthaltungen: ...
Der Versammlungsleiter verkündet folgendes Beschlussergebnis:
Der Beschluss, ... [Inhalt], wurde angenommen/abgelehnt.

DIGITALE EXTRAS

1.3.4 Zweitbeschluss

LG Frankfurt a. M., Beschluss vom 28.12.2021, 2-13 S 96/21
Die Aussetzung eines Beschlusses über eine Verwalterbestellung im Wege einer einstweiligen Verfügung kann zur Folge haben, dass ein früherer Beschluss wieder eine Wirksamkeit entfaltet.

Sachverhalt
AG und LG erklären einen Beschluss vom 7.12.2019, mit dem V bis zum 31.12.2022 zum Verwalter bestellt worden war, für ungültig. Die Gemeinschaft der Wohnungseigentümer führt gegen die LG-Entscheidung die Nichtzulassungsbeschwerde zum BGH. Außerdem wird V am 10.7.2021 erneut – jetzt bis zum 31.7.2022 – zum Verwalter bestellt. Wohnungseigentümer K beantragt im Wege einer einstweiligen Verfügung, diesen Beschluss auszusetzen. Das AG weist den Antrag ab. Dagegen wendet sich K im Wege der sofortigen Beschwerde.

Entscheidung
K hat keinen Erfolg: K könne sein Rechtsschutzziel mit dem Verfahren auf Erlass einer einstweiligen Verfügung nicht erreichen. Selbst im Fall einer einstweiligen Aussetzung würde V im Amt bleiben, da der Beschluss vom 7.12.2019 noch nicht rechtskräftig für ungültig erklärt worden sei und daher noch Bestand habe (§ 23 Abs. 4 Satz 2 WEG).

Bei der gebotenen objektiv-normativen Auslegung des Beschlusses vom 10.7.2021 handele es sich um einen Zweitbeschluss, mit dem der zum Zeitpunkt der Beschlussfassung noch bestehende Beschluss über die Verwalterbestellung abgeändert worden sei. Zu so einem Beschluss seien die Wohnungseigentümer berechtigt. Eine Beschlusskompetenz bestehe. Auf diesem Wege dürfe jederzeit eine erneute Verwalterbestellung erfolgen, wenn die Bestellungszeit die Höchstdauer des § 26 WEG nicht übersteige (Hinweis auf BGH, Beschluss v. 23.2.1995, III ZR 65/94). Im Fall hätten die Wohnungseigentümer die Amtszeit von V verkürzt: V habe statt bis zum 31.12.2022 nur noch bis zum 31.7.2022 amtieren sollen. Daraus ergebe sich, dass die Wohnungseigentümer den Beschluss vom 7.12.2019 modifizieren wollten. Gegenstand des Beschlusses vom 10.7.2021 sei aber auch die Aufhebung des Beschlusses vom 7.12.2019 gewesen. Demzufolge hätte die mit der einstweiligen Verfügung begehrte Aussetzung des Beschlusses vom 10.7.2021 zur Folge, dass der Beschluss vom 7.12.2019 wieder wirksam werden würde. Die Möglichkeit, den Beschluss vom 10.7.2021 nur teilweise auszusetzen (in Bezug auf die Verwalterbestellung), ihn im Übrigen (in Bezug auf die Aufhebung des Erstbeschlusses) aber gelten zu lassen, bestehe nicht, denn es handele sich um inhaltlich nicht trennbare Teile eines Beschlusses.

Der denkbare Rechtsschutz des K laufe dadurch nicht leer. Zwar sei es bei der von K vorgetragenen jeweiligen Bestellung im Jahresrhythmus – jedenfalls wenn es sich jeweils um Zweitbeschlüsse handele und der Verwalter nicht vor der erneuten Bestellung sein Amt niederlege – kaum möglich, durch eine Aussetzung des Bestellungsbeschlusses zu erreichen, dass der Verwalter sein Amt nicht ausübe. Wenn der Gemeinschaft die Amtsführung allerdings nicht zuzumuten sei, bestehe ein davon unabhängiger Anspruch auf Abberufung, der im Extremfall auch durch eine einstweilige Verfügung flankiert werden könne.

Hinweis für die Verwaltungspraxis

Fassen die Wohnungseigentümer einen nicht nichtigen Beschluss, bindet er nach seiner Rechtsnatur nach den allgemeinen Grundsätzen sofort den Verwalter und sämtliche an- und abwesenden Wohnungseigentümer. Um diese Bindung zu bekämpfen, muss ein Wohnungseigentümer eine Anfechtungsklage mit dem Ziel erheben, den Beschluss für ungültig erklären zu lassen.

Die Entscheidung über diese Klage kann sich hinziehen. Um die Bindung bis zur Rechtskraft einer Entscheidung auszusetzen, kann ein Wohnungseigentümer den Antrag auf Erlass einer einstweiligen Verfügung mit dem Ziel stellen, die Bindung des in der Hauptsache angegriffenen Beschlusses bis zum Eintritt der Rechtskraft der Entscheidung in der Hauptsache auszusetzen. Um einen solchen Antrag handelt es sich im vorliegenden Fall: Wohnungseigentümer K will mit dem Antrag erreichen, dass V jedenfalls nicht aufgrund des Beschlusses vom 10.7.2021 zum Verwalter bestellt ist. Sollte dieser Antrag Erfolg haben, fragt sich, was dann gilt.

Aussetzung der Wirkungen des Beschlusses vom 10.7.2021
Das LG meint, V sei auch dann zum Verwalter bestellt, wenn man den Beschluss vom 10.7.2021 aussetzen würde. Und das stimmt, wenn der Beschluss vom 7.12.2019 wieder aufleben würde. Denn in diesem Fall wäre V immer noch aufgrund des Beschlusses vom 7.12.2019 zum Verwalter bestellt. Diesen Beschluss hatten die Gerichte zwar für ungültig erklärt. Ihre Entscheidung ist aber wegen der Nichtzulassungsbeschwerde noch nicht rechtskräftig.

Das LG geht allerdings einen anderen Weg. Es meint, der Beschluss vom 10.7.2021 habe den Beschluss vom 7.12.2019 aufheben wollen. Wenn man es so sieht, muss man tatsächlich fragen, was gelten soll, wenn der Beschluss vom 10.7.2021 bloß ausgesetzt wird. Warum in diesem Fall der Beschluss vom 7.12.2019 wieder aufleben soll, erschließt sich nicht sofort.

Abberufung eines Verwalters
Am Ende seiner Entscheidung meint das LG, man könne einen Verwalter im Wege der einstweiligen Verfügung abberufen. Das überzeugt nicht. Denn diese

Entscheidung kann nur im Wege des Hauptsacheverfahrens getroffen werden. Sieht man es anders, besteht im Übrigen die Gefahr, dass eine Wohnungseigentumsanlage verwalterlos wird. In heutigen Zeiten sollte man mit diesem Ergebnis sehr vorsichtig umgehen. Die einstweilige Verfügung sollte daher einen weiteren Antrag haben, mit dem eine andere Person zum Verwalter bestellt wird. Denn auch diese Entscheidung kann im Wege der einstweiligen Verfügung getroffen werden.

1.3.5 Grundlose Wiederholung

AG Hamburg-St. Georg, Urteil vom 24.9.2021, 980a C 4/21
Die Wohnungseigentümer sind nicht befugt, einen Beschluss, der rechtskräftig für ungültig erklärt ist, wortgleich zu wiederholen.

Sachverhalt

Die Wohnungseigentümer beschließen im Jahr 2018, für die Reparatur der Balkone und Loggien gemäß einem Angebot der W-GmbH ein Konzept erarbeiten und darüber hinaus bestimmte Fenster austauschen und Balkontüren erneuern zu lassen. Diesen Beschluss erklärt das AG rechtskräftig für ungültig, weil die Positionen »Fenster« und »Balkontüren« kein Gegenstand des Angebots der W-GmbH waren.

Vor diesem Hintergrund beschließen die Wohnungseigentümer im Dezember 2020 erneut, das bereits seit 2018 vorliegende Konzept der W-GmbH anzunehmen und die Fenster und Balkontüren erneuern zu lassen, obwohl das Angebot der W-GmbH nicht ergänzt worden ist. Unter anderem aus diesem Grund geht Wohnungseigentümer K gegen den Beschluss im Wege der Anfechtungsklage vor. Außerdem rügt er, dass die im Angebot angegebene Bausumme nicht ausreiche, weil die Fenster und Balkontüren kein Teil der Kostenschätzung seien. Im Angebot fehlten außerdem die Kosten für die Reparatur der Loggien, für deren Verkleinerung, für die Erneuerung der Fugen und für Nebenarbeiten an Fassade und Dach.

Entscheidung

Die Anfechtungsklage hat Erfolg: Der Beschluss widerspreche ordnungsmäßiger Verwaltung. Die Wohnungseigentümer seien nach der rechtskräftigen Entscheidung über ihren ersten Beschluss nicht befugt gewesen, lediglich erneut das zu beschließen, was sie bereits beschlossen hatten. Zwar hätten Wohnungseigentümer ein Ermessen, ob ein Sanierungsplan beschlossen wird. Im Fall bestehe aber mittlerweile ein Anspruch darauf, dass ein Beschluss alle für die Erstellung eines Sanierungskonzepts bekannten Umstände berücksichtigt. Es sei kein sachlicher Grund dafür ersichtlich, weshalb die Wohnungseigentümer erneut davon abgesehen hätten, das Sanierungskonzept auf die »Fenster« und »Balkontüren« zu erstrecken.

Hinweis für die Verwaltungspraxis

In der Entscheidung, die hier auf das Wesentliche verkürzt wiedergegeben wird, geht es – was das AG nicht unbedingt erkannt hat – um die dogmatische Frage, ob Wohnungseigentümer befugt sind, einen Beschluss, der rechtskräftig für ungültig erklärt wurde, wortgleich zu wiederholen.

Wiederholende Entscheidungen
Ein inhaltsgleicher Zweitbeschluss, der nicht zur Vermeidung formaler Fehler gefasst wurde, soll ordnungsmäßiger Verwaltung widersprechen, wenn er allein in der Hoffnung gefasst wird, durch die Wiederholung werde die Minderheit die Anfechtungsfrist versäumen oder aufgrund psychischer oder finanzieller Erschöpfung auf die Anfechtung verzichten. Nach hier vertretener Ansicht besitzen Wohnungseigentümer schon keine Beschlusskompetenz, einen Beschluss, der bereits in einer Anfechtungsklage von einem Gericht rechtskräftig für ungültig erklärt worden ist, inhaltsgleich zu wiederholen, wenn sich die tatsächlichen oder rechtlichen Umstände nicht geändert haben. Auch wenn die Wohnungseigentümer berechtigt sind, über eine schon geregelte Angelegenheit erneut zu beschließen, verstößt die grundlose inhaltsgleiche Wiederholung früherer Beschlüsse, die bereits erfolgreich rechtskräftig angefochten worden sind, rechtsmissbräuchlich gegen den Kernbereich der Mitgliedschaft und ist unzulässig.

Wiederholende inhaltsgleiche Beschlüsse haben zwar – auch dann, wenn sich die Umstände nicht geändert haben – nicht denselben Streitgegenstand, wenn sie zu unterschiedlichen Zeitpunkten gefasst werden. Bei einer anderen Sichtweise und bloßen Anfechtbarkeit solcher Beschlüsse käme es aber zu einer unnützen Vermehrung von Anfechtungsverfahren und einer Erschwerung des Rechtsschutzes.

1.4 Mehrhausanlagen

1.4.1 Verständnis der Gemeinschaftsordnung

BGH, Urteil vom 12.11.2021, V ZR 204/20
In einer Gemeinschaftsordnung können für die Tiefgarage und die Wohngebäude auch dann weitgehend verselbstständigte Untergemeinschaften gebildet werden, wenn die Tiefgarage zugleich als Fundament der Wohngebäude dient. Sieht die Gemeinschaftsordnung einer solchen Anlage vor, dass die Untergemeinschaften sich selbstständig verwalten, dass an den Untergemeinschaften die jeweiligen Eigentümer entsprechend ihren Miteigentumsanteilen berechtigt und verpflichtet sind und dass für die Untergemeinschaften jeweils eigene Rücklagen gebildet werden sollen, so entspricht es der nächstliegenden Bedeutung dieser Regelungen, dass allein die

Teileigentümer der Tiefgarage die Kosten für die Erhaltung im Bereich der Tiefgarage zu tragen haben, und zwar auch im Hinblick auf tragende Bauteile, die zugleich das Fundament der Wohngebäude bilden.

Sachverhalt
Nach § 2 Abs. 5 der Gemeinschaftsordnung (GO) bilden u. a. die Wohnungseigentümer, die in der Tiefgarage einen Stellplatz haben, in Bezug auf bestimmte Flächen und Räume eine »Sondernutzungsgemeinschaft Tiefgarage«. Daneben gibt es für andere Baukörper Sondernutzungsgemeinschaften. Für die Sondernutzungsgemeinschaften ist jeweils eine Erhaltungsrücklage zu bilden. Ferner heißt es in § 2 Abs. 6 GO wie folgt:

»1. Die Sondernutzungsgemeinschaften verwalten sich selbständig nach Maßgabe der Teilungserklärung unter ergänzender Anwendung des Wohnungseigentumsgesetzes.

2. Die für die Gemeinschaft aller Eigentümer getroffenen Regelungen gelten für sie entsprechend. Dies gilt insbesondere hinsichtlich der Abhaltung von Sondernutzungsgemeinschafts-Versammlungen [...].

3. An den Sondernutzungsgemeinschaften sind die jeweiligen Eigentümer der von der Sondernutzungsgemeinschaft erfassten Wohnungs- und Teileigentumsrechte entsprechend ihren Miteigentumsanteilen berechtigt und verpflichtet [...]«

Sämtliche Wohnungseigentümer beschließen die »Sanierung« der Tiefgarage mit einem Kostenvolumen von rund 5 Mio. EUR. Nur die Wohnungseigentümer, die einen Stellplatz haben, beschließen ergänzend, zur Finanzierung dieser Kosten unter sich eine Sonderumlage zu erheben. Gegen diesen Ergänzungsbeschluss geht der Eigentümer eines Stellplatzes vor. Er ist der Ansicht, sämtliche Wohnungseigentümer hätten beschließen müssen.

Entscheidung
Der BGH sieht das nicht so: Aus § 2 Abs. 6 GO ergebe sich »eindeutig«, dass »rechtstechnisch verselbständigte Untergemeinschaften gebildet« worden seien. Die Kompetenz der Sondernutzungsgemeinschaft an der Tiefgarage, einen Beschluss über die Erhöhung ihrer Erhaltungsrücklage durch Erhebung einer Sonderumlage zu fassen, sei zweifelsfrei gegeben. Der Beschluss entspreche auch einer ordnungsmäßigen Verwaltung. Denn die Erhaltungskosten seien nach den eindeutigen Vorgaben der Gemeinschaftsordnung allein von den Mitgliedern der Untergemeinschaft Tiefgarage zu tragen. Sehe die Gemeinschaftsordnung einer aus Tiefgarage und Wohnhäusern bestehenden Wohnungseigentumsanlage vor, dass die Untergemeinschaften sich selbstständig verwalten, dass an den Untergemeinschaften die jeweiligen Eigentümer entsprechend ihren Miteigentumsanteilen berechtigt und verpflichtet sind, und dass für die Untergemeinschaften jeweils eigene Rücklagen gebildet werden sollen, so

entspreche es der nächstliegenden Bedeutung dieser Regelungen, dass allein die Teileigentümer der Tiefgarage die Kosten für »Sanierungsmaßnahmen« im Bereich der Tiefgarage zu tragen hätten, und zwar auch im Hinblick auf Bauteile, die zugleich das Fundament der Wohngebäude bilden.

> **Hinweis für die Verwaltungspraxis**
>
> Gibt es in einer Wohnungs- und/oder Teileigentumsanlage mehrere Gebäude oder jedenfalls ein Gebäude und eine (Tief-)Garage, so spricht man von einer »Mehrhausanlage«. § 10 Abs. 1 Satz 2 WEG erlaubt es, für eine solche Mehrhausanlage durch eine oder mehrere Vereinbarungen vom Gesetz abweichende Bestimmungen zu treffen. Im Fall gibt es mehrere Vereinbarungen. Fraglich ist, wie diese zu verstehen sind.
>
> **Das BGH-Verständnis**
> Der BGH meint, aus § 2 Abs. 6 Nr. 1 bis 3 GO ergebe sich, dass »verselbständigte Untergemeinschaften« gebildet worden seien. Die Sondernutzungsgemeinschaft Tiefgarage sei nach der Gemeinschaftsordnung als eine solche verselbständigte Untergemeinschaft berechtigt gewesen, einen Beschluss über die Erhöhung ihrer Erhaltungsrücklage durch Erhebung einer Sonderumlage zu fassen.
>
> Dieser Beschluss entspreche auch ordnungsmäßiger Verwaltung. Eine objektbezogene Kostentrennung ergebe sich aus § 2 Abs. 6 Nr. 3 GO. Auch wenn das Wort »Kosten« dort nicht verwendet werde, folge aus dieser Regelung, dass die Kosten jeder Untergemeinschaft von ihren Mitgliedern getragen werden müssten; das gelte erst recht in der Zusammenschau mit § 2 Abs. 6 Nr. 1 GO.
>
> **Verwalter**
> Ein Verwalter sollte die BGH-Ansicht zwar kennen, aber nicht so mutig sein, selbst zu entscheiden, wie eine ähnlich lautende Gemeinschaftsordnung zu verstehen ist. Besser ist es, die Wohnungseigentümer um eine Weisung zu bitten, wie die Gemeinschaftsordnung in Bezug auf Beschlusskompetenz und Umlage von Kosten zu verstehen ist.
>
> **Mehrhausanlage**
> Von einer »Mehrhausanlage« spricht man, wenn mehrere selbstständige Gebäude im gemeinschaftlichen Eigentum stehen. Die einzelnen Gebäude können frei stehen, aber auch aneinandergrenzen, wie es beispielsweise bei Reihen- oder Doppelhäusern oder bei Wohnblöcken der Fall ist. Es muss sich auch nicht um Wohngebäude handeln. Das Gebäude oder eines von ihnen kann eine oberirdische Garage sein. Die »Gebäude« können sogar übereinander gebaut sein: Zum

Teil werden nämlich auch Wohnungseigentumsanlagen, in denen es ein Gebäude und eine Tiefgarage gibt, »Mehrhausanlage« genannt.

Finden sich in den einzelnen Gebäuden mehrere Wohnungen, die im Sondereigentum stehen, werden sie manchmal als »Untergemeinschaft« bezeichnet oder die Wohnungseigentümer der entsprechenden Gebäude verstehen sich als eine solche.

Zum Teil findet sich in der Teilungserklärung/Gemeinschaftsordnung eine Präambel (Einleitung), wonach die Vereinbarungen so ausgelegt werden sollen, dass den Besonderheiten der Mehrhausanlage so weit wie möglich Rechnung getragen wird. Die Wohnungseigentümer sind ferner befugt, etwas von den gesetzlichen Bestimmungen Abweichendes zu vereinbaren. Üblich sind vor allem Vereinbarungen zur Versammlung, zum Stimmrecht, zu den Kosten und zu Wirtschaftsplan und Abrechnung. Die Wohnungseigentümer können beispielsweise vereinbaren, dass sich nur ein Teil von ihnen zu bestimmten Gegenständen versammeln soll (Teil- oder Gruppenversammlung). Liegt es so, sind nur diese Wohnungseigentümer zu laden. Ob die anderen Wohnungseigentümer ein Teilnahmerecht haben, ist umstritten.

Die Wohnungseigentümer können ferner vereinbaren, dass nur ein Teil von ihnen zu bestimmten Gegenständen ein Stimmrecht haben soll. Verhält es sich so, sind nur diese Wohnungseigentümer stimmberechtigt. Es kann beispielsweise – wie im Fall nach Auslegung der Gemeinschaftsordnung – vereinbart werden, dass nur die Wohnungseigentümer, deren Sondereigentum in einem bestimmten Gebäude liegt, über die Erhaltungsmaßnahmen beschließen dürfen, die dieses Gebäude betreffen. Für diesen Fall klärt der Bundesgerichtshof, dass zugleich vereinbart werden muss, dass die durch diese Maßnahmen verursachten Kosten im Innenverhältnis allein von diesen Wohnungseigentümern zu tragen sind. Nach der vorstehenden Entscheidung ist es unbeachtlich, dass die anderen Wohnungseigentümer dem Vertragspartner der Gemeinschaft der Wohnungseigentümer haften (= Außenhaftung), wenn der Verwalter den Beschluss umsetzt und namens der Wohnungseigentümergemeinschaft mit einem Werkunternehmer einen Bauvertrag schließt. Sollte ein Wohnungseigentümer in eine Außenhaftung kommen, soll er allerdings bei den beschließenden Wohnungseigentümern Regress nehmen können. Richtig ist hingegen wohl, dass er einen Aufwendungsersatz von der Wohnungseigentümergemeinschaft verlangen kann. Diese muss dann den Aufwendungsersatz nach den geltenden Umlageschlüsseln umlegen.

Die Betriebs- und Verwaltungskosten (beispielsweise Kosten für Wasser, Wärme, Strom oder Verwalter), die Kosten für Instandhaltungen und Instandsetzungen (Erhaltungsmaßnahmen wie eine Reparatur der Fassade) sowie die auf dem gemeinschaftlichen Eigentum ruhenden Lasten (z. B. die Kehr- und Überprüfungsgebühren des Schornsteinfegers) sind auch in einer Mehrhausanlage auf sämtliche Wohnungseigentümer zu verteilen. Ebenfalls sind die Kosten, die nur auf eines von mehreren Häusern entfallen und nach einer entsprechenden Erfassung, Messung oder Zählung auf deren Wohnungseigentümer verteilt werden könnten, grundsätzlich von allen Wohnungseigentümern zu tragen.

Die Wohnungseigentümer sind berechtigt, von diesen Grundsätzen abzuweichen. Was gilt, ist eine Frage des Einzelfalls. Ist angeordnet, dass die jeweils an einem Haus allein zum Gebrauch berechtigten Wohnungseigentümer die auf sie entfallenden ausscheidbaren und tatsächlich messbaren Kosten allein zu tragen haben, so fallen darunter Kosten, die »absonderbar« sind und ohne Weiteres bestimmten Wohnungseigentümern allein zugeordnet werden können. Nicht darunter fallen also Kosten, welche die Wohnungseigentümer gemeinsam treffen. Hierzu gehören in der Regel unter anderem:
- Gehwegreinigung (Winterdienst)
- öffentliche Lasten des Gesamtgrundstücks
- Versicherungen
- Verwaltungsgebühren

Auch in einer Mehrhausanlage muss der Verwalter einen einzigen Wirtschaftsplan und eine einzige Abrechnung über den Wirtschaftsplan erstellen. Etwas anderes gilt bei einer entsprechenden Vereinbarung. Vereinbarungen kommen unter anderem für folgende Punkte vor:
- für den anzuwendenden Umlageschlüssel
- für die Buchführung des Verwalters, beispielsweise die Verbuchung »mehrerer« Erhaltungsrücklagen
- für die Form der Abrechnung über den Wirtschaftsplan
- für die Frage, ob es neben der Abrechnung für die Gesamtanlage Abrechnungen für die einzelnen Gebäude der Mehrhausanlage geben soll
- für die Beschlussfassung

Wirtschaftspläne für einzelne Häuser machen einen Gesamtwirtschaftsplan – auch in einer Addition – nicht entbehrlich. Dies gilt auch für die Abrechnung. Möglich ist es, dass der Verwalter in einer Mehrhausanlage die Abrechnung über den Wirtschaftsplan nach einzelnen Häusern untergliedert; eine solche Darstellung kann, muss aber nicht vereinbart werden. Eine Untergliederung bewirkt eine Information der Wohnungseigentümer über »ihr« Haus, hat aber rechtlich – soweit nichts anderes vereinbart ist – keine Bedeutung. Ebenso muss ungeachtet einer Kostentrennung natürlich immer auch eine Abrechnung für die Gesamtanlage erstellt werden. Die Abrechnungen der einzelnen Häuser sind in der Summe nicht die vom Gesetz geforderte Abrechnung.

Ist eine isolierte Jahresabrechnung über den Wirtschaftsplan in einer Mehrhausanlage vereinbart (»hausbezogene Jahresabrechnung«), sollte die Jahresabrechnung für ein Einzelhaus als Inhalt vor allem haben: eine Gesamtabrechnung der isolierbaren Lasten und Kosten sowie Einzelabrechnungen der isolierbaren Lasten und Kosten.

DIGITALE EXTRAS

Muster: Weisung wegen des Verständnisses einer Umlagevereinbarung

1. Der Verwalter hat die Wohnungseigentümer darüber informiert, dass man die Umlagevereinbarung in § … der Gemeinschaftsordnung [genaue Angabe] unterschiedlich auslegen kann.
2. Der Verwalter hat ferner darauf hingewiesen, dass die Umlagevereinbarung unbeachtlich wäre, sollte man sie als unklar ansehen. Weiter hat der Verwalter darauf hingewiesen, dass man die Umlagevereinbarung – sollte man sie als »klar« und damit als beachtlich ansehen – wie folgt verstehen könne: … Schließlich hat der Verwalter die Wohnungseigentümer darauf hingewiesen, dass es eine Beschlusskompetenz gebe, den Verwalter in Bezug auf die Durchführung der Verwaltung des gemeinschaftlichen Eigentums anzuweisen.
3. Vor diesem Hintergrund weisen die Wohnungseigentümer den Verwalter an, die Umlagevereinbarung wie folgt anzuwenden: …

Abstimmungsergebnis
Ja-Stimmen: …
Nein-Stimmen: …
Enthaltungen: …
Der Versammlungsleiter verkündet folgendes Beschlussergebnis:
Der Beschluss, … [Inhalt], wurde angenommen/abgelehnt.

1.4.2 Anrecht auf Schlüssel?

LG Karlsruhe, Urteil vom 20.8.2021, 11 S 88/19
In Mehrhausanlagen hat nach einer (ggf. ergänzenden) Auslegung der Gemeinschaftsordnung bzw. aus dem Gemeinschaftsverhältnis mit seinen umfassenden Treue- und Rücksichtnahmepflichten der jeweils »hausfremde« Wohnungseigentümer an manchen Bereichen nur ein eingeschränktes Mitgebrauchsrecht. Soweit ein Bedarf besteht, ist ihm zwar der Zugang zu den Gemeinschaftsflächen (Hausflur) über die fragliche Hauseingangstür zu gewähren, zumal wenn sich im dahinterliegenden Flur auch die Zähler für Wasser und Strom befinden. Dazu bedarf es aber nicht der dauerhaften Überlassung von Schlüsseln.

Sachverhalt
Wohnungseigentümer K verlangt die Übergabe von drei Schlüsseln zur Hauseingangstür eines Hauses einer Mehrhausanlage, in der nicht sein Sondereigentum liegt.

Entscheidung

K hat keinen Erfolg: Der Anspruch ergebe sich insbesondere nicht aus § 16 Abs. 1 Satz 3 WEG. Grundsätzlich stehe den Wohnungseigentümern zwar der Mitgebrauch am gemeinschaftlichen Eigentum unabhängig von der Größe oder Anzahl der ihnen zustehenden Miteigentumsanteile in gleichem Umfange zu. Dennoch habe naturgemäß nicht jeder Wohnungseigentümer Zugang zu allen Schlüsseln. Es sei daher bei Mehrhausanlagen anerkannt, dass der jeweils »hausfremde« Wohnungseigentümer nur ein eingeschränktes Mitgebrauchsrecht an manchen Bereichen des fremden Hauses habe. Diese Einschränkung ergebe sich im Wege einer (ggf. ergänzenden) Auslegung der Gemeinschaftsordnung (Hinweis auf MüKoBGB/Scheller, 8. Aufl., WEG § 16 Rn. 12) bzw. aus dem Gemeinschaftsverhältnis mit seinen umfassenden Treue- und Rücksichtnahmepflichten i. S. v. § 241 Abs. 2 BGB. Soweit ein Bedarf bestehe, sei K allerdings der Zugang zu den Gemeinschaftsflächen (Hausflur) über die fragliche Hauseingangstür zu gewähren, zumal sich im dahinterliegenden Flur auch die Zähler für Wasser und Strom befänden. Weder dazu noch für den Zugang zum Kellerraum bedürfe es aber der dauerhaften Überlassung von Schlüsseln. Der Anspruch auf Übergabe von drei Schlüsseln zur Hauseingangstür lasse sich aus diesem Betretungs- und Duldungsrecht nicht ableiten. Er sei ein »aliud« hierzu.

Hinweis für die Verwaltungspraxis

Für die Lösung des Falles muss man klären, welche Räume und Flächen im gemeinschaftlichen Eigentum stehen. Dann ist zu klären, ob das Mitgebrauchsrecht der Wohnungseigentümer als Miteigentümer des gemeinschaftlichen Eigentums eingeschränkt sein kann. Ferner muss man fragen, ob jeder Wohnungseigentümer zu diesen Räumen oder Flächen einen ungehinderten Zugang haben muss und ob ihm ein Zugangsrecht das Recht verleiht, dauerhaft einen Schlüssel zu verlangen.

Gemeinschaftliches Eigentum

Grundsätzlich stehen alle Flächen und Räume in einer Wohnungseigentumsanlage im gemeinschaftlichen Eigentum. Etwas anderes gilt nur dann, wenn eine Fläche oder ein Raum nach §§ 3, 8 WEG i. V. m. dem Aufteilungsplan zu Sondereigentum erklärt worden ist und wenn die Bestimmung nicht gegen § 5 Abs. 1, Abs. 2 WEG verstößt. Im besprochenen Fall geht es um den Zugang zum Treppenhaus einer Mehrhausanlage. Dieses Treppenhaus steht nach § 5 Abs. 2 WEG zwingend im gemeinschaftlichen Eigentum sämtlicher Wohnungseigentümer, da am Treppenhausraum mehr als ein Wohnungseigentümer Gebrauch haben muss. Hieraus folgt, dass auch die Hauseingangstür, die den Zugang zum Treppenhausraum gewährt, sowie ihre wesentlichen Bestandteile sämtlichen Wohnungseigentümern als Miteigentümern gehört. Daher steht auch die Schlüsselanlage bzw. das Schloss im Eigentum sämtlicher Wohnungseigentümer.

Mitgebrauchsrecht
Steht ein Raum oder stehen Flächen im gemeinschaftlichen Eigentum, hat daran jeder Wohnungseigentümer ein Mitgebrauchsrecht. Wo sein Sondereigentum liegt und wie groß der Miteigentumsanteil ist – oder ob er mehrere Miteigentumsanteile hält – ist bedeutungslos.

Die Karlsruher WEG-Kammer beurteilt dies anders. Sie meint, in einer Mehrhausanlage bestehe nur ein eingeschränktes Mitgebrauchsrecht. Diese Aussage ist falsch. Ein eingeschränktes Mitgebrauchsrecht gibt es nur an zwei Stellen. Erstens bei gemeinschaftlichem Eigentum, das isoliert liegt und nur erreichbar ist, wenn man Sondereigentum durchqueren muss. So kann es im Einzelfall bei einem Balkon liegen oder einem Spitzboden, nicht aber bei einem Treppenhaus. Zweitens, wenn ein Wohnungseigentümer die Kosten für eine bestimmte Anlage getragen hat. Dann gewähren ihm § 21 Abs. 1 Satz 2 WEG bzw. § 21 Abs. 3 Satz 2 WEG daran ein – vorübergehendes (vgl. § 21 Abs. 4 WEG) – Alleingebrauchsrecht.

Zugang zu Schlüsseln
Ist geklärt, ob ein Raum oder eine Fläche, zu dem oder der nur ein Zugang besteht, wenn man über den Schlüssel verfügt, im gemeinschaftlichen Eigentum steht, ist schließlich zu klären, ob jedem Wohnungseigentümer für seinen ungehinderten Gebrauch des Raums oder der Fläche – jedenfalls auf seine Bitte hin – von der Verwaltung ein Schlüssel auszuhändigen ist oder ob es reicht, dem Wohnungseigentümer bei einem konkreten Anlass, den Raum oder die Fläche zu betreten, einen Schlüssel auszuhändigen. Das LG ist der Ansicht, ein Schlüssel sei nur bei einem konkreten Anlass auszuhändigen. Ich selbst sehe das anders. Grundsätzlich muss es jedem Wohnungseigentümer nach seiner eigenen Willkür möglich sein, einen Raum oder eine Fläche, der oder die in seinem Miteigentum steht, zu betreten. Etwas anderes kann nur dann gelten, wenn es z. B. um einen Raum geht, in dem sich Einrichtungen befinden, die geschützt sein sollten. Hierbei kann es z. B. um den Raum gehen, in dem sich die Hausanschlüsse oder die Heizung befinden. Bei einem Treppenhaus ist das nicht der Fall.

1.5 Öffentliches Recht

1.5.1 Haftung des Wohnungseigentümers neben Gemeinschaft der Wohnungseigentümer?

OVG Rheinland-Pfalz, Beschluss vom 2.8.2021, 6 C 11564/20
Sieht die Gebührensatzung einer Gemeinde für Gebührenschulden eine gesamtschuldnerische Haftung von Miteigentümern vor, besteht keine Verpflichtung des

Satzungsgebers, Wohnungseigentümer von dieser Regelung auszunehmen und für sie eine lediglich persönliche Haftung zu begründen.

Sachverhalt

Wohnungseigentümer K wendet sich im Wege eines Normenkontrollantrags gegen § 27 einer Satzung über die Erhebung von Entgelten für die öffentliche Abwasserbeseitigung (ESA). Danach haftet für die Abwasserbeseitigung jeder Miteigentümer des Grundstücks als Gesamtschuldner. K meint, die Wohnungseigentümer seien keine »normalen« Miteigentümer und wendet sich daher gegen die Anordnung der Gesamtschuld. Miteigentümer, die zugleich vertraglich eingeräumtes oder durch Teilung begründetes Sondereigentum an einer Wohnung hätten, müssten von sonstigen Miteigentümern einer Immobilie ohne Sonderrechte unterschieden werden.

Wohnungs- und Teileigentümer könnten nämlich ohne größeren Aufwand jeweils gesondert als Schuldner von Gebühren für Leistungen eines Ver- oder Entsorgungsunternehmens herangezogen werden. Dies gelte insbesondere dann, wenn in jeder Sonder- oder Teileigentumseinheit Zähler angebracht seien, die es ermöglichten, den Verbrauch pro Einheit exakt zu messen. Die Gemeinde hält dem entgegen, die angegriffene Regelung sei im Hinblick auf die Grundstücksbezogenheit der Schmutzwassergebühren nach der Rechtsprechung des BVerwG und auch des OVG Rheinland-Pfalz nicht zu beanstanden.

Entscheidung

Der Normenkontrollantrag hat keinen Erfolg: Die Gemeinde sei nicht gehalten, Wohnungseigentümer von der in § 27 ESA vorgesehenen gesamtschuldnerischen Haftung auszunehmen und für sie – lediglich – eine Haftung für die auf das jeweilige Wohnungseigentum entfallende Gebührenschuld zu begründen. Das Kommunalabgabengesetz (KAG) enthalte für diesen Fragenkreis keine spezielle Vorschrift. Es beschränke sich auf die in seinem § 2 Abs. 1 Satz 2 getroffene Regelung, wonach die Satzung den Abgabenschuldner bestimmen müsse. Hierzu habe die Antragsgegnerin mit der angegriffenen Vorschrift das aus ihrer Sicht Erforderliche geregelt und auf eine Sonderbestimmung für Wohnungseigentümer verzichtet.

Dies entspreche der Rechtsprechung des Bundesverwaltungsgerichts, wonach die »Teilrechtssubjektivität der Wohnungseigentümergemeinschaft« die Geltung einer im kommunalen Abgabenrecht statuierten gesamtschuldnerischen Haftung der Wohnungseigentümer für Grundbesitzabgaben nicht hindere (Hinweis auf BVerwG, Beschluss v. 11.11.2005, 10 B 65/05). Auch die Rechtsprechung mehrerer Obergerichte gehe davon aus, der Abgabengläubiger dürfe einen der Wohnungseigentümer als Gesamtschuldner für die Gebührenschulden sämtlicher Wohnungseigentümer heranziehen (Hinweis auf BayVGH, Urteil v. 28.10.1996, 23 B 93.00006, und OVG Münster, Beschluss v. 19.10.2013, 9 E 398/13).

Dieser Rechtsprechung stehe nicht entgegen, dass aufgrund der in jeder Wohnungseinheit angebrachten Verbrauchszähler die von den jeweiligen Eigentümern in Anspruch genommene Leistung ihrem Umfang nach eindeutig zugeordnet werden könne. K übersehe, dass die gesamtschuldnerische Haftung nicht aufgrund denkbarer Schwierigkeiten bei der Bemessung des jeweiligen Leistungsumfangs begründet worden sei. Maßgeblich sei vielmehr das uneingeschränkte Eintreten von Grundstückseigentümern für grundstücksbezogene Leistungen. Außerdem sei zu berücksichtigen, dass die gegenüber einem Grundstückseigentümer festgesetzten grundstücksbezogenen Benutzungsgebühren als öffentliche Last i. S. d. § 7 Abs. 7 KAG auf dem Grundstück ruhen würden. Dies gelte auch für eventuelle Abwasserbeseitigungsgebühren, die nach der Entgeltsatzung Abwasserbeseitigung der Antragsgegnerin gegenüber Wohnungseigentümern festgesetzt werden.

Hinweis für die Verwaltungspraxis

Im besprochenen Fall geht es um die Überprüfung der Satzung einer Gemeinde. Dies ist auf drei Wegen möglich: Ein Weg ist ein Antrag zur Entscheidung über die Gültigkeit von im Rang unter dem Landesgesetz stehenden Rechtsvorschriften, sofern das Landesrecht dies bestimmt (abstraktes Normenkontrollverfahren nach § 47 Abs. 1 Nr. 2 VwGO). Den Antrag kann jede natürliche oder juristische Person, die geltend macht, durch die Rechtsvorschrift oder deren Anwendung in ihren Rechten verletzt zu sein oder in absehbarer Zeit verletzt zu werden, sowie jede Behörde innerhalb eines Jahres nach Bekanntmachung der Rechtsvorschrift stellen. Er ist gegen die Körperschaft, Anstalt oder Stiftung zu richten, welche die Rechtsvorschrift erlassen hat. Das OVG entscheidet durch Urteil oder, wenn es – wie im Fall – eine mündliche Verhandlung nicht für erforderlich hält, durch Beschluss. Neben diesem Weg besteht die Möglichkeit, die Satzung im Zusammenhang mit einer Anfechtungsklage gegen einen Verwaltungsakt, der auf Grundlage der Satzung erlassen wurde, inzident auf ihre Wirksamkeit zu überprüfen. Im Übrigen kann die Satzung durch eine – subsidiäre – Verfassungsbeschwerde angegriffen werden.

Im Fall hat ein Wohnungseigentümer den Antrag gestellt (es handelte sich um eine Zweiergemeinschaft). Das OVG hat nicht problematisiert, ob der Antrag § 9a Abs. 2 WEG unterfällt und daher von der Gemeinschaft der Wohnungseigentümer zu stellen gewesen wäre. Da es sich bei der Pflicht, die Kosten für das Abwasser zu tragen, um eine auf das gemeinschaftliche Eigentum bezogene Pflicht handelt, wäre diese Frage aber zu stellen und wohl auch i. S. d. § 9a Abs. 2 WEG zu bejahen gewesen. Im Kern geht es bei dem Fall allerdings um die Frage, ob es richtig ist, nach einer Satzung die Wohnungseigentümer als Gesamtschuldner für Lasten des gemeinschaftlichen Eigentums zu benennen.

Organisation der Verwaltung

Der Staat kann einer Wohnungseigentumsanlage als »Staat« oder im Wege des Verwaltungsprivatrechts gegenübertreten:

Im ersten Fall verlangt der Staat in der Regel eine Gebühr. Diese gilt nicht zwingend, aber in der Regel handelt es sich um eine Leistung für das gemeinschaftliche Eigentum. Wer der Gebührenschuldner ist, muss der Staat bestimmen. Bei Miteigentum entscheidet er sich regelmäßig für die Miteigentümer als Gesamtschuldner. Bei einer Wohnungseigentumsanlage gilt bislang nichts anderes. Es wäre aber – wie es der Bundesgesetzgeber im Schornsteinfeger-Handwerksgesetz getan hat (§ 20 Abs. 2 Satz 1 Fall 1 SchfHwG; siehe zum Sondereigentum auch § 20 Abs. 2 Satz 1 Fall 2 SchfHwG) – zu erwägen und meines Erachtens allein richtig, die Gemeinschaft der Wohnungseigentümer als Gebührenschuldnerin zu bestimmen. Denn nach § 9a Abs. 2 WEG ist es die Pflicht der Gemeinschaft der Wohnungseigentümer, die auf dem gemeinschaftlichen Eigentum ruhende Last zu erfüllen.

Im zweiten Fall schließt der Staat Verträge, z. B. für den Abtransport von Müll. Diese Verträge schließt er mit der Gemeinschaft der Wohnungseigentümer, vertreten durch den Verwalter. Ob der Verwalter Entscheidungen treffen darf, bemisst sich an § 27 Abs. 1 WEG. Danach hat der Verwalter für die Gemeinschaft der Wohnungseigentümer zu handeln, wenn dies zur Wahrung einer Frist oder zur Abwendung eines Nachteils erforderlich ist (§ 27 Abs. 1 Nr. 2 WEG). Im Übrigen kann der Verwalter handeln, sofern die konkrete Entscheidung eine untergeordnete Bedeutung hat und nicht zu erheblichen Verpflichtungen führt (§ 27 Abs. 1 Nr. 1 WEG). Am besten ist es, wenn die Wohnungseigentümer nach § 27 Abs. 2 WEG die Rechte der Verwaltung durch einen Beschluss klarstellen.

Lasten des gemeinschaftlichen Eigentums

Nach § 16 Abs. 2 Satz 1 WEG hat jeder Wohnungseigentümer die Kosten der Gemeinschaft der Wohnungseigentümer zu tragen. Was für die Lasten des gemeinschaftlichen Eigentums gilt, die keine Kosten der Gemeinschaft der Wohnungseigentümer sind, regelt § 16 Abs. 2 Satz 1 WEG nicht. Nach dem überwiegenden Schrifttum dürfte § 16 Abs. 2 Satz 1 WEG aber auch auf Lasten anwendbar sein, wenigstens entsprechend. Es gehört also zu den Aufgaben der Verwaltung nach § 27 Abs. 1 WEG, die Lasten des gemeinschaftlichen Eigentums, beispielsweise die Forderung einer Gemeinde aus einem Gebührenbescheid, zu erfüllen.

1.5.2 Gemeinschaft der Wohnungseigentümer: Drittbetroffener?

VGH München, Beschluss vom 14.1.2022, 9 ZB 19.331
Wohnungseigentümer zählen zu den Nachbarn im Sinn des Art. 66 Abs. 1 Satz 4 und Abs. 2 Satz 1 BayBO, wenn sie baurechtliche Nachbarrechte aus eigenem Recht geltend machen können, weil der Behörde bei ihrer Entscheidung über die Baugenehmigung auch der Schutz der nachbarlichen Interessen des Sondereigentums aufgetragen ist.

Sachverhalt
Die Gemeinschaft der Wohnungseigentümer K wendet sich mit einer Klage vom 23.10.2017 gegen eine Baugenehmigung vom 9.8.2017 für eine Nutzungsänderung auf einem benachbarten Grundstück (hier: eine neue Einrichtung für eine schulische Mittagsbetreuung). Das VG weist die Klage wegen Nichteinhaltung der Klagefrist des § 74 Abs. 1 Satz 2 VwGO als unzulässig ab. Der Antrag auf Wiedereinsetzung sei abzulehnen, weil die Klagefrist nicht unverschuldet versäumt worden sei. K habe damit rechnen müssen, dass eine Baugenehmigung ergehen werde und dass die Möglichkeit einer öffentlichen Zustellung eröffnet sei. Mit ihrem Zulassungsantrag verfolgt K ihr Begehren weiter.

Entscheidung
K hat keinen Erfolg: Die Beklagte habe die Baugenehmigung öffentlich bekannt machen dürfen (Art. 66 Abs. 2 Satz 4 Halbsatz 1 BayBO). Mit den Sondereigentümern sei eine hinreichende Anzahl von 20 Nachbarn (im Sinne des Art. 66 Abs. 1 Satz 4 BayBO) und damit von Beteiligten gem. Art. 13 Abs. 1 Nr. 1 BayVwVfG (Art. 66 Abs. 2 Satz 1 BayBO) im gleichen Interesse beteiligt.

Der Einwand der K, nur sie selbst, nicht jedoch einzelne Wohnungseigentümer seien befugt, die Rechte wegen Beeinträchtigungen des gemeinschaftlichen Eigentums geltend zu machen, verfange nicht. Vielmehr habe die Beklagte bei der Bestimmung der Nachbarn i. S. d. Art. 66 Abs. 2 Satz 1 BayBO zu Recht auch die Wohnungseigentümer einbezogen. Die Wohnungseigentümer könnten sich zwar aufgrund der im Bauplanungsrecht gebotenen grundstücksbezogenen Betrachtungsweise nicht mit Erfolg auf die Beeinträchtigung ihres ideellen Anteils am gemeinschaftlichen Eigentum oder auf die Verletzung nachbarschützender Vorschriften bezogen auf das Gesamtgrundstück berufen. Sondereigentümer könnten aber baurechtliche Nachbarrechte aus eigenem Recht geltend machen, sofern der Behörde bei ihrer Entscheidung über die Baugenehmigung auch der Schutz der nachbarlichen Interessen des Sondereigentums aufgetragen sei. Im Fall sei es so, weil konkrete Beeinträchtigungen des Sondereigentums in Form unzumutbarer Lärmbeeinträchtigungen durch die Benutzer der geplanten Einrichtung sowie durch den An- und Abfahrtsverkehr im Raum stünden.

K habe die Klagefrist auch schuldhaft versäumt. Der Kanzlei ihres Bevollmächtigten sei mitgeteilt worden, dass eine Klage erforderlich sei, was nur Sinn ergebe, wenn die Baugenehmigung bereits ergangen sei. Darüber hinaus habe K damit rechnen müssen, dass eine Baugenehmigung ergehen werde und dass die Möglichkeit einer öffentlichen Zustellung eröffnet sei.

Hinweis für die Verwaltungspraxis

Nach § 74 Abs. 1 Satz 2 VwGO muss die Klage innerhalb eines Monats nach Bekanntgabe des Verwaltungsakts erhoben werden. Fraglich kann insoweit sein, ob die von der Beklagten gewählte öffentliche Bekanntmachung der Baugenehmigung zulässig war.

Öffentliche Bekanntmachung der Baugenehmigung

Den Eigentümern der benachbarten Grundstücke sind vom Bauherrn oder seinem Beauftragten der Lageplan und die Bauzeichnungen zur Zustimmung vorzulegen. Hat – wie im Fall – die K für die Wohnungseigentümer nicht zugestimmt oder wird ihren Einwendungen nicht entsprochen, so ist ihr eine Ausfertigung der Baugenehmigung zuzustellen (Art. 66 Abs. 1 Satz 4 BayBO). Bei mehr als 20 Beteiligten kann die Zustellung durch öffentliche Bekanntmachung im amtlichen Veröffentlichungsblatt der zuständigen Bauaufsichtsbehörde ersetzt werden.

Fraglich ist, ob man die Wohnungseigentümer als Sondereigentümer einzeln zählen darf (in größeren Wohnungseigentumsanlagen wäre dann immer eine öffentliche Bekanntmachung zulässig). Das Gericht bejaht diese Frage.

1.5.3 Vorgehen gegen Baugenehmigung

VG München, Beschluss vom 31.8.2021, M 9 SN 21.976

Ein Wohnungseigentümer kann als Sondereigentümer baurechtliche Nachbarrechte geltend machen, wenn eine konkrete Beeinträchtigung seines Sondereigentums infrage steht.

Sachverhalt

Wohnungseigentümer K geht gegen eine Baugenehmigung für den Grundstücksnachbarn N vor. K ist der Ansicht, es liege ein Verstoß gegen das Gebot der gegenseitigen Rücksichtnahme vor. Die von N geplante Bebauung füge sich nicht ein. Außerdem seien die Abstandsflächen nicht eingehalten. Fraglich ist, ob K Rechte auch wegen des Schutzes des gemeinschaftlichen Eigentums geltend machen kann.

Entscheidung

Das VG verneint die Frage. Die Anfechtungsklage sei unzulässig, soweit eine Verletzung des bauplanungsrechtlichen Gebots der Rücksichtnahme aufgrund der Tiefgaragenzufahrt und eine Verletzung von Abstandsflächen geltend gemacht werden, die nicht an das Sondereigentum des K grenzen.

Insoweit fehle K die Klagebefugnis nach § 42 Abs. 2 VwGO. K könne als Sondereigentümer gem. § 13 Abs. 1 Halbsatz 2 WEG baurechtliche Nachbarrechte aus eigenem Recht nur geltend machen, wenn eine konkrete Beeinträchtigung seines Sondereigentums infrage stehe. Dies sei beispielsweise dann der Fall, wenn das Sondereigentum im Bereich der Abstandsflächen liege oder das bauplanungsrechtliche Rücksichtnahmegebot gerade das Sondereigentum betreffe.

Die frühere, teilweise anderslautende Rechtsprechung, wonach es sich bei der Geltendmachung öffentlich-rechtlicher Nachbaransprüche auch im Hinblick auf das gemeinschaftliche Eigentum lediglich um eine »gekorene« Ausübungsbefugnis handele (Hinweis auf BVerwG, Urteil v. 10.4.2019, 9 A 24/18, BVerwGE 165 S. 192, und VGH Mannheim, Urteil v. 13.7.2017, 5 S 2602/15, DVBl. 2017 S. 1506), sei durch § 9a Abs. 2 WEG veraltet. Die Befugnis, öffentlich-rechtliche Nachbaransprüche im Hinblick auf das gemeinschaftliche Eigentum geltend zu machen, stehe danach nur der Gemeinschaft der Wohnungseigentümer zu (Hinweis u. a. auf VGH Mannheim, Beschluss v. 24.2.2021, NVwZ-RR 2021 S. 524 Rn. 21 und Hügel/Elzer, WEG, 3. Aufl., § 9a Rn. 99).

Hinweis für die Verwaltungspraxis

Im besprochenen Fall geht ein Wohnungseigentümer gegen eine seinem Grundstücksnachbarn erteilte Baugenehmigung vor. Für seine Klagebefugnis wird fraglich, ob er auch wegen einer Beeinträchtigung des gemeinschaftlichen Eigentums Rechte geltend machen kann.

Verwaltung des gemeinschaftlichen Eigentums bei Nachbarbauvorhaben

Nach § 18 Abs. 1 WEG ist es die Aufgabe der Gemeinschaft der Wohnungseigentümer, das gemeinschaftliche Eigentum zu verwalten. Ferner nimmt die Gemeinschaft der Wohnungseigentümer nach § 9a Abs. 2 WEG für die Wohnungseigentümer die Rechte aus dem gemeinschaftlichen Eigentum wahr. Zu diesen Rechten gehört u. a. das Recht, bei einem Nachbarbauvorhaben angemessen beteiligt zu werden und gegen dieses vorzugehen. Nach § 9a Abs. 2 WEG sind daher nicht mehr die Wohnungseigentümer, sondern ist die Gemeinschaft der Wohnungseigentümer als Verwaltungstreuhänderin und Standschafterin bei einem Bauvorhaben zu beteiligen und sie ist berechtigt und verpflichtet, bei Beeinträchtigungen gegen das Bauvorhaben vorzugehen. Die Wohnungseigentümer werden an dieser Stelle in ihrer Rechtswahrnehmung vollständig verdrängt. Denn nur die

Gemeinschaft der Wohnungseigentümer kann sich nach § 9a Abs. 2 Fall 1 WEG für das gemeinschaftliche Eigentum einsetzen. Eine Erklärung der Wohnungseigentümer als Eigentümer ginge ins Leere.

Der Wille der Gemeinschaft der Wohnungseigentümer in Bezug auf das gemeinschaftliche Eigentum wird bei Nachbarbauvorhaben nach § 19 Abs. 1 WEG durch Beschluss von den Wohnungseigentümern gebildet. Der Verwalter hat nach § 27 Abs. 1 WEG hingegen keine Rechte. Die Wohnungseigentümer können nach § 10 Abs. 1 Satz 2 WEG etwas anderes vereinbaren.

Die Gemeinschaft der Wohnungseigentümer wird nach § 9b Abs. 1 Satz 1 WEG durch den Verwalter vertreten. Seine Vertretungsmacht ist nicht davon abhängig, dass eine Willensbildung stattgefunden hat.

Verwaltung des Sondereigentums bei Nachbarbauvorhaben
Das Sondereigentum wird ausschließlich von seinem Eigentümer verwaltet. Wird Sondereigentum durch ein Bauvorhaben beeinträchtigt, ist daher nur sein Eigentümer berechtigt, gegen diese Rechtsverletzung vorzugehen.

2 Sachenrecht (§§ 2 bis 9 WEG)

Gegenstand dieses Abschnitts sind Entscheidungen, die sich mit den Problemen der Begründung von Wohnungseigentum durch Teilungsvertrag und Teilungserklärung nebst Aufteilungsplan und Abgeschlossenheitsbescheinigung beschäftigen. Ferner gehören hierher Entscheidungen zur Unterteilung eines Wohnungseigentums oder zur Vereinigung von zwei oder mehreren Wohnungseigentumsrechten, soweit Unterteilung und/oder Vereinigung nicht nur baulich sind, sondern sachenrechtliche Konsequenzen haben sollen. Auch Entscheidungen, die sich mit Miteigentumsanteilen, vor allem ihrer Größe, oder mit der Umwandlung von Teil- in Wohnungseigentum (oder umgekehrt) befassen, gehören hierher.

Zentrale Frage des WEG-Sachenrechts ist daneben – vor allem wegen der Kosten, aber auch wegen der Verwaltungskompetenz –, welche Räume und wesentlichen Gebäudebestandteile im gemeinschaftlichen Eigentum und welche im Sondereigentum stehen und welche Räume überhaupt im Sondereigentum stehen können.

2.1 Teilungserklärung

OLG Düsseldorf, Beschluss vom 25.5.2022, I-3 Wx 59/22s

Die in einer Teilungserklärung aufgenommene Bestimmung »Sollten die zu Sondereigentum erklärten Gebäudeteile nicht sondereigentumsfähig sein, so sind sie den jeweils zugehörigen Sondereigentumseinheiten zur Sondernutzung zugewiesen und hinsichtlich der Instandhaltungspflichten und etwaiger Betriebskosten wie Sondereigentum zu behandeln« verstößt nicht gegen den im Grundbuchrecht geltenden Bestimmtheitsgrundsatz.

Sachverhalt

B bestimmt in einer Teilungserklärung, welche Räume und Bestandteile zum Sondereigentum gehören sollen. Der Absatz schließt mit folgender Erklärung:

»Sollten die zu Sondereigentum erklärten Gebäudeteile nicht sondereigentumsfähig sein, so sind sie den jeweils zugehörigen Sondereigentumseinheiten zur Sondernutzung zugewiesen und hinsichtlich der Instandhaltungspflichten und etwaiger Betriebskosten wie Sondereigentum zu behandeln.«

Das Grundbuchamt meint, diese Anordnung entspreche nicht dem im Grundbuchrecht geltenden Bestimmtheitsgrundsatz und sei nicht eintragungsfähig. Bei Eintragung müsse feststehen, was zum gemeinschaftlichen Eigentum und was zum Sondereigentum gehöre. Hiergegen wendet sich B.

Entscheidung
B hat Erfolg: Die Erklärung genüge dem im Grundbuchrecht geltenden Bestimmtheitsgrundsatz. In der Teilungserklärung werde bestimmt, welche Gebäudeteile zum Sondereigentum gehören sollen. Sodann werde bestimmt, was gelten solle, wenn die genannten Gebäudeteile nicht sondereigentumsfähig sein sollten (dann sollen sie zur Sondernutzung zugewiesen sein). Das zeige, dass die Zuweisung von Sondereigentum davon abhängig sein solle, dass die Sondereigentumsfähigkeit der genannten Gebäudeteile verneint werde. Die Frage der Sondereigentumsfähigkeit der ausdrücklich genannten Gebäudeteile stelle sich immer, wenn der Eigentümer eines Grundstücks dessen Teilung erkläre und die Eintragung von Wohnungseigentum beantrage.

Die Sondereigentumsfähigkeit von Gebäudeteilen richte sich nach § 5 WEG, der die Abgrenzung von gemeinschaftlichem Eigentum und Sondereigentum regele. Entscheidend für die Eintragung sei also die Rechtsfrage, ob die in der Teilungserklärung in erster Linie gewollte Zuweisung der genannten Gebäudeteile zum Sondereigentum wirksam sei. Die Beantwortung dieser Frage hänge nicht vom Willen der Beteiligten ab, sondern davon, ob die Voraussetzungen des § 5 Abs. 1 WEG gegeben seien. Diese im Einzelfall möglicherweise schwierige und streitige rechtliche Frage habe das Grundbuchamt vor der Eintragung zu prüfen. Ein Ermessen stehe ihm nicht zu.

Der streitigen Erklärung komme danach die Bedeutung zu, vorsorglich und hilfsweise bereits in der Teilungserklärung den Willen des teilenden Eigentümers festzuhalten, dass an den fraglichen Gebäudeteilen wenigstens in rechtlicher Hinsicht ein Sondernutzungsrecht bestehen solle. Bedenken gegen die Zulässigkeit der Regelung ergäben sich nicht, da in der Rechtsprechung und in der überwiegenden Literatur anerkannt sei, dass die unwirksame Begründung von Sondereigentum in die Bestellung eines Sondernutzungsrechts umgedeutet werden könne. Auch die Umdeutung habe den Zweck, den von den Parteien erstrebten wirtschaftlichen Erfolg zu verwirklichen, wenn das rechtliche Mittel, das sie dafür gewählt haben, unzulässig sei, jedoch ein anderer, rechtlich gangbarer Weg zur Verfügung stehe, der zum annähernd gleichen wirtschaftlichen Ergebnis führe. Die Teilungserklärung werde dadurch nicht unklar.

Hinweis für die Verwaltungspraxis

Im besprochenen Fall geht es um die Frage, ob eine Teilungserklärung wie beantragt umgesetzt werden kann. Das Grundbuchamt hat Bedenken, weil der aufteilende Eigentümer zwar für bestimmte Gebäudeteile bestimmt, dass sie im Sondereigentum stehen sollen, er aber zugleich erklärt, was gelten soll, wenn die Gebäudeteile nicht sondereigentumsfähig sind.

Inhalt einer Teilungserklärung
Der aufteilende Eigentümer kann die Anzahl und die Größe der Miteigentumsanteile sowie die Räume bestimmen, die nach der Aufteilung im Sondereigentum stehen sollen. Eine Kompetenz, für wesentliche Gebäudebestandteile anzuordnen, dass sie im Sondereigentum stehen sollen, besteht nicht. Was insoweit gilt, bestimmt § 5 WEG. Dies erkennt das OLG – und erkennt es nicht. Irgendwie scheint es davon auszugehen, dass der aufteilende Eigentümer dennoch bestimmen könne, welche wesentlichen Gebäudebestandteile im Sondereigentum stehen sollen.

Umdeutung
Findet sich in einer Teilungserklärung eine Anordnung, welche wesentlichen Gebäudebestandteile im Sondereigentum stehen sollen, kann diese Anordnung im Einzelfall umgedeutet werden. Vorstellbar ist, dass an dem entsprechenden Gebäudebestandteil ein Sondernutzungsrecht bestehen soll. Und es ist vorstellbar, dass der Wohnungseigentümer als Sondereigentümer, dem der Gebäudebestandteil zugeordnet werden sollte, verpflichtet sein soll, die Erhaltungs- und/oder Betriebskosten für diesen Bestandteil zu tragen. Das OLG spricht die erste Umdeutung an. Dem Notar schwebte hingegen die zweite Umdeutung, also eine Umlagevereinbarung, vor (»hinsichtlich der Instandhaltungspflichten und etwaiger Betriebskosten wie Sondereigentum zu behandeln«).

Die Verwaltung einer Wohnungseigentumsanlage ist nicht berechtigt, eine möglicherweise unwirksame oder unklare Anordnung in der Teilungserklärung oder in der Gemeinschaftsordnung umzudeuten. Sie kann den Wohnungseigentümern von der Unwirksamkeit oder Unklarheit aber berichten und sie bitten, die Verwaltung anzuweisen, wie sie die Regelung verstehen soll. Im aktuellen Recht ist es ferner möglich, nach § 16 Abs. 2 Satz 2 WEG (klarstellend) zu beschließen, dass ein Wohnungseigentümer, der einen besonderen Gebrauch an einem wesentlichen Gebäudebestandteil hat, beispielsweise an einem Fenster im Bereich seiner Wohnung, die damit im Zusammenhang stehenden Erhaltungskosten tragen soll.

2.2 Genehmigungsvorbehalt

OLG München, Beschluss vom 17.5.2021, 34 Wx 101/21
Zumindest in Umgehungsfällen, in denen der Eigentümer sich selbst oder einer Sanierungsgesellschaft ein Erbbaurecht bestellt, welches in engem zeitlichem Zusammenhang dazu in Wohnungs- und Teilerbbaurechte aufgeteilt wird, gilt entsprechend § 172 Abs. 1 Satz 4 BauGB der Genehmigungsvorbehalt auch für die Aufteilung eines Erbbaurechts in Wohnungs- und Teilerbbaurechte.

Sachverhalt

In einem notariellen Vertrag über die Bestellung eines Erbbaurechts und die Begründung von Wohnungs- und Teilerbbaurechten ist Folgendes bestimmt:

»Die X, nachstehend auch als Eigentümer oder Grundstückseigentümer bezeichnet, bestellt hiermit für sich selbst als alleinige Berechtigte, nachstehend auch als Erbbauberechtigter oder Erbbaurechtsinhaber bezeichnet, an dem in Teil A Ziffer 1. dieser Urkunde näher beschriebenen Erbbaugrundstück ein Erbbaurecht [...] Der Erbbauberechtigte ist berechtigt, das auf dem Erbbaugrundstück befindliche Wohnhaus zu belassen, es umzubauen und es zu sanieren und zu renovieren. [...] Klargestellt wird, dass sich alle Vereinbarungen zur nachstehenden Einräumung von Sondereigentum nicht auf das Erbbaugrundstück, sondern auf das Erbbaurecht beziehen. Soweit nachstehend von Wohnungseigentum oder Teileigentum die Rede ist, ist insoweit das Wohnungserbbaurecht bzw. das Teilerbbaurecht gemeint. Eigentümer i. S. d. Abschnitts B ist der Erbbauberechtigte des gemäß Teil A neu begründeten Erbbaurechts. [...] Der Eigentümer teilt hiermit das Eigentum an dem in Ziffer 1 definierten WE-Grundstück gem. § 8 WEG in Miteigentumsanteile in der Weise auf, dass mit jedem Anteil das Sondereigentum an einer bestimmten Wohnung bzw. an nicht zu Wohnzwecken dienenden bestimmten Räumen in dem auf dem Grundstück errichteten bzw. zu errichtenden Gebäude verbunden ist.«

Fraglich ist, ob X für die Erklärung einer Genehmigung nach § 172 Abs. 1 Satz 1 BauGB bedarf, weil das Gebäude im Gebiet einer Erhaltungssatzung liegt.

Entscheidung

Das OLG bejaht die Frage. In Umgehungsfällen, in denen zunächst einer »Sanierungsgesellschaft« ein Erbbaurecht bestellt wird, welches in engem zeitlichem Zusammenhang in Wohnungs- und Teilerbbaurechte aufgeteilt wird, sei § 172 Abs. 1 Satz 4 BauGB entsprechend anzuwenden. Zumindest für den Fall, dass dem Eigentümer des Grundstücks eine Aufteilung des darauf befindlichen Gebäudes in Wohnungs- und Teileigentum grundsätzlich möglich wäre, er aber ein Erbbaurecht zugunsten einer dafür gegründeten Gesellschaft bestellt, die im Anschluss daran dieses in Wohnungs- und Teilerbbaurechte aufteilt, bestehe nämlich eine planwidrige Regelungslücke. Denn in diesem Fall stehe im Raum, dass die Gestaltung allein dem Zweck diene, einen Genehmigungsvorbehalt nach § 172 BauGB zu umgehen. Im besprochenen Fall habe X nicht einmal eine Gesellschaft zur Sanierung des Grundstücks gegründet, sondern sich selbst das Erbbaurecht bestellt und mit derselben Urkunde die Unterteilung nach den §§ 30, 8 Abs. 1 WEG vorgenommen. Dass damit eine Umgehung der Genehmigungspflicht aufgrund der Erhaltungssatzung bezweckt war, liege auf der Hand. X müsse sich daher in diesem Fall so behandeln lassen, als hätte sie die Eintragung von Wohnungs- und Teileigentum beantragt.

Hinweis für die Verwaltungspraxis

§ 172 Abs. 1 Satz 1 Nr. 2, Satz 4 BauGB gestattet es den Gemeinden in einer Erhaltungssatzung (auch Milieuschutzsatzung genannt) zur Erhaltung der Zusammensetzung der Wohnbevölkerung Gebiete zu bezeichnen, in denen die Begründung von Wohnungs- oder Teileigentum an Gebäuden, die ganz oder teilweise Wohnzwecken zu dienen bestimmt sind, der Genehmigung bedarf. Anders als in § 22 Abs. 1 Satz 1 Nr. 2 BauGB unterstellt der Gesetzgeber die Begründung von Wohnungserbbaurechten nicht ausdrücklich diesem Genehmigungserfordernis. Ob § 172 BauGB die Aufteilung eines Erbbaurechts in Wohnungs- und Teilerbbaurechte umfasst, ist daher umstritten. Einerseits wird unter Hinweis auf § 22 BauGB vertreten, dass der Genehmigungsvorbehalt nach § 172 Abs. 1 Satz 4 BauGB nur für die Begründung von Wohnungs- und Teileigentum, nicht jedoch für die Aufteilung eines Erbbaurechts in Wohnungs- und Teilerbbaurechte nach § 30 WEG gilt (beispielsweise OVG Berlin-Brandenburg, Beschluss v. 10.4.2019, 2 S 45.18; Theuss, RNotZ 2019, S. 573, 585; Drasdo in Ingenstau/Hustedt, ErbbauRG, 11. Aufl., Anhang III Rn. 26). Andererseits wird der Anwendungsbereich als eröffnet gesehen, da andernfalls Umgehungsmodelle geradezu provoziert werden (Böttcher, ZNotP 2021, S. 49, 51).

Schutzzweck einer Erhaltungssatzung

Der Schutzzweck einer Erhaltungssatzung besteht darin, die Zusammensetzung der Wohnbevölkerung zu erhalten. Es geht also nicht darum, einen konkreten Wohnraumbestand zu erhalten, sondern um die Funktionsfähigkeit des Wohnungsmarkts an sich und um die Vorbeugung von Gentrifizierung. Es ist daher wohl auszuschließen, dass der Gesetzgeber eine Umgehung des Genehmigungsvorbehalts ermöglichen wollte.

2.3 Umfang von Wohnungseigentum

OLG Nürnberg, Beschluss vom 22.3.2021, 15 W 421/21

Wird ein Kellerraum als Teil eines Wohnungseigentums bei Neufassung des Bestandsverzeichnisses versehentlich nicht mitübernommen, geht bei einer Übertragung des Wohnungseigentums der Kellerraum dennoch auf den Käufer über.

Sachverhalt

Zum Wohnungseigentum Nr. 117 gehört von Anfang an (seit dem Jahr 1978) ein Keller. Im Jahr 1987 wird das Bestandsverzeichnis wegen Unübersichtlichkeit nach § 33 GBV neu gefasst. Der Grundbuchrechtspfleger übersieht den Keller. Fraglich ist, in wessen Eigentum der Raum steht, nachdem das Wohnungseigentum mittlerweile mehrfach veräußert wurde.

Entscheidung

Das OLG meint, der Keller gehöre dem Eigentümer des Wohnungseigentums Nr. 117. Der Raum sei durch die Änderung des Bestandsverzeichnisses nicht von diesem Wohnungseigentum abgetrennt worden. Zwar könnten Räume an andere Wohnungseigentümer übertragen werden (Hinweis u. a. auf BayObLG, Beschluss v. 2.2.1984, BReg 2 Z 125/83). Zur Wirksamkeit der Übereignung sei aber gem. § 873 BGB die Eintragung der Rechtsänderung im Grundbuch erforderlich, was nicht geschehen sei. Der vormalige Eigentümer könne auch nicht wirksam auf das Sondereigentum am Keller verzichtet haben.

Der vollständige Verzicht auf Sondereigentum sei unzulässig. Für die Aufgabe von Sondereigentum an einzelnen Räumen gelte nichts anderes. Sondereigentum könne nur dadurch in gemeinschaftliches Eigentum überführt werden, dass an dem Vorgang sämtliche Eigentümer mitwirkten. Überdies wäre für eine Wirksamkeit des Verzichts gem. § 928 BGB die Eintragung in das Grundbuch erforderlich. Der Keller sei auch nicht gemeinschaftliches Eigentum geworden. Denn hierzu bedürfe es der Auflassung durch alle Wohnungseigentümer und der Eintragung ins Grundbuch (Hinweis auf BayObLG, Beschluss v. 7.12.1995, 2Z BR 90/95). Bei den Weiterveräußerungen sei daher das Sondereigentum am Keller mit dem Wohnungseigentumsrecht verbunden geblieben.

Hinweis für die Verwaltungspraxis

Was Gegenstand eines Wohnungseigentums ist, muss sich aus der – gegebenenfalls geänderten – Teilungserklärung und dem Aufteilungsplan ergeben. Danach war der Keller Teil des Wohnungseigentums Nr. 117. Auf das Bestandsverzeichnis kam es nicht an. Im Bestandsverzeichnis ist zwar der Grundstücksbestand verzeichnet. Ferner finden sich dort Angaben über die Herkunft und die Veränderungen des Immobilienbestandes. Das Bestandsverzeichnis ist aber nicht der Ort zu bestimmen, in wessen Eigentum ein Raum steht. Dies bestimmt die Teilungserklärung gemeinsam mit dem Aufteilungsplan. Tatsächliche Veränderungen sind ebenso wie Buchungsfehler unbeachtlich. Zwar wäre es gegebenenfalls möglich, dass ein fehlerhaft verbuchter Raum von einer Person, die ein Wohnungseigentum erwirbt, gutgläubig erworben wird. Im Fall spielte diese Erwägung aber keine Rolle, da der Raum bei keinem anderen Wohnungseigentum verbucht worden war.

Übertragung/Tausch

Wohnungseigentümer können Räume, die in ihrem Sondereigentum stehen, übertragen und/oder tauschen. Materiell-rechtlich bedarf es zur Übertragung einer Einigung zwischen Veräußerer und Erwerber in Auflassungsform. Der Anspruch kann durch Vormerkung gesichert werden. Einer Änderung des Miteigentumsanteils oder der Mitwirkung der anderen Wohnungseigentümer bedarf es nicht. Der Rechtsübergang bestimmt sich nach § 873 BGB. Werden abgeschlossene Keller oder z. B. Garagen getauscht, bedarf es weder einer neuen Abgeschlossenheitsbescheinigung noch eines neuen Aufteilungsplans; auch einer geänderten Nummerierung bedarf es nicht. In der Regel ist die Zustimmung dinglich Berechtigter erforderlich, es sei denn, das Sondereigentum wird nicht verkleinert oder sonst rechtlich nachteilig beeinträchtigt.

Checkliste: Prüfung sachenrechtlicher Fragestellungen

- Geht es um einen im Sondereigentum stehenden Raum oder einen Raumbestandteil?
- Geht es um einen Raumbestandteil, der wesentlicher Bestandteil des Gebäudes ist?
- Sind die Anforderungen des § 5 Abs. 1 Satz 1 WEG erfüllt?
- Räumliche oder funktionale Zugehörigkeit?
- Gehört der Bestandteil zur äußeren Gestaltung des Gebäudes?
- Kann der Bestandteil ohne Nachteil eingebaut, entfernt oder verändert werden?
- Stehen § 5 Abs. 2 WEG oder § 5 Abs. 3 WEG einer Zuordnung zum Sondereigentum entgegen?

DIGITALE EXTRAS

Checkliste: Zuordnung von Räumen und wesentlichen Gebäudebestandteilen

Zuordnung von Räumen: Einfach ist in der Regel die Zuordnung von Räumen. Hier genügt der Blick in die Teilungserklärung, um zu sehen, welche Räume gemäß § 3 oder § 8 WEG zum »Gegenstand des Sondereigentums« bestimmt sind. Fehlt es an einer solchen Bestimmung – oder ist sie ausnahmsweise analog § 5 Abs. 2 WEG unwirksam –, steht der Raum im gemeinschaftlichen Eigentum.

Wesentliche Bestandteile eines Gebäudes: Schwieriger ist es mit wesentlichen Bestandteilen des Gebäudes (wesentliche Bestandteile sind die Bestandteile einer Sache, die voneinander nicht getrennt werden können, ohne dass der eine oder der andere zerstört oder in seinem Wesen verändert wird). Steht ein Raum im gemeinschaftlichen Eigentum, trifft dies grundsätzlich auch auf seine wesentlichen Bestandteile zu. Zwar nimmt die herrschende Meinung an, dass auch wesentliche Bestandteile im Bereich des gemeinschaftlichen Eigentums Sondereigentum sein können. Das sind aber zu vernachlässigende Einzelfälle. Ist ein Raum hingegen Gegenstand des Sondereigentums, bestimmt § 5 Abs. 1 bis 3 WEG, was für die wesentlichen Bestandteile gilt, die zu ihm »gehören« bzw. sich in seinem »Bereich« befinden. Danach stehen unter anderem Fenster und Außentüren (auch Balkontüren und die Wohnungseingangstür bzw. die Tür zu einer Garage oder einem Keller- oder Nebenraum) ebenso wie die Balkonbrüstung, Fensterläden und tragende Wände im gemeinschaftlichen Eigentum – und zwar in der Regel »in toto«, also auch die jeweiligen Innenseiten, Knäufe, Griffe, Gucker, Scheiben usw.

Zweifel: Ist im Einzelfall dennoch unklar, in wessen Eigentum ein Raum oder ein wesentlicher Gebäudebestandteil steht, sollte der Verwalter die Wohnungseigentümern darüber informieren und sie um Weisung fragen, welche Einordnung er seiner Verwaltung zugrunde legen soll. Um eine rechtlich verbindliche Klärung herbeizuführen, muss auf Feststellung geklagt werden. Entsprechendes gilt, wenn unklar ist, auf welche wesentlichen Gebäudebestandteile sich die Verwaltungskompetenz des Verwalters bezieht.

DIGITALE EXTRAS

Überblick: Was fällt unter den Begriff »Raum«?

Balkon	Raum (die Mindermeinung sieht im Balkon einen wesentlichen Bestandteil des Raums, dem er vorgelagert ist)
Carport	kein Raum
Dachterrasse	Raum
Garagenstellplätze	fingierter Raum
Garten	kein Raum, kann aber Annexeigentum zu einem Raum sein
Innenhof	Raum
Mehrfachparkerstellplätze	fingierter Raum
Stellplatz im Freien	fingierter Raum
Terrasse	kein Raum, kann aber Annexeigentum zu einem Raum sein

3 Gemeinschaft der Wohnungseigentümer (§§ 9a, 9b WEG)

Gegenstand dieses Abschnitts sind Entscheidungen, die sich mit der Gemeinschaft der Wohnungseigentümer beschäftigen. Es geht um die Entstehung und den Untergang der Gemeinschaft der Wohnungseigentümer sowie ihre Rechte und Pflichten. Ferner geht es um die Frage, wie die Gemeinschaft der Wohnungseigentümer zu den Wohnungseigentümern steht, welche Rechte und Pflichten sie ihnen gegenüber hat, welche Rechte und Pflichten die Wohnungseigentümer gegenüber der Gemeinschaft der Wohnungseigentümer haben, wer für die Gemeinschaft der Wohnungseigentümer handelt und wo hier der Verwalter und wo die Wohnungseigentümer gefragt sind. Schließlich geht es um die Ausübung der Eigentümerrechte durch die Gemeinschaft der Wohnungseigentümer.

3.1 Umsatzsteuer bei Wärmelieferung?

EuGH, Urteil vom 17.12.2020, C 449-19

Die Lieferung von Wärme durch die Gemeinschaft der Wohnungseigentümer an die Wohnungseigentümer unterliegt der Umsatzsteuer. Eine solche Wirtschaftstätigkeit fällt nicht unter die in der Mehrwertsteuerrichtlinie vorgesehene Befreiung für die Vermietung und Verpachtung von Grundstücken.

Sachverhalt

Die Gemeinschaft der Wohnungseigentümer K besteht aus einer GmbH, einer Behörde sowie einer Gemeinde. K betreibt auf dem im gemeinschaftlichen Eigentum stehenden Grundstück ein Blockheizkraftwerk. Den erzeugten Strom liefert K an ein Energieversorgungsunternehmen, die erzeugte Wärme dagegen an die Wohnungseigentümer. Das Finanzamt verweigert K den Vorsteuerabzug für den auf die Wärmeerzeugung entfallenden Anteil aus den Kosten für die Anschaffung und den Betrieb des Blockheizkraftwerks.

Das Finanzamt begründet dies damit, dass es sich bei der Lieferung von Wärme durch eine Gemeinschaft der Wohnungseigentümer an die Wohnungseigentümer um einen nach dem deutschen Umsatzsteuergesetz steuerfreien Umsatz handele. Dagegen geht K vor. Das Finanzgericht (FG) fragt den EuGH, ob die Mehrwertsteuerrichtlinie (RL 2006/112/EG) der Regelung eines Mitgliedstaats entgegensteht, nach der die Lieferung von Wärme durch die Gemeinschaft der Wohnungseigentümer an ihre Wohnungseigentümer von der Mehrwertsteuer befreit ist.

Entscheidung

Der EuGH bejaht diese Frage. Die Mehrwertsteuerrichtlinie sei anwendbar. Es handele sich bei der Wärmelieferung um die Lieferung eines Gegenstandes, der grundsätzlich der Umsatzsteuer unterliege. Insbesondere handele es sich bei der Lieferung von Wärme um eine wirtschaftliche Tätigkeit. Die Wohnungseigentümer zahlten als Gegenleistung für die gelieferte Wärme ein dem konkreten Verbrauch entsprechendes Entgelt. Ob die Gemeinschaft der Wohnungseigentümer Gewinne erziele, sei unerheblich.

Nach der Mehrwertsteuerrichtlinie hätten die Mitgliedstaaten die »Vermietung und Verpachtung von Grundstücken« zwar von der Steuer zu befreien. Dies erlaube es aber nicht, die Lieferung von Wärme durch eine Gemeinschaft der Wohnungseigentümer an die Wohnungseigentümer – wie im deutschen Umsatzsteuergesetz vorgesehen – von der Umsatzsteuer zu befreien. Die Befreiung nach der Mehrwertsteuerrichtlinie lasse sich nämlich damit erklären, dass die Vermietung von Grundstücken, auch wenn sie eine wirtschaftliche Tätigkeit sei, normalerweise eine passive Tätigkeit darstelle, die nicht zu einer signifikanten Wertschöpfung führe. Die Gemeinschaft der Wohnungseigentümer habe jedoch mit der Lieferung von Wärme einen körperlichen Gegenstand verkauft, der auf die Nutzung eines anderen körperlichen Gegenstandes zurückzuführen sei, bei dem es sich zwar um ein Grundstück handele, ohne dass jedoch den Wohnungseigentümern das Recht gewährt würde, ein Grundstück, hier das Blockheizkraftwerk, in Besitz zu nehmen und jede andere Person von diesem Recht auszuschließen.

Hinweis für die Verwaltungspraxis

Die Entscheidung klärt, dass die Gemeinschaft der Wohnungseigentümer, soweit sie selbst Wärme herstellt und diese den Wohnungseigentümern zur Verfügung stellt, auf diese Leistungen Umsatzsteuer schuldet. Die Gemeinschaft der Wohnungseigentümer ist in den Augen des Gesetzgebers in Bezug auf Steuern ein Unternehmer. Er geht – zu Unrecht – davon aus, dass die Gemeinschaft der Wohnungseigentümer den Wohnungseigentümern das gemeinschaftliche Eigentum zur Verfügung stellt. Richtig ist hingegen, dass es im aktuellen Recht eine Pflicht der Gemeinschaft der Wohnungseigentümer ist, das gemeinschaftliche Eigentum zu erhalten und sie insoweit Unternehmerin ist. Als Unternehmerin erbringt die Gemeinschaft der Wohnungseigentümer den Wohnungseigentümern Leistungen. Umgekehrt folgt daraus, dass Leistungen, die an die Gemeinschaft der Wohnungseigentümer erbracht werden, auch nur an diese erbracht werden und umsatzsteuerlich nicht den Wohnungseigentümern zugerechnet werden. Dementsprechend richtet der leistende Unternehmer die Rechnung auch an die Gemeinschaft der Wohnungseigentümer.

§ 4 Nr. 13 UStG

§ 4 Nr. 13 UStG befreit die zentralen Leistungen der Gemeinschaft der Wohnungseigentümer an die Wohnungseigentümer von der Umsatzsteuer: Danach sind die Leistungen steuerbefreit, soweit sie in der Überlassung des gemeinschaftlichen Eigentums zum Gebrauch, zu seiner Instandhaltung, Instandsetzung und sonstigen Verwaltung sowie zur Lieferung von Wärme und ähnlichen Gegenständen bestehen. Hintergrund dieser Steuerbefreiung ist die Überlegung des Gesetzgebers, dass die Wohnungseigentümer in der Regel private Selbstnutzer sind, die nicht zum Vorsteuerabzug berechtigt sind und daher nicht mit Umsatzsteuer belastet werden sollen. Die Wohnungseigentümer sollen Mietern und Eigentümern z. B. von Einfamilienhäusern so weit wie möglich gleichgestellt werden. Führt die Gemeinschaft der Wohnungseigentümer – aus welchen Gründen auch immer – Erhaltungsmaßnahmen im Sondereigentum durch, ist diese Leistung nicht steuerbefreit. Denn die Steuerbefreiung setzt Maßnahmen am gemeinschaftlichen Eigentum voraus. Ebenso nicht steuerbefreit sind Leistungen der Gemeinschaft der Wohnungseigentümer an Nichteigentümer. Leistungen Dritter werden in der Regel aufgrund eines Vertrags erbracht, den der Verwalter für die Gemeinschaft der Wohnungseigentümer abschließt. Die Dritten erbringen die Leistungen daher der Gemeinschaft der Wohnungseigentümer und nicht einzelnen Wohnungseigentümern.

Verzicht

Die Gemeinschaft der Wohnungseigentümer kann auf die Steuerbefreiung nach § 4 Nr. 13 UStG nach § 9 Abs. 1 UStG verzichten. Diese Entscheidung treffen die Wohnungseigentümer durch einen Beschluss nach § 19 Abs. 1 WEG oder der Verwalter, sofern die Wohnungseigentümer ihn nach § 27 Abs. 2 WEG ermächtigt haben. Im Fall des Verzichts kann die Gemeinschaft der Wohnungseigentümer die Vorsteuer aus den Eingangsrechnungen abziehen und so ihre Leistungen gegenüber den Wohnungseigentümern steuerpflichtig machen. Voraussetzung ist, dass der Wohnungseigentümer selbst Unternehmer ist. Diese Option kann auf einzelne Wohnungseigentümer beschränkt werden. Wenn z. B. nur ein Eigentümer sein Teileigentum für unternehmerische Zwecke nutzt und dabei nicht steuerbefreite Umsätze ausführt (beispielsweise ein Restaurant), kann die Gemeinschaft der Wohnungseigentümer nur ihm gegenüber auf die Steuerbefreiung verzichten. Die Option kann auf einzelne Leistungen beschränkt werden. Wenn in der Gemeinschaftsordnung nichts zur Frage der Option geregelt ist, ist nach allgemeinen Gesichtspunkten zu beurteilen, ob ein Wohnungseigentümer einen Anspruch auf eine entsprechende Beschlussfassung hat. Ein Anspruch auf einen Beschluss soll bestehen, wenn der Eigentümer erklärt, alle zusätzlichen Kosten und Haftungsrisiken zu übernehmen. Der Wohnungseigentümer, dem die Option erklärt wird, hat Anspruch auf Ausstellung einer Rechnung mit Umsatzsteuerausweis. Dazu muss der Verwalter auf dem Briefkopf der Gemeinschaft der Wohnungseigentümer eine eigene Rechnung ausstellen. Der Verwalter muss dann wissen, welchen

Steuersatz er auf welchen Bemessungsgrundlagen anwendet, und er muss in diesem Rahmen vor allem auch stets im Blick haben, ob die Gemeinschaft der Wohnungseigentümer ein Kleinunternehmer nach § 19 UStG ist. In diesem Fall wäre schon die Option nicht möglich.

Vermietet die Gemeinschaft der Wohnungseigentümer gemeinschaftliches Eigentum an Dritte, ist diese Vermietung nicht nach § 4 Nr. 13 UStG umsatzsteuerbefreit, weil die Leistungen nicht an die Eigentümer erfolgen. Die Vermietung einer Wohnung ist allerdings nach § 4 Nr. 12a UStG umsatzsteuerbefreit. Die isolierte Vermietung von Stellplätzen (unabhängig von einer Wohnung) ist hingegen nach § 4 Nr. 12 UStG Satz 2 nicht steuerbefreit.

3.2 Kann eine Gemeinschaft der Wohnungseigentümer Verbraucherin sein?

EuGH, Urteil v. 2.4.2020, C 329-19
Eine andere als eine natürliche Person, die einen Vertrag mit einem Gewerbetreibenden schließt, kann nicht als Verbraucherin i. S. d. Klauselrichtlinie angesehen werden. Das nationale Recht kann hiervon abweichen.

Sachverhalt
Eine Condominio Meda aus Mailand (K), vertreten durch ihre Verwalterin, schließt im Jahr 2010 mit einem Unternehmen B einen Vertrag über die Lieferung von Wärmeenergie. Bei Zahlungsverzug schuldet K »Verzugszinsen in Höhe von 9,25 Prozent, und zwar mit Ablauf der Frist zur Schlusszahlung«. K und B streiten, ob diese Klausel nach einer AGB-Prüfung rechtsmissbräuchlich ist. Das zuständige italienische Gericht sieht das so. Es ist sich aber unsicher, ob eine Wohnungseigentümergemeinschaft, wie die Condominio im italienischen Recht, überhaupt eine Verbraucherin i. S. d. sogenannten Klauselrichtlinie ist.

Es fragt daher den EuGH, ob der in der Klauselrichtlinie vorgesehene Begriff des Verbrauchers der Einstufung der Eigentümergemeinschaft im italienischen Recht, die nicht unter den Begriff »natürliche Person« bzw. »juristische Person« fällt, als Verbraucher entgegensteht, wenn dieses Subjekt einen Vertrag zu nicht der beruflichen Tätigkeit zuzurechnenden Zwecken schließt, sich gegenüber dem Gewerbetreibenden in einer schwächeren Verhandlungsposition befindet und ihm gegenüber einen geringeren Informationsstand besitzt.

Entscheidung
Im Fall verneint der EuGH im Ergebnis die Frage. Er habe zwar bereits entschieden, dass eine andere als eine natürliche Person, die einen Vertrag mit einem Gewerbetreibenden schließe, nicht als Verbraucher i. S. d. Klauselrichtlinie angesehen werden könne.

Es stehe den Mitgliedstaaten zurzeit jedoch frei, den rechtlichen Status von Wohnungseigentümergemeinschaften in ihren jeweiligen nationalen Rechtsordnungen zu regeln, indem sie sie als »juristische Person« einstufen oder nicht. K sei nach italienischem Recht keine Verbraucherin. Allerdings sei noch zu klären, ob eine nationale Rechtsprechung dem Sinn und Zweck des Systems des Verbraucherschutzes innerhalb der Union zuwiderlaufe, wenn nach dieser Rechtsprechung die der Umsetzung der Klauselrichtlinie in das innerstaatliche Recht dienenden Rechtsvorschriften so ausgelegt werden, dass die in der Klauselrichtlinie enthaltenen Verbraucherschutzvorschriften auch auf einen Vertrag Anwendung finden, den ein Rechtssubjekt wie das Condominio im italienischen Recht mit einem Gewerbetreibenden schließt. Hierzu sei darauf hinzuweisen, dass die Mitgliedstaaten strengere Verbraucherschutzmaßnahmen beibehalten oder ergreifen könnten, wenn sie mit den Verträgen vereinbar seien. Dies sei zu bejahen.

Hinweis für die Verwaltungspraxis

Bei der Verwaltung des gemeinschaftlichen Eigentums gab es in den letzten Jahrzehnten nur selten Anlass, für die Klärung von Rechtsfragen europäische Vorschriften heranzuziehen. Es gibt nämlich weder eine Richtlinie, die den Mitgliedstaaten Vorschriften macht, was die Organisation von Wohnungseigentumsanlagen betrifft, noch gibt es eine Rechtsverordnung, die Bestimmungen trifft. Allerdings gibt es »angrenzende Rechtsgebiete«.

Bedeutsam war insoweit bislang die Brüssel Ia-VO. Es handelt sich dabei um eine Verordnung über die gerichtliche Zuständigkeit und die Anerkennung und Vollstreckung von Entscheidungen in Zivil- und Handelssachen. Diese ist vor allem anzuwenden, wenn bei einem Rechtsstreit gegen einen Wohnungseigentümer Handlungen im europäischen Ausland vorzunehmen sind. Hier war zur Zuständigkeit bei Beseitigungs- und Störungsklagen (EuGH, Urteil v. 11.11.2020, C 433-19) sowie zur Zuständigkeit für Hausgeldprozesse zu entscheiden. Ferner ging es um die Lieferung von Wärme durch die Gemeinschaft der Wohnungseigentümer an die Wohnungseigentümer und die »Mehrwertsteuerrichtlinie«. Der EuGH klärte, dass die Lieferung der Umsatzsteuer unterliegt (EuGH, Urteil v. 17.12.2020, C 449-19). Im jetzigen Fall geht es um die »Klauselrichtlinie« (siehe zuvor EuGH, Urteil v. 5.12.2019, C 708-17). Zweck dieser Richtlinie ist die Angleichung der Rechts- und Verwaltungsvorschriften der Mitgliedstaaten über missbräuchliche Klauseln in Verträgen zwischen Gewerbetreibenden und Verbrauchern. Der EuGH klärte insoweit, dass die Gerichte eine Person als Verbraucherin ansehen dürfen, auch wenn dies nach der Klauselrichtlinie nicht der Fall ist.

Die bisherige Rechtslage in Deutschland

In Deutschland sehen die Gerichte die Gemeinschaft der Wohnungseigentümer zurzeit grundsätzlich als Verbraucherin an. Nach Ansicht des BGH ist sie im

Interesse des Schutzes der in ihr zusammengeschlossenen, nicht gewerblich handelnden natürlichen Personen dann Verbraucherin, wenn ihr wenigstens ein Verbraucher angehört und sie ein Rechtsgeschäft zu einem Zweck abschließt, der weder einer gewerblichen noch einer selbstständigen beruflichen Tätigkeit dient.

Ob in diese Rechtsprechung durch die WEG-Reform Bewegung kommt, bleibt abzuwarten. Anlass hierfür besteht. Denn nach § 9a Abs. 1 Satz 2 WEG entsteht die Gemeinschaft der Wohnungseigentümer bereits mit Anlegung der Wohnungsgrundbuchblätter. Ihr einziges Mitglied zu diesem Zeitpunkt ist in der Regel der Bauträger. Dieser handelt aber gewerblich. Man muss also fragen, was für Verträge gilt, die eine Gemeinschaft der Wohnungseigentümer schließt, die durch ihn vertreten wird. Und man muss fragen, ob sich an der »Qualität« dieser Verträge etwas ändert, wenn natürliche Personen weitere Mitglieder der Gemeinschaft werden. Insoweit sollte der Verwalter die Rechtsprechung und Diskussion genau beobachten. Nicht nur, aber auch wegen der Frage, ob er die Gemeinschaft der Wohnungseigentümer beim Abschluss des Verwaltervertrags über ein etwaiges Widerrufsrecht belehren muss.

3.3 Rechte und Pflichten der Wohnungseigentümer (§ 9a Abs. 2 WEG)

3.3.1 Entstörung des gemeinschaftlichen Eigentums

BGH, Urteil vom 28.1.2022, V ZR 106/21
Beeinträchtigen oder erschweren Wohnungseigentümer oder Dritte den Zugang zum Sondereigentum durch Hindernisse im Bereich des gemeinschaftlichen Eigentums, sind Unterlassungs- oder Beseitigungsansprüche durch die Gemeinschaft der Wohnungseigentümer geltend zu machen.

Ein Beschluss der Gemeinschaft der Wohnungseigentümer, der im Widerspruch zu bauordnungsrechtlichen Vorschriften eine Duldung des regelmäßigen Haltens von Lieferfahrzeugen in der auf dem Grundstück der Wohnungseigentümer befindlichen Feuerwehrzufahrt zusagt, ist nichtig.

Sachverhalt
Teileigentümer T vermietet sein Sondereigentum an B. Der betreibt dort einen Supermarkt. Wegen der Lieferfahrzeuge gibt es immer wieder Ärger. Diese versperren die Durchfahrt zum Hinterhof, die auch als Feuerwehrzufahrt dient. Am 11.9.2008 äußern die Wohnungseigentümer ihre Hoffnung, dass der Lieferverkehr im Kern künftig über eine von der Stadt einzurichtende Lieferzone vor dem Supermarkt abgewickelt wird.

Im Übrigen beschließen die Wohnungseigentümer aber, in der Zeit von 7.00 Uhr bis 12.00 Uhr pro Tag ein Lieferfahrzeug zu dulden.

Nach diesem Beschluss richtet die Stadt die Lieferzone ein. Diese wird häufig durch parkende Fahrzeuge blockiert. Aus diesem Grund nutzen Fahrzeuge, die den Supermarkt beliefern, an zwei Tagen pro Woche weiterhin die Durchfahrt für jeweils eineinhalb Stunden. Der gehbehinderte Wohnungseigentümer K kann seine Wohnung in dieser Zeit nur über einen neben der Durchfahrt liegenden Fußweg erreichen. Dazu muss er Treppen steigen, die er nicht nutzen müsste, wenn die Durchfahrt frei wäre. K geht daher gegen den Mieter B des T vor. Mit seiner im Jahr 2019 erhobenen Klage will K erreichen, dass B den Gebrauch der Zufahrt durch Lieferfahrzeuge unterlässt.

Entscheidung
K hat Erfolg: Die direkte Störung betreffe zwar die im gemeinschaftlichen Eigentum stehende Durchfahrt und nicht den räumlichen Bereich des Sondereigentums des K. Ein Wohnungseigentümer, der sich aus dem gemeinschaftlichen Eigentum ergebende Rechte vor dem 1.12.2020 eingeklagt habe, sei aber auch nach dem 30.11.2020 zu einer Klage befugt, bis dem Gericht eine schriftliche Äußerung des nach § 9b WEG vertretungsberechtigten Organs über einen entgegenstehenden Willen der Gemeinschaft der Wohnungseigentümer mitgeteilt werde. Im Fall gebe es keine beachtliche Äußerung.

Der Beschluss vom 11.9.2008 ändere an der Rechtslage nichts. Nach § 5 Abs. 2 Satz 1 der Hessischen Bauordnung (HBO) müsse eine Feuerwehrzufahrt ständig freigehalten werden. Dort bestehe also ein absolutes Halteverbot. Die im Beschluss vom 11.9.2008 ausgesprochene Duldung verstoße gegen diese Anordnung. Ein Beschluss, der im Widerspruch zu bauordnungsrechtlichen Vorschriften eine Duldung des regelmäßigen Haltens von Lieferfahrzeugen in der auf dem Grundstück der Wohnungseigentümer befindlichen Feuerwehrzufahrt zusage, sei nichtig. § 5 Abs. 2 HBO diene der Gefahrenabwehr und dem Brandschutz und schütze damit sowohl die Wohnungseigentümer als auch Dritte.

> **Hinweis für die Verwaltungspraxis**
>
> Im besprochenen Fall geht es um die Frage, ob die Lieferfahrzeuge das gemeinschaftliche Eigentum oder das Sondereigentum oder beide Rechte beeinträchtigen. Daneben ist zu beantworten, ob B überhaupt gegen die Bestimmungen der Wohnungseigentümer verstößt: Immerhin hatten die Wohnungseigentümer erlaubt, dass Lieferfahrzeuge die Durchfahrt vorübergehend versperren dürfen.
>
> **Wo findet eine Störung statt?**
> Die WEG-Reform macht es notwendig zu fragen, ob es sich bei einer behaupteten Störung um eine solche des gemeinschaftlichen Eigentums oder des Sonder-

eigentums handelt. Die Antwort auf diese Frage ist für die Wohnungseigentümer, aber auch für Verwaltungen sehr wichtig! Wird nämlich das gemeinschaftliche Eigentum gestört, muss die Verwaltung gegebenenfalls einschreiten. Jedenfalls muss sie die Wohnungseigentümer informieren und für eine Willensbildung sorgen. Der BGH hatte in den letzten Monaten mehrfach Gelegenheit, für eine Aufklärung und eine Abgrenzung der verschiedenen Bereiche zu sorgen. Fasst man seine Entscheidungen zusammen, wann von einer Störung des Sondereigentums auszugehen ist, ergibt sich grob folgendes Bild:

Fall 1: Ein Wohnungseigentümer kann im Bereich seines Sondereigentums Lärm wahrnehmen. Lösung: Es kann eine Störung des Sondereigentums vorliegen. Der Umstand, dass der Lärm auch im gemeinschaftlichen Eigentum wahrzunehmen ist, ist unerheblich.

Fall 2: Ein Wohnungseigentümer kann im Bereich seines Sondereigentums Gerüche wahrnehmen. Lösung: Es kann eine Störung des Sondereigentums vorliegen. Der Umstand, dass die Gerüche auch im gemeinschaftlichen Eigentum wahrzunehmen sind, ist unerheblich.

Fall 3: Ein Sondereigentum wird verschattet. Lösung: Es kann eine Störung des Sondereigentums vorliegen. Der Umstand, dass auch das gemeinschaftliche Eigentum verschattet wird, ist unerheblich.

Fall 4: Einem Sondereigentum wird die Aussicht genommen. Lösung: Es kann eine Störung des Sondereigentums vorliegen. Der Umstand, dass auch das gemeinschaftliche Eigentum eine Beeinträchtigung erfährt, ist unerheblich.

Fall 5: Der Zugang zum Sondereigentum wird durch eine Störung im gemeinschaftlichen Eigentum vereitelt. Lösung: Das Sondereigentum wird gestört. Der Umstand, dass auch das gemeinschaftliche Eigentum eine Beeinträchtigung erfährt, ist unerheblich.

Fall 6: Der Zugang zum Sondereigentum wird durch eine Störung im gemeinschaftlichen Eigentum erschwert. Lösung: Das Sondereigentum wird nicht gestört.

Fall 7: Dem Sondereigentum drohen Gefahren durch eine Verletzung des öffentlichen Rechts im Bereich des gemeinschaftlichen Eigentums. Lösung: Das Sondereigentum wird nicht gestört.

Fall 8: Das Sondereigentum erleidet Schäden durch Baumaßnahmen im Bereich des gemeinschaftlichen Eigentums. Lösung: Das Sondereigentum wird nicht gestört.

Fall 9: Die Statik des Sondereigentums wird durch eine Maßnahme im Bereich des gemeinschaftlichen Eigentums gefährdet. Lösung: Das Sondereigentum wird nicht gestört.

Fall 10: Durch eine Störung im Bereich des gemeinschaftlichen Eigentums sinkt der Verkehrswert des Sondereigentums und dessen Vermietbarkeit wird erschwert. Lösung: Das Sondereigentum wird nicht gestört.

Störung des gemeinschaftlichen Eigentums
Betrifft eine rechtswidrige Störung jedenfalls auch oder nur das gemeinschaftliche Eigentum, ist nach den §§ 9a Abs. 2, 14 Abs. 1 Nr. 1, 18 Abs. 1 WEG die Gemeinschaft der Wohnungseigentümer aufgerufen, dagegen gegebenenfalls vorzugehen. Für die Gemeinschaft der Wohnungseigentümer muss die Verwaltung die notwendigen Schritte in die Wege leiten. Hier ein Überblick:
- Ein Weg besteht darin, die Wohnungseigentümer zu informieren und ihre Willensbildung herbeizuführen. Im Vorfeld muss die Verwaltung den Störer bereits abmahnen. Ob die Wohnungseigentümer sich dann dazu entscheiden einzuschreiten, liegt in ihrem Ermessen. Es kann eine Ermessensreduktion auf null geben. Eine Pflicht, gegen eine Störung vorzugehen, ist beispielsweise bei gravierenden brandschutzrechtlichen Verstößen regelmäßig zu bejahen.
- Ein anderer Weg besteht darin, dass die Verwaltung eigenständig handelt und den Störer nicht nur abmahnt, sondern gegen ihn außergerichtlich und notfalls gerichtlich auf Unterlassung vorgeht. Dies ist möglich, wenn die Wohnungseigentümer dies so vereinbart haben oder § 27 Abs. 1 WEG dieses Tun erlaubt. So kann es bei Gefahr im Verzug liegen.

Beschlüsse und Verstöße gegen öffentliches Recht
Gem. § 23 Abs. 4 Satz 1 WEG ist ein Beschluss nichtig, der gegen eine Rechtsvorschrift verstößt, auf deren Einhaltung rechtswirksam nicht verzichtet werden kann. Insoweit war und ist fraglich, was bei Verstößen gegen das öffentliche Recht gilt, beispielsweise die Heizkostenverordnung oder, wie im Fall, die Landesbauordnungen. Verstößt ein Beschluss gegen öffentliches Recht, ist er jedenfalls nicht ordnungsmäßig. Im Fall nimmt der BGH mit guten Gründen Nichtigkeit an.

Achtung
Nach § 9b Abs. 1 Satz 1 WEG ist der Verwalter befugt, die Gemeinschaft der Wohnungseigentümer zu vertreten und bedarf keines Ermächtigungsbeschlusses. Es gibt aber zwei Ausnahmen:
Grundstückskaufverträge: Soll der Verwalter die Gemeinschaft der Wohnungseigentümer beim Abschluss eines Grundstückskaufvertrags vertreten, ist er wegen § 9b Abs. 1

WEG gesetzlich nicht zur Vertretung ermächtigt. Unter dem Begriff »Grundstückskaufvertrag« sind alle Verträge zu verstehen, die einem Erwerb oder der Veräußerung von Grundstückseigentum gleichkommen, wie Erwerb oder Veräußerung von Wohn- und Teileigentum oder eines Erbbaurechts. Die Einschränkung der Vertretungsmacht gilt nur für den Abschluss des Vertrags, nicht aber für Erklärungen im Rahmen der Vertragsabwicklung; auch sonstige dingliche Rechtsgeschäfte sind von der Beschränkung nicht betroffen. Für den Abschluss eines solchen Vertrags bedarf der Verwalter eines nicht beurkundungsbedürftigen Beschlusses, mit dem er Vertretungsmacht für den Erwerbsvorgang erhält. Damit bedarf es inhaltlich zweier Beschlüsse, nämlich einer Beschlussfassung gem. § 19 Abs. 1 WEG, mit der die Wohnungseigentümer den Erwerb oder die Veräußerung beschließen, und eines Beschlusses über eine diesbezügliche Vertretungsmacht des Verwalters gem. § 9b Abs. 1 WEG.

Darlehensverträge: Insoweit gelten die vorstehenden Hinweise zum Grundstückskaufvertrag entsprechend. Nach dem Wortlaut von § 9b Abs. 1 Satz 1 WEG bedarf der Abschluss jeder Art von Darlehensverträgen durch den Verwalter eines Ermächtigungsbeschlusses der Wohnungseigentümer. Die Wohnungseigentümer können einen solchen Ermächtigungsbeschluss für den Einzelfall, aber auch grundsätzlich generell für die Zukunft, für den jeweils bestellten oder für alle Verwalter fassen. Da bereits die Überziehung eines Bankkontos einen Darlehensvertrag darstellt (§ 504 BGB), ist die Einrichtung eines Kontos für die Gemeinschaft der Wohnungseigentümer mit Kontokorrentrahmen durch den Verwalter nur wirksam, wenn ein entsprechender Ermächtigungsbeschluss vorliegt (Hügel/Elzer, WEG, 3. Aufl., § 9b Rn. 12). Als nicht möglich erscheint es, eine Bagatellgrenze zu bestimmen, bis zu deren Erreichen der Verwalter im Rahmen der »laufenden Verwaltung« solche Rechtsgeschäfte vornehmen kann, auch wenn eine solche Überziehung im Einzelfall von untergeordneter Bedeutung sein sollte (Hügel/Elzer, WEG, 3. Aufl., § 9b Rn. 12).

DIGITALE EXTRAS

Muster: Beschluss für einen Grundstückskaufvertrag

1. Die Gemeinschaft der Wohnungseigentümer soll zu einem Preis von … EUR folgendes Grundstück kaufen: … [genaue Nennung des Grundstücks, beispielsweise unter Angabe der Adresse]. Maßgeblich ist allein das Angebot vom …, Anlage 1 zu diesem Beschluss.
2. Die Mittel für den Kauf werden durch eine Sonderumlage aufgebracht. Auf die Wohnungseigentümer entfallen folgende Beträge in EUR, die am … fällig sind: … [Tabelle].
3. Der Verwalter ist ermächtigt, sämtliche für den Kauf des in Ziffer 1 genannten Grundstücks erforderlichen Erklärungen im Namen der Gemeinschaft der Wohnungseigentümer … [genaue Angabe des gemeinschaftlichen Grundstücks] abzugeben, nachdem die Wohnungseigentümer ihre Verbindlichkeiten gemäß Ziffer 2 erfüllt haben.

Abstimmungsergebnis

Ja-Stimmen: …

Nein-Stimmen: …

Enthaltungen: …

Der Versammlungsleiter verkündet folgendes Beschlussergebnis:

Der Beschluss, … [Inhalt], wurde angenommen/abgelehnt.

> **Muster: Beschluss für einen Darlehensvertrag**
>
> 1. Die Gemeinschaft der Wohnungseigentümer … [genaue Angabe des gemeinschaftlichen Grundstücks] soll mit der …-Bank (Darlehensgeber) einen Verbraucherdarlehensvertrag schließen. Der Darlehensgeber soll in einem Vertragsverhältnis über ein laufendes Konto der Gemeinschaft der Wohnungseigentümer … [genaue Angabe des gemeinschaftlichen Grundstücks] das Recht einräumen, ihr Konto in bestimmter Höhe zu überziehen [Überziehungsmöglichkeit]. Maßgeblich ist allein das Angebot vom …, Anlage 1 zu diesem Beschluss.
> 2. Der Verwalter ist ermächtigt, sämtliche für den Abschluss des Vertrags erforderlichen Erklärungen im Namen der Gemeinschaft der Wohnungseigentümer … [genaue Angabe des gemeinschaftlichen Grundstücks] abzugeben.
>
> **Abstimmungsergebnis**
> Ja-Stimmen: …
> Nein-Stimmen: …
> Enthaltungen: …
> Der Versammlungsleiter verkündet folgendes Beschlussergebnis:
> Der Beschluss, … [Inhalt], wurde angenommen/abgelehnt.

DIGITALE EXTRAS

3.3.2 Keller wird bewohnt/umgebaut: Wer kann dagegen vorgehen?

BGH, Urteil vom 28.1.2022, V ZR 86/21
Der einzelne Wohnungseigentümer kann gegen einen anderen Wohnungseigentümer oder dessen Mieter nicht vorgehen, wenn das Sondereigentum entgegen einer Vereinbarung benutzt oder nur das gemeinschaftliche Eigentum gestört wird.

Sachverhalt

Wohnungseigentümer K klagt gegen Wohnungseigentümer B auf Auskunft, welche baulichen Veränderungen B von im Keller gelegenen Räumen veranlasst hat, die in Bs Sondereigentum stehen (Antrag zu 1). Ferner soll B dem K Zutritt zu den Räumen zwecks Inaugenscheinnahme gewähren (Antrag zu 2), einen Deckendurchbruch zwischen seiner im Erdgeschoss gelegenen Wohnung und den Kellerräumen beseitigen und den ursprünglichen Zustand wiederherstellen (Antrag zu 3) sowie die Nutzung der Kellerräume als Wohnung unterlassen (Antrag zu 4).

Das AG gibt den Anträgen zu 1), 2) und 4) statt. Hinsichtlich des Antrags zu 3) weist es die Klage im Hinblick auf die Beseitigung des Deckendurchbruchs ab. Das LG weist die hiergegen gerichtete Berufung des K zurück. Auf die Berufung des B weist es die Klage vollständig ab. Mit der Revision verfolgt K seine Klageansprüche weiter.

Entscheidung

K hat keinen Erfolg: Für die Klageanträge zu 1), 2) und 3) fehle K bereits die Prozessführungsbefugnis (= die Klage ist ohne Weiteres unzulässig). Denn der Anspruch aus § 14

Abs. 1 Nr. 1 WEG sei der Gemeinschaft der Wohnungseigentümer zugewiesen. Für den Anspruch aus § 1004 Abs. 1 BGB gelte für K im Fall als »Altkläger« nichts anderes: Denn der Verwalter habe dem BGH mitgeteilt, die Gemeinschaft der Wohnungseigentümer untersage dem K, den Anspruch geltend zu machen. Die Gemeinschaft der Wohnungseigentümer habe ihr Recht, K die Prozessführungsbefugnis zu entziehen, auch nicht verwirkt. Dies komme zwar in Betracht, wenn die Gemeinschaft der Wohnungseigentümer noch vor Inkrafttreten des WEMoG das bis zu diesem Zeitpunkt mögliche Recht der Vergemeinschaftung verwirkt hätte. So liege es aber nicht.

K sei auch für einen Anspruch aus § 1004 BGB unter dem Gesichtspunkt einer behaupteten Beeinträchtigung seines Sondereigentums nicht prozessführungsbefugt. Denn seinem Vortrag lasse sich die Behauptung einer Störung im räumlichen Bereich seines Sondereigentums nicht entnehmen. Dass ggf. die Statik des Gebäudes beeinträchtigt sei, reiche nicht. Insoweit sei außerdem ein koordiniertes Vorgehen der Gemeinschaft der Wohnungseigentümer erforderlich. Ein Anspruch aus § 14 Abs. 2 Nr. 1 WEG liege in Ermangelung einer Beeinträchtigung damit auch nicht vor. Und auch für den Antrag zu 4) sei K nicht prozessführungsbefugt. Denn der Anspruch aus § 14 Abs. 1 Nr. 1 WEG sei ebenso wie der aus § 1004 Abs. 1 BGB (dieser nach § 9a Abs. 2 WEG) der Gemeinschaft der Wohnungseigentümer zugewiesen (Hinweis u. a. auf Hügel/Elzer, DNotZ 2021, S. 3, 25).

Hinweis für die Verwaltungspraxis

Wie im vorstehenden Fall (BGH, Urteil v. 28.1.2022, V ZR 106/21, Kap. 3.3.1) geht es auch in diesem Fall um die Frage, wann die Gemeinschaft der Wohnungseigentümer dazu aufgerufen ist, gegen Störungen etwas zu unternehmen, und wann ein Wohnungseigentümer selbst etwas unternehmen kann. Besondere Schwierigkeiten bereiten Störungen und/oder Beeinträchtigungen, die sich sowohl im gemeinschaftlichen Eigentum als auch im Sondereigentum niederschlagen.

Notwendige Unterscheidungen
Wie im alten WEG-Recht ist bei Entstörungsansprüchen in Bezug auf das Eigentum zwischen dem Sachen- und dem Schuldrecht zu unterscheiden. Ferner muss zwischen dem gemeinschaftlichen Eigentum und dem Sondereigentum unterschieden werden. Denn in Bezug auf das gemeinschaftliche Eigentum ist der Wohnungseigentümer im geltenden Recht ohne eine Ermächtigung nicht befugt, für eine Entstörung etwas zu unternehmen, sofern kein Fall des § 18 Abs. 3 WEG vorliegt.

Sachenrecht
Nach § 9a Abs. 2 Fall 1 WEG übt die Gemeinschaft die sich aus dem gemeinschaftlichen Eigentum ergebenden Rechte aus. Zu diesen Rechten gehört u. a. das Recht, nach § 1004 Abs. 1 Satz 1 BGB gegen einen Störer wegen einer Beeinträchtigung, die nicht in einer Entziehung oder Vorenthaltung des Besitzes besteht, auf Be-

seitigung oder, sind weitere Beeinträchtigungen zu besorgen, auf Unterlassung zu klagen. Nach § 1004 Abs. 1 BGB kann ein Wohnungseigentümer, ein Drittnutzer der Wohnungseigentumsanlage, beispielsweise ein Mieter, oder ein Grundstücksnachbar verpflichtet sein. Wird das Sondereigentum durch einen Miteigentümer, einen Drittnutzer oder den Grundstücksnachbarn gestört, zum Beispiel durch ein Geräusch oder einen unangenehmen Geruch, ist allein der entsprechende Wohnungseigentümer als Sondereigentümer berechtigt, etwas zu unternehmen.

Schuldrecht
Neben dem Anspruch aus § 9a Abs. 2 WEG in Verbindung mit § 1004 Abs. 1 BGB kennt das Wohnungseigentumsrecht schuldrechtliche Ansprüche. Diese richten sich nur gegen die Wohnungseigentümer, nicht aber gegen Drittnutzer oder Grundstücksnachbarn. Übt ein Wohnungseigentümer ein Verhalten, das in Bezug auf das gemeinschaftliche Eigentum nicht den gesetzlichen Regelungen, vor allem § 14 Abs. 1 Nr. 2 WEG, den Vereinbarungen oder Beschlüssen entspricht, sucht er beispielsweise zum Rauchen seiner Zigarre das Treppenhaus auf, kann ihn nach § 14 Abs. 1 Nr. 1 WEG die Gemeinschaft der Wohnungseigentümer auf Unterlassung/Beseitigung in Anspruch nehmen. Zeigt ein Wohnungseigentümer ein Verhalten, das in Bezug auf das Sondereigentum nicht den gesetzlichen Regelungen, vor allem § 14 Abs. 1 Nr. 2 WEG, den Vereinbarungen oder Beschlüssen entspricht, spielt er z. B. in der Nacht regelmäßig laut Musik ab, kann ihn nach § 14 Abs. 2 Nr. 1 WEG der Wohnungseigentümer auf Unterlassung/Beseitigung in Anspruch nehmen, in dessen Räumen die Musik wahrnehmbar ist.

Überschneidungen
Nach Ansicht des BGH kann ein Wohnungseigentümer nach § 1004 BGB oder § 14 Abs. 2 Nr. 1 WEG Unterlassungs- oder Beseitigungsansprüche, die auf die Abwehr von Störungen im Bereich eines Sondereigentums gerichtet sind, auch dann selbst geltend machen, wenn zugleich das gemeinschaftliche Eigentum betroffen ist. Diese Dualität muss man als Grundsatz ansehen. Sie besteht, wenn Immissionen wie Lärm und Gerüche auf das Sondereigentum und das gemeinschaftliche Eigentum einwirken. Sie besteht aber auch dann, wenn eine Klage auf eine gravierende Beeinträchtigung der Aussicht aus einer Wohnung oder eine starke Verschattung der zu dem Sondereigentum gehörenden Räume gestützt wird, obwohl die Störung vom gemeinschaftlichen Eigentum ausgeht bzw. dieses einer Störung unterliegt.

Anders soll es liegen, wenn das Sondereigentum nicht unmittelbar gestört wird. Dies soll beispielsweise der Fall sein, wenn es einen Erdaushub gibt, der statische Auswirkungen auf das in Wohnungseigentum aufgeteilte Gebäude hat. Ebenso soll es liegen, wenn durch ein Hindernis im Bereich des gemeinschaftlichen Eigentums der Zugang zum Sondereigentum erschwert wird, oder bei »indirekten« Störungen.

3.3.3 Schadensersatz für die Entfernung von Pflanzen

BGH, Beschluss vom 26.11.2020, V ZB 151/19
Ob Schadensersatzansprüche wegen eines Substanzschadens am gemeinschaftlichen Eigentum, an dem ein Sondernutzungsrecht eingeräumt ist (hier: Entfernung von Pflanzen im Bereich einer Sondernutzungsfläche), dem Sondernutzungsberechtigten oder den Wohnungseigentümern gemeinschaftlich zustehen, richtet sich in erster Linie nach dem Zuweisungsgehalt des Sondernutzungsrechts; maßgeblich sind insoweit die Vorgaben der Gemeinschaftsordnung.

Sachverhalt
Wohnungseigentümer K verlangt von Wohnungseigentümer B Schadensersatz wegen der Rodung einer Weide und eines Holunderstrauchs. K stützt seinen Anspruch auf sein Sondernutzungsrecht an der betroffenen Grundstücksfläche. Im Verfahren ist streitig, welches Gericht für die Geltendmachung dieses Anspruchs zuständig ist. Der BGH entscheidet sich dafür, dass eine WEG-Streitigkeit vorliegt. Für das weitere Verfahren erteilt er Hinweise zur Frage, ob K den Anspruch selbst geltend machen kann.

Entscheidung
Ob Schadensersatzansprüche wegen eines Substanzschadens am gemeinschaftlichen Eigentum, an dem ein Sondernutzungsrecht eingeräumt ist, dem Sondernutzungsberechtigten oder den Wohnungseigentümern gemeinschaftlich zustünden, richte sich nach dem Zuweisungsgehalt des Sondernutzungsrechts; maßgeblich seien die Vorgaben der Gemeinschaftsordnung. Das Sondernutzungsrecht könne dem Berechtigten Rechte verleihen, die weiter reichten als diejenigen, die einem Besitzer und Miteigentümer üblicherweise zustünden. Der Anspruch auf Ersatz des Substanzschadens werde dem Sondernutzungsberechtigten jedenfalls dann zugewiesen sein, wenn er nach den Vorgaben der Gemeinschaftsordnung wie ein Eigentümer gestellt sein solle bzw. auf eigene Kosten über die Gestaltung der Sondernutzungsfläche frei entscheiden dürfe.

> **Hinweis für die Verwaltungspraxis**
>
> Um herauszufinden, wem der Schadensersatz zusteht, ist zunächst die Frage zu beantworten, in wessen Eigentum die Weide und der Holunderstrauch standen. Diese Frage beantwortet das BGB. Unabhängig davon, wer Weide und Holunderstrauch gepflanzt und sie z. B. in einem Gartencenter gekauft hat: Weide und Holunderstrauch gehören nach ihrer Verbindung mit Grund und Boden grundsätzlich allen Wohnungseigentümern. Werden sie beschädigt, steht daher der entsprechende Schadensersatzanspruch allen Wohnungseigentümern zu. Der Anspruch ist dann nach § 9a Abs. 2 WEG von der Gemeinschaft der Wohnungseigentümer durchzusetzen.

Etwas anderes kann allerdings gelten, wenn nach einer Vereinbarung nur ein Wohnungseigentümer berechtigt sein soll, das Recht auf Schadensersatz durchzusetzen. Insoweit ist es mit dem BGH richtig anzunehmen, dass in aller Regel der Wohnungseigentümer Schadensersatz für einen wesentlichen Grundstücksbestandteil verlangen kann, der nach einer Umlagevereinbarung oder einem Beschluss der Wohnungseigentümer für seine Erhaltung Sorge zu tragen hat.

3.3.4 Kaufrechtliche Mängelansprüche des Erwerbers von Wohnungseigentum

OLG München, Urteil vom 2.9.2021, 8 U 1796/18

Die Gemeinschaft der Wohnungseigentümer ist nach § 9a Abs. 2 WEG berechtigt, kaufrechtliche Mängelrechte des Erwerbers eines Wohnungseigentums zu verfolgen, wenn es um die Beseitigung von Mängeln am gemeinschaftlichen Eigentum geht.

Sachverhalt

Die Gemeinschaft der Wohnungseigentümer K geht nach einer Vergemeinschaftung der Mängelrechte der Wohnungseigentümer gegen B vor, der den Wohnungseigentümern die Wohnungseigentumsrechte an einer gebrauchten Immobilie unter Ausschluss von Mängelrechten verkauft hat. Fraglich ist, ob K zu einer Klage befugt ist.

Entscheidung

Das OLG meint, die Gemeinschaft der Wohnungseigentümer sei seit dem 1.12.2020 bereits nach § 9a Abs. 2 WEG berechtigt, die Mängelrechte zu verfolgen. Es gehe um die Beseitigung von Mängeln am gemeinschaftlichen Eigentum. Im Übrigen folge die Berechtigung aus dem Beschluss der Wohnungseigentümer, der fortwirke.

> **Hinweis für die Verwaltungspraxis**
>
> B hat mit den späteren Wohnungseigentümern keinen Bauträgervertrag geschlossen. Wird gebrauchtes Wohnungseigentum veräußert (= ein reiner Kaufvertrag), kann man dennoch fragen, ob die Gemeinschaft der Wohnungseigentümer für das gemeinschaftliche Eigentum Rechte aus den Erwerbsverträgen hat.
>
> **Bisherige Rechtsprechung**
>
> Der V. Zivilsenat meinte zum bis zum 1.12.2020 geltenden Recht, allein nach Kaufrecht zu beurteilende Ansprüche auf Minderung und auf den sogenannten kleinen Schadensersatz würden jedenfalls dann nicht in den Anwendungsbereich des § 10 Abs. 6 Satz 3 WEG a. F. fallen, wenn ein gebrauchtes Wohnungseigentum unter Ausschluss der Haftung für Sachmängel verkauft und eine Beschaffen-

heitsgarantie nicht vereinbart worden sei (BGH, Urteil v. 24.7.2015, V ZR 167/14). Anders als bei einem Erwerb vom Bauträger existierten in aller Regel schon keine gleichgerichteten Ansprüche mehrerer Erwerber gegen einen einzigen Veräußerer.

Der VII. Zivilsenat entschied, die Wohnungseigentümer könnten kaufvertragliche Nacherfüllungsansprüche vergemeinschaften, wenn diese Ansprüche jeweils in vollem Umfang auf Beseitigung der Mängel am gemeinschaftlichen Eigentum und damit auf das gleiche Ziel gerichtet seien (BGH, Urteil v. 25.2.2016, VII ZR 156/13, Rn. 18). Die Befugnis bestehe selbst dann, wenn nur noch ein Erwerber ein durchsetzbares Recht auf ordnungsmäßige Herstellung des gemeinschaftlichen Eigentums haben sollte.

Bislang höchstrichterlich nicht entschieden ist, welchen Inhalt der Nacherfüllungsanspruch gem. §§ 437 Nr. 1, 439 BGB bei einem Verkauf eines gebrauchten Wohnungseigentums im Allgemeinen hat. Der BGH hat vielmehr ausdrücklich offengelassen, ob der Verkäufer in einem solchen Fall gehalten ist, dem Käufer insgesamt mangelfreies gemeinschaftliches Eigentum mit der Folge eines entsprechenden »vollen« Nacherfüllungsanspruchs zu verschaffen, oder ob der Nacherfüllungsanspruch sich lediglich auf einen Anspruch auf Freistellung von den Kosten zur Beseitigung des Mangels am gemeinschaftlichen Eigentum in Höhe der Quote des Miteigentumsanteils (§ 16 Abs. 2 Satz 1 WEG) beschränkt (BGH, Urteil v. 25.2.2016, VII ZR 156/13, Rn. 39).

Einordnung

Die OLG-Lösung ist mit sehr großer Vorsicht zu genießen. § 9a Abs. 2 WEG soll nach seinem Sinn und Zweck nicht dazu dienen, in jeden Erwerbsvertrag über ein gebrauchtes Wohnungseigentum in Bezug auf das gemeinschaftliche Eigentum hineinzuregieren. Da § 9a Abs. 2 WEG die primären werkvertraglichen Rechte nicht erfasst, lässt sich für das Kaufrecht insoweit wohl nichts anderes begründen.

Eine Vergemeinschaftung wird hingegen seit dem 1.12.2020 für die Mängelrechte aus dem Werkvertrag diskutiert. Zwar ist die § 10 Abs. 6 Satz 3 WEG a. F. immanente Möglichkeit, der Gemeinschaft der Wohnungseigentümer durch einen Beschluss Rechte der Wohnungseigentümer in Bezug auf das gemeinschaftliche Eigentum zur Ausübung zu übertragen, entfallen. Dennoch könnte sich im Bereich des Bauträgerrechts nichts geändert haben. Bejaht man eine Vergemeinschaftung im Werkvertragsrecht, wird man dies auch im Kaufrecht – wie bislang – erwägen müssen. Entsprechende Beschlüsse vor dem 1.12.2020 wirken jedenfalls fort.

3.3.5 Schadensersatzansprüche der Wohnungseigentümer gegen den Verwalter

AG Wuppertal, Urteil vom 3.12.2021, 95b C 122/20
Die Gemeinschaft der Wohnungseigentümer ist nach § 9a Abs. 2 WEG nicht berechtigt, Schadensersatzansprüche der Wohnungseigentümer gegen den Verwalter zu verfolgen. Ein Beschluss, der vor dem 1.12.2020 dazu gefasst wurde, ist unwirksam geworden.

Sachverhalt
Die Gemeinschaft der Wohnungseigentümer K meint, gegen den ehemaligen Verwalter B einen Anspruch auf Schadensersatz zu haben. K meint, B schulde ihr die Erstattung der Kosten einer erfolgreichen Anfechtungsklage (B hatte nicht genügend Angebote eingeholt). Im September 2020 fassen die Wohnungseigentümer folgenden Beschluss:

»Es wird beschlossen, gegen B wegen eines verlorenen Rechtsstreits im Hinblick auf die Beschlussfassung vom 6.9.2018 zu TOP 7a, Aktenzeichen 95b C 98/18 AG Wuppertal, Schadensersatzansprüche geltend zu machen. Die der Gemeinschaft entstandenen Anwalts- und Gerichtskosten sollen außergerichtlich und, falls nicht gezahlt wird, gerichtlich geltend gemacht werden. Mit der Wahrnehmung der Interessen der Gemeinschaft werden die Rechtsanwälte C beauftragt.«

K erhebt Ende des Jahres 2020 Klage. Sie ist der Auffassung, sie sei durch den Beschluss vom September berechtigt, Schadensersatzansprüche der Wohnungseigentümer gegen B geltend zu machen. Der Beschluss sei nach altem Recht wirksam gewesen. Die Wirksamkeit wirke fort. B meint, der Beschluss aus dem September seit mit Ablauf des 30.11.2020 unwirksam geworden.

Entscheidung
Die Klage hat keinen Erfolg: K sei nicht die Rechtsinhaberin. Beklagte und Kostenschuldner der Prozesskosten aus dem Vorprozess seien die Wohnungseigentümer gewesen. Somit habe der Schaden aus dem verlorenen Prozess bei ihnen gelegen. Etwaige Schadensersatzansprüche gegen B seien damit Individualansprüche der einzelnen Wohnungseigentümer. Diese Ansprüche seien weder auf K übergegangen noch sei diese anderweitig befugt, diese geltend zu machen.

Eine gesetzliche Ausübungsbefugnis nach § 9a Abs. 2 WEG liege nicht vor. Die individuellen Schadensersatzansprüche der Wohnungseigentümer ergäben sich nicht aus dem gemeinschaftlichen Eigentum. Sie erforderten auch keine einheitliche Rechtsverfolgung, weil eine gemeinsame Empfangszuständigkeit der geschädigten Wohnungseigentümer nicht gegeben sei. Es handele sich um individuelle Ansprüche, die jeder Wohnungseigentümer im Hinblick auf den ihm entstandenen Schaden allein und ohne Mitwirkung der anderen Wohnungseigentümer geltend machen könne (Hinweis auf BGH, Urteil v. 8.2.2019, V ZR 153/18, Rn. 12).

Eine Ausübungsbefugnis lasse sich auch nicht aus dem September-Beschluss ableiten. Dieser Beschluss bilde keine Rechtsgrundlage für eine Klageerhebung erst nach Inkrafttreten der Gesetzesänderung (Hinweis auf Hügel/Elzer, 3. Aufl., § 9a Rn. 114). Die Übergangsvorschriften in § 48 WEG enthielten keine Regelung zur weiteren Anwendung des § 10 Abs. 6 WEG a. F. Für eine analoge Anwendung fehle es an einer unbewussten Regelungslücke. Es ergebe sich schon aus den Gesetzesmaterialien, dass im Gesetzgebungsverfahren thematisiert wurde, dass Beschlüsse, die auf Grundlage des § 10 Abs. 6 Satz 3 Halbsatz 2 WEG a. F. gefasst worden waren, durch die Reform nach allgemeinen Grundsätzen für die Zukunft ihre Wirkung verlieren würden.

Hinweis für die Verwaltungspraxis

Der dargestellte Fall fragt, was für Beschlüsse nach § 10 Abs. 6 Satz 3 WEG a. F. gilt: Gelten diese weiter oder sind sie am 1.12.2020 unwirksam geworden? Ferner wird § 9a Abs. 2 WEG betrachtet und abgelehnt, dass ein Schaden der Wohnungseigentümer ein Schaden sei, den die Gemeinschaft der Wohnungseigentümer verfolgen könne.

Alte Beschlusskompetenzen
Wenn die Wohnungseigentümer Beschlüsse auf der Grundlage von Beschlusskompetenzen gefasst haben, die ihnen das bis zum 1.12.2020 geltende WEG eingeräumt hatte, die aber nicht mehr bestehen, können Maßnahmen darauf nach h. M. nicht mehr gestützt werden (Falkner, ZWE 2021, S. 149, 155). Auf Beschlüsse, mit denen die Wohnungseigentümer Rechte und/oder Pflichten vergemeinschaftet und der Gemeinschaft der Wohnungseigentümer zur Ausführung/Ausübung nach § 10 Abs. 6 Satz 3 Halbsatz 2 a. F. zugewiesen haben, können mithin keine weiteren Maßnahmen gestützt werden (BR-Drs. 168/20, S. 49; zweifelnd Häublein, ZWE 2020, S. 401, 408; a. A. Bruns, AnwZert MietR 13/2020 Anm. 2).

3.3.6 Mängelrechte gegen Bauträger

LG Karlsruhe, Urteil v. 23.12.2020, 6 O 141/20

Sachverhalt
Wohnungseigentümer K verlangt von Bauträger B Kostenvorschuss zur Mängelbeseitigung zu Händen des Verwalters i. H. v. 6.961,40 EUR brutto für unstreitige Mängel am gemeinschaftlichen Eigentum (Flachdach und im Flachdach integrierte Lichtkuppeln).

B meint, K müsse sich an den Subunternehmer des B wenden. Im Bauträgervertrag heiße es wie folgt:

»Der Haftungsanspruch richtet sich grundsätzlich gegen den Veräußerer. Dieser tritt jedoch sicherungshalber alle ihm zustehenden Erfüllungs-, Haftungs-, Nacherfüllungs- und Schadensersatzansprüche an den Erwerber ab. Diese Abtretung wird jedoch erst wirksam, wenn der Veräußerer mit seinen Verpflichtungen im Verzug ist und ihnen trotz schriftlicher Aufforderung und angemessener Fristsetzung nicht nachkommt oder die Ansprüche gegen ihn nicht mehr bestehen.«

Entscheidung
Das sieht das LG anders: K könne die Mängel am gemeinschaftlichen Eigentum geltend machen und die Zahlung eines Kostenvorschusses an den Verwalter verlangen. Der einzelne Wohnungseigentümer sei zur selbstständigen, auch gerichtlichen Verfolgung der aus dem Vertragsverhältnis mit dem Veräußerer herrührenden, auf Beseitigung der Mängel am gemeinschaftlichen Eigentum gerichteten Ansprüche befugt. Er könne also – auch ohne Ermächtigungsbeschluss – vom Veräußerer Nachbesserung, aber auch Erfüllung und unter den Voraussetzungen des § 637 Abs. 1 BGB Ersatz seiner Aufwendungen für die Mängelbeseitigung sowie nach § 637 Abs. 3 BGB einen Vorschuss auf die voraussichtlichen Mängelbeseitigungskosten in voller Höhe verlangen.

Bs Einwand gehe ins Leere. Der Hauptunternehmer habe zwar das Verschulden des Nachunternehmers als seines Erfüllungsgehilfen zu vertreten, jedoch seien beide für ihre Gewährleistung nicht Gesamtschuldner des Bauherrn oder anderer Baubeteiligter. Der Nachunternehmer schulde seine Leistung allein dem Hauptunternehmer, nicht dem Bauherrn. Nach dem Bauträgervertrag richte sich der Haftungsanspruch konsequenterweise auch grundsätzlich gegen B. Die von B eingewandte Klausel einer »Abtretung sicherungshalber« betreffe die Rechte des B gegenüber seinen Nachunternehmern, nicht die Vertragsbeziehungen und die sich daraus ergebenden Gewährleistungsrechte der Erwerber gegenüber ihm. Diese Klausel könne nicht bewirken, dass Ks Anspruch gegenüber ihrer solventen Vertragspartei geschwächt werde. Es sei weder der Gemeinschaft der Wohnungseigentümer noch einem Erwerber zumutbar, sich durch den Bauträger auf einen solchen ungewissen (Klage-)Weg unter Hinweis auf ein fehlendes Rechtsschutzinteresse verweisen zu lassen.

Hinweis für die Verwaltungspraxis

Im Fall geht es um die Durchsetzung von Mängelrechten gegenüber dem Bauträger. Nach Inkrafttreten der WEG-Reform am 1.12.2020 ist es unsicher geworden, ob der Verwalter an dieser Stelle zu einem Handeln berufen ist, ob nur die Wohnungseigentümer handeln können und ob eine »Vergemeinschaftung« möglich erscheint.

Eckwerte
Bis zu einer Klärung sollte die Verwaltung von folgenden Eckwerten ausgehen:

Nach § 9a Abs. 2 Fall 2 WEG ist nur die Gemeinschaft der Wohnungseigentümer, vertreten durch den Verwalter, berechtigt, wegen eines Mangels am (künftigen) gemeinschaftlichen Eigentum gegenüber dem Bauträger die Minderung oder den kleinen Schadensersatz zu erklären (der große Schadensersatz wäre übrigens die Rückabwicklung des Vertrags). Hierüber muss der Verwalter die Wohnungseigentümer informieren. Es ist an ihm, das Entsprechende zu organisieren.

Das Recht, wegen eines Mangels am gemeinschaftlichen Eigentum den Bauträgervertrag zu kündigen oder den großen Schadensersatz zu verlangen, hat jeder einzelne Wohnungseigentümer. Die Gemeinschaft der Wohnungseigentümer oder die Wohnungseigentümer können auf dieses Recht nicht einwirken.

Die übrigen Mängelrechte aus dem Bauträgervertrag (Nacherfüllung, Kostenvorschuss, Aufwendungsersatz) stehen jedem Wohnungseigentümer zu. Diese Rechte können aber durch einen Beschluss, der auf § 19 Abs. 1 WEG beruht, »vergemeinschaftet« und zu einer Aufgabe der Gemeinschaft der Wohnungseigentümer gemacht werden.

Nach der Vergemeinschaftung ist es Aufgabe des Verwalters, die Mängelrechte im Namen der Gemeinschaft der Wohnungseigentümer gegenüber dem Bauträger durchzusetzen.

Abnahme des gemeinschaftlichen Eigentums
Die Antwort auf die Frage, welche Personen berechtigt/verpflichtet sind, wesentliche Gebäudebestandteile, die nach Errichtung des Gebäudes oder nach der Umwandlung eines bestehenden Gebäudes im gemeinschaftlichen Eigentum der Wohnungseigentümer als Miteigentümer stehen, als im Wesentlichen mangelfrei abzunehmen, ist immer noch nicht endgültig beantwortet. Für die Praxis ist zu raten, dass sich der Wohnungseigentümer als Erwerber individuell erklärt oder durch einen Vertreter, den er individuell bestimmt, oder durch einen neutralen Vertreter, für den klar ist, dass der Erwerber jederzeit berechtigt ist, dessen Vollmacht zu widerrufen (näher Karczewski, Die Abnahme des Gemeinschaftseigentums – Ein Problem des Bauträgers, NJW 2021, S. 528; Eufinger/Jahn, Die Abnahme des Gemeinschaftseigentums und typische Fehler, NZBau 2020, S. 417; Elzer, Abnahme des gemeinschaftlichen Eigentums: Was gilt vor dem Hintergrund der neuesten BGH-Rechtsprechung für Bestimmungen in Bauträgervertrag und/oder Gemeinschaftsordnung?, DNotZ 2017, S. 163).

Für die Verwaltung wichtiger ist die Antwort auf die Frage, in welcher Weise sie berechtigt/verpflichtet ist, in die Abnahme einzugreifen, und ob sich durch die

WEG-Reform bei der Durchsetzung der Mängelrechte der Wohnungseigentümer als Erwerber gegen den Bauträger etwas geändert hat. Hierauf derzeit eine rechtssichere Antwort zu geben, ist schwierig (siehe auch Vogel, Auswirkungen des Wohnungseigentumsmodernisierungsgesetzes (WEMoG) auf die Verfolgung von Mängelansprüchen gegen den Bauträger, ZMR 2021, S. 181).

Klar ist, dass im aktuellen Recht die dem § 10 Abs. 6 Satz 3 WEG a. F. immanente Möglichkeit, der Gemeinschaft der Wohnungseigentümer durch einen Beschluss Rechte der Wohnungseigentümer in Bezug auf das gemeinschaftliche Eigentum zur Ausübung zu übertragen, entfallen ist. Eine »Vergemeinschaftung«, wie sie bislang beim Störungsbeseitigungsanspruch und bei der Durchsetzung der Mängelrechte der Wohnungseigentümer als Erwerber vom Bauträger sehr üblich war, ist Rechtsgeschichte. Dennoch könnte sich im Bereich des Bauträgerrechts nichts geändert haben. Zur Erläuterung muss man ein wenig ausholen. Der Referentenentwurf zum WEMoG (dem Gesetz zur WEG-Reform) enthielt zum Bauträgerrecht keine Hinweise. Anders ist es beim Regierungsentwurf. Es heißt dort (BR-Drs. 168/20, 49):

»Die Rechtsprechung zum Bauträgervertragsrecht, wonach die Gemeinschaft der Wohnungseigentümer nach Beschlussfassung bestimmte Mängelrechte ausüben kann (zusammenfassend BGH, Urteil vom 12. April 2007 – VII ZR 236/05 Randnummern 15 ff.), lässt der Entwurf unberührt. Denn diese Rechtsprechung beruht nicht auf dem geltenden § 10 Absatz 6 Satz 3, sondern ist schon zur Rechtslage vor der WEG-Novelle 2007 entwickelt worden. Die Streichung der gekorenen Ausübungsbefugnis nach dem geltenden § 10 Absatz 6 Satz 3 Halbsatz 2 hat daher keine Auswirkungen.«

Diese Erläuterung in den Materialien, die keinen Niederschlag im Gesetzestext gefunden hat, ist einer Intervention des VII. BGH-Zivilsenats geschuldet. Dieser hatte in seiner Stellungnahme zum Referentenentwurf der Sache nach darauf beharrt, seine Rechtsprechung zum Bauträgerrecht fortsetzen zu können. Er schrieb:

»Es sollte klargestellt werden, dass unbeschadet der mit § 9a Abs. 2 des Entwurfs beabsichtigten konzeptionellen Änderung die bisherige, langjährig gefestigte und von keiner Seite ernsthaft in Zweifel gezogene Rechtsprechung des Bundesgerichtshofs, wonach eine Wohnungseigentümergemeinschaft im Rahmen der ordnungsmäßigen Verwaltung die Ausübung der den einzelnen Erwerbern aus den jeweiligen Verträgen mit dem Veräußerer zustehenden Rechte auf ordnungsgemäße Herstellung des Gemeinschaftseigentums gem. § 10 Abs. 6 Satz 3 Hs. 2 i. V.␣m. § 21 Abs. 1 und 5 Nr. 2 WEG durch Mehrheitsbeschluss an sich ziehen kann, unverändert gültig bleibt. Die Entwurfsbegründung ist aus hiesiger Sicht in diesem Punkt zumindest nicht hinreichend klar und eindeutig.«

3.3.7 Öffentlich-rechtliche Nachbaransprüche der WEG

VG Hamburg, Beschluss vom 5.5.2021, 6 E 1860/21
Die Befugnis, öffentlich-rechtliche Nachbaransprüche im Hinblick auf das gemeinschaftliche Eigentum geltend zu machen, steht allein der Gemeinschaft der Wohnungseigentümer zu.

Sachverhalt
Wohnungseigentümer K und die Gemeinschaft der Wohnungseigentümer wenden sich im Wege des einstweiligen Rechtsschutzes gegen eine Baugenehmigung eines Grundstücksnachbarn. Fraglich ist, ob diese jeweils prozessführungsbefugt sind.

Entscheidung
Das VG verneint die Frage für K: Denn K mache eine Beeinträchtigung des gemeinschaftlichen Eigentums geltend, ohne dass er hierzu berechtigt sein dürfte. Denn nach § 9a Abs. 1 Satz 1 WEG übe die Gemeinschaft der Wohnungseigentümer die sich aus dem gemeinschaftlichen Eigentum ergebenden Rechte aus. Die Befugnis, öffentlich-rechtliche Nachbaransprüche im Hinblick auf das gemeinschaftliche Eigentum geltend zu machen, stehe daher – ungeachtet nicht unerheblicher verfassungsrechtlicher Bedenken – der Gemeinschaft der Wohnungseigentümer zu (Hinweis auf VGH Mannheim, Beschluss v. 24.2.2021, 3 S 2373/20, und Hügel/Elzer, WEG, 3. Aufl., § 9a Rn. 99).

Deren Antrag sei auch begründet. Die Baugenehmigung verletze die Wohnungseigentümer in ihrem Eigentumsgrundrecht nach Art. 14 Abs. 1 GG. Sie sei rechtswidrig, weil sie den Wohnungseigentümern ein Notwegerecht aufzwinge. Denn die Erschließung des mit ihr legalisierten Vorhabens sei nicht gesichert, weshalb bei Umsetzung des genehmigten Vorhabens ein Notwegerecht begründet werden würde. Ergänzend sei darauf hinzuweisen, dass eine Eigentumsverletzung auch deshalb anzunehmen sein dürfte, weil zulasten der Wohnungseigentümer auch ein Notleitungsrecht analog § 917 Abs. 1 BGB entstünde.

> #### Hinweis für die Verwaltungspraxis
>
> Im besprochenen Fall geht es einerseits um die Frage, wer sich gegen eine Beeinträchtigung des gemeinschaftlichen Eigentums wehren kann. Andererseits geht es um die Fragen eines Notwegerechtes.
>
> **Prozessführungsbefugnis**
> Die Sichtweise im Verwaltungsrecht war in den letzten Jahren »schwankend«. Vielfach wurde angenommen, der Nachbarschutz in Bezug auf das gemeinschaftliche Eigentum sei auch ein Recht des einzelnen Wohnungseigentümers. Diese Sichtweise ist im aktuellen Recht nicht vertretbar (vgl. nur VGH Mannheim, Be-

schluss v. 24.2.2021, 3 S 2373/20). Vielmehr ist es nach § 9a Abs. 2 WEG jetzt allein eine Aufgabe der Gemeinschaft der Wohnungseigentümer, Störungen, die vom Nachbargrundstück ausgehen, zu unterbinden.

Aufgaben des Verwalters
Aufgabe des Verwalters als Organ der Gemeinschaft der Wohnungseigentümer ist es, diese Störungen festzustellen und die Wohnungseigentümer darüber zu informieren. Ferner ist es seine Aufgabe, eine Beschlussfassung der Wohnungseigentümer herbeizuführen, ob und auf welche Art und Weise die Gemeinschaft der Wohnungseigentümer gegen die Störung vorgehen soll. Eigenständig muss der Verwalter meines Erachtens aber nicht tätig werden. Zwar ist es gut vertretbar, dass er nach § 27 Abs. 1 Nr. 1 WEG sowohl mit dem Nachbarn als auch mit der Baubehörde Kontakt aufnimmt und die Tatsachen klärt und feststellt. Die Frage, ob die Gemeinschaft der Wohnungseigentümer gegen den Nachbarn eine Klage erhebt, sollte aber immer von den Wohnungseigentümern beschlossen werden.

3.3.8 Verkehrssicherung

3.3.8.1 Grundsätze – Beispiel: Wasseraufbereitungsgerät

OLG Düsseldorf, Beschluss vom 3.9.2021, I-24 U 294/20
Lässt man ein Wasseraufbereitungsgerät entsprechend einer vom Hersteller empfohlenen Anschlussvariante von einem Fachbetrieb installieren, verletzt man nicht seine Verkehrssicherungspflichten.

Sachverhalt
Vom 23. bis zum 28.12.2015 entweicht in den Räumlichkeiten des B (ein Internist) Wasser aus einem Zuleitungsschlauch zu einem Wasseraufbereitungsgerät. Dieses Gerät hatte B um das Jahr 2000 von einem Sanitärinstallationsfachbetrieb einbauen lassen (es dient angeblich der Reinigung des Trinkwassers aus öffentlichen Leitungsnetzen, indem es Schadstoffe entfernt, die Wasserqualität kontinuierlich überprüft und eine Wasserreinigung »nach dem Vorbild der Natur« vornimmt). Das Wasser dringt in den fünf Tagen durch eine Öffnung im Boden in die Räume des V und richtet dort Schäden an den Decken, den Böden sowie dem Mobiliar an. Aufgrund der Sanierungsarbeiten können die Räume des V bis zum 11.4.2016 nicht genutzt werden.

Da B nicht bereit ist, die Schäden i. H. v. rund 180.000 EUR zu ersetzen, wird er vom Versicherer K des V verklagt. K behauptet, der in das Wasseraufbereitungsgerät eingebaute Schlauch sei porös geworden und geborsten. Da dies 17 Jahre nach dem Einbau erfolgt sei, handele es sich nicht um einen Materialfehler, sondern um einen altersbedingten Verschleiß bzw. eine Materialermüdung, mit der B habe rechnen müssen. B hätte einen Aquastopp bzw. einen Leckwassermelder einbauen lassen müssen, dann wäre allenfalls eine geringe Wassermenge ausgetreten. Des Weiteren habe B es versäumt, den Schlauch in regelmäßigen Abständen fachmännisch kontrollieren zu lassen. B habe mithin gegen seine Verkehrssicherungspflicht verstoßen.

Entscheidung
Das sieht das Gericht anders: K könne seinen Anspruch nicht auf § 906 Abs. 2 Satz 2 BGB stützen. Denn diese Regelung sei im Verhältnis unter Mietern schon nicht anwendbar. In Ermangelung einer vertraglichen Beziehung des V zum B komme für eine Haftung auf Schadensersatz daher allein ein verschuldensabhängiger Anspruch gem. § 823 Abs. 1 BGB in Betracht. Ein solcher sei aber auch zu verneinen. B sei keine Verletzung einer Verkehrssicherungspflicht vorzuwerfen. Denn B habe das Wasseraufbereitungsgerät entsprechend einer vom Hersteller empfohlenen Anschlussvariante von einem Fachbetrieb installieren lassen. Eine regelmäßige Wartung sei nach dem Benutzerhandbuch nicht vorgesehen gewesen. Entsprechendes gelte für den Schlauch, aus dem das Wasser ausgetreten sei. Ein Schlauchteil sei nicht »per se« regelmäßig zu kontrollieren, weil es – wie nahezu jedes Bauteil – verschleiße.

> **Hinweis für die Verwaltungspraxis**
>
> Im besprochenen Fall handelt es sich um zwei Mieter. Wir stellen diesen Fall dar, weil es sich auch um die Mieter von Sondereigentum handeln könnte. Ferner könnte es sich um zwei Wohnungseigentümer handeln, bei denen nichts anderes gelten würde. Jeweils stellt sich nämlich die Frage, welche Sorgfaltspflicht auf das Wasseraufbereitungsgerät zu richten ist. Insoweit kommen vor allem die sogenannten Verkehrssicherungspflichten in den Blick.
>
> **Verkehrssicherungspflichten**
> Grundsätzlich ist derjenige, der eine Gefahrenlage – gleich welcher Art – schafft, verpflichtet, die notwendigen und zumutbaren Vorkehrungen zu treffen, um eine Schädigung anderer möglichst zu verhindern (= Verkehrssicherung). Diese Verkehrssicherung umfasst diejenigen Maßnahmen, die ein umsichtiger und verständiger, in vernünftigen Grenzen vorsichtiger Mensch für notwendig und ausreichend hält, um andere vor Schäden zu bewahren.
>
> Dabei ist zu berücksichtigen, dass nicht jeder abstrakten Gefahr vorbeugend begegnet werden kann. Ein allgemeines Verbot, andere nicht zu gefährden, wäre unrealistisch. Eine Verkehrssicherung, die jede Schädigung ausschließt, ist im praktischen Leben nicht erreichbar. Haftungsbegründend wird eine Gefahr deshalb nur und erst dann, wenn sich für ein sachkundiges Urteil die naheliegende Möglichkeit ergibt, dass Rechtsgüter anderer verletzt werden können. Auch dann reicht es jedoch anerkanntermaßen aus, diejenigen Sicherheitsvorkehrungen

zu treffen, die ein verständiger, umsichtiger, vorsichtiger und gewissenhafter Angehöriger der betroffenen Verkehrskreise für ausreichend halten darf, um andere Personen vor Schäden zu bewahren, und die ihm den Umständen nach zuzumuten sind.

Sicherungsmaßnahmen sind umso eher zumutbar, je größer die Gefahr und die Wahrscheinlichkeit ihrer Verwirklichung sind. Deshalb muss nicht für alle denkbaren Möglichkeiten eines Schadenseintritts Vorsorge getroffen werden. Es sind vielmehr nur die Vorkehrungen zu treffen, die geeignet sind, die Schädigung anderer tunlichst abzuwenden. Der im Verkehr erforderlichen Sorgfalt ist genügt, wenn im Ergebnis derjenige Sicherheitsgrad erreicht ist, den die in dem entsprechenden Bereich herrschende Verkehrsauffassung für erforderlich hält.

Wohnungseigentumsrecht
Für die Verkehrssicherungspflichten im Wohnungseigentumsrecht ist zwischen dem Sondereigentum und dem gemeinschaftlichen Eigentum zu unterscheiden. Dazu ein Überblick:

In Bezug auf das Sondereigentum treffen den jeweiligen Eigentümer die Verkehrssicherungspflichten. Die Gemeinschaft der Wohnungseigentümer, andere Wohnungseigentümer oder die Verwaltung haben keine Verkehrssicherungspflichten für dieses Sondereigentum. Ein Beschluss, der auf einen Wohnungseigentümer in Bezug auf seine Verkehrssicherungspflichten einwirken wollte, wäre in Ermangelung einer Beschlusskompetenz nichtig. Der Wohnungseigentümer kann die Wahrnehmung der Verkehrssicherungspflichten vertraglich auf einen Drittnutzer oder andere Personen, beispielsweise ein Unternehmen für den »Winterdienst«, übertragen. Ihn treffen dann noch Kontrollpflichten.

In Bezug auf das gemeinschaftliche Eigentum trifft die Verkehrssicherungspflicht nach § 18 Abs. 1 WEG bzw. nach § 9a Abs. 2 WEG die Gemeinschaft der Wohnungseigentümer. Diese nimmt ihre Pflichten durch ihre Organe wahr, in der Regel durch den Verwalter. Ob der Verwalter für die Ausübung dieser Pflicht Entscheidungen treffen darf, bemisst sich an § 27 Abs. 1 WEG. Danach hat der Verwalter für die Gemeinschaft der Wohnungseigentümer zu handeln, wenn dies zur Wahrung einer Frist oder zur Abwendung eines Nachteils erforderlich ist (§ 27 Abs. 1 Nr. 2 WEG). Im Übrigen kann der Verwalter handeln, sofern die konkrete Entscheidung eine untergeordnete Bedeutung hat und nicht zu erheblichen Verpflichtungen führt (§ 27 Abs. 1 Nr. 1 WEG). Ob diese Voraussetzungen beispielsweise vorliegen, wenn es darum geht, über einen Vertrag der Gemeinschaft der Wohnungseigentümer mit einem Dritten zu entscheiden, der den Winterdienst leisten soll, ist eine Frage des Einzelfalls. Am besten ist es, wenn die Wohnungseigentümer nach § 27 Abs. 2 WEG die Rechte der Verwaltung durch einen Beschluss klarstellen.

Zum alten Recht ist häufig vertreten worden, den Verwalter treffe eine originäre Pflicht zur Wahrung der Verkehrssicherungspflichten in Bezug auf das gemeinschaftliche Eigentum. Diese Ansicht ist aufgrund der neuen Stellung des Verwalters im neuen WEG-System nicht oder allenfalls schwer vertretbar. Der Verwalter ist nach § 27 Abs. 1 WEG nur verpflichtet, den Erhaltungszustand des gemeinschaftlichen Eigentums regelmäßig zu überprüfen (Kontroll-, Hinweis- und Organisationspflicht). Der Verwalter kann sich allerdings weiterhin vertraglich verpflichten, die Verkehrssicherungspflichten in Bezug auf das gemeinschaftliche Eigentum zu übernehmen. Einen Anlass hierfür gibt es aber nicht.

3.3.8.2 Delegierung von Räum- und Streupflicht

OLG Karlsruhe, Urteil vom 7.12.2020, 9 U 34/19
Die Gemeinschaft der Wohnungseigentümer kann ihre Räum- und Streupflicht für öffentlich zugängliche Wege auf einen Hausmeister delegieren, sodass bei einer Verletzung der Streupflicht der Hausmeister haftet. Nach einer Delegation der Räum- und Streupflicht verbleibt der Gemeinschaft der Wohnungseigentümer eine Überwachungs- und Kontrollpflicht. Bei der Übertragung des Räum- und Streudienstes auf einen professionellen Hausmeisterdienst darf sie sich im Allgemeinen auf eine Erfüllung der Pflichten verlassen und muss nicht ohne Anlass alle Einzelheiten der Tätigkeit des Hausmeisterdienstes kontrollieren.

Sachverhalt
Am 24.1. gegen 15:00 Uhr benutzt K als Fußgängerin die Kirchplatzpassage in der Stadt E. Sie stürzt dort auf Schnee- oder Eisglätte. Im Bereich der Unfallstelle steht die Kirchplatzpassage im gemeinschaftlichen Eigentum der Wohnungseigentümer der Wohnungseigentumsanlage Z. In diesem Bereich ist der geteerte Weg auch für Kraftfahrzeuge benutzbar und dient gleichzeitig als Zufahrt zur Tiefgarage. Mit einer Satzung aus dem Jahr 1989 hat die Stadt E. die Räum- und Streupflicht für öffentlich zugängliche Wege, zu denen auch die Kirchplatzpassage und die von K benutzte Zufahrt zählen, den Straßenanliegern auferlegt.

Streitig ist, ob die Gemeinschaft der Wohnungseigentümer B, die K auf Schadensersatz verklagt hat, für etwaige Mängel bei der Entfernung von Eis und Schnee haftet. Denn B hat 1997 sämtliche üblichen Hausmeisterleistungen dem Streithelfer S übertragen, der einen Hausmeisterdienst unterhält. Die Aufgaben und Verpflichtungen des S sind in einem schriftlichen Hausmeister-Vertrag im Einzelnen geregelt. Im Abschnitt »Winterdienst« in diesem Vertrag ist zu den Aufgaben des S u. a. festgehalten:

»Schnee- und Eisräumen in notwendigem Umfang auf den unter Benützung stehenden Verkehrsflächen. Schnee- und Eisräumung auf öffentlichen Gehwegen, soweit der

Hauseigentümer im Rahmen der gemeindlichen Verordnung zur Räumung verpflichtet ist (gemäß Ortspolizeiverordnung). Streudienst auf Verkehrsflächen zur Vermeidung von Schnee- und Eisglätte.«

Entscheidung

Nach Ansicht des OLG steht K gegen B kein Anspruch gem. § 823 Abs. 1 BGB wegen Verletzung einer Verkehrssicherungspflicht zu. Denn B habe die einen Grundstückseigentümer treffende Räum- und Streupflicht wirksam auf S delegiert. In der Rechtsprechung zu § 823 Abs. 1 BGB sei es anerkannt, dass Verkehrssicherungspflichten auf einen Dritten übertragen werden können. Erforderlich sei eine klare Absprache, welche die Sicherung der Gefahrenquellen zuverlässig garantiert. Aus der Absprache müsse sich ergeben, dass der Dritte die Verantwortung für die zunächst den Übertragenden treffenden Verkehrssicherungspflichten in vollem Umfang übernehme. Eine solche Übertragung der Räum- und Streupflichten auf S ergebe sich aus dem Hausmeistervertrag.

Eine Haftung des Grundstückseigentümers komme allerdings dann in Betracht, wenn Überwachungs- und Kontrollpflichten verletzt seien. Eine solche Pflichtverletzung der B lasse sich jedoch nicht feststellen. Denn der Inhalt von Überwachungs- und Kontrollpflichten bei der Übertragung von Verkehrssicherungspflichten auf einen Dritten richte sich nach den jeweiligen Umständen des Einzelfalls. Es komme insbesondere darauf an, welche Einwirkungs- und Kontrollmöglichkeiten bestünden. Bei der Übertragung von Verkehrssicherungspflichten auf ein Fachunternehmen dürfe sich der Übertragende im Allgemeinen auf deren Erfüllung verlassen und müsse nicht ohne konkreten Anhalt alle Einzelheiten kontrollieren. Der Verwalter habe daher den S nicht ständig kontrollieren müssen. Der Verwalter habe darauf vertrauen können, dass ihm die Wohnungseigentümer eine mangelhafte Aufgabenerfüllung durch S mitteilen würden.

> ### Hinweis für die Verwaltungspraxis
>
> Seit dem 1.12.2020 ist es allein eine Pflicht der Gemeinschaft der Wohnungseigentümer, die Verkehrssicherungspflicht für das gemeinschaftliche Eigentum wahrzunehmen. Die Gemeinschaft der Wohnungseigentümer handelt durch ihre Organe. Ist ein Verwalter bestellt, ist es seine Aufgabe, die Durchführung der Pflicht durch die Gemeinschaft der Wohnungseigentümer sicherzustellen. Dies kann er dadurch tun, dass er durch Informationen, die Einholung von Angeboten und die Aufnahme eines Tagesordnungspunktes die Wohnungseigentümer dazu motiviert, nach § 19 Abs. 1 WEG einen Beschluss darüber zu fassen, welches Unternehmen zu welchen Konditionen die Verkehrssicherungspflichten wahrnehmen soll. Andererseits ist der Verwalter nach § 27 Abs. 1 Nr. 1 WEG aber auch befugt, ohne Beschluss der Wohnungseigentümer Maßnahmen zu treffen, die

untergeordnete Bedeutung haben und mit denen keine erheblichen Verbindlichkeiten für die Wohnungseigentümer verbunden sind. Ob ihm dies erlaubt, einen Vertrag über die Wahrnehmung der Verkehrssicherungspflichten durch einen Dritten abzuschließen, ist noch unsicher und kann sich auch von Wohnungseigentumsanlage zu Wohnungseigentumsanlage unterscheiden. Ich rate daher an dieser Stelle zurzeit, in Wohnungseigentumsanlagen, in denen die Verkehrssicherung noch nicht organisiert ist, grundsätzlich die Wohnungseigentümer mit der Problematik zu befassen und sie nach vorheriger Einholung entsprechender Angebote einen Beschluss darüber fassen zu lassen.

Anders liegt es auch nicht, wenn ein Verwalter eine Wohnungseigentumsanlage übernimmt und bei der Prüfung der Verwaltungsunterlagen feststellt, dass es an einer angemessenen Organisation der Verkehrssicherungspflicht fehlt. Diesen Mangel sollte der Bewerber um das Verwalteramt nämlich bereits vor Übernahme seines Amtes festgestellt haben. Dann aber ist es möglich, mit seiner Bestellung auch einen Beschluss zur Verkehrssicherungspflicht zu fassen.

Delegierung
Wie vom Gericht ausgeführt, führt ein Vertrag, mit dem die Gemeinschaft der Wohnungseigentümer ihre Verkehrssicherungspflicht auf einen Dritten delegiert, nicht dazu, dass für die Gemeinschaft der Wohnungseigentümer keine Aufgaben mehr bestehen. Vielmehr wandelt sich die Verkehrssicherungspflicht in die Pflicht um, den Verpflichteten zu überwachen und zu kontrollieren. An dieser Stelle meinen die Richter aus Baden, es reiche, wenn sich der Verwalter auf Meldungen der Wohnungseigentümer verlasse. Diese Haltung ist sehr großzügig und sollte mit großer Vorsicht behandelt werden. Denn es ist nicht an den Wohnungseigentümern, den Verwalter zu informieren. Besser ist es, den Hausmeisterdienst in unregelmäßigen Abständen zu kontrollieren.

Länderübergreifende Räum- und Streupflicht
Länderübergreifend besteht eine Räum- und Streupflicht meist zwischen 7.00 Uhr und 20.00 Uhr, am Wochenende je nach landesrechtlicher Regelung häufig, aber nicht immer, etwas länger. Bei starkem Schneefall am Tag muss mehrfach geräumt werden. Oft ist auch geregelt, welche Streumittel verwendet werden dürfen. Die an das Grundstück angrenzenden öffentlichen Bürgersteige, Gehwege und Zugänge sind von Eis und Schnee freizuhalten sowie bei Glätte zu bestreuen. Hierbei muss ein Streifen bis zu einer Breite von 1 m bis zu 1,20 m oder 1,50 m geräumt werden. In manchen Bundesländern müssen auch die Zugänge der Bushaltestellen sowie Fußgängerüberwege – im durch das Landesgesetz festgelegten Umfang – geräumt werden. In Ausnahmefällen muss der gesamte Weg geräumt werden, zum Beispiel in stark frequentierten Innenstadtlagen. Auf dem

Grundstück der Wohnungseigentumsanlage müssen die Zugänge zum Parkplatz, zu Mülltonnen und Tiefgaragen ebenfalls von Eis und Schnee befreit und bei Glätte bestreut werden (Martini, Stichwortkommentar WEG, 1. Aufl., Stichwort 193 »Schneeräumen/Winterdienst und tätige Mithilfe«).

Dokumentation
Um Haftungsrisiken zu vermeiden, ist der Verwalter gut beraten, seine Tätigkeit im Zusammenhang mit der Verkehrssicherung strikt zu organisieren und nachweisbar zu dokumentieren (Metzger in Elzer/Fritsch/Meier, Wohnungseigentumsrecht, 3. Aufl., § 2 Rn. 799). Denn im Streitfall gilt, dass bei der Verletzung von Verkehrssicherungspflichten zugunsten des grundsätzlich beweispflichtigen Anspruchstellers die Erleichterung eines Anscheinsbeweises greift: Wird ein Schaden typischerweise durch eine bestimmte Pflichtverletzung hervorgerufen oder hat sich das Schadensereignis im Herrschaftsbereich des Verwalters ereignet, so trägt dieser die Beweislast dafür, dass er nicht schuldhaft gehandelt hat. Daher ist dem Verwalter unbedingt zu empfehlen, die Erfüllung seiner Kontrollpflichten ausreichend zu dokumentieren (Metzger in Elzer/Fritsch/Meier, Wohnungseigentumsrecht, 3. Aufl., § 2 Rn. 799). Dabei sind insbesondere folgende Punkte zu beachten (nach Metzger in Elzer/Fritsch/Meier, Wohnungseigentumsrecht, 3. Aufl., § 2 Rn. 801):

- Regelmäßige eigene Kontrolle (Sichtkontrolle) der Einhaltung der Verkehrssicherung im Zuge der Prüfung der Notwendigkeit von Instandhaltungs- oder Instandsetzungsmaßnahmen nebst Dokumentation. Im Fall der Delegation: Sicherstellung der Dokumentation.
- Dokumentation der ordnungsgemäßen Auswahl von Erfüllungsgehilfen der Gemeinschaft wie Hausmeistern, Dienstleistern und sonstigen Unternehmern durch Protokollierung und Benennung der geprüften Kriterien wie bisher gemachter Erfahrungen aufgrund bereits vorhandener Zusammenarbeit, Qualifikation, Erreichbarkeit, Mitarbeiterzahl und Referenzen.
- Dokumentation der angemessenen Einweisung und (Erst-)Überwachung von Erfüllungsgehilfen der Gemeinschaft wie Hausmeistern, Dienstleistern und sonstigen Unternehmern durch Protokollierung.

3.4 Die verwalterlose Gemeinschaft als Beklagte

BGH, Urteil vom 8.7.2022, V ZR 202/21
Hat die Gemeinschaft der Wohnungseigentümer keinen Verwalter, führt der Ausschluss des oder der klagenden Wohnungseigentümer in einer Beschlussklage von der nach § 9b Abs. 1 Satz 2 WEG angeordneten Gesamtvertretung dazu, dass die Gemeinschaft der Wohnungseigentümer in diesem Prozess durch die übrigen Wohnungs-

eigentümer gemeinschaftlich vertreten wird. Verbleibt nur ein Wohnungseigentümer, der keinem Vertretungsverbot unterliegt, vertritt er die Gemeinschaft der Wohnungseigentümer im Prozess allein.

Sachverhalt

In einer Wohnungseigentumsanlage gibt es nur zwei Wohnungseigentümer. Ein Verwalter ist nicht bestellt. Wohnungseigentümer K reicht im Dezember 2020 eine auf die Bestellung einer bestimmten Verwalterin gerichtete Beschlussersetzungsklage ein, in der er Wohnungseigentümer B als Beklagten bezeichnet. Das AG meint, die Klage richte sich gegen die Gemeinschaft der Wohnungseigentümer und gibt ihr statt. B legt gegen dieses Urteil im Namen der Gemeinschaft der Wohnungseigentümer Berufung ein. Das LG weist auf die Berufung die Klage als unzulässig ab. K habe den Falschen verklagt, da sich die Klage nicht gegen die Gemeinschaft der Wohnungseigentümer, sondern gegen B richte. Mit der gegen B und die Gemeinschaft der Wohnungseigentümer gerichteten Revision will K die Wiederherstellung der AG-Entscheidung erreichen.

Entscheidung

K kann einen Zwischenerfolg verbuchen: Dem LG sei zwar zuzustimmen, dass sich die Klage gegen die Gemeinschaft der Wohnungseigentümer richten müsse. Dies sei mittlerweile aber auch der Fall. Zwar habe K die Klage gegen B erhoben. Dieser Fehler könne auch, wie es das AG meine, nicht durch eine Rubrumsberichtigung, sondern nur durch einen Parteiwechsel korrigiert werden. Werde eine Beschlussersetzungsklage gegen die übrigen Wohnungseigentümer erhoben, müsse ein gewillkürter Parteiwechsel auf Beklagtenseite vorgenommen werden. Dies sei in zweiter Instanz aber auch geschehen. Denn K habe konkludent eine Anschlussberufung eingelegt und in dieser eine Klageänderung in Form eines Parteiwechsels auf Beklagtenseite erklärt.

Die Sache sei allerdings nicht zur Endentscheidung reif, weil weitere Feststellungen zu treffen seien. Für das weitere, allein gegen die Gemeinschaft der Wohnungseigentümer gerichtete Verfahren weist der Senat darauf hin, die Gemeinschaft der Wohnungseigentümer werde von B vertreten. Eine Vertretung im Sinne von § 9b Abs. 1 Satz 2 WEG durch K und B gemeinsam sei nicht möglich. Die Gemeinschaft der Wohnungseigentümer werde daher in Anlehnung an die gesellschaftsrechtliche BGH-Rechtsprechung von den übrigen Wohnungseigentümern gemeinschaftlich bzw. dem verbleibenden Wohnungseigentümer allein vertreten – sogenannte kupierte Gesamtvertretung.

Das Berufungsgericht müsse im Übrigen beachten, dass die Wohnungseigentümer nach § 18 Abs. 2 Nr. 1 WEG einen Anspruch auf eine Verwaltung ihrer Gemeinschaft haben, die den Grundsätzen ordnungsmäßiger Verwaltung entspreche. Das schließt einen Anspruch auf Bestellung eines tauglichen Verwalters ein, was auch in einer Anlage gelte, in der es nur zwei Wohnungseigentümer gebe.

Hinweis für die Verwaltungspraxis

Im Fall geht es neben vielen, hier bewusst ausgesparten prozessualen Fragen vor allem um die Frage, wer eine verwalterlose Gemeinschaft der Wohnungseigentümer vertritt, wenn diese von einem Wohnungseigentümer verklagt wird.

Geschäftsführung

Wer die Geschäfte in einer verwalterlosen Gemeinschaft führt, ist unklar. Blickt man auf die Aufstellung eines Wirtschaftsplans oder einer Jahresabrechnung, wird man dies kaum den Wohnungseigentümern abverlangen können und erlauben müssen, dass diese einen Dritten beauftragen. Was ist aber mit der Beschlussdurchführung oder der Einsichtnahme in die Verwaltungsunterlagen? Nur für die Versammlung kann § 24 Abs. 3 WEG etwas helfen, nämlich durch das Recht, beim Fehlen eines Verwalters die Versammlung durch den Verwaltungsbeirat oder einen dazu ermächtigten Wohnungseigentümer einzuberufen.

Vertretung

Hat die Gemeinschaft der Wohnungseigentümer keinen Verwalter oder ist dieser ausnahmsweise nach § 181 BGB als Vertreter der Gemeinschaft der Wohnungseigentümer ausgeschlossen, vertreten nach § 9b Abs. 1 Satz 2 WEG sämtliche Wohnungseigentümer die Gemeinschaft der Wohnungseigentümer als Gesamtvertreter.

Diese Anordnung ist vor allem, aber nicht nur im Rahmen des § 44 Abs. 1 Satz 1 WEG problematisch. Da die klagende Partei (ein Wohnungseigentümer oder mehrere) als einer der geborenen Gesamtvertreter von einer Mitbestimmung offensichtlich ausgeschlossen ist und die anderen Wohnungseigentümer wohl nicht, was möglich wäre, für eine Vertretung ermächtigen wird, fehlt es für eine Willensbildung stets an einem notwendigen Gesamtvertreter.

Entweder ist daher für die verwalterlose Gemeinschaft der Wohnungseigentümer nach § 57 Abs. 1 ZPO stets ein Prozesspfleger zu bestellen (Lehmann-Richter/Wobst, NJW 2021, S. 662). Oder man ist mit der h. M. der Ansicht, dass der Wegfall eines vertretungsberechtigten Wohnungseigentümers an dieser Stelle dazu führt, dass nunmehr die übrigen Wohnungseigentümer allein Gesamtvertretungsmacht haben (so u. a. LG Frankfurt a. M., Urteil v. 15.7.2021, 2-13 S 5/21; Elzer, MDR 2021, S. 188, 190). Diese Ansicht ist jedenfalls praxisnah und allein deshalb vorzugswürdig (s. auch Hügel/Elzer, WEG, 3. Aufl., § 44 Rn. 39). Eine andere Lösung kann wohl nicht friktionsfrei erklären, warum § 170 Abs. 3 ZPO anwendbar sein soll. Es ist daher zu begrüßen, dass der BGH mit der Entscheidung diese Frage im Sinne der h. M. klärt.

Ermächtigung zur Einberufung

Fehlt ein Verwalter oder weigert er sich pflichtwidrig, die Versammlung der Wohnungseigentümer einzuberufen, kann die Versammlung nach § 24 Abs. 3 WEG auch durch den Vorsitzenden des Verwaltungsbeirats, dessen Vertreter oder einen durch Beschluss ermächtigten Wohnungseigentümer einberufen werden. Gibt es keinen Verwaltungsbeirat und haben die Wohnungseigentümer von ihrer Kompetenz, nach § 24 Abs. 3 WEG einen Wohnungseigentümer zu ermächtigen, keinen Gebrauch gemacht, kann ein Wohnungseigentümer nach §§ 18 Abs. 2 Nr. 1, 44 Abs. 1 Satz 2 WEG gegen die Gemeinschaft der Wohnungseigentümer auf eine Ermächtigung klagen. Das LG wägt hier ab, ob sich das Ermessen der Wohnungseigentümer auf null reduziert hat.

Streithelfer

Damit die verwalterlose Gemeinschaft der Wohnungseigentümer keine prozessualen Fristen verpasst, sollte meines Erachtens im Einzelfall ein rechtskundiger Wohnungseigentümer – oder einer, der, durch eine Rechtsschutzversicherung abgesichert, einen Rechtsanwalt beauftragen kann – nach Kenntnis von einem Rechtsstreit der Gemeinschaft der Wohnungseigentümer auf ihrer Seite als Streithelfer beitreten.

In diesem Fall kann dieser Wohnungseigentümer alle notwendigen Erklärungen abgeben. Der Beitritt kann später zurückgenommen oder auf einen bestimmten Teil beschränkt werden. Der Beitritt bedarf der Einreichung eines Schriftsatzes beim Prozessgericht. Er muss die Bezeichnung der Parteien und des Rechtsstreits, die bestimmte Angabe des Interesses, das der Streithelfer hat, und die Erklärung des Beitritts enthalten.

DIGITALE EXTRAS

Muster: Streitbeitritt

[Datum]
[Bezeichnung des Streithelfers – Name/Adresse]
[Aktenzeichen des Rechtsstreits]
[Bezeichnung des klagenden Wohnungseigentümers und der Gemeinschaft der Wohnungseigentümer]
Ich trete dem Rechtsstreit aufseiten der Gemeinschaft der Wohnungseigentümer bei und beantrage, die Klage abzuweisen.
Begründung
1. Ich habe ein Interesse am Ausgang des Rechtsstreits. Denn ich bin wie der Kläger Mitglied der Beklagten. Ich habe für die Beklagte außerdem nach § 16 Absatz 2 Satz 1 WEG die Kosten – unter anderem dieses Rechtsstreits – anteilig zu tragen. Ich wäre außerdem von der Erklärung, dass der vom Kläger angefochtene Beschluss ungültig ist, unmittelbar betroffen.
2. Als Begründung, warum der angefochtene Beschluss einer ordnungsmäßigen Verwaltung entspricht, mache ich Folgendes geltend: […].

3.5 Die verwalterlose Gemeinschaft der Wohnungseigentümer als Klägerin

BGH, Urteil vom 16.9.2022, V ZR 180/21

In einer verwalterlosen Gemeinschaft bedarf die Erhebung einer gegen einen einzelnen Wohnungseigentümer gerichteten Klage auf anteilige Zahlung einer beschlossenen Sonderumlage keiner auf die Klageerhebung bezogenen Beschlussfassung. Erhebt der Verwalter im Namen der Gemeinschaft der Wohnungseigentümer Klage gegen einzelne Wohnungseigentümer, sind Beschränkungen seiner Vertretungsmacht im Innenverhältnis, die die Befugnis zur Klageerhebung betreffen, jedenfalls im Grundsatz nicht zu überprüfen.

Sachverhalt

In einer Wohnungseigentumsanlage gibt es zwei Ehepaare. Das Ehepaar 1 verfügt über eine knappe Mehrheit der Stimmen. In einer Versammlung im November 2019 beschließen die Wohnungseigentümer mit den Stimmen des Ehepaars 1, eine Sonderumlage über 100.000 EUR zu erheben. Die Sonderumlage soll am 31. Dezember 2019 fällig werden. Das Ehepaar 1 verklagt das Ehepaar 2 auf Zahlung dieser Sonderumlage an die Gemeinschaft der Wohnungseigentümer. Die Klage hat beim AG keinen Erfolg. Dagegen legt das Ehepaar 1 Berufung ein. Mit einem am 1. April 2021 beim LG eingegangenen Schriftsatz ändern sie dort allerdings die Klage. Klägerin soll nun die Gemeinschaft der Wohnungseigentümer sein.

Dieser geänderten Klage gibt das LG statt. Es hält den Parteiwechsel auf Klägerseite für zulässig. Die Gemeinschaft der Wohnungseigentümer sei dadurch zur Klägerin geworden und werde durch das Ehepaar 1 vertreten. Auf die Frage, ob es für die Erhebung der Hausgeldklage eines Beschlusses bedurft habe, komme es im Verhältnis zum Gericht nicht an. In der Sache sei der Zahlungsanspruch begründet. Ein Wohnungseigentümer müsse die Vorschüsse zahlen, die während der Dauer seiner Mitgliedschaft fällig geworden seien. Es sei daher unerheblich, dass das Ehepaar 2 seine Wohnungseigentumsrechte in der Wohnungseigentumsanlage mittlerweile veräußert habe.

Entscheidung

Das sieht der BGH nicht anders: Zur Vertretung der verwalterlosen Gemeinschaft weist der BGH auf die unter Kapitel 3.4 dargestellte Entscheidung hin. Er habe dort für die Praxis geklärt, dass ein Wohnungseigentümer nicht Kläger sein und zugleich die Gemeinschaft der Wohnungseigentümer als Beklagte vertreten könne. Aus diesem Grunde könne der klagende Wohnungseigentümer nicht an der in § 9b Abs. 1 Satz 2 WEG vorgesehenen Gesamtvertretung teilnehmen. Der Ausschluss des oder der klagenden Wohnungseigentümer führe dazu, dass die beklagte Gemeinschaft der Wohnungseigentümer in diesem Prozess durch die übrigen Wohnungseigentümer gemeinschaftlich vertreten werde (»kupierte Gesamtvertretung«). Verbleibe nur ein Wohnungseigentümer, der keinem Vertretungsverbot unterliege, vertrete er die Gemeinschaft der Wohnungseigentümer im Prozess allein. Dasselbe gelte in Binnenstreitigkeiten, in denen die Gemeinschaft der Wohnungseigentümer gegen einzelne Wohnungseigentümer klage. Habe die Gemeinschaft der Wohnungseigentümer keinen Verwalter, werde sie daher bei einer gegen einzelne Wohnungseigentümer gerichteten Klage durch die übrigen Wohnungseigentümer gemeinschaftlich vertreten. Verbleibe nur ein Wohnungseigentümer, der keinem Vertretungsverbot unterliege, vertrete er die Gemeinschaft der Wohnungseigentümer allein.

Auf den Umstand, dass die Wohnungseigentümer keinen Beschluss gefasst hatten, gegen das Ehepaar 2 eine Hausgeldklage zu erheben, komme es nicht an. Denn bei der verwalterlosen Gemeinschaft entspreche die Vertretungsmacht der Wohnungseigentümer grundsätzlich derjenigen des Verwalters. Erhebe der Verwalter im Namen der Gemeinschaft der Wohnungseigentümer Klage gegen einzelne Wohnungseigentümer, seien aber Beschränkungen seiner Vertretungsmacht im Innenverhältnis, welche die Befugnis zur Klageerhebung beträfen, jedenfalls im Grundsatz nicht zu überprüfen. Ob – und ggf. unter welchen Voraussetzungen – evident bestehende Beschränkungen im Innenverhältnis der Vertretungsmacht im Prozess entgegenstehen könnten oder ein Missbrauch der Vertretungsmacht anzunehmen sei, bedürfe allerdings noch abschließender Klärung. Im vorliegenden Fall komme es darauf nicht an. Der Umstand, dass die Parteien keinen Beschluss über die Erhebung der Zahlungsklage gefasst hatten, beschränke die Vertretungsmacht der Kläger im Innenverhältnis schon deshalb nicht, weil eine solche Beschlussfassung jedenfalls in einem Beitragsverfahren entbehrlich sei.

Die Klage sei auch begründet. Ein Wohnungseigentümer habe die Vorschüsse zu leisten, die während der Dauer seiner Mitgliedschaft in der Gemeinschaft fällig werden (»Fälligkeitstheorie«). Die Sonderumlage sei aber am 31.12.2019 fällig geworden, also vor Umschreibung des Eigentums der Beklagten. Die Fälligkeitsregelung sei auch wirksam (Hinweis auch auf § 28 Abs. 3 WEG). Ob der Beschluss, der die Sonderumlage begründe, angefochten sei, sei hingegen unerheblich. Solange Beschlüsse über die Erhebung von Sonderumlagen nicht rechtskräftig für ungültig erklärt worden seien, seien sie gültig und begründeten die Zahlungspflicht des einzelnen Wohnungseigentümers. Im Fall einer Veräußerung sei es Sache der Beklagten, mit den Erwerbern im Innenverhältnis vertraglich zu regeln, wer die fällige Sonderumlage aufbringen solle.

Hinweis für die Verwaltungspraxis

Der BGH klärt mit der Entscheidung, dass die Gemeinschaft der Wohnungseigentümer, wenn es keinen Verwalter gibt, bei Klagen, die sie gegen einen Wohnungseigentümer führt (»Aktivklagen«), durch die anderen Wohnungseigentümer vertreten wird.

Beschränkungen im Innenverhältnis

Die BGH klärt weiter, dass ein Gericht Beschränkungen der Vertretungsmacht einer Verwaltung im Innenverhältnis grundsätzlich nicht überprüfen muss. Dies gilt jedenfalls für das Hausgeldinkasso und Klagen auf Entstörung des gemeinschaftlichen Eigentums.

Hausgeldinkasso

Die Grundlage eines Hausgeldanspruchs der Gemeinschaft der Wohnungseigentümer gegen einen Wohnungseigentümer ist ein Beschluss nach § 28 Abs. 1 Satz 1 WEG oder nach § 28 Abs. 2 Satz 1 WEG. Ohne einen Beschluss schuldet ein Wohnungseigentümer kein Hausgeld. Erhebt die Verwaltung im Namen der Gemeinschaft der Wohnungseigentümer eine Hausgeldklage und stellt sich heraus, dass es an dem Beschluss fehlt, wird die Klage als unbegründet abgewiesen. Die Kosten des Rechtsstreits muss im Ergebnis die Verwaltung tragen, da sie wissen muss, dass eine Hausgeldklage ohne Anspruchsgrundlage keinen Erfolg haben kann.

Der BGH wiederholt mit der Entscheidung seine Ansicht, die Vorschüsse nach § 28 Abs. 1 Satz 1 WEG oder die Nachschüsse nach § 28 Abs. 2 Satz 1 WEG schulde die Person, die zum Zeitpunkt der Fälligkeit der »Wohnungseigentümer« gewesen sei (Fälligkeitstheorie). Diese Schuld geht nicht unter, wenn ein Wohnungseigentümer sein Wohnungseigentum auf einen Dritten überträgt. Die Gemeinschaft der Wohnungseigentümer kann daher nicht von dem Sondernachfolger, sondern nur von seinem Rechtsvorgänger als dem ehemaligen Wohnungseigentümer die Zahlung bereits fälliger Vor- oder Nachschüsse verlangen. Etwas anderes gilt, wenn die Wohnungseigentümer eine Haftungsvereinbarung getroffen haben, nach welcher der Sondernachfolger für die Hausgeldschulden seines Rechtsvorgängers haftet. Ob es so ist, ist grundsätzlich der Gemeinschaftsordnung zu entnehmen und muss der Verwaltung bekannt sein.

Die Wohnungseigentümer besitzen nach § 28 Abs. 3 WEG eine Beschlusskompetenz zu bestimmen, bis wann ein Wohnungseigentümer einen Vorschuss bzw. einen Nachschuss zu erfüllen hat. Beschließen die Wohnungseigentümer nichts, ist eine Hausgeldforderung sofort fällig. Aufgabe der Verwaltung ist es, den Hausgeldschuldner in Verzug zu setzen bzw. bei der Beschlussfassung darauf zu achten, dass für die Erfüllung der Hausgeldschulden eine Zeit nach dem Kalender bestimmt ist.

Die Verwaltung vertritt die Gemeinschaft der Wohnungseigentümer im Rahmen einer Hausgeldklage. Die Wohnungseigentümer müssen insoweit keine Vertretungsmacht der Verwaltung bestimmen, diese folgt aus dem Gesetz (»können«). Damit ist aber nicht gesagt, dass die Verwaltung im Innenverhältnis befugt ist, eine Hausgeldklage rechtshängig zu machen (»dürfen«). Die Erhebung einer Hausgeldklage kann § 27 Abs. 1 Nr. 1 WEG unterfallen. Dann bedarf es keines Beschlusses der Wohnungseigentümer. Der BGH führt insoweit aus, dass jedenfalls die Klage auf Zahlung einer »hohen anteiligen Sonderumlage« (im dargestellten Fall: 49.970 EUR) schon wegen der Prozesskosten im Innenverhältnis nicht zu den Angelegenheiten von untergeordneter Bedeutung im Sinne von § 27 Abs. 1 Nr. 1 WEG zählt.

3.6 Betretungsrechte

AG Hamburg-St. Georg, Beschluss vom 9.7.2021, 980b C 36/20
Die Gemeinschaft der Wohnungseigentümer kann nach § 14 Abs. 1 Nr. 2 WEG einen Anspruch auf Betretung einer Wohnung haben.

Sachverhalt
Aufgrund von Unstimmigkeiten bei der Jahresabrechnung besteht der Verdacht, dass die funkbasierten Heizkostenverteiler in der Wohnung von Wohnungseigentümer B manipuliert werden. Für eine Kontrolle verweigert dieser allerdings den Zutritt zu seiner Wohnung. Die Wohnungseigentümer ermächtigen daher die Verwaltung, den Anspruch auf Zutritt zur Überprüfung der Heizkostenverteiler mit anwaltlicher Hilfe durchzusetzen.

Die Gemeinschaft der Wohnungseigentümer K beantragt daher gegen Wohnungseigentümer B, es zu dulden, dass seine Wohnung von einem Mitarbeiter der Verwaltung zusammen mit Mitarbeitern der Heizungsablesefirma betreten wird. Diese Personen sollen feststellen, ob die Heizkostenverteiler ordnungsmäßig montiert sind und die Heizleistung korrekt erfassen. Im Laufe des Rechtsstreits ergibt dann bereits eine Durchsuchung der Wohnung durch die Strafverfolgungsbehörden in Anwesenheit von Mitarbeitern des Heizungsablesedienstes, dass B die Heizkostenverteiler demontiert hatte (die Funkübertragung blieb weiterhin gewährleistet). Die Parteien erklären den Rechtsstreit danach übereinstimmend für erledigt. Fraglich ist, wer die Kosten des Rechtsstreits zu tragen hat.

Entscheidung
Das AG meint, B müsse die Kosten tragen: Die Gemeinschaft der Wohnungseigentümer K habe einen Anspruch auf Duldung des Zutritts aus § 14 Abs. 1 Nr. 2 WEG gehabt. § 14 Abs. 1 Nr. 2 WEG ermögliche es in Anlehnung an § 14 Abs. 4 Halbsatz 1 WEG a. F. und unter Heranziehung der dazu entwickelten Grundsätze, unter Berücksichtigung der wechselseitigen Interessen (und Grundrechtspositionen) im Einzelfall ein anlassbezogenes, auf konkrete Tatsachen gestütztes Betretungsrecht zugunsten der Gemeinschaft der Wohnungseigentümer anzunehmen (Hinweis auf Hügel/Elzer, WEG, 3. Aufl., § 14 Rn. 21).

K habe auch kein allgemeines Betretungsrecht oder eine Routinekontrolle durchsetzen wollen. Die von Heizkostenverteilern aufgezeichneten und im Rahmen einer (Funk-)Ablesung übermittelten Verbrauchswerte dienten ihrem Sinn, Zweck und Anwendungsbereich nach der Abrechnung der Heizkosten (nach Verbrauch), und zwar gegenüber allen Wohnungseigentümern nach dem jeweils geltenden Umlageschlüssel. Genauso wie der Einbau und die Ablesung von Erfassungsgeräten einen Grund für eine Duldungspflicht sein könnten (Hinweis auf AG Sonthofen, Urteil v. 4.10.2018, 1 C 813/17, ZWE 2019 S. 183, 184; Hügel/Elzer, WEG, 3. Aufl., § 14 Rn. 27), gelte dies für eine anlassbezogene Überprüfung von deren Funktionsfähigkeit. Es habe im Fall auch ausreichende Anhaltspunkte für die mangelnde Funktionsfähigkeit der im Jahr 2017 neu installierten (Funk-)Heizkostenverteiler gegeben. Diese habe K auf die – im Lichte der Größe von Bs Wohnung und der Verbräuche in den Vorjahren – ersichtlich deutlich zu geringen Verbrauchswerte, welche die Geräte erfasst hatten, gestützt. Selbst wenn sich B auf die grundrechtlich geschützte Unverletzlichkeit der Wohnung nach Art. 13 Abs. 1 GG berufen könne, würden die Interessen der Gemeinschaft der Wohnungseigentümer überwiegen.

Hinweis für die Verwaltungspraxis

Es geht im Fall um die Frage, ob die Gemeinschaft der Wohnungseigentümer einen Anspruch hat, dass ihre Organe und/oder Werkunternehmer/Handwerker/Sachverständige eine Wohnung betreten dürfen, also Räume, die im Sondereigentum stehen.

Verpflichtung zur Duldung des Betretens des Sondereigentums

Jeder Wohnungseigentümer ist gegenüber der Gemeinschaft der Wohnungseigentümer nach § 14 Abs. 1 Nr. 2 WEG verpflichtet, das Betreten seines Sondereigentums zu dulden. Welche Voraussetzungen für diesen Anspruch erfüllt sein müssen, bestimmt § 14 Abs. 1 Nr. 2 WEG nicht. Nahe liegt, dass die Duldungspflicht nur besteht, wenn dies im konkreten Fall erforderlich ist. Ein allgemeines Betretungsrecht räumt § 14 Abs. 1 Nr. 2 WEG also nicht ein. Anlass dieser Duldungsverpflichtung ist in der Regel eine Vereinbarung oder ein Beschluss der Wohnungseigentümer, zu deren Umsetzung eine Betretung des Sondereigentums notwendig wird.

Inhaltlich wird es sich hierbei meist um die Erhaltung des gemeinschaftlichen Eigentums handeln. Solche Maßnahmen sind einem Wohnungseigentümer entsprechend § 555a Abs. 2 BGB rechtzeitig von der Verwaltung formfrei anzukündigen. Was »rechtzeitig« ist, beurteilt sich nach den Umständen des Einzelfalls. Abzuwägen sind u. a. die zu erwartenden Beeinträchtigungen des Sondereigentums und seiner Nutzer sowie die Dringlichkeit der Maßnahme. In der Regel sind zwei Wochen ausreichend, aber auch notwendig. Die Ankündigungspflicht entfällt, wenn mit der Erhaltungsmaßnahme nur eine unerhebliche Einwirkung verbunden oder ihre sofortige Durchführung zwingend erforderlich ist. Beispiele sind dringende Reparaturen nach einem Rohrbruch, des zerstörten Daches nach einem Unwetter oder Schäden nach einem Brand. Auch hier ist jeweils nach den Umständen zu werten. Stets ist eine Abwägung der jeweils betroffenen Interessen erforderlich. Grundsätzlich ist nach § 242 BGB auch in solchen Ausnahmefällen so früh wie möglich eine wenigstens rudimentäre Mitteilung darüber erforderlich, was/wann/von wem geschehen wird. Anzukündigen sind u. a. Art, Umfang und Erforderlichkeit der Erhaltungsmaßnahme sowie deren voraussichtlicher Beginn und die Dauer der Arbeiten, mithin ihr Ende.

3.7 Aufwendungsersatz (§ 9a Abs. 4 WEG)

3.7.1 Ex-Wohnungseigentümer

BGH, Urteil vom 25.3.2022, V ZR 92/21
Ein Ex-Wohnungseigentümer, der Verbindlichkeiten der Gemeinschaft der Wohnungseigentümer getilgt hat, kann von den Wohnungseigentümern keine unmittelbare (anteilige) Erstattung seiner Aufwendungen für die Gemeinschaft der Wohnungseigentümer verlangen.

Sachverhalt
Es geht um eine Wohnungseigentumsanlage mit zwei Wohnungseigentumsrechten. Ein Verwalter ist nicht bestellt. Die Wohnungseigentümer sind zerstritten. Sie tilgen Verbindlichkeiten der Gemeinschaft der Wohnungseigentümer und verlangen wechselseitig die Erstattung der verauslagten Kosten in Höhe des Miteigentumsanteils des anderen.

Im Jahr 2019 veräußert B sein Wohnungseigentum. Wohnungseigentümer K verlangt von B die Zahlung von 7.068,49 EUR. Das AG gibt der Klage unter teilweiser Berücksichtigung wechselseitig zur Aufrechnung gestellter Ansprüche in Höhe von 2.641,10 EUR statt. Die auf Zahlung weiterer 4.138,12 EUR nebst Rechtshängigkeitszinsen gerichtete Berufung des K weist das LG ab. Es bejaht einen unmittelbaren, aufrechenbaren Ausgleichsanspruch nach § 9a Abs. 4 WEG. Nach der BGH-Rechtsprechung sei § 9a Abs. 4 WEG zwar auch bei einer zerstrittenen Zweiergemeinschaft auf Sozialverbindlichkeiten nicht anwendbar. Von diesem Grundsatz sei aber eine Ausnahme zu machen, wenn der Anspruchsteller aus der Gemeinschaft der Wohnungseigentümer ausgeschieden sei.

Entscheidung
Dies sieht der BGH anders: Einem Wohnungseigentümer, der eine Verbindlichkeit der Gemeinschaft der Wohnungseigentümer tilge, stehe nach dem BGB nur gegenüber der Gemeinschaft der Wohnungseigentümer ein Aufwendungsersatzanspruch zu. Da

der in Vorlage tretende Wohnungseigentümer für die Gemeinschaft tätig werde und sie von ihrer Schuld befreie, ergebe sich ein Erstattungsanspruch gegen die übrigen Wohnungseigentümer weder aus den Grundsätzen der Geschäftsführung ohne Auftrag noch aus Bereicherungsrecht.

§ 9a Abs. 4 WEG sei auch nicht anwendbar, sofern es sich – wie hier – um Ansprüche handele, die aus dem Gemeinschaftsverhältnis herrührten (»Sozialverbindlichkeiten«). Zu diesen Ansprüchen gehörten Aufwendungsersatzansprüche wegen der Tilgung einer Verbindlichkeit der Gemeinschaft der Wohnungseigentümer. Dies gelte unabhängig davon, ob eine Befriedigung aus dem Gemeinschaftsvermögen zu erwarten sei. Nichts anderes gelte in einer (zerstrittenen) Zweiergemeinschaft, in der kein Verwalter bestellt sei und in der wegen des Kopfstimmrechts keine Beschlüsse möglich seien oder wenn der zwischenzeitlich aus der Gemeinschaft der Wohnungseigentümer ausgeschiedene Wohnungseigentümer für die während seiner Zugehörigkeit zur Gemeinschaft entstandenen oder während dieses Zeitraums fällig gewordenen Verbindlichkeiten in Anspruch genommen werden solle.

Etwas anderes gelte schließlich auch dann nicht, wenn eine Person kein Wohnungseigentümer mehr sei. Das Ausscheiden ändere nichts daran, dass es sich bei dem noch während seiner Mitgliedschaft entstandenen Erstattungsanspruch um eine Sozialverbindlichkeit handele.

Hinweis für die Verwaltungspraxis

Im vorliegenden Fall geht es um die Frage, ob ein Wohnungseigentümer, der Verbindlichkeiten getilgt hat, die man der Gemeinschaft der Wohnungseigentümer jedenfalls formal zuordnen muss, Aufwendungsersatz nur von der Gemeinschaft der Wohnungseigentümer oder auch von seinen Miteigentümern verlangen kann.

Der BGH hatte sich bei diesem Problemkreis in der Vergangenheit festgelegt: Der den Aufwendungsersatz verlangende Wohnungseigentümer müsse sich an die Gemeinschaft der Wohnungseigentümer wenden. Dies gelte auch dann, wenn die Wohnungseigentümer ihre Wohnungseigentumsanlage jenseits des WEG (also ohne Verwalter) verwalteten. Und dies gelte auch in einer Zweiergemeinschaft – selbst dann, wenn diese zerstritten sei. Ein Fall, den der BGH noch nicht geklärt hatte, war aber der, was gilt, wenn derjenige, der den Aufwendungsersatz verlangt, kein Wohnungseigentümer mehr ist. Zur Klärung dieser Frage hatte das LG die Revision zugelassen, die auch eingelegt worden war.

Ansprüche von Ex-Wohnungseigentümern
Der BGH hat die Rechtsfrage wie aus dem Leitsatz erkennbar entschieden. Das Ausscheiden ändert seiner Ansicht nach nichts daran, dass es sich bei dem noch

während der Mitgliedschaft entstandenen Erstattungsanspruch um eine Sozialverbindlichkeit handele.

Vorgehen eines Gläubigers
Ist die Gemeinschaft der Wohnungseigentümer nicht mit Finanzmitteln ausgestattet und fehlen Beschlüsse über Vorschüsse oder Nachschüsse, kann ein Gläubiger den Anspruch der Gemeinschaft der Wohnungseigentümer gegen ihre Mitglieder auf ordnungsmäßige Verwaltung, insbesondere durch Beschlussfassungen über die Zuführung von Mitteln an die Gemeinschaft, oder aber deren Schadensersatzansprüche wegen Verletzung der Pflichten der Mitglieder im Zusammenhang mit der ordnungsmäßigen Finanzausstattung der Gemeinschaft der Wohnungseigentümer pfänden (BGH, Beschluss v. 2.6.2005, V ZB 32/05). Anders formuliert: Wenn ein Wohnungseigentümer keinen Beschluss nach § 28 Abs. 1, Abs. 2 Satz 1 WEG mitfasst, schuldet er Schadenersatz.

3.7.2 Zerstrittene Zweiergemeinschaft

BGH, Urteil vom 7.5.2021, V ZR 254/19
Ein Wohnungseigentümer, der Verbindlichkeiten der Gemeinschaft der Wohnungseigentümer tilgt, kann nach den allgemeinen zivilrechtlichen Vorschriften von der Gemeinschaft der Wohnungseigentümer Ersatz seiner Aufwendungen verlangen, nicht jedoch von den anderen Wohnungseigentümern. Dies gilt auch dann, wenn der Wohnungseigentümer selbst Vertragspartei ist.

Sachverhalt
Es handelt sich um eine zerstrittene Zweiergemeinschaft aus Wohnungseigentümer K und B. Es gilt das Kopfstimmrecht; ein Verwalter ist nicht bestellt. Mit der Klage verlangt K von Wohnungseigentümer B die Erstattung der Hälfte der von ihm in den Jahren 2017 und 2018 geleisteten Zahlungen für die Verwaltung des gemeinschaftlichen Eigentums i. H. v. 1.272,40 EUR (Heizöl für die im gemeinschaftlichen Eigentum stehende Heizungsanlage, Versicherungsprämien, Kosten einer Heizungsreparatur, Schornsteinfegerkosten, Stromkosten und Brandschutzprüfungskosten). Das AG weist die Klage ab. Die Berufung bleibt erfolglos. K habe weder nach den allgemeinen zivilrechtlichen Bestimmungen noch nach § 10 Abs. 8 Satz 1 WEG a. F. einen Anspruch auf die hälftige Erstattung der von ihm bezahlten Kosten. Mit der vom LG zugelassenen Revision verfolgt K seinen Klageantrag weiter.

Entscheidung
K hat keinen Erfolg: Für die von K geltend gemachten Zahlungsansprüche fehle es an einer Anspruchsgrundlage. Der Senat habe bereits entschieden, dass ein Wohnungs-

eigentümer, der Verbindlichkeiten der Gemeinschaft der Wohnungseigentümer tilge, nach den allgemeinen zivilrechtlichen Vorschriften zwar von der Gemeinschaft der Wohnungseigentümer Ersatz seiner Aufwendungen verlangen könne, nicht jedoch von den anderen Wohnungseigentümern (Hinweis auf BGH, Urteil v. 26.10.2018, V ZR 279/17, NZM 2019 S. 415 Rn. 5 ff.).

Dies gelte in gleicher Weise, wenn – wie hier – ein Wohnungseigentümer nicht Verbindlichkeiten der Gemeinschaft der Wohnungseigentümer tilge, sondern an ihrer Stelle selbst die Verträge mit Dritten (z. B. mit Versorgern und Versicherern) schließe und die hierauf beruhenden Zahlungsansprüche tilge, um eine ordnungsmäßige Verwaltung der Wohnungseigentumsanlage zu gewährleisten. Auch insoweit werde er für die Gemeinschaft der Wohnungseigentümer tätig. Hieran ändere es nichts, dass beispielsweise das von K bezahlte Heizöl auch für die Beheizung und Heißwasseraufbereitung der Einheit von B verbraucht worden sei. Aus § 9a Abs. 4 Satz 1 WEG folge nichts anderes. Dass K und B zerstritten seien, es keinen Verwalter gebe und Beschlüsse nicht möglich seien, sei unerheblich (Hinweis auf BGH, Urteil vom 25.9.2020, V ZR 288/19, NZM 2021 S. 146 Rn. 15 ff.).

Hinweis für die Verwaltungspraxis

Die Entscheidung erinnert daran, dass selbst in einer (zerstrittenen) Zweiergemeinschaft, in der ein Verwalter nicht bestellt ist und in der wegen des Kopfstimmrechts Beschlüsse nicht möglich sind, der Wohnungseigentümer, der Verbindlichkeiten der Gemeinschaft der Wohnungseigentümer getilgt hat, von dem anderen Wohnungseigentümer nicht die unmittelbar (anteilige) Erstattung seiner Aufwendungen verlangen kann. Der BGH weiß, dass in der Praxis viele Zweiergemeinschaften ohne einen Verwalter und ohne Fassung von Beschlüssen nur deshalb »funktionieren«, weil die Wohnungseigentümer, losgelöst von einer genaueren juristischen Prüfung, das Tätigwerden des jeweils anderen für die Gemeinschaft der Wohnungseigentümer dulden und die geforderten Zahlungen leisten. Dies ändert aber nichts daran, dass in einem Streitfall ein Anspruch der Wohnungseigentümer auf Erstattung nur in dem vom Wohnungseigentumsgesetz gesetzten Rahmen und in dem darin vorgesehenen Verfahren durchgesetzt werden kann.

Neutrale Instanz

Auch dieser Fall zeigt, dass sich der Aufwand für die Wohnungseigentümer reduzieren lässt, wenn – gleichsam als neutrale Instanz – ein Verwalter bestellt wird. Hierauf haben die Wohnungseigentümer gem. § 18 Abs. 2 WEG einen Anspruch, da die Bestellung eines Verwalters stets ordnungsmäßiger Verwaltung entspricht. Dies gilt auch bei Zweiergemeinschaften. Dem Verwalter obliegt es unter anderem, durch die Aufstellung eines Wirtschaftsplans (§ 28 Abs. 1 Satz 2 WEG), nach dem die Vorschüsse berechnet werden können, für die nötige Finanzausstattung der Gemeinschaft der Wohnungseigentümer zu sorgen und am Ende des Jahres über die Einnahmen und Ausgaben unter Beachtung der gesetzlichen Vorschriften abzurechnen und damit die Nachschüsse zu benennen. Ihm kommen auch wichtige Aufgaben bei der ordnungsmäßigen Verwaltung und Benutzung zu. Die »Bündelung« der sich im Zusammenhang mit der Verwaltung des gemeinschaftlichen Eigentums stellenden Fragen durch den Verwalter führt gegenüber der wechselseitigen Inanspruchnahme der Wohnungseigentümer im Wege von Direktansprüchen zu einer deutlichen Verfahrensvereinfachung.

3.8 Rauchwarnmelder

AG Schöneberg, Urteil vom 10.2.2021, 771 C 56/20
Es entspricht ordnungsmäßiger Verwaltung, wenn sich die Wohnungseigentümer entscheiden, dass jeder Wohnungseigentümer selbst den Anforderungen der Landesbauordnung, Rauchwarnmelder einzubauen, nachkommen soll.

Sachverhalt
In einer Anlage gibt es über 100 Wohnungseigentumsrechte sowie ein Teileigentumsrecht. Im Jahr 2018 beschließen die Wohnungseigentümer, dass die Gemeinschaft der Wohnungseigentümer die den einzelnen Wohnungseigentümern nach der Landesbauordnung obliegenden Pflichten ausüben soll, die betroffenen Räume mit Rauchwarnmeldern auszustatten und die Betriebsbereitschaft sicherzustellen. Ferner beschließen sie, die ausstattungspflichtigen Räume durch ein Fachunternehmen einheitlich mit Rauchwarnmeldern ausstatten zu lassen sowie deren Betriebsbereitschaft durch Vergabe eines Wartungsvertrags sicherzustellen. Sie beauftragen die Verwaltung, »die Ausschreibung abzuschließen«.

Die Verwaltung analysiert in der Folgezeit die technischen Standards und nimmt eine Ausschreibung vor. In der Versammlung im August 2020 meint ein Wohnungseigentümer, nach BGH, Urteil v. 8.2.2013, V ZR 238/11, sei eine gemeinsame Wahrnehmung der Einbauverpflichtung erforderlich, damit die Leistungen aus der Feuerversicherung nicht gekürzt werden. Demgegenüber verweist ein Mitarbeiter der Verwaltung auf ein Schreiben der Feuerversicherung, wonach sich das Fehlen von Rauchwarnmeldern oder Installationsmängel und die Verletzung von Wartungspflichten nicht schadenserhöhend auswirken. Die Wohnungseigentümer heben daraufhin den Beschluss aus dem Jahr 2018 auf.

Dagegen geht Wohnungseigentümer K im Wege der Anfechtungsklage vor.

Entscheidung

K hat keinen Erfolg: Die Entscheidung sei ordnungsmäßig. Die Wohnungseigentümer seien befugt gewesen, den Beschluss aus dem Jahr 2018 aufzuheben. Diese Entscheidung sei ermessensfehlerfrei. Es entspreche außerdem ordnungsmäßiger Verwaltung, den Wohnungseigentümern die Installation und Wartung von Rauchwarnmeldern zu überlassen. Adressat der Einbauverpflichtung sei der einzelne Wohnungseigentümer. Eine geborene Wahrnehmungskompetenz der Gemeinschaft der Wohnungseigentümer habe nach § 10 Abs. 6 Satz 3 Halbsatz 1 WEG a. F. nur bestanden, wenn die Einbauverpflichtung sämtliche Wohnungseigentümer getroffen hätte, woran es fehle, wenn es – wie im Fall – in einer Anlage wenigstens ein Teileigentum gebe. Zwar könnten die Wohnungseigentümer der Gemeinschaft der Wohnungseigentümer in diesem Fall die Pflicht zuweisen, Rauchwarnmelder einzubauen und zu warten. Den Wohnungseigentümern stehe insoweit aber ein Ermessen zu.

Hinweis für die Verwaltungspraxis

Der Fall, der noch dem Recht zuzuordnen ist, das bis zum 30.11.2020 galt, beleuchtet die hochaktuelle Frage, wie mit den von den Landesbauordnungen angeordneten Einbauverpflichtungen in Bezug auf Rauchwarnmelder umzugehen ist.

Pflichten der Gemeinschaft der Wohnungseigentümer im alten Recht

Für die Rechtslage bis zum 1.12.2020 hatte der BGH geklärt, dass die Verpflichtung, Rauchwarnmelder einzubauen und zu warten, grundsätzlich eine Aufgabe der Gemeinschaft der Wohnungseigentümer ist. Er leitete dies aus § 10 Abs. 6 Satz 3 WEG a. F. ab. Etwas anderes sollte nur dann gelten, wenn es – wie im besprochenen Fall – in der Anlage auch Teileigentum gab. In diesem Fall sollte die Gemeinschaft der Wohnungseigentümer nach BGH-Ansicht nicht von Gesetzes wegen verpflichtet sein. Der BGH billigte den Wohnungseigentümern aber die Beschlusskompetenz zu, die Pflicht, Rauchwarnmelder einzubauen und diese zu warten, der Gemeinschaft der Wohnungseigentümer zuzuweisen.

Pflichten der Gemeinschaft der Wohnungseigentümer im neuen Recht

Nach § 9a Abs. 2 WEG übt die Gemeinschaft der Wohnungseigentümer die sich aus dem gemeinschaftlichen Eigentum ergebenden Pflichten sowie solche Pflichten der Wohnungseigentümer aus, die eine einheitliche Rechtsverfolgung erfordern. Die Pflicht, in bestimmten Räumen Rauchwarnmelder einzubauen und zu betreiben, ist keine sich aus dem gemeinschaftlichen Eigentum ergebende Pflicht. Denn die Pflicht betrifft offensichtlich im Sondereigentum stehende Wohnungen. Man kann hingegen fragen, ob es sich um eine Pflicht handelt, die eine einheitliche Rechtsverfolgung erfordert. Hierzu gibt es noch keine Rechtsprechung. Im alten Recht lag es jedenfalls nicht so und es war eine Vergemeinschaftung erforderlich. Diese ist im neuen Recht aber nicht mehr möglich. Die Rechtslage muss daher leider wieder als offen betrachtet werden.

Feuerversicherung
Der Gesamtverband der Deutschen Versicherungswirtschaft (GDV) schreibt Folgendes:

»Rauchmelder sollen Leben retten, der Schutz vor Sachschäden ist dabei zweitrangig. Grundsätzlich muss der Versicherungsnehmer einer Hausrat- oder Gebäudeversicherung alle bestehenden gesetzlichen und behördlichen Sicherheitsregeln beachten. Hierzu kann auch die Rauchmelderpflicht (Installation, Wartung und Betrieb) gehören. Praktisch gibt es keine Auswirkungen auf den Versicherungsschutz, weil der fehlende oder unsachgemäß betriebene Rauchmelder für den Schaden bzw. die Schadenhöhe ursächlich sein müsste. Ein solcher Zusammenhang kann in der Regel nicht hergestellt werden …«

4 Veräußerungsbeschränkung (§ 12 WEG)

Die Wohnungseigentümer können vereinbaren, dass ein Wohnungseigentümer zur Veräußerung seines Wohnungseigentums der Zustimmung anderer Wohnungseigentümer oder eines Dritten bedarf. Die Notwendigkeit einer Zustimmung nennt man »Veräußerungsbeschränkung«. Eine Veräußerungsbeschränkung dient dem Ziel, das Eindringen persönlich oder wirtschaftlich unzuverlässiger Personen in die Wohnungseigentümergemeinschaft zu verhindern. Gerade weil die Wohnungseigentümergemeinschaft unauflösbar und auf Dauer angelegt ist, kann ein Interesse daran bestehen, auf die Auswahl künftiger Wohnungseigentümer einen gewissen Einfluss zu nehmen. Allerdings kann eine Veräußerungszustimmung nur im Fall eines wichtigen Grundes und nicht nach Belieben versagt werden.

Gegenstand dieses Abschnitts sind Entscheidungen, die sich mit der Frage beschäftigen, wie eine Veräußerungsbeschränkung entsteht, wie sie geändert werden kann und wie ihr Inhalt zu verstehen ist. Ferner geht es um Entscheidungen, wann einem Wohnungseigentümer die Zustimmung zu einer Veräußerung zu erteilen ist. Schließlich gehören hierher die Entscheidungen, die mit den Pflichten des Zustimmungsberechtigten und dem zugehörigen Grundbuchrecht verbunden sind.

4.1 Nachweis der Bestellung

BGH, Beschluss v. 19.7.2021, NotSt(Brfg) 1/21

Wird ein Verwalter durch einen Beschluss außerhalb der Versammlung bestellt, ist seine Legitimation durch eine öffentlich beglaubigte Zustimmungserklärung sämtlicher Wohnungseigentümer nachzuweisen, wenn kein Fall des § 23 Abs. 3 Satz 2 WEG vorliegt.

Sachverhalt

Ein LG verhängt gegen einen Notar eine Geldbuße i. H. v. 350 EUR. Es wirft ihm vor, den Kaufpreis aus dem Kauf eines Wohnungseigentums unter Missachtung einer Veräußerungsbeschränkung nach § 12 Abs. 1 WEG verfrüht fällig gestellt zu haben. Die Zustimmung des aktuellen Verwalters, der nach § 23 Abs. 3 Satz 1 WEG bestellt worden war, sei nicht nachgewiesen gewesen. Auf die dagegen erhobene Klage hebt das OLG die Disziplinarverfügung mit der Maßgabe auf, dass gegen den Notar eine Missbilligung ausgesprochen wird. Dagegen wendet sich dieser an den BGH.

Entscheidung

Er hat keinen Erfolg: Der Kaufpreis sei tatsächlich noch nicht fällig gewesen. Denn die wirksame Bestellung des Verwalters sei im Zeitpunkt der Fälligkeitsmitteilung noch nicht ausreichend belegt worden. Werde ein Verwalter – wie im Fall – außerhalb der Versammlung bestellt, sei seine Legitimation nach h. M. durch die öffentlich beglaubigte Zustimmungserklärung sämtlicher Wohnungseigentümer nachzuweisen (Hinweis u. a. auf Hügel/Elzer, 3. Aufl., § 26 WEG Rn. 182), wenn kein Fall des § 23 Abs. 3 Satz 2 WEG vorliegt. Der Senat neige dieser h. M. zu, brauche dies aber nicht zu entscheiden. Denn auch nach der Minderansicht wären die Eintragungsvoraussetzungen des § 29 GBO nicht erfüllt. Danach hätten zumindest die Unterschriften der Personen, die die Niederschrift über die Feststellung des Beschlusses unterzeichnet hatten, öffentlich beglaubigt werden müssen. Selbst hieran fehle es aber.

Hinweis für die Verwaltungspraxis

Im vorliegenden Fall geht es um die Frage, wie man gegenüber dem Grundbuchamt nachweist, wer zum Verwalter bestellt ist, wenn der Beschluss außerhalb der Versammlung gefasst wird. Denn § 26 Abs. 4 WEG regelt nur den Fall eines Beschlusses, der in einer Versammlung gefasst wird (dann genügt die Vorlage einer Niederschrift über den Bestellungsbeschluss, bei der die Unterschriften der in § 24 Abs. 6 WEG bezeichneten Personen öffentlich beglaubigt sind). Ferner geht es um eine Fälligkeitsbestätigung.

Fälligkeitsbestätigung
Ein Notar hat die Pflicht, den Kaufpreis fällig zu stellen, sobald ihm alle zur vertragsgemäßen Umschreibung erforderlichen Genehmigungen und Erklärungen vorliegen (§ 24 Abs. 1 Satz 1 BNotO). Eine solche Fälligkeitsbestätigung – auf die der Empfänger vertraut – muss inhaltlich richtig sein.

Nachweis der Bestellung
Über die Bestellung und Abberufung des Verwalters beschließen die Wohnungseigentümer im Allgemeinen im Rahmen einer Versammlung. Über diesen Beschluss ist eine Niederschrift aufzunehmen und vom Vorsitzenden (in der Regel der Verwalter, § 24 Abs. 5 WEG), einem Wohnungseigentümer sowie – soweit vorhanden – vom Vorsitzenden des Verwaltungsbeirats oder dessen Vertreter zu unterschreiben (§§ 24 Abs. 6 Sätze 1 und 2, 23 Abs. 1 WEG). Findet keine Versammlung statt, müssen dem Beschluss alle Wohnungseigentümer in Textform zustimmen, wenn nicht nach § 23 Abs. 3 Satz 2 WEG beschlossen wird (dann reicht eine einfache Mehrheit). Der BGH klärt hier, dass deshalb auch alle Wohnungseigentümer ihre Zustimmung öffentlich beglaubigen lassen müssen.

Wichtiger Grund
Eine nach § 12 Abs. 1 WEG notwendige Zustimmung darf nur aus wichtigem Grund versagt werden (§ 12 Abs. 2 Satz 1 WEG). Ein wichtiger Grund ist gegeben,

wenn der Erwerbsinteressent finanziell oder persönlich unzuverlässig ist (siehe unter anderem BGH, Urteile v. 11.10.2012, V ZB 2/12, NJW 2013, S. 299, Rn. 13, v. 27.4.2012, V ZR 211/11, NJW 2012, S. 2434, Rn. 11 und v. 15.6.1962, V ZB 2/62, NJW 1962, S. 1613).

Der Verwalter hat die Zustimmung zu erteilen, wenn in der Person des Käufers kein wichtiger Grund vorliegt. Für diese Prüfung müssen der Veräußerer und der Verwalter zusammenwirken. In der Regel bittet der den Kaufvertrag beurkundende Notar den Verwalter um Zustimmung. Dabei müsste eigentlich der Notar oder der Veräußerer dem Verwalter das für die Zustimmung notwendige Wissen vermitteln. Ein professionell handelnder Verwalter sollte dennoch auch von sich aus versuchen, die notwendigen Informationen ggf. selbst zu beschaffen. Jedenfalls sollte der Verwalter darauf hinwirken, dass ihm der Veräußerer Auskünfte erteilt. Dem Verwalter sind aber Nachforschungen zumutbar, die unter Einschaltung des Veräußerers zeitnah und ohne größeren Kostenaufwand eine hinreichende Schlussfolgerung auf die wirtschaftlichen und persönlichen Verhältnisse des Käufers zulassen. Häufig wird der Verwalter im Verwaltervertrag im Übrigen auch versprochen haben, vor Erteilung der Zustimmung eine sorgfältige Prüfung vorzunehmen und Informationen einzuholen.

Um Informationen zu erhalten, darf und muss der Verwalter in der Regel vor allem an den Veräußerer persönlich herantreten. Der veräußernde Wohnungseigentümer ist nach der Rechtsprechung verpflichtet, dem Verwalter jede ihm mögliche Information über den Käufer zu erteilen (OLG Hamburg, Urteil vom 28.7.2004, 2 Wx 92/98, ZMR 2004, S. 850 und OLG Köln, Urteil vom 15.3.1996, 19 U 139/95, NJW-RR 1996, S. 1296, 1297). Ferner ist der Veräußerer verpflichtet, den Käufer zu einer »Selbstauskunft« zu veranlassen, damit der Verwalter seiner Verpflichtung zur Erteilung der Zustimmung (oder auch Nichtzustimmung) im Rahmen ordnungsmäßiger Verwaltung nachkommen kann (OLG Köln, Urteil vom 15.3.1996, 19 U 139/95, NJW-RR 1996, S. 1296, 1297 und KG Berlin, Urteil vom 11.10.1989, 24 W 4478/89, ZMR 1990, S. 68). Der Verwalter ist berechtigt, seine Zustimmung von der Mitwirkung des Veräußerers und der Vorlage einer Selbstauskunft abhängig zu machen (OLG Hamburg, Urteil vom 28.7.2004, 2 Wx 92/98, ZMR 2004, S. 850). Der Verwalter kann vom Veräußerer nicht verlangen, dass dieser eine Bonitätsauskunft oder ein – ohnehin nicht aussagekräftiges – polizeiliches Führungszeugnis vorlegt.

Die Wohnungseigentümer können Bedingungen vereinbaren, wann eine Zustimmung nicht erforderlich ist. Dies ist manchmal zum Beispiel der Fall, wenn der Erwerber und der Veräußerer verwandt sind.

> **Überblick: Was fällt unter den Begriff »Veräußerung«?**
>
> Veräußerung ist die rechtsgeschäftliche Übertragung des Wohnungseigentums unter Lebenden. »Veräußerung« ist danach unter anderem
> - die Übertragung im Rahmen einer Erbauseinandersetzung aufgrund einer Teilungsanordnung oder aufgrund eines Vermächtnisses,
> - die Übertragung im Rahmen der Auflösung einer Gesellschaft,
> - die Veräußerung nur eines Teils des Miteigentumsanteils,
> - die Rückübertragung nach einvernehmlicher Aufhebung des Kaufvertrags oder die Ausübung eines vereinbarten Rücktrittsrechts,
> - die Einbringung in eine Gesellschaft,
> - die Ausübung eines Vorkaufrechtes (§ 464 Abs. 2 BGB) sowie
> - eine Veräußerung im Wege der Zwangsvollstreckung oder durch den Insolvenzverwalter.
>
> Keine Veräußerung sind dagegen beispielsweise folgende Fälle:
> - die Bewilligung und Eintragung einer Vormerkung
> - die Unterteilung
> - der gesetzliche Erwerb durch Erbfolge
> - die Vereinbarung einer Gütergemeinschaft
> - die Anwachsung durch identitätswahrenden Rechtsformwechsel einer Gesellschaft
> - die Übertragung eines Gesellschaftsanteils an einer Gesellschaft

4.2 Klage auf Zustimmung

AG Heidelberg, Beschluss v. 19.3.2021, 45 C 2/21
Sieht die Gemeinschaftsordnung vor, dass ein Wohnungseigentümer zur Veräußerung seines Wohnungseigentums der Zustimmung des Verwalters bedarf, ist die Klage im Fall einer Weigerung gegen den Verwalter und nicht gegen die Gemeinschaft der Wohnungseigentümer zu richten.

Sachverhalt

Es ist eine Veräußerungsbeschränkung vereinbart. Nach der Gemeinschaftsordnung ist der Verwalter dazu bestimmt, die Zustimmung zu erklären. Wohnungseigentümer K möchte sein Wohnungseigentum veräußern. Dem stimmt Verwalter B vor einem Notar zu. Ferner wird dort seine Unterschrift unter der Niederschrift öffentlich beglaubigt, aus der seine Bestellung hervorgeht. Zustimmung und Nachweis der Bestellung sendet B der Notarin des K. Die Unterlagen kommen dort allerdings beschädigt an. Ferner nimmt die Notarin daran Anstoß, dass die Niederschrift nur vom Verwalter unterschrieben ist (Gründe: Es gibt keinen Verwaltungsbeirat. Kein Wohnungseigentümer war bereit, die Niederschrift zu unterzeichnen.). Diese Mängel teilt die Notarin B mit. B erteilt daher erneut seine Zustimmung zur Veräußerung vor der Notarin des K. Einen Termin für den grundbuchmäßigen Nachweis seiner Bestellung nimmt er nicht wahr.

Nun erhebt K Klage gegen B. Dieser soll verpflichtet werden, die Niederschrift, aus der die Bestellung hervorgeht, in Bezug auf seine Unterschrift und die Unterschrift eines Wohnungseigentümers beglaubigen zu lassen und diese Niederschrift der Notarin des K vorzulegen. B meint, K müsse die Gemeinschaft der Wohnungseigentümer verklagen. Ferner meint B, er sei nicht verpflichtet, für die Unterschrift Dritter zu sorgen. Im Laufe des Rechtsstreits kommt B seinen behaupteten Verpflichtungen nach und es findet sich auch ein Wohnungseigentümer, der die Niederschrift unterzeichnet und seine Unterschrift beglaubigen lässt. K erklärt den Rechtsstreit daher für erledigt. Fraglich ist, wer die Kosten des Rechtsstreits zu tragen hat.

Entscheidung

Das AG ist der Ansicht, der Verwalter müsse die Kosten des Rechtsstreits tragen. Die Zustimmung sei nicht von der Gemeinschaft der Wohnungseigentümer, sondern von B abzugeben gewesen. B handele bei der Abgabe der Zustimmung nicht als Organ der Gemeinschaft der Wohnungseigentümer. § 12 Abs. 1 WEG spreche von einem »Dritten«. Bei diesem handele es sich nicht um ein Organ der Gemeinschaft der Wohnungseigentümer (Hinweis auf Hügel/Elzer, WEG, 3. Aufl., § 12 Rn. 71). Die Veräußerungsbeschränkung könne auch nicht so ausgelegt werden, dass die Gemeinschaft der Wohnungseigentümer gemeint sei. Die Gemeinschaft der Wohnungseigentümer sei nur dann zu verklagen, wenn man, wie nach bisherigem Recht, annehme, dass die Wohnungseigentümer die Entscheidung über die Zustimmung übernehmen könnten. Die Klage hätte auch in Bezug auf den weiteren Wohnungseigentümer Erfolg gehabt. Nur wenn sich kein Wohnungseigentümer dazu bereitfinde, sei der Verwalter nach § 275 Abs. 1 BGB von der Leistung befreit.

Hinweis für die Verwaltungspraxis

Mit Inkrafttreten des WEMoG zum 1.12.2020 konnten viele streitige Fragen »beerdigt« werden. Das WEMoG und damit die WEG-Reform 2020 werfen aber auch neue Fragen auf, auf die nicht von Anfang an eine befriedigende Antwort erkennbar ist. Eine dieser Fragen ist die, was gilt, wenn die Gemeinschaftsordnung dem Verwalter Pflichten auferlegt. Im besprochenen Fall ist es die Pflicht, der Veräußerung eines Wohnungseigentums zuzustimmen, sofern gegen die Veräußerung kein wichtiger Grund spricht. Andere Pflichten sind die Berechtigung (und Verpflichtung), einer Benutzung/Benutzungsänderung oder einer baulichen Veränderung zuzustimmen. Für alle dieser Pflichten fragt sich, ob sie nunmehr von der Gemeinschaft der Wohnungseigentümer zu erfüllen sind.

Die Antwort auf diese Frage ist wichtig. Zwar würde der Verwalter in beiden Fällen diese Pflicht wahrnehmen müssen. Einmal wäre es aber seine eigene Pflicht. Das andere Mal wäre es hingegen die Pflicht der Gemeinschaft der Wohnungseigentümer, die er als Organ wahrzunehmen hätte. In diesem Fall müsste die Gemeinschaft der Wohnungseigentümer bei einer »Nichtzustimmung« verklagt werden und würde für eine schuldhaft verzögerte Zustimmung Schadensersatz schulden. Sieht man hingegen den Verwalter als verpflichtet an, wäre er bei einer »Nichtzustimmung« zu verklagen und würde selbst für eine schuldhaft verzögerte Zustimmung Schadensersatz schulden. Das AG sieht dieses Problem und entscheidet sich im Anschluss an eine aktuelle Kommentierung dafür, dass der Verwalter persönlich die Zustimmung schuldet. Diese Ansicht ist gut vertretbar, aber umstritten. Der Verwalter sollte die Entwicklung abwarten. Bis dahin sollte er sich so verhalten, als wäre er selbst der Schuldner und käme bei einer Schlecht- oder Nichterfüllung unmittelbar in eine Schadensersatzhaftung.

Änderung der Gemeinschaftsordnung

Klarheit kann eine Änderung der Gemeinschaftsordnung schaffen. Diese wird regelmäßig nur möglich sein, wenn es eine Öffnungsklausel gibt. Liegt es so, muss der Verwalter §§ 10 Abs. 3 Satz 1, 5 Abs. 4 Satz 1 WEG beachten. Ein Beschluss, der auf einer Öffnungsklausel beruht, muss danach für eine Bindung des Sondernachfolgers zum Inhalt des Sondereigentums gemacht werden. Zur Eintragung des Beschlusses in den Wohnungsgrundbüchern bedarf es der Bewilligungen der Wohnungseigentümer. Etwas anderes gilt nach § 7 Abs. 2 Satz 1 WEG, wenn der Beschluss durch eine Niederschrift, bei der die Unterschriften der in § 24 Abs. 6 WEG bezeichneten Personen öffentlich beglaubigt sind, oder durch ein Urteil in einem Verfahren nach § 44 Abs. 1 Satz 2 WEG nachgewiesen ist. Antragsberechtigt sind die Wohnungseigentümer, nach § 7 Abs. 2 Satz 2 WEG aber auch die Gemeinschaft der Wohnungseigentümer, vertreten nach § 9b Abs. 1 Satz 1 WEG durch den Verwalter.

> **Wichtig**
> Bedarf die Veräußerung eines Wohnungseigentums der Zustimmung, hat der veräußernde Wohnungseigentümer einen Anspruch auf Erteilung einer Zustimmungserklärung, die nicht nur hinsichtlich ihrer Form (§ 29 GBO), sondern auch in Bezug auf ihren Inhalt den Vollzug der Eigentumsumschreibung im Grundbuch zweifelsfrei ermöglicht (OLG Hamm, Urteil vom 3.2.1992, 15 W 63/91).

5 Gebrauch und Nutzungen (§§ 13 bis 16 WEG)

Gegenstand dieses Abschnitts sind Entscheidungen, in welcher Weise ein Wohnungseigentümer das gemeinschaftliche Eigentum und das Sondereigentum (Wohnungs- oder Teileigentum) gebrauchen und/oder nutzen darf. Neben allgemeinen Fragen, welcher Gebrauch zulässig ist, geht es um Vereinbarungen und Beschlüsse zum Gebrauch sowie die Abwehr unzulässigen Gebrauchs. Hier angesiedelt sind auch Entscheidungen zum Gebrauch Dritter, vor allem von Mietern.

5.1 Wohnungseigentum

5.1.1 Pflege kranker Menschen

AG Schöneberg, Urteil vom 7.7.2021, 770 C 76/20
Wird eine Vielzahl von Pflegebedürftigen und demenzkranken Menschen mit dauerhaft zu erwartender wechselnder Belegung in einer Wohnung untergebracht, wird die Wohnung nicht zu Wohnzwecken genutzt.

Sachverhalt
Bei der Wohnungseigentumsanlage handelt es sich um ein Wohnhaus, in dem es nur Wohnungseigentum gibt. Die Wohnungen dürfen nur zu Wohnzwecken genutzt werden. Der Verwalter muss jeder Nutzungsänderung und auch einer Veräußerung zustimmen. Wohnungseigentümer K veräußert seine drei Wohnungen an eine KG und bittet den Verwalter um eine Zustimmung. Da sich der Verwalter nicht sicher ist, ob er diese erteilen kann, trägt er die Frage in die Versammlung.

Dort kommt ein positiver Beschluss nicht zustande. Die Wohnungseigentümer stoßen sich nämlich an der Benutzung der Wohnungen. Denn der Erwerber X, der die Wohnungen im Vorgriff bereits nutzt, will in den Wohnungen Wohngemeinschaften für pflegebedürftige und demenzkranke Menschen mit 24-Stunden-Betreuung etablieren. Dazu wurden die Wohnungen in viele kleine Zimmer aufgeteilt. Diese hat X bereits an ältere Menschen untervermietet, die mit einer darauf spezialisierten Dienstleistungsgesellschaft einen Vertrag geschlossen haben. Danach sind beim »Früh- und Spätdienst« zwei Pflegekräfte vor Ort. Nachts bleibt ein Mitarbeiter in der Wohngemeinschaft. Wohnungseigentümer K geht gegen den Negativbeschluss vor.

Entscheidung
K hat keinen Erfolg. X beabsichtige, die Wohnungen nicht zu Wohnzwecken zu benutzen. Zwar sei die (Intensiv-)Pflege eines Menschen in den eigenen vier Wänden bis zu

seinem Lebensende als Wohnen zu verstehen (Hinweis auf AG Köln, Urteil v. 31.7.2012, 202 C 1/12, ZWE 2013 S. 129; AG Erfurt, Urteil v. 27.6.2018, 5 C [WEG] 17/14). Anders liege es aber, wenn – wie im Fall – eine Vielzahl von pflegebedürftigen und demenzkranken Menschen mit dauerhaft zu erwartender wechselnder Belegung in einer Wohnung untergebracht werden solle, insbesondere dann, wenn sich daraus voraussichtlich solche Beeinträchtigungen ergeben würden, die dem Betrieb einer Krankenstation nahekämen.

Hinweis für die Verwaltungspraxis

Im Fall geht es darum, wann man eine Wohnung bewohnt und wann die Pflege von alten Menschen »Wohnen« ist. Dies muss man klären, da man im Sondereigentum eines Wohnungseigentumsrechts nur wohnen darf.

Altenpflege
Im Bereich der Altenpflege, geht es u. a. um die Frage, ab wann Pflege- und Dienstleistungen für eine Vielzahl von Menschen Einrichtungen zu einem Heim machen und daher in einer Wohnung unzulässig sind. Ausgangspunkt ist, wie es das AG auch ausführt, dass die Intensivpflege eines Menschen in seinen eigenen vier Wänden – auch wenn sie besonders personal- und pflegeintensiv ist – zu einer normalen Wohnnutzung gehört. Ebenso kann bei betreutem Wohnen, bei ambulant betreuten Wohngemeinschaften oder betreuten Wohngruppen der Wohnzweck (noch) im Vordergrund stehen (BGH, Urteil v. 27.10.2017, V ZR 193/16, Rn. 20).

Nicht zu Wohnzwecken dient dagegen eine Nutzung durch Einrichtungen, die in erster Linie Pflege- und Betreuungscharakter haben und die deshalb durch die hierfür erforderlichen Pflege- und Dienstleistungen geprägt werden (BGH, Urteil v. 27.10.2017, V ZR 193/16, Rn. 20). Dies wird vor allem bei stationären Pflegeeinrichtungen, aber auch bei ausgelagerten Pflegestationen in Betracht kommen (BGH, Urteil v. 27.10.2017, V ZR 193/16, Rn. 20). Ähnliche Fragen stellen sich im Bereich der Jugendhilfe. Während ein Heim für Kinder und Jugendliche in der Regel nicht mehr Wohnzwecken dienen wird, kann bei einer sonstigen betreuten Wohnform jedenfalls ein auf gewisse Dauer angelegtes familienähnliches Zusammenwohnen von Kindern und Jugendlichen mit Betreuern, das dem Zusammenleben in einer Pflegefamilie angenähert ist, als Wohnnutzung anzusehen sein (BGH, Urteil v. 27.10.2017, V ZR 193/16, Rn. 20).

5.1.2 Störung durch Zigaretten

AG Hamburg-St. Georg, Urteil vom 26.2.2021, 980b C 41/19
Soweit das Sondereigentum betroffen ist, stehen allein dem Sondereigentümer Abwehrrechte aus § 14 Abs. 2 Nr. 1 WEG sowie aus § 1004 BGB zur Verfügung.

Sachverhalt

Wohnungseigentümer Y ist Eigentümer der im Hochparterre/1. Obergeschoss belegenen Wohnung Nr. 1, B ist Teileigentümer der im Souterrain/Erdgeschoss belegenen Räume, in denen eine »Raucherkneipe« betrieben wird. In einer von Y eingeholten Stellungnahme heißt es, es müsse eine Dampfsperre bzw. eine funktionsfähige Luftdichtigkeitsbahn in bzw. unter die Zwischendecke zur Wohnung Nr. 1 (ein-)gebaut werden, um »ein geruchsdichtes Konzept zwischen den Geschossen herstellen zu können«. Ferner bedürfe es einer dichten Absaugverrohrung.

Die Wohnungseigentümer beschließen vor diesem Hintergrund, dass die Gemeinschaft der Wohnungseigentümer K etwaige Unterlassungsansprüche einzelner Wohnungseigentümer gegenüber B ausüben soll. Ferner wird beschlossen, B außergerichtlich und gerichtlich durch einen zu beauftragenden Rechtsanwalt in Anspruch zu nehmen. Bei der entsprechenden Klage wird streitig, ob K berechtigt ist, die Klage in Bezug auf das Sondereigentum zu führen. Daraufhin erklärt K, Y führe den Rechtsstreit weiter.

Entscheidung

Die Klage ist nach Ansicht des AG (jetzt) zulässig. Soweit K mitgeteilt habe, aus dem Rechtsstreit auszuscheiden, handele es sich um einen zulässigen subjektiven Parteiwechsel auf Klägerseite. Y fehle auch nicht die Prozessführungsbefugnis, jedenfalls nicht, soweit es um Störungen gehe, die seine Wohnung beträfen. Soweit ausschließlich das Sondereigentum betroffen sei, stünden allein ihm die Abwehrrechte aus den § 14 Abs. 2 Nr. 1 WEG sowie § 1004 BGB zur Verfügung (Hinweis auf Hügel/Elzer, WEG, 3. Aufl., § 9a Rn. 94 und Skauradszun in: Skauradszun/Elzer/Hinz/Riecke, Die WEG-Reform 2020, § 1 Rn. 31).

Die Klage sei auch begründet: Aus Bs Räumen dringe Zigarettenrauch in die darüberliegende Wohnung des Y. Dieser müsse die Belästigung durch (Zigaretten-)Rauch nicht dulden. Zwischen Wohnungseigentümern gelte im Rahmen von § 14 WEG ein verstärktes Maß an Rücksichtnahme. Die Schwelle für die Annahme eines Nachteils i. S. v. § 14 Abs. 2 Nr. 1 WEG i. V. m. § 14 Abs. 1 Nr. 2 WEG sei niedrig anzusetzen. Es sei zudem anerkannt, dass Rauchen zwar im Bereich des Sondereigentums zulässig sei. Übermäßiges Rauchen, wie es in einer Raucherkneipe stattfinde und das eine Außenwirkung in Bezug auf die übrigen Wohnungen anderer Miteigentümer habe, sei aber »vermeidbar« (Hinweis auf Hügel/Elzer, WEG, 3. Aufl., § 14 Rn. 55 »Rauchen«). Nach den vorliegenden Erkenntnissen könne die Ertüchtigung der Zwischendecke zur Wohnung Nr. 1 sowie der Einbau einer Abluftanlage, deren Rohrsystem auf das Dach geführt wird, Abhilfe schaffen.

Hinweis für die Verwaltungspraxis

Der Fall streicht zum einem heraus, dass im alten, aber auch im neuen Recht jeder Wohnungseigentümer, der sich im Gebrauch und/oder der Benutzung seines Sondereigentums gestört fühlt, selbst wegen dieser Störung vorgehen kann, aber auch muss. Die Gemeinschaft der Wohnungseigentümer, vertreten durch den Verwalter, ist nach § 9a Abs. 2 WEG und/oder § 14 Abs. 1 Nr. 1 WEG nur wegen Störungen des gemeinschaftlichen Eigentums berechtigt, gegen einen Störer vorzugehen.

Zum anderen geht es im Fall um die Frage, welche Störungen ein Wohnungseigentümer vom anderen Wohnungseigentümer hinnehmen muss. Der »Teufel« steckt hier häufig im Detail. Das Detail, auf das es im Fall ankommt, ist der Umstand, dass B der Eigentümer von Räumen ist, die Teil seines Teileigentums sind und die er nach § 1 Abs. 3 WEG zu jedem Zweck benutzen und gebrauchen darf, der nicht gerade im Bewohnen besteht. Es ist daher, wenn nichts anderes durch eine Vereinbarung bestimmt ist, völlig in Ordnung, wenn in den Kneipenräumen des B geraucht wird. Dadurch ausgelöste Beeinträchtigungen muss K nach § 14 Abs. 2 Nr. 2 WEG dulden, da sie den Vereinbarungen der Wohnungseigentümer entsprechen.

5.2 Teileigentum

5.2.1 Wohnen im Teileigentum I

BGH, Urteil v. 16.7.2021, V ZR 284/19
Die Benutzung der Räume eines Teileigentümers zu Wohnzwecken ist nach einer typisierenden Betrachtungsweise jedenfalls dann nicht störender als die vorgesehene Benutzung und deshalb zulässig, wenn
- es für die Räume an einer Zweckbestimmung im engeren Sinne fehlt,
- die Räume in einem separaten Gebäude liegen,
- das übrige Sondereigentum ausschließlich dem Wohnen dient und
- die Kosten der Gemeinschaft der Wohnungseigentümer zwischen den Gebäuden getrennt werden.

Sachverhalt
Die Wohnungseigentumsanlage gliedert sich in zwei auf einem Grundstück errichtete Gebäude. In Haus 1 gibt es acht Wohnungen. Haus 2 ist ein Teileigentum (eine Scheune). Dieses steht im Eigentum von B. Nach der Gemeinschaftsordnung muss B das Haus 2 auf eigene Kosten erhalten. Die Verwaltungskosten sind, soweit sie unterscheidbar sind, auf die Wohnungseigentumsrechte einerseits und das Teileigentum andererseits aufzuteilen und entsprechend zu tragen. Nach der Gemeinschaftsordnung ist der jeweilige Eigentümer von Haus 2 berechtigt, beliebige bauliche Veränderungen vornehmen zu lassen, auch soweit hierdurch gemeinschaftliches Eigentum betroffen bzw. verändert wird.

Im Jahr 2013 reißt B die Scheune ab und errichtet an derselben Stelle ein Einfamilienhaus. Im Jahr 2017 schließt das Grundbuchamt auf Antrag von B ferner das Teileigentumsgrundbuch von Haus 2 und legt stattdessen ein Wohnungsgrundbuch an. Gegen die Umschreibung im Grundbuch ist ein Beschwerdeverfahren anhängig. Mit der Klage will K es B untersagen, das von ihm errichtete Gebäude als Wohnraum zu nutzen. Das AG gibt der Klage statt. Die Berufung bleibt erfolglos. Hiergegen wendet sich B mit der vom BGH zugelassenen Revision.

Entscheidung
B hat Erfolg: K habe keine Befugnis, von B Unterlassung zu verlangen. Zwar dürfe B das Haus 2 nach der Gemeinschaftsordnung nicht bewohnen. Hieran ändere nichts, dass das Sondereigentum zurzeit als Wohnungseigentum ausgewiesen sei. Ein Wohnungseigentümer könne nämlich nicht ohne Mitwirkung der übrigen Eigentümer sein Teil- in Wohnungseigentum umwandeln, es sei denn, in der Gemeinschaftsordnung sei ein entsprechender Vorbehalt enthalten – woran es im vorliegenden Fall fehle. Indem B das neue Haus bewohne, störe er nach einer typisierenden Betrachtungsweise aber nicht mehr als durch ein »Nichtwohnen«.

Hinweis für die Verwaltungspraxis

Im besprochenen Fall geht es zum einen um die Frage, ob B befugt war, eine Vereinbarung zu ändern. Zum anderen geht es um die Frage, ob die Benutzung eines Teileigentums zu Wohnzwecken störender ist als die Benutzung zu Nichtwohnzwecken.

Umwidmung eines Teileigentums
Ein Teileigentümer ist berechtigt, ohne Beteiligung der anderen Miteigentümer die Bestimmung, dass seine Räume nur zu »Nichtwohnzwecken« benutzt werden dürfen, zu ändern, wenn die Wohnungseigentümer diese Befugnis vereinbart haben (BGH, Urteil v. 18.1.2013, V ZR 88/12, ZWE 2013 S. 131 Rn. 2, 4 und 9). Die Berechtigung des B zu baulichen Veränderungen war weder ausdrücklich noch nach einer Auslegung ein solcher »Änderungsvorbehalt«.

Unterlassung und typisierende Betrachtungsweise
Nach der Rechtsprechung kann eine nach dem vereinbarten Zweck nicht gestattete Benutzung nicht untersagt werden, wenn diese bei typisierender Betrachtungsweise nicht mehr stört als die vorgesehene Nutzung (siehe nur BGH, Urteil v. 13.12.2019, V ZR 203/18, NJW 2020, S. 1354 Rn. 10). Eine Wohnnutzung ist im Vergleich zu einer gewerblichen Nutzung bei typisierender Betrachtung auch nicht regelmäßig als störender anzusehen. Dies folgt insbesondere nicht aus einer BGH-Entscheidung zu einem Ärztehaus (BGH, Urteil v. 23.3.2018, V ZR

307/16, NJW-RR 2018, S. 1227 Rn. 9). Denn dort gab es in der Anlage ausschließlich Teileigentum. In einem solchen Fall haben die Eigentümer ein berechtigtes Interesse daran, dass der durch die Gemeinschaftsordnung vorgegebene professionelle Charakter erhalten bleibt, um Konflikte, die durch eine in der Gemeinschaftsordnung nicht angelegte gemischte Nutzung hervorgerufen werden können, von vornherein zu vermeiden. Anders kann es sich aber verhalten, wenn es in einer Anlage im Übrigen nur Wohnungseigentum gibt.

Denn es gibt keinen allgemeinen Erfahrungssatz des Inhalts, dass die Wohnnutzung die intensivste Form des Gebrauchs sei. Vielmehr kann eine Nutzung zu anderen als Wohnzwecken genauso störend oder störender als eine Wohnnutzung sein. Insbesondere muss die Nutzung des Sondereigentums eines Teileigentums nicht zwingend als auf die üblichen Geschäfts- oder Bürozeiten beschränkt anzusehen sein, sondern kann außerhalb dieser Zeiten und auch am Wochenende erfolgen, wie es beispielsweise bei einer Gaststätte, einem Beherbergungsbetrieb, einem Call-Center, einem SB-Waschsalon oder einem Sportstudio nicht untypisch ist. Zugleich werden der Publikumsverkehr und die Geruchs- und Lärmimmissionen bei einigen der genannten Nutzungen typischerweise nicht geringer sein als bei einer Wohnnutzung. Abstrakte Aussagen, wann eine Wohnnutzung anstelle einer Nutzung zu sonstigen Zwecken typischerweise mehr stört und deshalb von den übrigen Wohnungseigentümern nicht hinzunehmen ist, sind daher nicht möglich. Erforderlich ist stets der Vergleich der mit der erlaubten und der tatsächlichen Benutzung in der konkreten Anlage typischerweise verbundenen Störungen.

Um eine Vergleichsbetrachtung zu ermöglichen, ist die Benutzung nach ihrer Art und den damit verbundenen Folgen (z. B. die zu erwartende Besucherfrequenz und Besucherstruktur) zu konkretisieren und zu den örtlichen Gegebenheiten (Umfeld, Lage der Räume im Gebäude, Nutzungszweck der übrigen Einheiten) und den zeitlichen Verhältnissen (z. B. Öffnungszeiten) in Bezug zu setzen. Da es auf die konkrete Anlage ankommt, dürfen Nutzungen, die öffentlich-rechtlich ausgeschlossen sind, als Vergleichsmaßstab nicht herangezogen werden. Störender ist die Wohnnutzung jedenfalls dann, wenn der Gemeinschaft der Wohnungseigentümer im Vergleich zu einer Nutzung als Teileigentum höhere Kosten entstehen oder die Gefahr der erheblich intensiveren Nutzung von Gemeinschaftsflächen besteht.

5.2.2 Wohnen im Teileigentum II

BGH, Urteil vom 15.07.2022, V ZR 127/21
Ordnet die Gemeinschaftsordnung einer Anlage, in der es sowohl Teil- als auch Wohnungseigentum gibt, innerhalb eines Gebäudes eine räumliche Trennung von Wohnen und Gewerbe an, stört die Wohnnutzung einer Teileigentumseinheit in dem der ge-

werblichen Nutzung vorbehaltenen Gebäudeteil bei typisierender Betrachtung regelmäßig mehr als die vorgesehene Nutzung.

Sachverhalt
Eine Anlage besteht aus zwei Gebäuden. Es gibt zwölf Teileigentums- und zwei Wohnungseigentumsrechte. Die Wohnungseigentumsrechte befinden sich jeweils im Dachgeschoss der Häuser. In der Gemeinschaftsordnung heißt es u. a. wie folgt:

»Wohnungen und die dazugehörigen Nebenräume dürfen nur zu Wohnzwecken benutzt werden. Die Ausübung eines Berufs oder Gewerbes in der Wohnung bedarf der schriftlichen Zustimmung des Verwalters. Der Verwalter kann die Zustimmung mit Auflagen verbinden. Im Übrigen kann die Zustimmung nur verweigert werden, wenn mit der Ausübung des Berufs oder Gewerbes erfahrungsgemäß eine erhebliche Belästigung der übrigen Wohnungseigentümer/Teileigentümer oder eine erhöhte Abnutzung der im gemeinschaftlichen Eigentum stehenden Gebäudeteile verbunden oder zu befürchten ist. […]

Die nicht für Wohnzwecke bestimmten, gewerblich nutzbaren Räume dürfen als Büro, Praxis, Apotheke, Kiosk, Laden oder ähnliche Zwecke genutzt werden. Die Nutzungsart muss der übrigen Nutzung des Gebäudes angepasst sein und darf durch die Art ihres Betriebs andere Wohnungs-/Teileigentümer und Dritte nicht gefährden oder belästigen, sei es durch übermäßigen Lärm, Geruch, Dünste oder Unsauberkeit oder sei es durch Einbringung gesundheitsschädigender oder gefährlicher, insbesondere explosiver Gegenstände.«

Wohnungseigentümer K geht vor diesem Hintergrund seit dem Jahr 2019 gegen Teileigentümer B auf Unterlassung vor. Dieser benutzt sein Sondereigentum nämlich als Wohnung. Das Amtsgericht weist die Klage ab, das Landgericht gibt ihr hingegen statt. Dagegen wendet sich B zum BGH. Mit seiner Revisionsbegründung reicht B außerdem ein Schreiben der Verwaltung ein, wonach die Gemeinschaft der Wohnungseigentümer der weiteren Rechtsverfolgung durch K widerspricht. Daraufhin erklärt K den Rechtsstreit in der Hauptsache für erledigt. Dieser Erklärung tritt B aus Kostengründen allerdings entgegen. Der BGH muss nun klären, ob sich der Rechtsstreit erledigt hat.

Entscheidung
Der BGH stellt fest, dass sich der Rechtsstreit in der Hauptsache erledigt hat. K sei bis zur Erklärung der Gemeinschaft der Wohnungseigentümer berechtigt gewesen, selbst gegen B vorzugehen. Und die Klage sei auch begründet gewesen. B verstoße nämlich gegen die Gemeinschaftsordnung. Zwar könne sich eine nach dem vereinbarten Zweck ausgeschlossene Nutzung als zulässig erweisen, wenn sie bei typisierender Betrachtungsweise nicht mehr störe als die vorgesehene.

So liege es aber nicht. Die Regelungen der Gemeinschaftsordnung deuteten darauf hin, dass der teilende Eigentümer solche nicht habe zulassen wollen. Nach dem in der Gemeinschaftsordnung verankerten Prinzip solle außerdem (allenfalls) im Dachgeschoss gewohnt werden. In einer solchen gemischten, aber räumlich getrennten Anlage hätten alle Eigentümer ein berechtigtes Interesse daran, dass die vorgegebene räumliche Trennung erhalten bleibe.

Hinweis für die Verwaltungspraxis

Im Fall geht es um die Frage, ob ein Teileigentümer berechtigt ist, sein Sondereigentum selbst zu bewohnen oder dieses für Wohnzwecke Drittnutzern zu überlassen. Wegen der am 1.12.2020 in Kraft getretenen WEG-Reform stellt sich außerdem ein Übergangsproblem. Es ist nämlich zu fragen, ob gegen einen etwaigen Verstoß ein Wohnungseigentümer vorgehen darf oder ob es an der Gemeinschaft der Wohnungseigentümer ist, Schritte zu unternehmen. Ferner fragt sich, ob man auf den Prozess des klagenden Wohnungseigentümers einwirken kann.

Überblick

Die Verwaltung muss im Namen der Gemeinschaft der Wohnungseigentümer nach §§ 18 Abs. 1, Abs. 2 Nr. 2, 14 Abs. 1 Nr. 1, 9a Abs. 2 WEG grundsätzlich gegen einen Teileigentümer vorgehen, der sein Sondereigentum bewohnt oder bewohnen lässt. Denn dieser Teileigentümer verstößt gegen die Vereinbarungen der Wohnungseigentümer. Gegen diesen Verstoß muss die Verwaltung als Organ der Gemeinschaft der Wohnungseigentümer vorgehen, jedenfalls aber ein Vorgehen organisieren und die Eigentümer informieren.

Die bislang erreichten »Klärungen«

Dass die Verwaltung »grundsätzlich« im Namen der Gemeinschaft gegen einen Teileigentümer vorgehen muss, heißt allerdings, dass es Ausnahmen gibt. Diese muss eine Verwaltung kennen und beachten. Zur Orientierung mag der nachfolgende Überblick zur höchstrichterlichen Rechtsprechung Hilfe leisten:

Wohnen im »Hobbyraum«: Der BGH musste sich erstmals im Jahr 2011 mit der Frage beschäftigen, ob man in einem Raum, der nicht zum Wohnen bestimmt ist, dennoch wohnen darf (BGH, Beschluss v. 16.6.2011, V ZA 1/11). Der dortige Beklagte ließ seine Kinder in diesem Raum übernachten. Der BGH meinte, das darin liegende Wohnen sei offensichtlich und nach allgemeiner Auffassung in Rechtsprechung und Literatur unzulässig. Überwiegend werde dies damit begründet, dass eine Nutzungsbeschränkung mit Vereinbarungscharakter vorliege, bei der eine abweichende Nutzung nur zulässig sei, wenn sie bei typisierender Betrachtungsweise nicht mehr störe als die vorgesehene Nutzung als Hobbyraum, und dass dies bei einer Wohnnutzung nicht anzunehmen sei. Teilweise werde aber auch darauf abgestellt, dass die Wohnungseigentümer durch eine solche Nutzungsbeschränkung den gesetzlichen Maßstab des § 14 Abs. 1 Nr. 2 WEG konkretisiert hätten und deshalb generell keine andere Nutzung hinnehmen müssten.

Wohnen im »Spitzboden«: Im Jahr 2014 nahm der BGH auf die vorgenannte Ausgangsentscheidung Bezug (BGH, Urteil v. 16.5.2014, V ZR 131/13). Es ging in dem Fall um die Frage, ob Räume, die als Teileigentum und als »Spitzboden« gewidmet waren, bewohnt werden dürfen. Auch diese Frage verneinte er nach einer typisierenden Betrachtungsweise. Denn die Wohnanlage erfahre jedenfalls bei einer Vergrößerung um eine weitere Wohneinheit typischerweise eine intensivere Nutzung, mit der eine erhöhte Aus- und Abnutzung verbunden sei.

Wohnen im Teileigentum im Souterrain: Im Jahr 2015 ging es in Karlsruhe um ein Teileigentum im Souterrain (BGH, Urteil v. 8.5.2015, V ZR 178/14). Dort schrieb der BGH, die Nutzung zu nicht nur vorübergehenden Wohnzwecken sei jedenfalls dann nicht gestattet, wenn sie – wie im Fall – die Anlage um eine weitere Wohneinheit vergrößere.

Teileigentumsanlage: Drei Jahre später ging es dann um eine reine Teileigentumsanlage (BGH, Urteil v. 23.3.2018, V ZR 307/16). Der BGH meinte jetzt, wie es sich in Anlagen verhalte, in denen sowohl Wohnungs- als auch Teileigentumseinheiten vorhanden seien (= solche Anlagen, um die es in den bisherigen Fällen ging), könne »dahinstehen«. Die Nutzung des Sondereigentums zu Wohnzwecken sei jedenfalls in einem ausschließlich beruflichen und gewerblichen Zwecken dienenden Gebäude bei typisierender Betrachtung regelmäßig schon deshalb störender als die vorgesehene Nutzung, weil eine Wohnnutzung mit typischen Wohnimmissionen (wie Küchengerüchen, Freizeit- und Kinderlärm oder Musik) sowie einem anderen Gebrauch des gemeinschaftlichen Eigentums (etwa im Flur herumstehenden Gegenständen) einhergehe und zu anderen Zeiten – nämlich ganztägig und auch am Wochenende – erfolge. Die Teileigentümer müssten das nicht hinnehmen. Sie hätten ein berechtigtes Interesse daran, dass der »professionelle Charakter« einer Anlage erhalten bleibe, um Konflikte, die durch eine in der Gemeinschaftsordnung nicht angelegte gemischte Nutzung hervorgerufen werden können, von vornherein zu vermeiden.

Zwei Gebäude und getrennte Kosten: Im Jahr 2021 ging es dann um eine Anlage mit zwei Gebäuden (BGH, Urteil v. 16.7.2021, V ZR 284/19). Dort meinte der BGH nach einer typisierenden Betrachtungsweise plötzlich, die Nutzung von Räumen, die im Sondereigentum eines Teileigentümers stünden, zu Wohnzwecken sei bei typisierender Betrachtungsweise jedenfalls dann nicht störender als die vorgesehene Nutzung, wenn es an einer Zweckbestimmung im engeren Sinne fehle, die Räume in einem separaten Gebäude lägen, die Kosten der Gemeinschaft der Wohnungseigentümer für die Räume vom Teileigentümer zu tragen seien und es im Übrigen nur Wohnungseigentum gebe. Denn eine Wohnnutzung sei im Vergleich zu einer gewerblichen Nutzung bei typisierender Betrachtung nicht regelmäßig als störender anzusehen. Es gebe keinen allgemeinen Erfahrungssatz des Inhalts, dass »die Wohnnutzung die intensivste Form des Gebrauchs einer Sondereigentumseinheit sei«.

Diese Genese der BGH-Entscheidungen zeigt, dass abstrakte Aussagen, wann eine Wohnnutzung anstelle einer Nutzung zu sonstigen Zwecken typischerweise mehr stört und deshalb von den übrigen Wohnungseigentümern hinzunehmen ist, eher nicht möglich sind. Erforderlich ist stets der Vergleich der mit der erlaubten und der tatsächlichen Nutzung in der konkreten Anlage typischerweise verbundenen Störungen.

Vergleichsbetrachtung der Gerichte

Um eine Vergleichsbetrachtung zu ermöglichen, müsste der Richter nach der aktuellen BGH-Ansicht (Urteil v. 16.7.2021, V ZR 284/19) den Gebrauch nach dessen Art und den damit verbundenen Folgen (z. B. die zu erwartende Besucherfrequenz und Besucherstruktur) konkretisieren und zu den örtlichen Gegebenheiten (Umfeld, Lage der Räume im Gebäude, Nutzungszweck der übrigen Einheiten) und den zeitlichen Verhältnissen (z. B. Öffnungszeiten) in Bezug setzen. Da es auf die konkrete Anlage ankommt, dürften solche Nutzungen, die öffentlich-rechtlich ausgeschlossen sind, als Vergleichsmaßstab bei der Bestimmung der zulässigen Nutzung nicht herangezogen werden. Störender ist die Wohnnutzung nach den Maßstäben des BGH jedenfalls dann, wenn der Gemeinschaft der Wohnungseigentümer im Vergleich zu einer Nutzung als Teileigentum höhere Kosten entstehen oder die Gefahr der erheblich intensiveren Nutzung von Gemeinschaftsflächen besteht. Für die Gemeinschaft der Wohnungseigentümer und die Verwaltung als ihr Organ gilt meines Erachtens nichts anderes, wenn geprüft wird, ob man gegen das Wohnen im Sondereigentum eines Teileigentums vorgeht.

Zustimmung der Verwaltung

Im am Anfang des Kapitels vorgestellten Fall darf ein Wohnungseigentümer (oder ein Drittnutzer) nach der Gemeinschaftsordnung in seiner Wohnung einem Beruf oder einem Gewerbe nachgehen, wenn die Verwaltung dem schriftlich und nach den Maßgaben der Gemeinschaftsordnung zustimmt. Liegt es so, ist derzeit rechtlich umstritten, ob die Verwaltung im eigenen Namen handelt oder als Organ der Gemeinschaft der Wohnungseigentümer. Wer meint, die Verwaltung handele im eigenen Namen, erlaubt eine Direktklage eines Wohnungseigentümers gegen die Verwaltung, wenn diese die Zustimmung verweigert, und befürwortet Schadensersatzansprüche eines Wohnungseigentümers gegen die Verwaltung. Wer meint, die Verwaltung handele als Organ, vertritt damit die Ansicht, ein Wohnungseigentümer müsse bei einer »Nichtzustimmung« gegen die Gemeinschaft der Wohnungseigentümer vorgehen und könne nur von dieser Schadensersatz verlangen.

5.2.3 Wohnen im Teileigentum III

LG Hamburg, Urteil vom 20.10.2021, 318 S 47/20
Werden die einem Teileigentum zugeordneten Räume bewohnt, ist vorstellbar, dass die dadurch hervorgerufenen Störungen nach einer typisierenden Betrachtungsweise nicht anders sind als die durch den Gebrauch und die Benutzung der Räume zu gewerblichen Zwecken hervorgerufenen Störungen. In diesem Fall dürfen die Räume bewohnt werden.

Sachverhalt

Teileigentümer B vermietet die in seinem Eigentum stehenden Räume zu Wohnzwecken an täglich oder wöchentlich wechselnde Feriengäste. Wohnungseigentümer K klagt gegen B auf Unterlassung. Er meint, B verstoße gegen die Benutzungsvereinbarung, die in der Wohnungseigentumsanlage für das Sondereigentum des B gelte.

Das AG weist die Klage ab. Eine vom vereinbarten Nutzungszweck abweichende Nutzung sei zulässig, wenn sie bei typisierender Betrachtungsweise nicht mehr störe als die vorgesehene Nutzung. So sei es im vorliegenden Fall. Dass die Kurzzeitvermietung baurechtswidrig sei, sei unerheblich. Jedenfalls könne sich K darauf nicht berufen. Gegen dieses Urteil wendet sich K.

Entscheidung

K hat keinen Erfolg: Nach § 14 Abs. 1 Satz 1 WEG sei jeder Wohnungseigentümer gegenüber der Gemeinschaft der Wohnungseigentümer zwar verpflichtet, Vereinbarungen einzuhalten. Nutze ein Eigentümer seine ihm als Teileigentum zugewiesene Einheit zu Wohnzwecken oder umgekehrt eine ihm als Wohnungseigentum zugewiesene Einheit zu anderen Zwecken, könne von ihm daher grundsätzlich die Unterlassung dieser Nutzung verlangt werden (Hinweis auf BGH, Urteil v. 16.7.2021, V ZR 284/19, Rn. 19). Im vorliegenden Fall sei die Vermietung aber zulässig, weil sie nach typisierender Betrachtungsweise nicht mehr störe als die zulässige Benutzung.

Für die Prüfung sei maßgeblich, welche Benutzung der Räume nach der Gemeinschaftsordnung zulässig sei (Hinweis auf BGH, Urteil v. 16.7.2021, V ZR 284/19, Rn. 29). Eine Auslegung ergebe, dass die Gemeinschaftsordnung insoweit keine weiteren Einschränkungen enthalte. Die Bezeichnung des Teileigentums als »Lager« im Aufteilungsplan bzw. der Abgeschlossenheitsbescheinigung enthalte nämlich keine Nutzungsbeschränkung (Hinweis auf LG Frankfurt a. M., Urteil v. 14.3.2019, 2-13 S 108/18, ZWE 2019 S. 279; LG Berlin, Urteil v. 14.9.2018, 55 S 201/13, ZWE 2019 S. 42). Hiergegen spreche insbesondere die nach der Gemeinschaftsordnung dem Inhaber des Sondereigentumsrechts umfassend eingeräumte Ausbauberechtigung. Wie die Räume konkret genutzt würden, sei für die Vergleichsbetrachtung unerheblich, da es um die Auslegung einer im Grundbuch eingetragenen Erklärung gehe, die eine generalisierende Betrachtungsweise gebiete.

Das bedeute im Übrigen nicht, dass jede von einer zulässigen Nutzung von Wohn- und Teileigentum ausgehende Beeinträchtigung von den anderen Wohnungseigentümern hingenommen werden müsse. Begrenzt werde die der Zweckbestimmung entsprechende Nutzung durch die Verpflichtung, vom Sondereigentum nur in solcher Weise Gebrauch zu machen, dass dadurch keinem der anderen Wohnungseigentümer über das bei einem geordneten Zusammenleben unvermeidliche Maß hinaus ein Nachteil erwachse. B sei daher gehalten, dafür Sorge zu tragen, dass im Rahmen der Vermietung seiner Räume an wechselnde Feriengäste/Mieter nicht hinzunehmende Störungen unterbleiben.

Hinweis für die Verwaltungspraxis

B darf nach den Vereinbarungen der Wohnungseigentümer seine Räume weder zu Wohnzwecken selbst gebrauchen noch nutzen, mithin vermieten. Gegen diese Verpflichtung verstößt B, da er die Räume offensichtlich nicht i. S. d. WEG gewerblich benutzt, sondern Mietern tage- oder wochenweise zu Wohnzwecken zur Verfügung stellt. Dadurch verstößt B gegenüber der Gemeinschaft der Wohnungseigentümer gegen seine Verpflichtung aus § 14 Abs. 1 Nr. 1 WEG, sich an die Vereinbarungen zu halten.

Gegen einen solchen Pflichtverstoß muss die Gemeinschaft der Wohnungseigentümer, vertreten durch die Verwaltung, vorgehen. Anders ist es nur dann, wenn durch den Gebrauch und/oder die Benutzung ein Wohnungseigentümer im Gebrauch und/oder in der Benutzung der Räume, die im Sondereigentum stehen, gestört wird. AG und LG hätten daher zunächst prüfen müssen, ob K eine solche Störung dargelegt hatte. Fehlte es an dieser Darlegung, wäre die Klage in Ermangelung einer Prozessführungsbefugnis als unzulässig zu verwerfen gewesen. Es ist anzunehmen, dass das AG und LG das aktuelle Recht insoweit noch nicht ausreichend beachtet haben. Oder der klagende Wohnungseigentümer hatte Störungen im Bereich seines Sondereigentums geltend gemacht und die Gerichte hielten es nicht für notwendig, den vorgenannten Prüfungsgegenstand in ihren Ausführungen näher zu beleuchten.

Der Sache nach geht es im besprochenen Fall jedenfalls um die Frage, ob es einem Teileigentümer im konkreten Einzelfall erlaubt sein kann, seine Räume zu Wohnzwecken zu vermieten.

Benutzungsvereinbarung: Teileigentum
Die Wohnungseigentümer haben die Befugnis, für den Gebrauch und die Benutzung der im Sondereigentum stehenden Räume Benutzungsvereinbarungen zu schließen. Eine dieser Benutzungsvereinbarungen ist die Vereinbarung »Teileigentum«. Liegt eine solche Vereinbarung vor, darf das diesem Teileigentum zugeordnete Sondereigentum nur zu gewerblichen Zwecken gebraucht und/oder benutzt werden.

Nach h. M. gilt diese Aussage aber, wie bei den zuvor referierten Fällen näher dargestellt, nicht absolut. Es soll auch ein Gebrauch oder eine Benutzung erlaubt sein, der oder die nach einer typisierenden Betrachtungsweise nicht mehr stört als der erlaubte Gebrauch und die erlaubte Benutzung. Dem Wohnen kann dabei entgegenstehen, wenn die Wohnungseigentümer eine weitere Benutzungsvereinbarung getroffen haben. Im Fall meint das LG, eine solche weitere Benutzungsvereinbarung jedenfalls nicht im Aufteilungsplan oder der Abgeschlossenheitsbescheinigung finden zu können. Dies ist auch richtig. Benutzungsvereinbarungen müssen sich in der Gemeinschaftsordnung finden oder die Gemeinschaftsordnung muss auf Benutzungsvereinbarungen, die an einem anderen Ort getroffen wurden, Bezug nehmen. »Hakelig« kann es allerdings sein, wenn der aufteilende Eigentümer in einer Urkunde, in der die Teilungserklärung und die Gemeinschaftsordnung zusammengefasst sind (= der Regelfall), im Zusammenhang mit der Aufteilung einen Raum als »Laden« oder »Keller« bezeichnet. Hierin kann nach der BGH-Rechtsprechung eine Benutzungsvereinbarung zu sehen sein. Derzeit unterscheidet der BGH zwischen Gebäuden, die bereits bei der Aufteilung bestanden und in denen es bereits Gewerbe gab, und Gebäuden, die neu errichtet werden. Im ersten Fall hält es der BGH für möglich, dass der Notar, wenn er sich bei der Aufteilung der Räume der Bezeichnung »Laden« oder »Keller« bedient hat, nur die derzeitige Benutzung des Raumes beschreiben, nicht aber dessen künftige Benutzung vorschreiben wollte.

5.2.4 Laden

LG München I, Beschluss vom 18.8.2021, 1 S 2103/20 WEG
Wird ein Raum in der Gemeinschaftsordnung und nicht lediglich im Aufteilungsplan als »Laden« bezeichnet, legt dies nahe, dass eine Zweckbestimmung im engeren Sinne angeordnet und nicht die nähere Lage von Räumlichkeiten beschrieben werden sollte.

Die Zweckbestimmung als »Laden« steht einer Nutzung als »Kulturzentrum- und Begegnungsstätte« entgegen, wenn bei einer typisierenden Betrachtungsweise davon auszugehen ist, dass die von der Begegnungsstätte ausgehenden Geräuschemissionen die anderen Wohnungseigentümer in stärkerem Maße beeinträchtigen, als dies bei einer Ladennutzung der Fall wäre.

Sachverhalt

Teileigentümer B vermietet seine Räume an einen deutsch-kurdischen Kulturverein. Dieser Kulturverein nutzt die Räume als Gebetshaus und Begegnungsstätte für Mitglieder des islamischen Glaubens. Gegen diese Benutzung geht die Gemeinschaft der Wohnungseigentümer im Verhältnis zu B vor. Sie verweist auf die Gemeinschaftsordnung. Dort heißt es für die Räume des B – die »Einheit Nr. 49« – wie folgt: »Miteigentumsanteil von 20,619/1000 verbunden mit dem Sondereigentum an dem im Aufteilungsplan mit Nr. 49 bezeichneten Laden – Teileigentum«.

Entscheidung

Mit Erfolg! Die Gemeinschaftsordnung enthalte für die Einheit Nr. 49 eine Zweckbestimmung als »Laden«. Denn die Bezeichnung als Laden finde sich in der Gemeinschaftsordnung selbst und nicht lediglich im Aufteilungsplan. Bereits dies lege es nahe, dass eine Zweckbestimmung im engeren Sinne geregelt werden und mit der Bezeichnung nicht die nähere Lage der Räumlichkeiten beschrieben werden sollte. Hierfür spreche auch, dass sämtliche Räume der verschiedenen Teileigentumsrechte als Laden bezeichnet würden. Die anschließende nähere Beschreibung der Räume (z. B. Bankarbeitsraum, Tresorraum etc.) diene demgegenüber ganz offensichtlich der näheren Beschreibung des räumlichen Umfangs. Dass es sich bei dieser Beschreibung der Räumlichkeiten nicht um Zweckbestimmungen im engeren Sinne handele, ergebe sich schon allein aus dem Umstand, dass es nicht der nächstliegenden Betrachtungsweise entspreche anzunehmen, dass für jeden einzelnen Raum eine Zweckbestimmung nicht nur des auszuführenden Gewerbes (Bankgeschäfte), sondern auch noch der konkreten Raumnutzung vorgesehen sei. Etwas anderes ergebe sich auch nicht aus der Entscheidung des BGH, Urteil v. 8.3.2019, V ZR 330/17, NJW-RR 2019, S. 519.

Der Zweckbestimmung als »Laden« stehe eine Nutzung der Räume als »Kulturzentrum und Begegnungsstätte« entgegen, weil bei einer typisierenden Betrachtungsweise davon auszugehen sei, dass die von der Begegnungsstätte ausgehenden Geräuschemissionen die anderen Wohnungseigentümer in stärkerem Maße beeinträchtigen, als dies bei einer Ladennutzung der Fall wäre.

> **Hinweis für die Verwaltungspraxis**
>
> Im beschriebenen Fall geht es um die Frage, wie ein Teileigentümer die in seinem Sondereigentum stehenden Räume nutzen darf.

Teileigentum (Zweckbestimmung im weiteren Sinne)

Findet sich in einer Teilungserklärung/Gemeinschaftsordnung die Anordnung, die einem Miteigentumsanteil zugeordneten Räume dürften nicht bewohnt werden, sieht man hierin überwiegend eine so genannte Zweckbestimmung im weiteren Sinne. Sie ordnet an, dass grundsätzlich weder der Teileigentümer noch ein Drittnutzer die Räume bewohnen dürfe. Jedes andere Tun soll aber erlaubt sein. Im angeführten Fall spreche daher aufgrund der Zweckbestimmung im weiteren Sinne nichts dagegen, die Räume als Gebetshaus und Begegnungsstätte zu verwenden.

Laden (Zweckbestimmung im engeren Sinne)

Findet sich in einer Teilungserklärung/Gemeinschaftsordnung die Anordnung, Räume seien als »Laden« zu benutzen, sieht man hierin überwiegend eine sogenannte Zweckbestimmung im engeren Sinne. Sie ordnet an, dass der Teileigentümer oder Nutzer die Räume nur zu dem Zweck eines »Ladens« benutzen darf.

Ob es im besprochenen Fall eine solche Zweckbestimmung im engeren Sinne gab, war nicht eindeutig. Denn der Begriff »Laden« fand sich nur in der Beschreibung des Teileigentums. Hier kann es bei einem bereits bestehenden Gebäude, das in Wohnungseigentum aufgeteilt wird, nach der BGH-Rechtsprechung im Einzelfall sein, dass der Begriff nur beschreiben soll, wo der Raum innerhalb des Gebäudes liegt, aber nicht die Benutzung des Raums weiter einengen soll. Auf diese Rechtsprechung hatte sich der beklagte Teileigentümer auch berufen. Das LG grenzt sich an dieser Stelle vom BGH ab.

Typisierende Betrachtungsweise

Ist es dem Teileigentümer oder einem Drittnutzer nicht erlaubt, in Räumen zu wohnen, muss man nach der BGH-Rechtsprechung immer auch fragen, ob von dem eigentlich verbotenen Gebrauch Störungen ausgehen, die über das Maß hinausgehen, das die Zweckbestimmung im engeren Sinne beschreiben wollte. Im angeführten Fall kommt das LG nach seiner Prüfung zu der Auffassung, dass der Gebrauch der Räume als Gebetshaus und Begegnungsstätte mehr stört als der Gebrauch als Laden.

Aufgaben der Verwaltung

Seit dem 1.12.2020 muss sich jede Verwaltung der Aufgabe stellen, wie sie mit Benutzungen umgehen will, die verboten sind. Zwar sind die Verwaltungen weiterhin dazu aufgerufen, die Einhaltung der Benutzungsbestimmungen sowie der Gesetze (des WEG, aber auch des öffentlichen Rechts) zu kontrollieren. Man muss jetzt aber auch fragen, ob eine Verwaltung gegen ein unzulässiges Benutzungsverhalten selbstständig im Namen der Gemeinschaft der Wohnungseigentümer vorgehen muss. Im angeführten Fall könnte man z. B. fragen, ob die Verwaltung selbstständig und ohne einen Beschluss dazu berechtigt war, gegen den Teileigentümer auf Unterlassung zu klagen. Die Antwort auf diese schwierige Frage sollte eine Vereinbarung oder ein Beschluss der Wohnungseigentümer nach § 27 Abs. 2 WEG geben.

5.2.5 Keller

LG Karlsruhe, Urteil vom 30.12.2020, 11 S 129/18
Haben die Wohnungseigentümer vereinbart, dass in Räumen nur ein Supermarkt/Ladengeschäft betrieben werden darf, ist die Benutzung der Räume zum Zweck des Betriebs eines Fitnessstudios auch nach einer typisierenden Betrachtungsweise unzulässig.

Sachverhalt
Ein bestehendes Haus wird in Wohnungseigentum aufgeteilt. Für das Teileigentum Nr. 1 heißt es in der Teilungserklärung: »1050/30.000 Miteigentumsanteil an dem vorgenannten Grundstück, verbunden mit dem Sondereigentum an dem im Aufteilungsplan mit G 2 bezeichneten Gewerberaum im EG rechts mit insgesamt 38 m^2 Nutzfläche und dem ebenso bezeichneten Raum im UG [...].« Im Aufteilungsplan wird der Raum als »Keller« bezeichnet. Eine Regelung der Gemeinschaftsordnung spricht vom »KG« des Rückgebäudes. Die Wohnungseigentümer streiten, ob man in dem »Raum im UG« wohnen darf und was für den »Gewerberaum im EG« gilt.

Entscheidung
Das LG meint, in dem »Raum im UG« dürfe man nicht wohnen. Zwar heiße es in der Teilungserklärung »Raum im UG«. Der Aufteilungsplan spreche aber von »Keller« und die Gemeinschafsordnung von »KG«. Aufgrund dieser eindeutigen Zweckbestimmung scheide eine Nutzung des Raums zu Wohnzwecken auch nach einer typisierenden Betrachtungsweise aus (Hinweis auf BGH, Beschluss v. 16.6.2011, V ZA 1/11, ZMR 2011, S. 967). Entscheidend sei, dass eine anderweitige Nutzung die übrigen Wohnungseigentümer nicht über das Maß hinaus beeinträchtigen dürfe, das bei einer Nutzung zum vereinbarten Zweck typischerweise zu erwarten sei. Dies sei bei der Nutzung eines Kellerraums als Wohnung jedoch der Fall (Hinweis auf BayObLG, Beschluss v. 15.7.1999, 2Z BR 94/99).

Die Nutzung zu Wohnzwecken sei intensiver und konflikträchtiger. Anders sei es für den »Gewerberaum im EG«. Seine Nutzung zu Wohnzwecken sei nach typisierender Betrachtung nicht störender als eine Nutzung zu gewerblichen Zwecken. Es stehe dem Eigentümer nämlich frei, den Raum an eine Schlosserei, Schreinerei oder ähnlich störende Betriebe zu vermieten.

Hinweis für die Verwaltungspraxis

Das LG meint, im Keller dürfe man nicht wohnen, in einem Gewerberaum i. S. v. § 1 Abs. 3 WEG aber schon. Beide Ansichten entsprechen der h. M., wenn es im Haus nicht nur Teileigentum gibt.

Benutzungsvereinbarung »Keller«
Ob der »Raum im UG« als »Keller« gewidmet ist, ob es also eine Benutzungsvereinbarung »Keller« gibt, dürfte allerdings zweifelhaft sein. Soweit es in der Gemeinschaftsordnung »KG« heißt, ist mir selbst nicht klar, ob man darin eine Benutzungsvereinbarung sehen darf. Wahrscheinlich meint »KG« einfach »Kellergeschoss«. Was im Aufteilungsplan steht, ist hingegen unbeachtlich. Wenn ein Raum dort als »Keller« bezeichnet wird, liegt noch keine Benutzungsvereinbarung vor. Es bleibt ein Blick in die Teilungserklärung. Diese spricht aber nur von »Raum im UG [...]«. Schuld an diesem Dilemma ist der Notar. Er hätte es besser wissen müssen und besser machen können. Im Übrigen darf man einen Raum außerhalb des Abschlusses einer Wohnung nie bewohnen. Er ist immer »unselbstständiges« Teileigentum.

Zwei Wohnungseigentümergemeinschaften?
Streitig war im Übrigen auch, ob es zwei Wohnungseigentümergemeinschaften gibt. Anlass hierfür war der Umstand, dass es ein Vorder- und ein Hinterhaus gibt. Das LG hat insoweit ausgeführt:

»Anders als die Beklagte meint, bilden die Eigentümer der Einheiten im Vordergebäude und im Rückgebäude der Liegenschaft keine separaten Eigentümergemeinschaften. Bei den 2 getrennten Baukörpern, die sich beide auf dem Grundstück der Gemarkung F befinden, handelt es sich lediglich um 2 Untergemeinschaften derselben WEG (so genannte Mehrhausgemeinschaft), da es auf jedem realen Grundstück nur eine Eigentümergemeinschaft geben kann. [...] Soll nach den Vorstellungen der Beteiligten jedes Gebäude auf einem Grundstück so weit wie möglich verselbstständigt und wirtschaftlich als eine eigene getrennte Eigentumsanlage behandelt werden, können in der Gemeinschaftsordnung der Gesamteigentümergemeinschaft Untergemeinschaften vereinbart werden. Vor diesem Hintergrund ist die Regelung [...] zu verstehen, die besagt, dass die Eigentümer im Vordergebäude und die Eigentümer der Einheiten im Rückgebäude ›je eine separate Eigentümergemeinschaft‹ bilden. Eine eigene rechtliche Existenz besitzen Untergemeinschaften jedoch nicht. Sie sind (nur) Teil der rechtsfähigen Gesamteigentümergemeinschaft.«

5.3 Vermietetes Sondereigentum

5.3.1 Haftung des vermietenden Wohnungseigentümers

BGH, Urteil vom 18.12.2020, V ZR 193/19
Der vermietende Eigentümer (hier: Teileigentümer) haftet nicht als Zustandsstörer, wenn der Schaden zwar von einem in seinem Eigentum stehenden Bauteil bzw. Gerät ausgeht, aber allein auf eine fahrlässige oder vorsätzliche Handlung des Mieters zurückzuführen ist; nur wenn feststeht, dass die Beschaffenheit des Bauteils bzw. Geräts nicht ordnungsgemäß war und für den Schadenseintritt zumindest mitursächlich gewesen sein kann, kann der Schaden in wertender Betrachtung (auch) dem Eigentümer zuzurechnen sein.

Sachverhalt
In einer Teileigentumsanlage gibt es nur zwei Teileigentumsrechte. Die Räume werden einerseits als Restaurant, andererseits als Zahnarztpraxis benutzt. Die Räume der Zahnarztpraxis, die B gehören, sind vermietet. In diesen Räumen bricht bei großer Kälte eine Kaltwasserleitung. In den Restauranträumen, die auch vermietet sind, entstehen dadurch Wasserschäden, die von der Versicherung K reguliert werden. Im Anschluss verlangt K von B aus übergegangenem Recht einen nachbarrechtlichen Ausgleichsanspruch in Höhe von 73.137,40 EUR. Das AG gibt der Klage statt. Das LG weist die Berufung zurück. Dagegen wendet sich B mit der Revision.

Entscheidung
B hat Erfolg: Ein verschuldensunabhängiger nachbarrechtlicher Ausgleichsanspruch sei gegeben, wenn von einem Grundstück im Rahmen privatwirtschaftlicher Benutzung rechtswidrige Einwirkungen auf ein anderes Grundstück ausgingen, die der Eigentümer oder Besitzer des betroffenen Grundstücks nicht dulden müsse, aus besonderen Gründen jedoch nicht gem. §§ 1004 Abs. 1, 862 Abs. 1 BGB unterbinden könne, sofern er hierdurch Nachteile erleide, die das zumutbare Maß einer entschädigungslos hinzunehmenden Beeinträchtigung überstiegen. Über den Wortlaut des § 906 Abs. 2 Satz 2 BGB hinaus erfasst seien auch Störungen durch sogenannte Grobimmissionen wie beispielsweise Wasser.

Der Anspruch komme in entsprechender Anwendung von § 906 Abs. 2 Satz 2 BGB auch dann in Betracht, wenn die Nutzung des Sondereigentums durch rechtswidrige Einwirkungen beeinträchtigt werde, die von im Sondereigentum eines anderen Wohnungseigentümers stehenden Räumen ausgingen. Dies sei der Fall. Denn die Voraussetzungen des § 5 Abs. 2 WEG lägen nicht vor. Entscheidend sei deshalb, ob B als Störer für die entstandenen Schäden verantwortlich sei. Dies lasse sich nicht abschließend beurteilen. Sollte der Schaden nämlich ausschließlich auf ein fehlendes Beheizen der Räumlichkeiten zurückzuführen sein, wäre B für den Schaden nicht verantwortlich. Denn ein Wohnungseigentümer könne für Störungshandlungen seines Mieters nur dann als mittelbarer Handlungsstörer verantwortlich gemacht werden, wenn er dem Mieter den Gebrauch seiner Sache mit der Erlaubnis zu störenden Handlungen überlassen habe oder es unterlasse, ihn von einem fremdes Eigentum beeinträchtigenden Gebrauch abzuhalten.

Davon, dass ein Mieter die Räume auch bei strengem Frost nicht beheizt, müsse der Vermieter ohne besondere Anhaltspunkte nicht ausgehen. Ebenso wenig wäre B als Zustandsstörer verantwortlich. Denn der vermietende Eigentümer hafte nicht als Zustandsstörer, wenn der Schaden zwar von einem in seinem Eigentum stehenden Bauteil bzw. Gerät ausgehe, aber allein auf eine fahrlässige oder vorsätzliche Handlung des Mieters zurückzuführen sei. Nur wenn feststehe, dass die Beschaffenheit des Bauteils bzw. Geräts nicht ordnungsmäßig war und für den Schadenseintritt zumindest mitursächlich gewesen sein könne, könne der Schaden in wertender Betrachtung (auch) dem Wohnungseigentümer zuzurechnen sein.

Hinweis für die Verwaltungspraxis

Wird die Benutzung des Sondereigentums durch rechtswidrige Einwirkungen beeinträchtigt, die von im Sondereigentum eines anderen Wohnungseigentümers stehenden Räumen ausgehen, kann dem betroffenen Wohnungseigentümer bislang ein nachbarrechtlicher Ausgleichsanspruch in entsprechender Anwendung von § 906 Abs. 2 Satz 2 BGB zustehen; das gilt auch im Verhältnis von Mietern solcher Räume (BGH, Urteil v. 25.10.2013, V ZR 230/12). Wird die Benutzung des Sondereigentums hingegen durch einen Mangel am gemeinschaftlichen Eigentum beeinträchtigt, steht dem Sondereigentümer bislang kein nachbarrechtlicher Ausgleichsanspruch in entsprechender Anwendung von § 906 Abs. 2 Satz 2 BGB zu (BGH, Urteil v. 21.5.2010, V ZR 10/10). Ob § 14 Abs. 3 WEG daran etwas geändert hat, ist offen.

Eigentum an der Kaltwasserleitung

Der BGH musste daher klären, in wessen Eigentum die Kaltwasserleitung stand. Diese war noch von den früheren Bruchteilseigentümern in einem nachträglich eingebauten Podest lose verlegt worden und führte – vom Leitungssystem durch eine Absperreinrichtung getrennt – zu einem Zahnarztstuhl. Im Urteil heißt es insoweit, auf der Grundlage der LG-Feststellungen lägen die maßgeblichen Voraussetzungen des § 5 Abs. 2 WEG nicht vor. Die durch die früheren Bruchteilseigentümer eingebaute Leitung habe ausschließlich die zweckentsprechende Nutzung des Sondereigentums als Zahnarztpraxis ermöglicht. Weder sei sie für den Bestand oder die Sicherheit des Gebäudes erforderlich, noch habe sie dem gemeinschaftlichen Gebrauch der Wohnungseigentümer gedient. Nach der Aufteilung des Hauses habe sie vielmehr – entweder als Sondereigentum oder als Zubehör (§ 97 BGB) – im Eigentum des B gestanden und sei Teil der von ihm vermieteten Sache gewesen.

Dies ist allerdings nur die halbe Prüfung. Denn nach Ansicht des BGH steht eine Wasserleitung bis zur bauseitig dafür vorgesehenen Absperreinrichtung zwingend im gemeinschaftlichen Eigentum. Es wäre daher zu prüfen gewesen (und ist es noch), an welcher Stelle die Kaltwasserleitung gebrochen ist. Sollte sie vor der Absperreinrichtung gebrochen sein, schieden schon aus diesem Grunde jegliche Ansprüche aus.

Hinweise an Mieter
Die Entscheidung ist im Übrigen ein Segen für vermietende Wohnungseigentümer. Dennoch sollten diese ihre Mieter darauf hinweisen, dass bei tiefen Temperaturen zu heizen ist.

5.3.2 Zustimmung zur Vermietung

BGH, Urteil vom 25.09.2020, V ZR 300/18
Die Nichtvorlage des Mietvertrags ist kein wichtiger Grund zur Verweigerung der nach einer Vereinbarung der Wohnungseigentümer erforderlichen Zustimmung zur Vermietung von Sondereigentum.

Sachverhalt
Nach der Gemeinschaftsordnung bedarf die Vermietung einer Wohnung der schriftlichen Zustimmung der anderen Wohnungseigentümer, die nur aus wichtigem Grund versagt werden darf. Wohnungseigentümer K übermittelt Wohnungseigentümer B, dem einzigen weiteren Wohnungseigentümer, vor diesem Hintergrund die Daten einer Familie S mit vier Kindern im Alter von zwei, vier, sechs und acht Jahren, der er seine 3 ½-Zimmerwohnung vermieten will. B stimmt dieser Vermietung nicht zu.

K klagt gegen B auf Zustimmung. Zugleich überlässt er der Familie S die Wohnung unentgeltlich. Nach dem Auszug der Familie beantragt K unter Änderung seines Antrags die Feststellung, dass B verpflichtet gewesen sei zuzustimmen. Das AG gibt der Klage statt. Auf die Berufung weist das LG die Klage zurück. Dieses hält die Feststellungsklage für unzulässig. Die Klage sei zudem unbegründet. Es habe ein wichtiger Grund zur Verweigerung der Zustimmung vorgelegen. K habe weder den Mietvertragsentwurf vorgelegt, noch die beabsichtigte Vermietung ihrem Inhalt nach näher beschrieben. Mit der Revision verfolgt K in erster Linie seinen Feststellungsantrag weiter.

Entscheidung
K kann einen Zwischenerfolg für sich verbuchen: Das LG habe weder auf seine Absicht hingewiesen, die Klage als unzulässig anzusehen, noch sei sie unzulässig. Im Übrigen sei die Klage nach den bisherigen Feststellungen auch nicht unbegründet. Das aus § 13 Abs. 1 WEG folgende Recht, eine Wohnung zu vermieten, könne allerdings mit einem

Zustimmungsvorbehalt eingeschränkt werden. Der an einer Vermietung interessierte Wohnungseigentümer habe dann auch ohne eine ausdrückliche Vereinbarung in entsprechender Anwendung von § 12 Abs. 2 WEG einen Anspruch auf Erteilung der Zustimmung, wenn diese nach der Vereinbarung nur aus wichtigem Grund versagt werden dürfe. In der Gemeinschaftsordnung sei daher auch ausdrücklich, klar und eindeutig bestimmt, dass die Zustimmung zur Vermietung nur aus wichtigem Grund verweigert werden dürfe.

Die Nichtvorlage des Mietvertrags sei aber kein wichtiger Grund zur Verweigerung der Zustimmung. Der Wohnungseigentümer, der vermieten wolle, müsse nur Informationen und Unterlagen zu Namen, Beruf, Familienstand, Wohnanschrift des Mietinteressenten und zur Anzahl der Personen, die mit ihm einziehen sollen, vorlegen. Aus dem Mietvertrag könnten sich zwar in besonderen Ausnahmefällen Anhaltspunkte dafür ergeben, dass der Mietbewerber die Regeln der Wohnungseigentümergemeinschaft nicht einhalten wolle. Selbst rechtlich oder tatsächlich unzutreffende Angaben im Vertrag ergäben aber in aller Regel keine belastbaren objektiven Anhaltspunkte dafür, dass sich der Mieter seinen Verpflichtungen entziehen wolle.

Auf den Inhalt des vorgesehenen Mietvertrags komme es aber auch deswegen nicht an, weil sich der vermietende Wohnungseigentümer seinen Verpflichtungen als Wohnungseigentümer nicht dadurch entziehen könne, dass er mit seinem Mieter Rechte vereinbare, die über seine eigenen Befugnisse als Wohnungseigentümer hinausgingen. Er bleibe vielmehr ungeachtet des Inhalts des Mietvertrags verpflichtet, dafür Sorge zu tragen, dass sein Mieter die ihm selbst als Wohnungseigentümer zustehenden Befugnisse zur Nutzung von Sonder- und Gemeinschaftseigentum nicht überschreite. Geschehe dies dennoch, sei er verpflichtet, dies abzustellen (Hinweis auf BGH, Urteil v. 8.5.2015, V ZR 178/14, NJW-RR 2015, S. 781 Rn. 5). Daran ändere sich nichts, wenn er dem Mieter Rechte eingeräumt habe, die über seine eigenen Befugnisse als Wohnungseigentümer hinausgingen.

> **Hinweis für die Verwaltungspraxis**
>
> Nach verbreiteter Ansicht darf ein Wohnungseigentümer die Erteilung seiner erforderlichen Zustimmung zur Veräußerung oder Vermietung von Wohnungseigentum allerdings davon abhängig machen, dass ihm Informationen über den vorgesehenen Erwerber oder Mieter zugänglich gemacht werden. Der BGH stimmt dem in Bezug auf Informationen oder Unterlagen zu, die bei objektiver Betrachtung für die Prüfung erforderlich sind, ob der geplanten Vermietung (oder Veräußerung) wichtige Gründe entgegenstehen. Zu diesen Informationen zählt er nicht den Mietvertrag.
>
> Eine ähnliche Frage stellt sich bei der Zustimmung zu einer Veräußerung. Nach überwiegender Meinung darf die Erteilung der Zustimmung zur Veräußerung vorbe-

haltlich abweichender Vereinbarungen auch dort nicht von der Vorlage des Erwerbs- bzw. Mietvertrags abhängig gemacht werden (Hügel/Elzer, WEG, 3. Aufl., § 12 Rn. 72). Dem stimmt der BGH zu. Sehr aufschlussreich sind auch die Ausführungen zum Gebrauch, den der Mieter von Sonder- und/oder gemeinschaftlichem Eigentum machen darf, und dazu, welche Pflichten den vermietenden Wohnungseigentümer treffen.

In seinen Hinweisen für das LG hat der BGH im Übrigen noch auf folgende, auch für die Verwaltung wichtige Momente hingewiesen:
- Es sei zu klären, ob die 3 ½-Zimmerwohnung mit sechs Personen überbelegt sei.
- Es sei zu klären, ob die Zustimmung wegen des geltenden Umlageschlüssels habe versagt werden dürfen.
- Es sei zu klären, welches Verhalten der Familie S die Versagung der Zustimmung rechtfertigen könnte.

5.3.3 Einwirkung auf Mieter

AG Pinneberg, Urteil vom 14.9.2021, 60 C 30/20
Ein Wohnungseigentümer muss auf seinen Mieter einwirken, damit dieser die anderen Wohnungseigentümer nicht vermeidbar stört.

Sachverhalt
Wohnungseigentümer K fühlt sich durch den Mieter X der Wohnungseigentümer B1 und B2 im Gebrauch seiner Wohnung gestört (lautes Hundegebell, Poltern und Trampeln, Türenknallen, laute Streitgespräche, Partylärm). K wendet sich daher an B1 und B2 mit dem Wunsch, dass diese den Mietvertrag mit X kündigen mögen. B1 und B2 rufen den Mieter an, unterrichten ihn über die Beschwerde, weisen auf die Ruhezeiten in der Hausordnung hin und fordern X auf, sich an die Hausordnung zu halten.

Da der Lärm anhält, lässt K B2 durch seinen Anwalt R abmahnen. Dafür muss K dem R 480,12 EUR zahlen. Im August 2020 klagt K außerdem gegen B1 und B2 auf Unterlassung. Nach einer Befragung der anderen Wohnungseigentümer und Bewohner mahnen B1 und B2 jetzt den X ab und erklären, im Wiederholungsfall eine außerordentliche, hilfsweise eine ordentliche Kündigung des Mietvertrags auszusprechen. In der Folge kündigen sie den Mietvertrag im April 2021 fristlos, hilfsweise fristgerecht zum nächstmöglichen Termin. X zieht daraufhin wirklich aus und die Parteien erklären den Rechtsstreit übereinstimmend für erledigt. Streitig ist nur noch, wer die Kosten des Rechtsstreits zu tragen hat.

Entscheidung
Das AG meint, B1 und B2 müssten die Kosten tragen. K sei ungeachtet der »Mitstörung« des gemeinschaftlichen Eigentums berechtigt gewesen, gegen die Störungen seines Sondereigentums vorzugehen.

K habe nach § 1004 Abs. 1 BGB und auch nach § 14 Abs. 2 Nr. 1, Abs. 1 Nr. 2 WEG Unterlassung verlangen können. Aus der Wohnung von B1 und B2 sei unstreitig Lärm in einem Umfang gedrungen, der nicht im Einklang mit der Hausordnung gestanden habe. Der vermietende Wohnungseigentümer müsse alles in seiner Macht Stehende unternehmen, damit seine Mieter einem berechtigten Unterlassungsbegehren der anderen Wohnungseigentümer Folge leisten. B1 und B2 seien auch in der Lage gewesen, X vor Eingang der Klage abzumahnen. Der Anspruch auf vorgerichtliche Rechtsanwaltskosten ergebe sich unter dem Gesichtspunkt des Verzugs.

Hinweis für die Verwaltungspraxis

Im besprochenen Fall haben die Wohnungseigentümer B1 und B2 ihre Wohnung an X vermietet. Dazu sind sie nach § 13 Abs. 1 WEG berechtigt. Überlässt ein Wohnungseigentümer sein Sondereigentum einem Dritten, muss er dafür sorgen, dass dieser die Regelungen der Wohnungseigentümer untereinander kennt und beachtet. Gibt es keine besonderen Regelungen – solche können nach § 19 Abs. 1 WEG beschlossen oder nach § 10 Abs. 1 Satz 2 WEG vereinbart werden –, muss der Wohnungseigentümer als Vermieter dafür sorgen, dass der Mieter die anderen Wohnungseigentümer nicht vermeidbar stört. Das Gesetz spricht davon, dass der Wohnungseigentümer den anderen Wohnungseigentümern keinen Nachteil zufügen darf, der das bei einem geordneten Zusammenleben unvermeidliche Maß übersteigt.

Dass ein Wohnungseigentümer diese Pflicht hat, war im bis zum 1.12.2020 geltenden Recht dem Gesetz unmittelbar zu entnehmen. Denn nach § 14 Nr. 2 WEG a. F. musste ein Wohnungseigentümer für die Einhaltung der in § 14 Nr. 1 WEG a. F. bezeichneten Pflichten durch Personen sorgen, die seinem Hausstand oder Geschäftsbetrieb angehören oder denen er sonst die Benutzung der im Sonder- oder Miteigentum stehenden Grundstücks- oder Gebäudeteile überlässt. Diese klare Regelung hat die WEG-Reform gestrichen. Der Sache nach kann aber nicht zweifelhaft sein, dass ein Wohnungseigentümer weiterhin verpflichtet ist, seinen Mieter oder Pächter oder andere Drittnutzer, zum Beispiel einen Nießbraucher, zur Ordnung zu rufen, wenn dieser über die Stränge schlägt und stört. Was er im Einzelnen tun muss, ist allerdings seine Sache. Man kann nur darauf klagen, dass der Vermieter – wie auch immer – auf den Drittnutzer mit dem Ziel einwirkt, die Störungen abzustellen.

Im Fall wird vor diesem Hintergrund nur gefragt, was gilt, wenn ein Mieter als Drittnutzer nicht nur das Sondereigentum, sondern auch das gemeinschaftliche Eigentum stört. Es hätte allerdings auch gefragt werden sollen, ob die Benutzungsbestimmungen der Wohnungseigentümer den Mieter binden und was gilt, wenn solche Benutzungsbestimmungen fehlen.

Mitstörung des gemeinschaftlichen Eigentums

Nach § 9a Abs. 2 WEG übt die Gemeinschaft der Wohnungseigentümer die sich aus dem gemeinschaftlichen Eigentum ergebenden Rechte aus. Stört ein Wohnungseigentümer oder ein Drittnutzer das gemeinschaftliche Eigentum und eine Wohnung oder einen Raum, die oder der im Sondereigentum steht, muss man daher fragen, was bei einer Überschneidung gilt.

Für diese Fälle hat der BGH bereits im Sommer 2021 für das neue WEG eine Klärung herbeigeführt. Danach kann ein Wohnungseigentümer auch nach dem 1.12.2020 Unterlassungs- und/oder Beseitigungsansprüche gem. § 1004 BGB oder § 14 Abs. 2 Nr. 1 WEG, die auf die Abwehr von Störungen im räumlichen Bereich seines Sondereigentums gerichtet sind, auch dann selbst geltend machen, wenn zugleich das gemeinschaftliche Eigentum von den Störungen betroffen ist (BGH, Urteil v. 11.6.2021, V ZR 41/19, Rn. 13). Die alleinige Ausübungsbefugnis der Gemeinschaft der Wohnungseigentümer gem. § 9a Abs. 2 WEG bezieht sich also nur auf die Abwehr von Störungen des gemeinschaftlichen Eigentums.

Das Recht eines Wohnungseigentümers, Störungen abzuwehren, die sowohl den räumlichen Bereich seines Sondereigentums als auch das gemeinschaftliche Eigentum beeinträchtigen, beschränkt sich allerdings nur auf Unterlassungs- und Beseitigungsansprüche in Bezug auf das Sondereigentum. Ein Recht, daneben Ausgleich in Geld zu verlangen, besteht nur unter den Voraussetzungen von § 14 Abs. 3 WEG (BGH, Urteil v. 11.6.2021, V ZR 41/19, Rn. 16).

Bindung eines Mieters an die Hausordnung

Verstößt ein Mieter als Drittnutzer gegen eine Benutzungsvereinbarung der Wohnungseigentümer für das gemeinschaftliche Eigentum, steht der Gemeinschaft der Wohnungseigentümer und den anderen Wohnungseigentümern bei einer Störung gegen den Mieter ein direkter Anspruch gegen diesen auf Unterlassung gem. § 1004 Abs. 1 BGB zu (BGH, Urteil v. 25.9.2020, V ZR 300/18, Rn. 27).

Der Mieter übt in Bezug auf das gemeinschaftliche Eigentum eine von seinem Vermieter als Miteigentümer abgeleitete Befugnis zur Inanspruchnahme auch des fremden Miteigentums an dem Grundstück aus, die nicht weiter reichen kann als die Befugnis des Eigentümers, der sie dem Mieter im Rahmen des Mietverhältnisses einräumt (BGH, Urteil v. 25.9.2020, V ZR 300/18, Rn. 27). Das gilt im Ergebnis auch für einen den Vereinbarungen widersprechenden Gebrauch des vermieteten Sondereigentums durch den Mieter. Der Inhalt des Sondereigentums kann durch Vereinbarung der Wohnungseigentümer, beispielsweise durch eine Zweckbestimmung, näher ausgestaltet und im Verhältnis zu den anderen Sondereigentümern beschränkt werden, deren Eigentum dann auch einen Anspruch auf Einhaltung dieser Beschränkung umfasst. Eine der Zweckbestimmung widersprechende Nutzung einer Sondereigentumseinheit stellt sich daher als (mittelbare) Beeinträchtigung des Eigentums aller Wohnungseigentümer dar, und zwar auch dann, wenn sie nicht durch den Sondereigentümer, sondern durch dessen Mieter erfolgt (BGH, Urteil v. 25.9.2020, V ZR 300/18, Rn. 27).

Mietvertrag widerspricht den Benutzungsvereinbarungen
Der vermietende Wohnungseigentümer kann sich Verpflichtungen als Wohnungseigentümer nicht dadurch entziehen, dass er mit seinem Mieter Rechte vereinbart, die über seine eigenen Befugnisse als Wohnungseigentümer hinausgehen (BGH, Urteil v. 25.9.2020, V ZR 300/18, Rn. 28). Er bleibt vielmehr ungeachtet des Inhalts des Mietvertrags den anderen Wohnungseigentümern gegenüber verpflichtet, dafür Sorge zu tragen, dass sein Mieter die ihm selbst als Wohnungseigentümer zustehenden Befugnisse zur Nutzung von Sonder- und gemeinschaftlichem Eigentum nicht überschreitet (BGH, Urteil v. 25.9.2020, V ZR 300/18, Rn. 28 zum alten Recht).

6 Sondernutzungsrecht

Ein Sondernutzungsrecht besteht darin, dass ein Wohnungseigentümer an einer bestimmten, in ihren Grenzen genau bezeichneten Fläche des gemeinschaftlichen Eigentums, an einem im gemeinschaftlichen Eigentum stehenden Raum oder an einer bestimmten im gemeinschaftlichen Eigentum stehenden Anlage oder an einem Gegenstand – zum Beispiel einem Wasserhahn – ein alleiniges Gebrauchs- und in der Regel auch alleiniges Nutzungsrecht haben soll. Alle anderen Wohnungseigentümer sollen hingegen vom Mitgebrauch ausgeschlossen sein. Der Berechtigte eines Sondernutzungsrechts muss stets Wohnungseigentümer der konkreten Wohnungseigentumsanlage sein. Dritten kann man ein Sondernutzungsrecht also nicht einräumen.

Gegenstand dieses Abschnitts sind Entscheidungen, die sich mit der Begründung, Verdinglichung, Änderung, Übertragung und dem Untergang von Sondernutzungsrechten befassen (solche Entscheidungen haben häufig auch einen grundbuchrechtlichen »Einschlag«) sowie mit den Rechten und Pflichten des Sondernutzungsberechtigten und den Grenzen dessen, was er darf.

6.1 Eintragung

OLG Frankfurt a. M., Beschluss v. 14.12.2021, 20 W 240/21
Die Eintragung von Sondernutzungsrechten im Grundbuch richtet sich nach § 7 Abs. 3 WEG, § 3 Abs. 2 WGV. Danach kann zur näheren Bezeichnung des Inhalts des Sondereigentums auf die Eintragungsbewilligung Bezug genommen werden. Dies bedeutet, dass die Bezugnahme auf die Bewilligung genügt.

Sachverhalt
Der aufteilende Eigentümer legt dem Grundbuchamt im Jahr 1991 seine Teilungserklärung und seine Gemeinschaftsordnung vor. In der Gemeinschaftsordnung finden sich Sondernutzungsrechte. Das Grundbuchamt legt zur Umsetzung der Teilungserklärung Wohnungsgrundbücher an. In Bezug auf den Gegenstand und den Inhalt des Sondereigentums wird dort auf die Eintragungsbewilligung Bezug genommen. Im Jahr 2021 trägt das Grundbuchamt auf Antrag die Sondernutzungsrechte im Bestandsverzeichnis der Wohnungsgrundbücher ein. Gegen diese Eintragung wendet sich Wohnungseigentümer K. Er meint, es fehle an den für diese Eintragung notwendigen Bewilligungen. Dies sieht das Grundbuchamt nicht so. Gegen seine Entscheidung wendet sich K im Wege der Beschwerde.

Entscheidung

K hat keinen Erfolg: Die Eintragung der Sondernutzungsrechte sei zulässig, das Grundbuch richtig. Die Eintragung von Sondernutzungsrechten im Grundbuch richte sich nach § 7 Abs. 3 WEG und § 3 Abs. 2 WGV. Danach könne zur näheren Bezeichnung des Gegenstandes und des Inhalts des Sondereigentums auf die Eintragungsbewilligung Bezug genommen werden. Das gelte auch für Umfang und Inhalt eines Sondernutzungsrechts, das durch Eintragung zum Inhalt des Sondereigentums werden solle. Dies bedeute, dass die Bezugnahme auf die Teilungserklärung bzw. die sonstige Bewilligung und deren Eintragung in allen Wohnungseigentumsgrundbüchern, also ohne jeden Hinweis darauf, dass Sondernutzungsrechte begründet wurden, nach der Gesetzeslage genüge (Hinweis u. a. auf Hügel/Elzer, WEG, 3. Aufl., § 7 Rn. 17).

Es sei aber auch anerkannt und werde allgemein sogar empfohlen, dass Sondernutzungsrechte – insbesondere bei entsprechendem Antrag – zur Steigerung der Grundbuchklarheit und Rechtssicherheit ausdrücklich erwähnt, ggf. auch schlagwortartig bezeichnet werden sollten. Ein Anspruch auf eine ausdrückliche Verlautbarung bestehe zwar nicht (Hinweis u. a. auf Hügel/Elzer, WEG, 3. Aufl., § 7 Rn. 18). Werde das Sondernutzungsrecht von Anfang an oder später in dieser Weise verlautbart, stehe dem aber nichts entgegen.

Hinweis für die Verwaltungspraxis

In der Entscheidung geht es um die Frage, ob es die von Wohnungseigentümer K bekämpften Sondernutzungsrechte bereits gab und diese nur aus Gründen der Klarstellung in den Wohnungseigentumsgrundbüchern eingetragen wurden oder ob es die Sondernutzungsrechte noch nicht gab.

Eintragung von Sondernutzungsrechten

Der Begriff »Sondernutzungsrecht« suggeriert, die ihnen zugrunde liegende Vereinbarung schaffe ein besonderes Recht. Wirtschaftlich ist diese Sichtweise richtig, formaljuristisch aber nicht. Es handelt sich bei einer Sondernutzungsrechtsvereinbarung um eine Vereinbarung wie jede andere Vereinbarung der Wohnungseigentümer. Um diese Vereinbarung zum Inhalt des Sondereigentums zu machen und damit zu »verdinglichen«, kann das Grundbuchamt mithin auf die Eintragungsbewilligung oder einen Nachweis gem. § 7 Abs. 2 Satz 1 WEG Bezug nehmen.

Verfährt das Grundbuchamt so, kann man den Wohnungsgrundbuch- oder Teileigentumsgrundbuchblättern nicht entnehmen, dass und welche Sondernutzungsrechtsvereinbarungen es gibt. Diese können dann allein der Eintragungsbewilligung und ihren Anlagen entnommen werden. Im Fall war das Grundbuchamt im Jahr 1991 so vorgegangen. Im Jahr 2021 war es dann der Anregung gefolgt, die Sondernutzungsrechtsvereinbarungen auch in den Wohnungsgrundbuchblättern zu verlautbaren. Wie vom OLG ausgeführt, entspricht diese Handhabung dem Recht und ist nicht zu beanstanden.

6.2 Entstörung

BGH, Urteil vom 1.10.2021, V ZR 48/21
Ein Wohnungseigentümer, dem nach einer Vereinbarung an einer Fläche oder einem Raum ein Sondernutzungsrecht zusteht, kann dieses ungeachtet § 9a Abs. 2 WEG selbst entstören und die Rechte aus § 1004 BGB ausüben.

Sachverhalt
In einer verwalterlosen Wohnungseigentumsanlage gibt es nur zwei Wohnungseigentumsrechte. Wohnungseigentümer K steht an zwei Stellplätzen jeweils ein Sondernutzungsrecht zu. Im Sommer 2018 errichtet Wohnungseigentümer B ohne Zustimmung des K auf einer im gemeinschaftlichen Eigentum stehenden Grundstücksfläche eine Betonmauer, bringt darauf einen Holzzaun an und baut ein Tor ein. Gegen diese Maßnahmen geht K vor. Das AG gibt der Klage statt.

Das LG weist die Klage nach mündlicher Verhandlung vom 4. Februar 2021 ab und lässt die Revision zu. Es meint, K sei nicht befugt, eine Beseitigung zu verlangen. Abwehrrechte aus § 14 Abs. 1 Nr. 1 WEG stünden nur noch der Gemeinschaft der Wohnungseigentümer zu. Ein Beseitigungsanspruch bestehe auch nicht in Bezug auf das Sondernutzungsrecht. Das Sondernutzungsrecht werde nicht beeinträchtigt, da der Stellplatz weiter erreichbar sei und die Mauer- und Zaunanlage lediglich das Rangieren mit Fahrzeugen auf der dem Stellplatz vorgelagerten Gemeinschaftsfläche erschwere. Für die Ansprüche aus § 1004 BGB auf Beseitigung von Beeinträchtigungen des gemeinschaftlichen Eigentums sei gem. § 9a Abs. 2 Fall 1 WEG die Gemeinschaft der Wohnungseigentümer zuständig. Insoweit habe der Kläger seine Prozessführungsbefugnis verloren.

Entscheidung
Die Revision hat Erfolg: Richtig sei, dass der Anspruch aus § 14 Abs. 1 Nr. 1 WEG der Gemeinschaft der Wohnungseigentümer zugewiesen sei (Hinweis auf BGH, Urteil v. 16.7.2021, V ZR 284/19, Rn. 13).

K habe auch keinen Anspruch aus § 1004 Abs. 1 BGB, soweit es um das Sondernutzungsrecht an den Stellplätzen gehe. Allerdings sei K für diesen Anspruch prozessführungsbefugt. Dem stehe § 9a Abs. 2 Fall 1 WEG nicht entgegen. Die alleinige Ausübungsbefugnis der Gemeinschaft der Wohnungseigentümer beziehe sich auf die Abwehr von Störungen des gemeinschaftlichen Eigentums. Ein Wohnungseigentümer könne daher Unterlassungs- oder Beseitigungsansprüche, die auf die Abwehr von Störungen im räumlichen Bereich des Sondereigentums gerichtet seien, selbst geltend machen, auch dann, wenn zugleich das gemeinschaftliche Eigentum von den Störungen betroffen sei (Hinweis auf BGH, Urteil v. 11.6.2021, V ZR 41/19, Rn. 13). Entsprechendes gelte für den Anspruch eines Wohnungseigentümers gem. § 1004 Abs. 1 BGB auf Abwehr einer Störung eines dinglich wirkenden Sondereigentumsrechts. Bei dem Anspruch handele es sich nicht um ein sich aus dem gemeinschaftlichen Eigentum ergebendes Recht. Die Voraussetzungen für einen Beseitigungsanspruch seien allerdings nicht erfüllt.

K habe aber die Prozessführungsbefugnis für den sich aus dem gemeinschaftlichen Eigentum ergebenden Anspruch auf Entstörung noch nicht verloren. Denn die Gemeinschaft der Wohnungseigentümer habe dem BGH einen entgegenstehenden Willen nicht mitgeteilt. Das LG müsse daher jetzt klären, ob B das gemeinschaftliche Eigentum störe.

Hinweis für die Verwaltungspraxis

Im dargestellten Fall klagt ein Wohnungseigentümer gegen eine behauptete Störung des gemeinschaftlichen Eigentums, seines Sondereigentums und eines Stellplatzes, an dem er ein Sondernutzungsrecht hat. Zu klären ist, welche Rechte er jeweils hat.

Störung des Sondereigentums
Stellt ein Wohnungseigentümer eine unzulässige bauliche Veränderung fest, durch die sein Sondereigentum gestört wird, kann er gegen diese Veränderung nach § 14 Abs. 2 Nr. 1 WEG und/oder § 1004 Abs. 1 BGB vorgehen.

Störung des Sondernutzungsrechts
Stellt ein Wohnungseigentümer eine unzulässige bauliche Veränderung fest, durch die ein Raum oder eine Fläche gestört werden, an denen er ein Sondernutzungsrecht hat, kann er gegen diese Veränderung nach § 1004 Abs. 1 BGB vorgehen. Diese Klärung ist der zentrale Inhalt der Entscheidung. Einem Vorgehen müsste eigentlich § 9a Abs. 2 WEG entgegenstehen. Dies lehnt der BGH mit Blick auf den Inhalt der Sondernutzungsrechtsvereinbarung jedoch ab.

Störung des gemeinschaftlichen Eigentums
Stellt ein Wohnungseigentümer eine unzulässige bauliche Veränderung fest, durch die das gemeinschaftliche Eigentum gestört wird, kann er erstens gegen diese Veränderung nach § 14 Abs. 1 Nr. 1 WEG und/oder § 1004 Abs. 1 BGB vorgehen, wenn ihn die Gemeinschaft der Wohnungseigentümer dazu ermächtigt

(Elzer, ZWE 2021, S. 188, 189). Der Verwalter ist dazu nicht befugt. Seine Erklärung im Namen der Gemeinschaft der Wohnungseigentümer geht meines Erachtens trotz § 9b Abs. 1 Satz 1 WEG ins Leere, da Verwalter und Wohnungseigentümer wissen, dass es an einer Willensbildung fehlt.

Ferner kann er sich zweitens an den Verwalter wenden und behaupten, dieser sei nach § 27 Abs. 1 Nr. 1 WEG befugt, gegen den Störer ohne Beschlussfassung vorzugehen. Dem ist zuzustimmen, wenn es sich um eine Maßnahme handelt, die eine untergeordnete Bedeutung hat und nicht zu erheblichen Verpflichtungen führt. In der Regel wird es nicht so sein: Die Frage, ob die Gemeinschaft der Wohnungseigentümer gegen einen Störer vorgeht, ist nicht untergeordnet (Hügel/Elzer, WEG, 3. Aufl., § 27 Rn. 65; so wohl auch, aber ambivalenter, Dötsch/Schultzky/Zschieschack, WEG-Recht 2021, 2021, Kap. 9 Rn. 138).

Und der Wohnungseigentümer kann sich drittens an den Verwalter wenden und diesen bitten, das Verlangen auf Beseitigung/Rückbau auf die Tagesordnung einer Versammlung zu setzen oder zum Gegenstand eines Beschlusses außerhalb der Versammlung zu machen (der zweite Weg verdrängt wegen des Quorums des § 23 Abs. 3 Satz 1 WEG allerdings nur im Fall einer erfolgreichen Beschlussfassung die Versammlung). Kommt der Verwalter dem Verlangen nach, müssen sich die Wohnungseigentümer mit der Beseitigung/dem Rückbau befassen (weigert sich der Verwalter, muss die Gemeinschaft der Wohnungseigentümer nach § 43 Abs. 2 Nr. 2 WEG in einem ersten Schritt verklagt werden, den Gegenstand zum Inhalt einer Versammlung zu machen). Entscheiden sich die Wohnungseigentümer für ein Vorgehen, ist das nach § 19 Abs. 1 WEG zu beschließen. Den Beschluss muss der Verwalter als Organ der Gemeinschaft der Wohnungseigentümer ausführen.

Schließlich können die Wohnungseigentümer viertens die bauliche Veränderung »legalisieren«, diese also genehmigen (Hügel/Elzer, WEG, 3. Aufl., § 20 Rn. 50) – ggf. der »Königsweg«. Dann muss der Wohnungseigentümer, der sich gestört fühlt, nach § 44 Abs. 1 Satz 1 WEG gegen den nach § 20 Abs. 1 WEG gefassten Beschluss vorgehen – in aller Regel allerdings ohne Erfolg, da es auf eine Nachteiligkeit nicht ankommt und § 20 Abs. 4 WEG sehr weite Grenzen setzt.

Könnten die Wohnungseigentümer fünftens auch beschließen, nicht einzuschreiten? Ja, auch das wäre möglich. Die Entscheidung wäre aber wieder anfechtbar und nicht ordnungsmäßig, wenn von der baulichen Veränderung Nachteile ausgehen (das kann man anders sehen). Droht der Ablauf der Verjährung und kommt es nicht zu einer Versammlung, dürfte der Wohnungseigentümer im Übrigen nach § 18 Abs. 3 WEG für die Gemeinschaft der Wohnungseigentümer vorgehen können.

> **Überblick: Was fällt unter den Begriff »Sondernutzungsrecht«?**
>
> Die Frage, ob eine Gebrauchsbestimmung oder ein Sondernutzungsrecht vorliegt, stellt sich vor allem bei einem Gebrauchsbeschluss. Ob ein Sondernutzungsrecht oder eine Gebrauchsbestimmung vorliegt, ist dann unter anderem anhand der Prüfsteine Ausschließlichkeit, Bestimmtheit, Dauer, Gegenleistung, Kompensation und Widerruflichkeit zu ermitteln. Wesentlicher Prüfstein ist allerdings die Frage, ob der Mitgebrauch (und in der Regel auch die Mitnutzung) des gemeinschaftlichen Eigentums entzogen und allein einem einzelnen Wohnungseigentum bzw. Wohnungseigentümer bzw. Miteigentümer zugewiesen wird. Davon zu unterscheiden ist die Konkretisierung des weiterhin gemeinschaftlichen Gebrauchs: Bloße Turnusregelungen – die Regelung, wann, wie lange und welcher Wohnungseigentümer einen Gebrauch an einem im gemeinschaftlichen Eigentum stehenden Raum oder einer Fläche hat – sind eine Konkretisierung des gemeinschaftlichen Gebrauchs und kein Sondernutzungsrecht. Ein Turnussystem bezweckt eine gleichförmige Regelung des Gebrauchs und entzieht nicht den Mitgebrauch. Weisen Wohnungseigentümer sich bestimmte, im gemeinschaftlichen Eigentum stehende Räume oder Flächen jeweils zum Alleingebrauch unter dauerndem Entzug eines Mitgebrauchs zu, liegt ein Sondernutzungsrecht vor.

6.3 Umfang des Benutzungsrechts

LG Stuttgart, Urteil vom 10.6.2020, 19 S 11/18

Eine Gartenfläche, für die ein Sondernutzungsrecht besteht, darf durch die übrigen Wohnungseigentümer nicht benutzt werden. Der Eigentümer des Wohnungseigentums, dem das Sondernutzungsrecht zugeordnet ist, ist aus diesem Grunde berechtigt, die Gartenfläche im üblichen Rahmen zu gestalten bzw. umzugestalten. Die Grenze der mit diesen Gestaltungen verbundenen Änderungen des äußeren Erscheinungsbildes ist überschritten, wenn die Wohnungseigentumsanlage durch die Gestaltungen ein anderes Gepräge bekommt.

Sachverhalt

Wohnungseigentümer B lässt auf einer seinem Wohnungseigentum als Sondernutzungsrecht zugeordneten Gartenfläche Mauern errichten und Sträucher und Büsche abholzen. Außerdem lässt er dort Eiben und Thujen pflanzen, errichtet auf Steinsockeln Kunstgegenstände und lässt eine Fläche zur Vorbereitung für seine Fitnessgeräte und für einen Basketballkorb abgraben. B sieht alle diese Maßnahmen als eine zulässige »gärtnerische Gestaltung« an. Dies sieht die Gemeinschaft der Wohnungseigentümer K anders. Sie geht daher gegen B im Wege der Unterlassung/Beseitigung vor.

Entscheidung

Die Gemeinschaft hat Erfolg: Der Eigentümer des Wohnungseigentums, dem das Sondernutzungsrecht zugeordnet ist, sei zwar berechtigt, die Gartenfläche im üblichen

Rahmen zu gestalten bzw. umzugestalten. Eine übliche Gartenpflege, d. h. eine für den Erhalt der Pflanzen notwendige Bewässerung, der übliche Baumschnitt, das Auslichten von Bäumen, die Erneuerung abgestorbener Pflanzen sowie das Rasenmähen und Heckenschneiden seien ihm erlaubt. Die Grenze der damit verbundenen zulässigen Änderungen des äußeren Erscheinungsbildes sei jedoch überschritten, wenn die Wohnungseigentumsanlage durch Umgestaltungen ein grundsätzlich anderes Gepräge bekomme. Dies sei beispielsweise der Fall, wenn eine Bepflanzung radikal beseitigt und durch die Neuanlage eine nach Charakter, Erscheinungsbild und Funktion völlig andere Gartenanlage geschaffen werde und diese Umgestaltung auch nicht aus anderen Gründen, z. B. zur Gefahrenabwehr, geboten sei. Denn in diesen Fällen liege keine Gartenpflege, sondern eine bauliche Veränderung vor. Eine bauliche Veränderung sei beispielsweise beim dauerhaften, deutlichen Rückschnitt einer Hecke bejaht worden. Ebenso dann, wenn ein Beet angelegt oder neu eingefasst werde, Gartenzwerge (in einem großen Maß) aufgestellt würden, bei der Errichtung einer Gabionenwand, bei der Umwandlung eines bepflanzten Gartens in einen »Marmorgarten«, beim (umfangreichen) Aufstellen von Pflanztrögen oder beim Entfernen und anschließenden Teeren einer Rasenfläche.

Im vorliegenden Fall sei die gesamte Außenanlage – mithin auch die zu betrachtende Gartenfläche – früher einheitlich gestaltet gewesen. In den Gärten habe es im Wesentlichen Rasenflächen gegeben und in Richtung des Nachbargrundstücks sei eine dichte Bepflanzung mit Laubbäumen und Laubsträuchern zu beobachten gewesen. Durch die Maßnahmen des B weiche seine Gartenfläche von diesem Bild ab. B habe die gesamte Rasenfläche entfernt und durch »Kunstrasen« ersetzt. Ferner habe B die zuvor einheitliche Bepflanzung zum Nachbargrundstück vollständig entfernt und durch in Höhe und Art abweichende Thujen ersetzt. Gleiches gelte für die Gestaltung mit Lichtelementen, Kunstgegenständen und Töpfen in einem erheblichen Ausmaß. Diese Maßnahmen stellten jeweils eine bauliche Veränderung dar. Zudem habe B die Geländeoberfläche neu modellieren lassen, was allein für eine bauliche Veränderung ausreiche.

Hinweis für die Verwaltungspraxis

Im dargestellten Fall verändert ein Wohnungseigentümer eine Fläche, die zwar im gemeinschaftlichen Eigentum steht, an der seinem Wohnungseigentumsrecht aber nach einer Sondernutzungsrechtsvereinbarung ein Benutzungsrecht eingeräumt ist. Liegt es so, muss man untersuchen, welche Rechte einem Wohnungseigentümer mit der Sondernutzungsrechtsvereinbarung eingeräumt sind.

Gartenpflege
Besteht ein Sondernutzungsrecht an einer Gartenfläche, darf der Sondernutzungsberechtigte nach h. M. dort »Gartenpflege« betreiben, also Maßnahmen,

die der Pflege, Erhaltung oder Bewahrung der Gartenfläche dienen. Zur üblichen Gartenpflege zählen in der Regel folgende Maßnahmen:
- die für den Erhalt der Pflanzen notwendige Bewässerung
- der übliche Baumschnitt
- das Auslichten von Bäumen
- die Erneuerung abgestorbener Pflanzen
- das Rasenmähen und Heckenschneiden

Was im Übrigen nicht jeder Gartensondernutzungsberechtigte weiß, aber wissen sollte: Eingesetzte und angesäte Pflanzen werden grundsätzlich wesentliche Bestandteile des Grundstücks, sodass sie automatisch gemeinschaftliches Eigentum (= Eigentum aller Wohnungseigentümer) werden. Etwas anderes gilt nur dann, wenn der Sondernutzungsberechtigte die Pflanzen nur zu einem vorübergehenden Zweck einsetzt, sodass diese nur ein sogenannter »Scheinbestandteil« des Grundstücks werden. Diese Annahme ist bei langlebigen Pflanzen allerdings eher selten. Ein vorübergehender Zweck ist aber beispielsweise dann anzunehmen, wenn es sich um einjährige Nutzpflanzen handelt, deren Zweck im alsbaldigen Verzehr besteht.

Umgestaltungen
Maßnahmen, die über eine Gartenpflege und eine ordnungsmäßige Erhaltung des gemeinschaftlichen Eigentums hinausgehen, sind bauliche Veränderungen. Diese müssen nach § 20 Abs. 1 WEG beschlossen oder einem Wohnungseigentümer durch Beschluss gestattet werden.

Im angeführten Fall ist in Bezug auf die Umgestaltungen des B zu fragen, ob diese noch als Gartenpflege oder als Erhaltungsmaßnahme verstanden werden können oder ob sie bereits bauliche Veränderungen darstellen. In der Entscheidung wird an dieser Stelle nicht »sauber« unterschieden. Hier ein Überblick:

Errichtung einer Mauer: Wird auf dem gemeinschaftlichen Eigentum eine Mauer neu errichtet, liegt hierin eine bauliche Veränderung. Die Errichtung ist daher nur zulässig, wenn der Wohnungseigentümer, der die Mauer errichtet oder errichten lässt, hierzu nach einer Vereinbarung oder einem Beschluss nach § 20 Abs. 1 WEG berechtigt ist. Ob die Errichtung die anderen Wohnungseigentümer beeinträchtigt, ist unerheblich. Fehlt es an einer Beeinträchtigung, hat der Bauherr allerdings nach § 20 Abs. 3 WEG einen Anspruch auf Gestattung.

Fällung von Bäumen: Nach der Rechtsprechung soll das Abholzen von Bäumen eine bauliche Veränderung sein können (dies muss dann auch für Sträucher und Büsche gelten). Eine bauliche Veränderung soll anzunehmen sein, wenn die Bäume – oder auch ein einzelner Baum – die gärtnerische Gestaltung des gemeinschaftlichen Grundstücks so nachhaltig beeinflussen, dass sie den optischen Gesamteindruck der Wohnungseigentumsanlage maßgeblich prägen mit der Folge, dass ihre Beseitigung den »Charakter« der Außenanlagen deutlich verändern würde. Werde dagegen in einer größeren Wohnungseigentumsanlage ein einzelner Baum – oder mehrere Bäume – aus einer größeren Baumgruppe entfernt, ohne dass dies spürbare Auswirkungen auf den optischen Gesamteindruck der gärtnerischen Anlage mit sich bringe, könne darin »eher eine Maßnahme der gärtnerischen Pflege bzw. Gestaltung der Gartenanlage gesehen werden«.

Ich selbst rate hingegen dazu zu differenzieren. Die Entfernung und/oder Behandlung eines »kranken« Baumes dient der Erhaltung des gemeinschaftlichen Eigentums. Der entsprechende Beschluss ist daher nach § 19 Abs. 1 WEG zu fassen und keine bauliche Veränderung. Dies gilt auch dann, wenn ein Baum im Weg steht oder aus anderen Gründen stört, beispielsweise, wenn er den Lichteinfall erheblich beeinträchtigt, seine Wurzeln die Pflasterung, eine Mauer oder das Flachdach einer Tiefgarage durchwachsen und damit zerstören oder wenn die Früchte des Baumes, beispielsweise Kastanien, oder sein Harz unter ihm abgestellte Pkw schädigen. Entsprechendes gilt, wenn von einem Baum Gefahren ausgehen. Geht von einem gesunden, nicht störenden Baum aber keine Gefahr aus, kommt es entgegen der h. M. nicht auf die Prägung an. Das Bepflanzen des gemeinschaftlichen Eigentums, zum Beispiel mit einer Hecke, oder die Beseitigung einer Bepflanzung ist keine bauliche Veränderung. Beim Bepflanzen oder Entfernen und Zurückschneiden von Pflanzen wird nicht in die Bausubstanz des im gemeinschaftlichen Eigentum stehenden Gebäudes oder substanziell ins Grundstück eingegriffen. Es handelt sich um eine Gestaltungsfrage und damit um eine Frage der Benutzung.

Pflanzung von Sträuchern und Büschen: Für die Pflanzung von Sträuchern und Büschen oder Bäumen gelten die Ausführungen zur Fällung von Bäumen entsprechend.

Errichtung eines Steinsockels für einen Kunstgegenstand: Für die Errichtung eines Steinsockels gelten die Ausführungen zur Errichtung einer Mauer entsprechend.

Abgrabung einer Fläche: Für die Abgrabung einer Fläche gelten die Ausführungen zur Errichtung einer Mauer entsprechend.

6.4 Vermietung

AG Hamburg, Urteil vom 17.9.2021, 40b C 42/21
Ein Wohnungseigentümer ist berechtigt, die einem Sondernutzungsrecht unterliegende Fläche (hier: Terrasse) zu vermieten.

Sachverhalt

Mieter K und Vermieter B streiten über den Umfang der Mietsache. Zankapfel ist eine der Mietwohnung vorgelagerte Terrasse, die zwar nur über eine Terrassentür aus der Wohnung erreichbar, aber nicht im Mietvertrag erwähnt ist. Die Terrasse, an der für das Wohnungseigentum des B ein Sondernutzungsrecht besteht, ist mit ca. 50 × 50 cm großen Betonplatten belegt und zu den umliegenden Blumenbeeten mit Pflastersteinen abgegrenzt. Beim Einzug des K befand sich auf der Terrasse ein mittlerweile entfernter Schuppen zur Lagerung von Heizmaterial, dessen Grundfläche in etwa die Hälfte der Terrasse einnahm. K nutzt die Terrasse seit seinem Einzug im Jahr 1974 – was B bekannt ist. Im Rahmen eines Mieterhöhungsverfahrens berief sich B sogar darauf, die Mietwohnung sei besonders attraktiv, weil sie über eine Terrasse verfüge.

Wegen einer Unterwurzelung ist der Bodenbelag der Terrasse mittlerweile unregelmäßig angehoben. K meint, die Terrasse sei Bestandteil der Mietsache und B ihm gegenüber zur Instandsetzung verpflichtet. Er beantragt daher, an der Terrasse näher beschriebene Instandsetzungsarbeiten handwerksgerecht auszuführen. B meint demgegenüber, die Terrasse gehöre nicht zur Mietsache. Es liege allenfalls eine unentgeltliche Nutzungsgestattung vor, die jederzeit widerrufen werden könne. Im Übrigen sei ihm eine Reparatur unmöglich, da er lediglich über ein Sondernutzungsrecht verfüge.

Entscheidung

K hat gegen B nach Ansicht des AG einen Anspruch auf Reparatur der Terrasse. Die Terrasse sei nach Würdigung aller wesentlichen Umstände, vor allem ihrer Lage und dem Verhalten des B in der Vergangenheit, Teil der Mietsache und als solche von der Instandhaltungspflicht nach § 535 Abs. 1 Satz 2 BGB umfasst. Zwar werde die Terrasse nicht im Mietvertrag erwähnt. Diesem könne aber auch nicht entnommen werden, dass K nur ein unentgeltliches Nutzungsrecht an der Terrasse haben solle.

Gegen eine Mitvermietung spreche auch nicht der Umstand, dass B nicht der Eigentümer der Terrasse sei. B sei es nämlich unbenommen gewesen, Mietern im Rahmen des Mietgebrauchs der Wohnung ein Benutzungsrecht an der Terrasse einzuräumen.

Der Pflicht des B, die Terrasse zu reparieren, stehe auch nicht entgegen, dass die Terrassenfläche und der Terrassenbelag im gemeinschaftlichen Eigentum stünden. Dadurch sei es B weder rechtlich noch faktisch verwehrt, Instandsetzungsarbeiten handwerksgerecht ausführen zu lassen. Inwieweit eine Reparatur an der fehlenden Zustimmung der anderen Wohnungseigentümer scheitern könnte, habe B auch gar nicht dargelegt. Zudem wäre es seine Aufgabe in einem solchen Fall, eine Zustimmung von den anderen Wohnungseigentümern – gegebenenfalls auch klageweise – einzufordern.

> **Hinweis für die Verwaltungspraxis**
>
> Der Fall, der im Mietrecht spielt, weist mehrere wohnungseigentumsrechtliche Probleme auf. Eines besteht in der Frage, ob ein Wohnungseigentümer, dessen Wohnungseigentum ein Sondernutzungsrecht zugewiesen ist, berechtigt ist, dieses zu vermieten. Ein anderes besteht in der Frage, wer die Reparatur eines Bauteils organisieren darf, das im gemeinschaftlichen Eigentum steht, aber einem Sondernutzungsrecht unterliegt.
>
> **Vermietung einer Fläche oder eines Raumes, die/der einem Sondernutzungsrecht unterliegt**
> Die sonstigen Nutzungen der einem Sondernutzungsrecht unterliegenden Flächen sollen nach Sinn und Zweck abweichend von § 16 Abs. 1 Satz 1 WEG grundsätzlich allein dem Berechtigten zustehen. Der Berechtigte kann die seinem Sondernutzungsrecht unterliegenden Flächen und Räume daher insbesondere – auch isoliert – vermieten, verpachten oder in sonstiger Weise nutzen. Die Wohnungseigentümer können aber etwas anderes vereinbaren.
>
> **Erhaltungslast**
> Nach einer Sondernutzungsrechtsvereinbarung kann ein Wohnungseigentümer, dessen Sondereigentum ein Sondernutzungsrecht zugewiesen worden ist, verpflichtet sein, die entsprechende Fläche oder den entsprechenden Raum zu erhalten. Da es sich um gemeinschaftliches Eigentum handelt, muss dies vereinbart werden. Häufig, aber nicht zwingend werden sich in der Regel Umlagevereinbarungen finden, nach denen der Sondernutzungsberechtigte wenigstens die Kosten für die Erhaltung zu tragen hat. Selten finden sich hingegen Vereinbarungen, die regeln, wer Erhaltungsmaßnahmen zu organisieren hat. Ist die Sondernutzungsrechtsvereinbarung insoweit unklar, gilt das Gesetz.

Überblick: Sondernutzungsrechte und bauliche Veränderungen – mögliche Einzelfälle

Balkon	Ist ein Wohnungseigentümer berechtigt, auf einem seinem Sondernutzungsrecht unterliegenden Balkon im Rahmen der Bauvorschriften nach freiem Ermessen einen – nicht näher beschriebenen – Wintergarten zu errichten, ist dies in der Regel dahin gehend auszulegen, dass der Balkon rundum verglast und als Innenwohnbereich genutzt werden darf, also das »Wohnen« in diesem Bereich gestattet ist.
Gartenfläche	Besteht an einer Gartenfläche ein Sondernutzungsrecht, sind nach herrschender Meinung die Errichtung eines Gartenhäuschens oder Geräteschuppens, eines Zauns oder einer fest einbetonierten Pergola grundsätzlich unzulässig. Die Errichtung eines Zauns ist hingegen zulässig, wenn es heißt, dass »jeder Eigentümer, dem ein Garten zur Sondernutzung zugewiesen worden ist, berechtigt ist, soweit nicht baurechtliche Vorschriften entgegenstehen, den Bereich des seinem Sondernutzungsrecht unterliegenden unbebauten Grundstücks auf eigene Kosten durch eine Hecke oder einen Zaun auf der Grenze zum Sondernutzungsrecht des benachbarten Wohnungseigentümers abzugrenzen«. Der Sondernutzungsberechtigte des Gartens darf diesen hingegen »gärtnerisch gestalten«. Das bloße Aufstellen eines Trampolins, einer nicht einbetonierten Schaukel oder eines lose aufgestellten Kletterhäuschens ist keine bauliche Veränderung, sondern Gebrauch (streitig).
Stellplatz	Besteht an einem Stellplatz ein Sondernutzungsrecht, ist ohne besondere Regelung die Errichtung eines Carports unzulässig.
Terrasse	Ist ein Sondernutzungsrecht an einer Terrasse eingeräumt worden, darf der Berechtigte die Terrasse als solche errichten und – soweit das so bestimmt ist – auch eingrenzen, sie aber ohne eine ausdrückliche Regelung nicht überdachen oder in den Garten hinein vergrößern. Auch der Bau einer Treppe vom Garten zur Terrasse und die Errichtung einer Pergola sind unzulässig.

7 Umlageschlüssel (§ 16 WEG)

Gegenstand dieses Abschnitts sind Entscheidungen, die sich mit den gesetzlichen, vereinbarten und beschlossenen Umlageschlüsseln für die Umlage von Nutzungen, Kosten und Lasten beschäftigen.

7.1 Änderung

BGH, Urteil vom 2.10.2020, V ZR 282/19
Die Änderung eines Umlageschlüssels setzt nicht voraus, dass der geltende Umlageschlüssel einzelne Wohnungseigentümer benachteiligt oder dass aufgrund sonstiger Umstände eine Neuregelung erforderlich ist. Den Wohnungseigentümern steht ein weiter Gestaltungsspielraum zu, der lediglich durch das Willkürverbot beschränkt wird. Das gilt auch, wenn die Wohnungseigentümer die in § 6 Abs. 4 HeizkostenV genannten Abrechnungsmaßstäbe ändern.

Der für die Verteilung der verbrauchsunabhängigen Warmwasserkosten maßgebliche Begriff der »Wohnfläche« i. S. d. § 8 Abs. 1 HeizkostenV kann unter Rückgriff auf die Bestimmungen der Wohnflächenverordnung und damit unter Einbeziehung von Balkonen, Loggien, Dachgärten und Terrassen ermittelt werden. Die Wohnungseigentümer können aber auch eine andere Berechnungsmethode festlegen. In der Jahresabrechnung sind die Kosten des Ersatzzustellungsvertreters als Kosten der Verwaltung nach dem von § 16 Abs. 2 WEG vorgegebenen Maßstab zu verteilen.

Sachverhalt
Nach der Gemeinschaftsordnung werden die Kosten für Heizung und Warmwasser nach dem Verhältnis der Wohnflächen des Sondereigentums zur Gesamtwohnfläche verteilt. Terrassen, Balkone und Loggien, soweit sie bei der Berechnung der Wohnfläche berücksichtigt sind, werden hierbei ausgeschieden. Wird der Verbrauch an Wärme durch Messgeräte ermittelt, so werden lediglich 50 Prozent der Kosten nach vorstehendem Maßstab umgelegt (Grundkostenanteil). Für die Verteilung der restlichen Kosten ist das Ergebnis der Wärmemessgeräte bestimmend (Verbrauchskostenanteil). Für die Kosten einer zentralen Warmwasserversorgung gelten die gleichen Grundsätze – lediglich mit der Ausnahme, dass der Grundkostenanteil 30 Prozent und der Verbrauchskostenanteil 70 Prozent der Gesamtkosten beträgt. Die Wohnungseigentümer beschließen – in dem Bewusstsein, dass die Wohnflächenverordnung nicht zwingend anzuwenden ist, sondern nur eine Möglichkeit darstellt –, auch die Außenflächen, d. h. die Dachterrassen und Balkone/Loggien, mit dem in der Wohnflächenverordnung zugelassenen Anteil von 25 Prozent ihrer Grundfläche einzubeziehen. Gegen diesen Beschluss geht Wohnungseigentümer K vor.

Entscheidung

K hat keinen Erfolg: Die Wohnungseigentümer hätten bei der Änderung des geltenden Umlageschlüssels ein weites Ermessen. Eine Änderung setze nicht voraus, dass der bestehende Umlageschlüssel für einen Wohnungseigentümer nachteilig sei. Es bedürfe nicht einmal besonderer Umstände für eine Neuregelung. Dies gelte auch in Bezug auf die Heizkostenverordnung. Der Begriff der »Wohnfläche« im Sinne der Heizkostenverordnung müsse dabei nicht, könne aber von den Wohnungseigentümern unter Rückgriff auf die Bestimmungen der Wohnflächenverordnung ermittelt werden. Die Wohnungseigentümer dürften aber auch eine andere Berechnungsmethode festlegen.

Hinweis für die Verwaltungspraxis

Welcher Umlageschlüssel für eine Kostenposition gelten soll, müssen die Wohnungseigentümer durch eine Umlagevereinbarung oder einen Umlagebeschluss bestimmen. Der Verwalter hat hingegen keine Kompetenz, für die Kosten der Gemeinschaft der Wohnungseigentümer einen Umlageschlüssel zu bestimmen. Die Wohnungseigentümer können ihm diese Kompetenz auch nicht nach § 27 Abs. 2 WEG durch Beschluss einräumen. Sie können allerdings vereinbaren, dass der Verwalter einen Umlageschlüssel bestimmen soll.

Änderungen

Die Wohnungseigentümer haben bis zur Grenze der Willkür die Befugnis, Umlageschlüssel zu bestimmen und diese auch zu ändern. Neben der Größe der Miteigentumsanteile kommen vor allem folgende Umlageschlüssel in Betracht:

- Anzahl von Anschlüssen/Anlagen
- Anzahl von Wohnungseigentumsrechten (Einheiten)
- Anzahl der Bewohner/Eigentümer/Nutzer bzw. Personen
- Gebrauch oder die bloße Gebrauchsmöglichkeit
- Verbrauch/Verursachung
- Verteilung nach Häusern/Untergemeinschaften (Mehrhausanlagen)
- Wohn- und Nutzfläche

Als Organ der Gemeinschaft der Wohnungseigentümer muss der Verwalter die Wohnungseigentümer jederzeit darüber informieren können, welche Umlageschlüssel in der Wohnungseigentumsanlage für welche Kostenposition gelten. Um dieser Forderung gerecht zu werden, muss er sich mit der Gemeinschaftsordnung und der aktuellen Beschlusslage vertraut machen. Ferner muss der Verwalter die Wohnungseigentümer jedenfalls bei einer Nachfrage darüber informieren können, welche Alternativen für eine Kostenposition in Betracht kämen und was deren Vor- und/oder Nachteile wären. Das Ziel einer solche Beratung sollte darin liegen, für eine Kostenposition einen Umlageschlüssel zu finden, der möglichst

»verteilungsgerecht« ist. Diese Beratung sollte sich von folgenden Fragen leiten lassen:
- Ist die Größe der Miteigentumsanteile als Umlageschlüssel anwendbar? (Eine Umlage der Kosten nach der Größe der Miteigentumsanteile ist »grob« und häufig »ungerecht«.)
- Kann die Umlage der Kosten dem Verhalten der Wohnungseigentümer angepasst werden? (Das Gerechtigkeitsmaß wird erhöht, wenn die Umlage sich den Kosten annähert, welche die jeweiligen Wohnungseigentümer bei wertender Betrachtung zu tragen haben. Im Einzelfall kommt z. B. eine Verkleinerung des Abrechnungskreises in Betracht – insbesondere in einer Mehrhausanlage.)
- Kann nach Verursachung oder nach Verbrauch verteilt werden? (Zu einer größeren Verteilungsgerechtigkeit führt es, wenn Kosten nach Verursachung oder nach Verbrauch verteilt werden können.)
- Berücksichtigen die Umlageschlüssel die Einwirkungsmöglichkeiten der Wohnungseigentümer? (Die Verteilungsgerechtigkeit kann es verbessern, wenn bei Erhaltungskosten eine besondere Einwirkungsmöglichkeit berücksichtigt wird.)

7.2 Umdeutung

AG Hamburg-St. Georg, Urteil vom 11.9.2020, 980a C 7/20 WEG

Eine Klausel in der Gemeinschaftsordnung, mit der Balkone – unzulässigerweise – dem Sondereigentum zugeordnet werden, kann in einen Umlageschlüssel umgedeutet werden. Voraussetzung hierfür ist allerdings, dass sich als Ergebnis der Umdeutung eine Regelung ergibt, die »eindeutig und klar« ist. Ist dies nicht der Fall, kommt eine Umdeutung nicht in Betracht.

Sachverhalt

Wohnungseigentümer K wendet sich im Wege der Anfechtungsklage gegen einen Beschluss zur Reparatur der Balkone. Er will an den Kosten nicht teilhaben, weil er keinen Balkon hat. In der Gemeinschaftsordnung heißt es, die Balkone stünden im Sondereigentum. Die Beklagten meinen, die in der Gemeinschaftsordnung vorgenommene Zuordnung zum Sondereigentum beziehe sich nur auf die sondereigentumsfähigen Bestandteile der Balkone, mithin den Luftraum oberhalb der Balkone und den Fußbodenbelag, wie Terrassendielen aus Holz usw. Die Zuordnung der Balkone zum Sondereigentum sei in Bezug auf nicht sondereigentumsfähige Bestandteile auch nicht in eine Kostentragungsregelung umzudeuten.

Entscheidung

Die Klage hat keinen Erfolg: Die Kosten der Reparatur der Balkone seien von sämtlichen Eigentümern zu tragen, nicht nur von denjenigen, deren Wohnungen über einen

Balkon verfügten. Sondereigentumsfähig seien nur solche Balkonbestandteile, denen keine Schutz- oder Isolierungsfunktion zukomme. Eine derartige Differenzierung enthalte die Gemeinschaftsordnung nicht. Selbst wenn sich die Gemeinschaftsordnung aber nur auf die sondereigentumsfähigen Teile der Balkone beziehen würde, wären die umstrittenen Reparaturkosten nur dann ausschließlich von den jeweiligen Eigentümern der Wohnungen mit Balkon zu tragen, wenn die Reparatur ausschließlich Sondereigentum betreffen würde. So sei es nicht. Eine Umdeutung komme nicht in Betracht.

Von der Rechtsprechung seien unwirksame Zuordnungen zum Sondereigentum zwar in einen Umlageschlüssel umgedeutet worden (Hinweis u. a. auf OLG Karlsruhe, Beschluss v. 7.7.2010, 11 Wx 115/08). Diese Umdeutung sei aber im Zusammenhang mit Gemeinschaftsordnungen vorgenommen worden, bei denen bestimmte einzelne Bauteile unzulässigerweise dem Sondereigentum zugeordnet worden waren. Die Umdeutung habe sich damit nur auf die Kostentragung für die Instandsetzung bestimmter Bauteile bezogen. In der Gemeinschaftsordnung sei von den Balkonen die Rede. Eine Umdeutung in diesem Umfang sei indes unzulässig: Eine Umdeutung von unwirksamen Zuordnungen zum Sondereigentum in einen Umlageschlüssel komme nur in Betracht, wenn sich als Ergebnis der Umdeutung eine Regelung ergebe, die eindeutig und klar sei. Bei einer Umdeutung im vorbeschriebenen Umfang bliebe indes offen, wer die Kosten für Arbeiten zu tragen hätte, die im Übergangsbereich von den Balkonen zur Fassade vorgenommen werden.

Hinweis für die Verwaltungspraxis

Wird ein wesentlicher Gebäudebestandteil unwirksam dem Sondereigentum »zugewiesen«, kann die Zuordnung gegebenenfalls gem. § 140 BGB in ein Sondernutzungsrecht (Brandt/Hansen, WuM 2016, S. 647, 649; DNotI-Report 2018, S. 163, 164), aber auch in eine Umlagevereinbarung (siehe Emmerich, ZWE 2017, S. 161, 166; Jennißen, ZWE 2017, S. 116, 117) zu den Erhaltungskosten – oder eines Teiles von ihnen – umgedeutet werden. Es kommt insoweit darauf an, was die Wohnungseigentümer bzw. der Aufteiler im Fall einer Teilungserklärung mit verbundener Gemeinschaftsordnung im Zeitpunkt des Vertragsabschlusses/der Teilungserklärung bei Kenntnis der Nichtigkeit vereinbart hätten. Insoweit gelten die allgemeinen Überlegungen zur Auslegung einer Vereinbarung.

Maßgeblich ist, ob sich konkrete Anhaltspunkte finden, dass Erhaltungskosten der betroffenen wesentlichen Gebäudebestandteile – oder eines Teiles von ihnen – dem jeweiligen Wohnungseigentümer unabhängig von der eigentumsrechtlichen Zuordnung aufgebürdet werden sollten (Bonifacio, MietRB 2010, S. 91, 92). Der unnötigen weiteren Bestimmung, dass jeder Wohnungseigentümer sein Sondereigentum auf seine Kosten instand zu halten und instand zu setzen hat, bedarf es dazu nicht. Das »Ersatzgeschäft« darf in seinen rechtlichen Wirkungen nicht weiter reichen als das unwirksame Rechtsgeschäft. Es ist also u. a. zu fragen, welche Kosten welcher Gebäudebestandteile in welchem Umfang erfasst sein sollen und ob es um die ganze Erhaltung und nicht nur um die Instandhaltung oder nur um die Instandsetzung geht, und ferner, ob auch die Verwaltungskompetenz – oder ausnahmsweise nur diese – erfasst sein soll. Für eine Umdeutung muss der Wille der Wohnungseigentümer erkennbar sein, auf jeden Fall eine entsprechende Kostenzuordnung vorzunehmen.

8 Heizkosten und ihre Abrechnung

Auf Wohnungseigentum ist die Verordnung über die verbrauchsabhängige Abrechnung der Heiz- und Warmwasserkosten (HeizkostenV) anzuwenden. Gegenstand dieses Abschnitts sind Entscheidungen, die sich mit den besonderen Problemen der Heizkostenverordnung im Zusammenhang mit dem Wohnungseigentumsrecht beschäftigen.

8.1 Verbundene Anlagen

BGH, Urteil vom 12.1.2022, VIII ZR 151/20

Von einer nicht verbrauchsabhängigen Abrechnung i. S. v. § 12 Abs. 1 Satz 1 HeizkostenV ist auch dann auszugehen, wenn zwar eine Wohnung über Heizkostenverteiler und Warmwasserzähler verfügt, nicht aber die verbundene zentrale Wärme- und Warmwasserversorgungsanlage über den nach § 9 Abs. 2 Satz 1 HeizkostenV vorgesehenen Wärmemengenzähler.

Sachverhalt

In einem Mietshaus werden die Heizungswärme und das Warmwasser zentral durch Bezug von Fernwärme mittels einer Anlage bereitgestellt, bei der die Versorgung mit Wärme mit der Warmwasserversorgungsanlage verbunden ist (verbundene Anlage). Die auf die zentrale Warmwasserversorgungsanlage entfallende Wärmemenge wird entgegen § 9 Abs. 2 Satz 1 HeizkostenV nicht mit einem Wärmemengenzähler gemessen.

In den Betriebskostenabrechnungen verteilt der Vermieter die Gesamtkosten der Heizungsanlage wegen der fehlenden Erfassung der auf die zentrale Warmwasserversorgungsanlage entfallenden Wärmemenge unter Berufung auf die in § 9 Abs. 2 Satz 4 HeizkostenV genannte Formel ersatzweise rechnerisch auf die Kosten für Warmwasser und auf die Heizkosten. Die auf diese Weise ermittelten Kosten für Warmwasser und Heizung legt er im Folgenden zu 30 Prozent über die Wohnfläche und zu 70 Prozent anhand der Verbrauchswerte um, die mittels der für die Mietwohnungen installierten Heizkostenverteiler und des Warmwasserzählers ermittelt werden. Die Mieter meinen, so gehe das nicht. Sie kürzen daher gem. § 12 Abs. 1 Satz 1 HeizkostenV den auf sie entfallenden Anteil um 15 Prozent.

Entscheidung

Der BGH meint, die Mieter handelten ordnungsmäßig: Gem. § 12 Abs. 1 Satz 1 HeizkostenV habe der Nutzer nämlich das Recht, soweit die Kosten der Versorgung mit Wärme oder Warmwasser entgegen den Vorschriften der Verordnung nicht verbrauchsabhängig abgerechnet werden, den auf ihn entfallenden Anteil um 15 Prozent zu kürzen. Eine Abrechnung sei i. S. d. § 12 Abs. 1 Satz 1 HeizkostenV dann nicht »verbrauchsabhängig«, wenn sie – auch nur teilweise – nicht den einschlägigen Bestimmungen der HeizkostenV entspreche.

Und dies sei der Fall. Nach § 9 Abs. 1 Satz 1 HeizkostenV seien die einheitlich für Wärme und Warmwasser entstandenen Kosten des Betriebs aufzuteilen, und zwar gem. § 9 Abs. 1 Satz 2 Alt. 2 HeizkostenV anhand der Anteile am Wärmeverbrauch. Zur Ermittlung der beiden Anteile am Wärmeverbrauch sehe § 9 Abs. 1 Satz 4 HeizkostenV vor, dass der Verbrauch der zentralen Warmwasserversorgungsanlage vom gesamten Verbrauch der verbundenen Anlage abzuziehen sei. Zu diesem Zweck regle § 9 Abs. 2 Satz 1 HeizkostenV, dass die auf die zentrale Warmwasserversorgungsanlage entfallende Wärmemenge ab dem 31.12.2013 mit einem Wärmezähler zu messen sei. Hieran fehle es aber.

Hinweis für die Verwaltungspraxis

Nach § 4 Abs. 1 HeizkostenV hat der Gebäudeeigentümer den anteiligen Verbrauch der Nutzer an Wärme und Warmwasser zu erfassen. In der Regel geschieht dies durch die getrennte Erfassung des Verbrauchs von Wärme und Warmwasser. Im Einzelfall gibt es aber auch sogenannte verbundene Anlagen (vgl. § 9 Abs. 1 Satz 1 HeizkostenV). Die Anteile an den einheitlich entstandenen Kosten sind bei Anlagen mit Heizkesseln nach den Anteilen am Brennstoffverbrauch oder am Energieverbrauch, bei eigenständiger gewerblicher Wärmelieferung nach den Anteilen am Wärmeverbrauch zu bestimmen (§ 9 Abs. 1 Satz 2 HeizkostenV). Der Anteil der zentralen Warmwasserversorgungsanlage am Wärmeverbrauch ist nach § 9 Abs. 2 HeizkostenV, der Anteil am Brennstoffverbrauch nach § 9 Abs. 3 HeizkostenV zu ermitteln (§ 9 Abs. 1 Satz 6 HeizkostenV). Dazu ist die auf die zentrale Warmwasserversorgungsanlage entfallende Wärmemenge (Q) grundsätzlich mit einem Wärmezähler zu messen (§ 9 Abs. 2 Satz 1 HeizkostenV) (etwas anderes gilt, wenn die Wärmemenge nur mit einem unzumutbar hohen Aufwand gemessen werden kann). Der Anteil an den Kosten der Versorgung mit Wärme ist im Folgenden grundsätzlich nach § 7 Abs. 1 HeizkostenV, der Anteil an den Kosten der Versorgung mit Warmwasser nach § 8 Abs. 1 HeizkostenV zu verteilen (§ 9 Abs. 4 HeizkostenV).

Im dargestellten Fall gab es diesen Wärmemengenzähler nicht. Der Vermieter hatte sich daher einer Formel bedient, die sich in § 9 Abs. 2 Satz 4 HeizkostenV findet ($Q = 32 \times A_{Wohn}$). Nach dieser Formel kann in Ausnahmefällen, wenn nämlich weder die Wärmemenge noch das Volumen des verbrauchten Warmwassers gemessen werden kann, die Wärmemenge, die auf die zentrale Warmwasserversorgungsanlage entfällt, nach einer Zahlenwertgleichung bestimmt werden.

Streitig war, ob der Mieter wegen dieses Vorgehens berechtigt war, wegen eines etwaigen Verstoßes gegen die HeizkostenV von seinem Kürzungsrecht nach § 12 Abs. 1 Satz 1 HeizkostenV Gebrauch zu machen. Wir stellen den Fall an dieser Stelle dar, da das Ergebnis im Wohnungseigentumsrecht teilweise identisch ist.

Kürzungsrecht

Der BGH bejaht ein Kürzungsrecht des Mieters. Die Voraussetzungen des § 9 Abs. 2 Satz 4 HeizkostenV seien nicht gegeben gewesen. Denn dem Vermieter sei es möglich gewesen, das Volumen des verbrauchten Wassers aufgrund der in den Wohnungen installierten Warmwasserzähler zu messen.

Gebäudeeigentümer

Im Wohnungseigentumsrecht gibt es mehrere »Gebäudeeigentümer«. Hier ein Überblick:

Im Verhältnis zu den Wohnungseigentümern ist nach § 1 Abs. 2 Nr. 3 HeizkostenV die Gemeinschaft der Wohnungseigentümer der Gebäudeeigentümer. In diesem Verhältnis besteht nach § 12 Abs. 1 Satz 4 HeizkostenV kein Kürzungsrecht. Die Wohnungseigentümer müssen daher die angefallenen Kosten auch dann tragen, wenn die Gemeinschaft der Wohnungseigentümer gegen § 4 Abs. 1 HeizkostenV verstößt.

Bei Vermietung von Sondereigentum ist im Verhältnis zum Mieter der Wohnungseigentümer der Gebäudeeigentümer. In diesem Verhältnis besteht ein Kürzungsrecht nach § 12 Abs. 1 Satz 1 HeizkostenV. Will der Wohnungseigentümer, der sein Sondereigentum vermietet, diese Kürzung vermeiden, muss er von seinem Recht nach § 4 Abs. 4 HeizkostenV Gebrauch machen, und die Erfüllung der Pflicht, den anteiligen Verbrauch der Nutzer an Wärme und Warmwasser zu erfassen, verlangen. Dazu muss der Vermieter in einer Versammlung versuchen, dass die Wohnungseigentümer einen entsprechenden Beschluss fassen. Kommt dieser nicht zustande, muss der Vermieter eine Beschlussersetzungsklage erheben.

8.2 Kürzungsrecht

LG Stralsund, Urteil vom 1.9.2021, 1 S 94/20

Nach der HeizkostenV ist die für Raumheizung verbrauchte Heizenergie aus der Differenz zwischen Gesamt- und Warmwasserenergie zu ermitteln.

Sachverhalt

Der Mieter B und der Vermieter K streiten, ob B die auf ihn in der Betriebskostenabrechnung umgelegten Kosten in Bezug auf die nicht verbrauchsabhängigen Kosten kürzen darf. Im Haus gibt es eine zentrale Anlage zur Versorgung mit Wärme und Warmwasser i. S. v. § 9 Abs. 1 Satz 4 HeizkostenV. B sieht sich zu einer Kürzung berechtigt, weil K das Warmwasser nicht genau nach der in § 9 Abs. 1 Satz 4 HeizkostenV vorgegebenen Rechenregel abgerechnet hat.

Entscheidung

Das LG bejaht die Frage: Die Betriebskostenabrechnung entspreche nicht dem in § 9 Abs. 1 Satz 4 HeizkostenV normierten Rechenweg. Danach ergebe sich der Anteil der zentralen Anlage zur Versorgung mit Wärme aus dem gesamten Verbrauch nach Abzug des Verbrauchs der zentralen Warmwasserversorgungsanlage (Heizenergie = Gesamtenergie minus Warmwasserenergie). Im vorliegenden Fall werde aber die Warmwasserenergie aus der Differenz zwischen Gesamtenergie und Heizenergie ermittelt (Warmwasserenergie = Gesamtenergie minus Heizenergie).

Hinweis für die Verwaltungspraxis

Soweit die Kosten der Versorgung mit Wärme oder Warmwasser entgegen den Vorschriften der HeizkostenV nicht verbrauchsabhängig abgerechnet werden, hat der Nutzer nach § 12 Abs. 1 Satz 1 HeizkostenV das Recht, bei der nicht verbrauchsabhängigen Abrechnung der Kosten den auf ihn entfallenden Anteil um 15 Prozent zu kürzen. Dies gilt nach § 12 Abs. 1 Satz 2 HeizkostenV aber nicht beim Wohnungseigentum im Verhältnis des einzelnen Wohnungseigentümers zur Gemeinschaft der Wohnungseigentümer.

Aufgaben für die Verwaltung

§ 12 Abs. 1 Satz 2 HeizkostenV gilt nicht für das Verhältnis zwischen einem Wohnungseigentümer, der seine Wohnung vermietet, und einem Mieter. Dieser Wohnungseigentümer bleibt bei einer Kürzung auf einem Teil der Heizkosten sitzen. Die Verwaltung sollte daher darauf achten, dass die Heizkosten stets nach den Vorschriften der HeizkostenV verteilt werden.

8.3 Schätzungen

AG Hamburg-St. Georg, Urteil v. 24.9.2021, 980a C 37/20

Die Gemeinschaft der Wohnungseigentümer ist befugt, per Funk übermittelte Verbrauchswerte zu ignorieren und den Wärmeverbrauch eines Nutzers zu schätzen, wenn der Nutzer die Heizkostenverteiler demontiert hat.

Sachverhalt

Die Wohnungseigentümer genehmigen im Oktober 2020 nach § 28 Abs. 5 WEG a. F. die Jahresabrechnung 2019. Die Gemeinschaft der Wohnungseigentümer hat dort den

Wärmeverbrauch von Wohnungseigentümer K mit der Begründung geschätzt, die gemessenen Werte seien nicht verwertbar. Gegen diesen Beschluss erhebt K teilweise eine Anfechtungsklage. Er ist der Auffassung, die Schätzung verstoße gegen die Vorgaben der HeizkostenV.

Entscheidung

K hat keinen Erfolg: Es sei nicht zu beanstanden, dass die Gemeinschaft der Wohnungseigentümer den Verbrauch geschätzt habe. Denn die Gemeinschaft der Wohnungseigentümer habe den anteiligen Wärmeverbrauch des K im Abrechnungszeitraum i. S. v. § 9a Abs. 1 Satz 1 HeizkostenV nicht ordnungsmäßig erfassen können. K habe unstreitig die Heizkostenverteiler im Wohn- und im Schlafzimmer demontiert, auch wenn die Funkübertragung weiterhin gewährleistet gewesen sei. Zwar behaupte K, die Schätzung der Gemeinschaft sei fehlerhaft, da er viel weniger Wärme verbraucht habe. Darauf komme es aber nicht an.

> #### Hinweis für die Verwaltungspraxis
>
> Von den Kosten des Betriebs der zentralen Heizungsanlage sind nach § 7 Abs. 1 Satz 1 HeizkostenV mindestens 50 Prozent, höchstens 70 Prozent nach dem erfassten Wärmeverbrauch der Nutzer zu verteilen. Zur Erfassung des anteiligen Wärmeverbrauchs sind nach § 5 Abs. 1 Satz 1 HeizkostenV Wärmezähler oder Heizkostenverteiler zu verwenden. Kann der anteilige Wärmeverbrauch für einen Abrechnungszeitraum wegen Geräteausfalls oder aus anderen zwingenden Gründen nicht ordnungsmäßig erfasst werden, ist er nach § 9a Abs. 1 Satz 1 HeizkostenV vom Gebäudeeigentümer auf der Grundlage des Verbrauchs der betroffenen Räume in vergleichbaren Zeiträumen oder des Verbrauchs vergleichbarer anderer Räume im jeweiligen Abrechnungszeitraum oder des Durchschnittsverbrauchs des Gebäudes oder der Nutzergruppe zu ermitteln.
>
> Im vorliegenden Fall meint der Wohnungseigentümer K, die Ermittlung nach § 9a Abs. 1 Satz 1 HeizkostenV sei unzulässig gewesen, da sein Wärmeverbrauch gemessen worden sei, es also keinen Geräteausfall gegeben habe. Ferner meint K, die Ermittlung der Gemeinschaft sei unzureichend gewesen.
>
> **Tatbestandsvoraussetzungen des § 9a Abs. 1 Satz 1 HeizkostenV**
> Damit die Gemeinschaft der Wohnungseigentümer nach § 9a Abs. 1 Satz 1 HeizkostenV vorgehen kann, müssen die Wärmezähler der Heizkostenverteiler ausgefallen sein oder die Erfassung muss aus anderen Gründen nicht ordnungsmäßig sein. Die zweite Alternative lag im besprochenen Fall vor: Die Erfassung war offensichtlich nicht ordnungsmäßig, da der Wohnungseigentümer die Heizkostenverteiler demontiert hatte.

Rechtsfolgen des § 9a Abs. 1 Satz 1 HeizkostenV
Liegen die Tatbestandsvoraussetzungen vor, muss die Gemeinschaft der Wohnungseigentümer den Verbrauch der betroffenen Räume anders ermitteln, und zwar anhand
- des Verbrauchs der betroffenen Räume in vergleichbaren Zeiträumen oder
- des Verbrauchs vergleichbarer Räume im Abrechnungszeitraum oder
- des Durchschnittsverbrauchs des Gebäudes oder
- des Durchschnittsverbrauchs der Nutzergruppe.

Die Auswahl, welche Methode angewandt wird, ist von den Wohnungseigentümern zu treffen und nicht vom Ableseunternehmen. Ob der Verwalter die einmalige Auswahl treffen kann, ist an § 27 Abs. 1 WEG zu messen und wohl zu bejahen.

Welcher Methode sich die Gemeinschaft der Wohnungseigentümer im Fall bedient hat, teilt das AG leider nicht mit. Ferner teilt es nicht mit, welche Prüfsteine für die Bestimmung des Ermittlungsverfahrens ausschlaggebend waren. Eine verbrauchernahe Erfassung ist jedenfalls nur durch das individuelle Vergleichsverfahren möglich. Bei der Überprüfung der Auswahl nach § 315 BGB, die das AG hätte durchführen müssen (LG Itzehoe, Urteil v. 28.6.2013, 11 S 31/12), kann von einer »Rangfolge« der Ersatzverfahren gesprochen werden, wonach das Individualverfahren vorrangig vor dem Generalverfahren anzuwenden ist (AG Berlin-Charlottenburg, Urteil v. 10.4.2013, 73 C 174/12, ZWE 2014, S. 226; Ropertz/Wüstefeld, NJW 1989, S. 2368; Hügel/Elzer, WEG, 3. Aufl., § 16 Rn. 114). Vor diesem Hintergrund ist nicht nachvollziehbar, warum das AG den Einwand des K, die Schätzung der Gemeinschaft der Wohnungseigentümer sei fehlerhaft, ohne Weiteres abgetan hat.

Achtung
Nach der Heizkostenverordnung sind von den Wohnungseigentümern durch Vereinbarung oder Beschluss nach § 16 Abs. 2 Satz 2 WEG insgesamt drei Umlageschlüssel zu bestimmen:
- gemäß § 7 Abs. 1 Satz 1 HeizkostenV zwei Umlageschlüssel im Hinblick auf sämtliche Kosten des Betriebs der zentralen Heizungsanlage:
  - soweit die Voraussetzungen des § 7 Abs. 1 Satz 2 HeizkostenV nicht vorliegen, ein Umlageschlüssel für den erfassten Wärmeverbrauch (§ 7 Abs. 1 Satz 1, 3 und 4 HeizkostenV): mindestens 50 Prozent, höchstens 70 Prozent. Der Umlageschlüssel gilt für die Verteilung der Kosten der Wärmelieferung entsprechend. Der Umlageschlüssel gilt auch für den Betriebsstrom (BGH, Urteil vom 3.6.2016, V ZR 166/15). Wird der Betriebsstrom nicht über einen Zwischenzähler, sondern über den allgemeinen Stromzähler erfasst, muss geschätzt werden, welcher Anteil am Allgemeinstrom hierauf entfällt. Die Schätzung kann sich entweder auf einen Bruchteil der Brennstoffkosten stützen (zwischen drei Prozent und zehn Prozent) oder an einer Berechnung orien-

tieren, die auf dem Stromverbrauchswert der angeschlossenen Geräte und den (ggf. geschätzten) Heiztagen beruht. Welche Schätzmethode die Wohnungseigentümer wählen, steht in ihrem Ermessen.
– ein Umlageschlüssel für die Verteilung der übrigen, also der verbrauchsunabhängigen Kosten. Diese sind entweder nach der Wohn- oder Nutzfläche oder nach dem umbauten Raum zu verteilen. Alternativ können die Wohn- oder Nutzfläche oder der umbaute Raum der beheizten Räume zugrunde gelegt werden.
- Sind die Voraussetzungen des § 7 Abs. 1 Satz 1 HeizkostenV gegeben, liegt es grundsätzlich im Ermessen der Wohnungseigentümer, auf welche Art und Weise der Wärmeverbrauch bestimmt werden soll. Sind gewisse Grenzwerte erreicht, beispielsweise eine Erfassungsrate von unter 20 Prozent, müssen sie diese Regeln aber anwenden. Das Ermessen ist insoweit auf null reduziert. In Betracht kommen zurzeit eine messtechnische Ermittlung, ein Bilanzverfahren und eine rechnerische Ermittlung. Haben sich die Wohnungseigentümer der VDI-Richtlinie 2077 bedient, müssen einem Mieter weder deren Anwendungsvoraussetzungen mitgeteilt, noch muss dem Mieter die VDI-Richtlinie 2077 zur Verfügung gestellt werden.

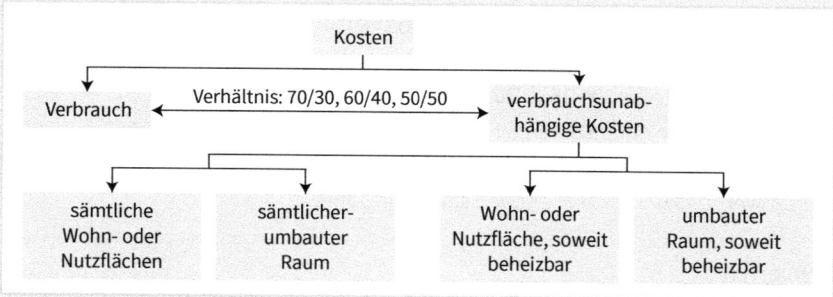

Übersicht Umlageschlüssel

- gemäß § 8 Abs. 1 HeizkostenV ein Umlageschlüssel für den erfassten Warmwasserverbrauch (mindestens 50 Prozent, höchstens 70 Prozent). Die übrigen Kosten des Betriebs der zentralen Warmwasserversorgungsanlage, also die verbrauchsunabhängigen Kosten, sind nach Wohn- oder Nutzfläche zu verteilen.

Muster: Vorgaben an einen Messdienstleister

1. … [Messdienstleister] soll die Wärmeverbrauchswerte der Liegenschaft … [Adresse] im Zeitraum vom … bis zum … aufnehmen.
2. Die Wärmeverbrauchswerte eines Wirtschaftsjahres (1.1. bis 31.12.) sind 1,5 Jahre zu speichern. Danach sind sie vom Messdienstleister unverzüglich zu löschen. Der Messdienstleister darf die Wärmeverbrauchswerte keinem Dritten zugänglich machen und diese auch nicht intern verwerten.
3. Die Wärmeverbrauchswerte dienen der Erstellung der Heizkostenabrechnung sowie der Information von Wohnungseigentümern und Mietern über ihr Heizverhalten. Die Informationen sind anonymisiert allen Wohnungseigentümern zu Verfügung zu stellen. Informationen über konkrete Heizkostenverteiler sind nur dem Nutzer zu erteilen. Ist der Mieter der Nutzer, sind dem vermietenden Wohnungseigentümer nur die Gesamtwerte für die vermietete Einheit mitzuteilen.

4. Die Gemeinschaft der Wohnungseigentümer, vertreten durch den Verwalter, der durch diesen Beschluss entsprechend ermächtigt ist, ist jederzeit berechtigt zu kontrollieren, ob der Messdienstleister seine vertraglichen Pflichten erfüllt. Der Messdienstleister hat den Verwalter dabei zu unterstützen.
5. Die Gemeinschaft der Wohnungseigentümer, vertreten durch den Verwalter, der durch diesen Beschluss entsprechend ermächtigt ist, ist jederzeit berechtigt, dem Messdienstleister Weisungen im Rahmen des Messdienstvertrags zu erteilen, soweit die Wärmeverbrauchswerte von diesem gespeichert werden.
6. Der Messdienstleister hat der Gemeinschaft der Wohnungseigentümer, vertreten durch den Verwalter, der durch diesen Beschluss entsprechend ermächtigt ist, Verstöße mitzuteilen.
7. Der Messdienstleister hat die technischen und organisatorischen Maßnahmen zu treffen, die erforderlich sind, um die Ausführung des BDSG, insbesondere die in der Anlage zum BDSG genannten Anforderungen, zu gewährleisten.
8. Der Messdienstleister hat den Anforderungen des § 11 Abs. 4 BDSG zu genügen.

8.4 Unverhältnismäßig hohe Kosten

AG Altötting, Urteil vom 25.2.2021, 2 C 567/20
Unverhältnismäßig hohe Kosten für den Einbau von Messgeräten i. S. v. § 11 Abs. 1 Nr. 1 Buchstabe b) HeizkostenV liegen vor, wenn diese nicht durch Einsparungen erwirtschaftet werden können. Maßgeblich sind zehn Jahre.

Sachverhalt
In einer Wohnungseigentumsanlage gibt es insgesamt zwölf Wohnungen. Die Bäder sind alle gleich groß und mit einer Fußbodenheizung ausgestattet. Eine technische Erfassung des Einzelverbrauchs dieser Heizungen ist nicht möglich, da keine Zähler angebracht sind und nur mit umfangreichen baulichen Maßnahmen angebracht werden könnten. Bis Ende 2020 wird der Gesamtverbrauch aller zwölf Fußbodenheizungen durch einen Wärmezähler erfasst und durch zwölf geteilt. Dessen Eichung endete am 31.12.2020. Ebenso endete der zugrunde liegende Mietvertrag mit der T-GmbH. Bis zum Auslaufen des Vertrags wurde also der Gesamtverbrauch aller Fußbodenheizungen erfasst und zu gleichen Teilen auf alle zwölf Wohnungen umgelegt.

Die Mehrheit der Wohnungseigentümer beschließt, den Vertrag mit der T-GmbH nicht fortzusetzen. Gegen diesen Beschluss geht Wohnungseigentümer K vor. K will, dass Wärmezähler zur getrennten Erfassung der Fußbodenheizung angebracht werden und ein entsprechender Vertrag mit der T-GmbH geschlossen wird.

Entscheidung
Der angefochtene Beschluss widerspreche ordnungsmäßiger Verwaltung. Nach § 6 Abs. 1 der HeizkostenV bestehe die Pflicht zur verbrauchsabhängigen Kostenverteilung auf die Nutzer auf der Grundlage der Verbrauchserfassung nach Maßgabe der

§§ 7 bis 9 HeizkostenV. Eine Ausnahme lasse § 11 Abs. 1 Nr. 1b HeizkostenV allerdings für Räume zu, bei denen das Anbringen der Ausstattung zur Verbrauchserfassung, die Erfassung des Wärmeverbrauchs oder die Verteilung der Kosten des Wärmeverbrauchs nicht oder nur mit unverhältnismäßig hohen Kosten möglich sei. Unverhältnismäßig hohe Kosten lägen vor, wenn diese nicht durch die Einsparungen, die in der Regel innerhalb von zehn Jahren erzielt werden, erwirtschaftet werden könnten.

Diese Ausnahme sei im vorliegenden Fall nicht erfüllt. Auch die Beschlussersetzungsklage habe danach Erfolg. Grundsätzlich stehe es den Wohnungseigentümern zwar frei, den Mietvertrag mit irgendeinem Unternehmen zu schließen. Der Verwalter habe aber erklärt, weitere Angebote eingeholt zu haben, deren Unterschiede marginal gewesen seien. Für die T-GmbH spreche, dass diese auch alle übrigen Zähler im Haus installiert habe und die Abrechnung entsprechend vornehme. Das Gericht habe deshalb im Wege der Beschlussersetzung entschieden, den Verwalter zu beauftragen, möglichst zeitnah einen neuen Mietvertrag mit der T-GmbH für die Wärmezähler zur getrennten Erfassung des Verbrauchs der Fußbodenheizung zum angebotenen Preis von 468,56 EUR abzuschließen.

Hinweis für die Verwaltungspraxis

Bis Ende 2020 konnte zwar nicht der Einzelverbrauch, aber der Gesamtverbrauch der Fußbodenheizungen als getrennte Nutzergruppe erfasst werden. Dies hatte es ermöglicht, beim Gesamtverbrauch zu unterscheiden zwischen dem Verbrauch über die Heizkörper und dem Verbrauch über die Fußbodenheizung. Bei der Abrechnung 2018 fielen beispielsweise Heizkosten in Höhe von 12.134,00 EUR an, wobei ein Teilbetrag in Höhe von 1.380 EUR auf die Fußbodenheizung entfiel. In der Abrechnung 2019 betrugen die Heizkosten 14.900,00 EUR und auf die Fußbodenheizungen entfiel ein Betrag von 992 EUR. So konnte der Verbrauch über die Fußbodenheizungen aus dem restlichen Verbrauch herausgerechnet und der restliche Verbrauch nach dem Schlüssel verteilt werden, der sich aus den an den Heizkörpern gemessenen Verbrauchsmengen ergab.

Getrennte Nutzergruppe

Wenn man den Verbrauch der Fußbodenheizung nicht als getrennte Nutzergruppe erfasst, muss der Gesamtverbrauch nach dem Schlüssel verteilt werden, der sich aus den an den Heizkörpern gemessenen Verbrauchsmengen ergibt. Dies würde zu einer Benachteiligung derjenigen Nutzer führen, welche die Fußbodenheizung im Bad kaum nutzen, und zu einer Bevorzugung derjenigen Nutzer, die mit der Fußbodenheizung durchheizen, um über die Heizkörper weniger Energie beziehen zu müssen. Dass im Fall ein höchst unterschiedliches Nutzerverhalten im Haus nicht von der Hand zu weisen ist, ergibt sich aus dem Umstand, dass es Wohnungen gibt, in denen Heizkörper im Bad abgebaut wurden.

Möglichst hohe Verteilungsgerechtigkeit
Um eine möglichst hohe Verteilungsgerechtigkeit zu erreichen, entspricht allein die weitere Erfassung der Fußbodenheizung als getrennte Nutzergruppe ordnungsgemäßer Verwaltung. Die in § 11 Abs. 1 Nr. 1b HeizkostenV vorgesehene Ausnahme greift nicht. Die jährlichen Kosten der Erfassung der Fußbodenheizung als getrennte Nutzergruppe belaufen sich nach dem Angebot der T-GmbH auf 468,56 EUR.

Legt man einen Gesamtverbrauch zugrunde, der wie im Jahr 2018 Gesamtheizkosten in Höhe von 12.134 EUR verursacht hat, so lägen die zu erwirtschaftenden Einsparungen nach der Berechnung gem. § 12 Abs. 1 HeizkostenV schon bei 1.820,10 EUR, was knapp dem Vierfachen der jährlichen Kosten für die getrennte Erfassung der Fußbodenheizung entspricht. Von unverhältnismäßig hohen Kosten kann deshalb nicht die Rede sein. Allerdings ist unklar, welche Kosten entstehen, wenn man jedes Badezimmer mit einem Zähler ausstattet. So aber sollte es nach der HeizkostenV sein.

> **Achtung**
> Die aktuelle Energiekrise sollte die Gemeinschaft der Wohnungseigentümer dazu motivieren, die von ihr nach § 6 Abs. 4 Satz 1 HeizkostenV bestimmten Umlageschlüssel, mit Wirkung zum Beginn eines Abrechnungszeitraums zu überprüfen. Denn der Gebäudeeigentümer kann diese nach § 6 Abs. 4 Satz 2 HeizkostenV für künftige Abrechnungszeiträume durch Erklärung gegenüber den Nutzern aus sachgerechten Gründen ändern. In den Blick kommt insoweit sowohl der Schlüssel für die Verteilung von Wärme nach § 7 Abs. 1 Satz 1 HeizkostenV als auch der Schlüssel für die Verteilung von Warmwasser nach § 8 Abs. 1 HeizkostenV. An diesen Stellen besteht für den Gebäudeeigentümer ein Ermessen, wie hoch er den Anteil für den erfassten Verbrauch ansetzt.
> Zum jetzigen Zeitpunkt sollte dieser Anteil besonders hoch sein, um den Nutzern, die nicht bereit sind, ihr Gebrauchsverhalten anzupassen, besonders viele Kosten anzulasten, und die Nutzer, die sich angemessen verhalten, für dieses Verhalten zu belohnen. Es könnte sogar sein, dass sich das Ermessen des Gebäudeeigentümers, diesen Schlüssel zu bestimmen, auf null reduziert und der Verbrauchsanteil jedenfalls zeitweise 70 Prozent betragen muss.

9 Verwaltung (§§ 18, 19 WEG)

Gegenstand der hier berichteten Entscheidungen sind Fragen der Verwaltung des gemeinschaftlichen Eigentums. Dieser Bereich ist sehr weit: Es geht beispielsweise um die Entziehung eines Wohnungseigentums, die Erhaltungsrücklage, die Erhaltung des gemeinschaftlichen Eigentums oder Fragen der Hausordnung.

9.1 Veräußerungsverlangen (§ 17 WEG)

9.1.1 Hausgeldschulden

LG Frankfurt a. M., Urteil vom 4.10.2021, 2-13 S 9/21
Die Pflicht, die Kosten der Gemeinschaft der Wohnungseigentümer zu tragen, ist eine der zentralen Pflichten der Wohnungseigentümer. Fortlaufende, nicht nur geringfügige Rückstände von Hausgeldzahlungen sind daher eine Pflichtverletzung, die zur Entziehung des Wohnungseigentums berechtigt.

Sachverhalt
Wohnungseigentümer B streitet seit mindestens fünf Jahren gerichtlich mit der Gemeinschaft der Wohnungseigentümer wegen der Nichtzahlung von Hausgeld. Die Rechtsstreitigkeiten werden weit überwiegend mit Versäumnisurteilen abgeschlossen. Auch nach einer Titulierung zahlt B allerdings regelmäßig nicht. Ein Teil der Forderungen wird anschließend zwar durch Vollstreckungsmaßnahmen in Mietansprüche getilgt. Es sind aber titulierte Rückstände i. H. v. insgesamt 12.425,75 EUR offen. B ist außerdem mehrfach mit Anwaltsschreiben abgemahnt worden.

Im März 2020 beschließen die Wohnungseigentümer vor diesem Hintergrund, B das Wohnungseigentum zu entziehen. Das AG gibt der folgenden Entziehungsklage statt. Hiergegen richtet sich die Berufung. B ist dort der Auffassung, die Voraussetzungen der Entziehung seien nicht gegeben, insbesondere habe die Gemeinschaft der Wohnungseigentümer mildere Mittel nicht ausgeschöpft.

Entscheidung
Die Berufung hat keinen Erfolg: K stehe ein Anspruch gem. § 17 WEG in der ab dem 1.12.2020 geltenden Fassung zu.

Dem Anspruch könnte zwar entgegenstehen, dass mit Blick auf Art. 14 Abs. 1 Satz 1 GG die Entziehung nur als ultima ratio in Betracht komme. Im Hinblick auf einen Zahlungsrückstand sei die Titulierung des Zahlungsanspruchs und dessen Vollstreckung schon im Hinblick auf die Abwendungsmöglichkeit der Zwangsvollstreckung durch Befriedigung des Gläubigers für den Wohnungseigentümer das mildere Mittel. Zudem dürfte dieses Instrumentarium auch im Hinblick auf die vollstreckungsrechtlichen Probleme der Entziehung für die Gemeinschaft der Wohnungseigentümer zugleich das effektivere Verfahren sein. Ferner sei das Regelbeispiel des § 18 Abs. 2 Nr. 2 WEG a. F. (Zahlungsverzug) von § 17 WEG nicht übernommen worden. Daher dürfte ein bloßer Zahlungsrückstand nicht (mehr) genügen, um die Voraussetzungen des § 17 WEG zu erfüllen. Diese Fragen könnten aber dahinstehen. Die Pflicht zur anteiligen Kostentragung sei eine der zentralen Pflichten der Wohnungseigentümer. Fortlaufende, nicht nur geringfügige Rückstände von Hausgeldzahlungen seien daher eine Pflichtverletzung, die zur Entziehung berechtige (Hinweis u. a. auf MüKoBGB/Zschieschack, 8. Aufl. 2021, WEG § 17 Rn. 13).

Diese Voraussetzung sei erfüllt. K müsse das unstreitige Zahlungsverhalten des B nicht hinnehmen. Es führe zu erheblichen Belastungen durch Klage- und Vollstreckungsverfahren und letztlich zu einer Mehrbelastung der anderen Wohnungseigentümer, die am Ende für die ausstehenden Zahlungen aufzukommen hätten, zumal angesichts des erheblichen langjährigen Rückstandes unsicher sei, ob und wie dieser überhaupt ausgeglichen werden könne. Erschwerend komme hinzu, dass nicht nur ein vorübergehender Rückstand vorliege. Denn B zahle auch die laufenden Hausgelder nicht. Es sei auch nicht zu erwarten, dass er in Zukunft seinen Zahlungspflichten nachkomme. Ferner seien keine milderen Mittel ersichtlich. Insbesondere liege ein milderes Mittel nicht in einer Versorgungssperre, wobei zweifelhaft sei, ob diese überhaupt geeignet wäre, das Vertrauen der Gemeinschaft darin, dass B in Zukunft pünktlich Hausgeld zahlt, wiederherzustellen. Im Übrigen stehe diesem Weg entgegen, dass die Wohnung vermietet sei. Dabei könne dahinstehen, ob eine Versorgungssperre bei vermietetem Sondereigentum überhaupt möglich sei. Jedenfalls könnte der Mieter eine Versorgungssperre durch Zahlung des ab der Androhung laufenden Hausgeldes in Höhe der auf seinen Verbrauch entfallenden Kosten abwenden.

Es sei auch ein Beschluss über die Entziehungsklage gefasst worden, sodass es auf die streitig gewordene Frage, ob dieser im neuen Recht erforderlich sei, nicht ankomme.

Hinweis für die Verwaltungspraxis

Nach § 18 Abs. 2 Nr. 2 Halbsatz 1 WEG a. F. waren die Wohnungseigentümer u. a. dann berechtigt, von einem Wohnungseigentümer die Veräußerung seines Wohnungseigentums zu verlangen, wenn er sich mit der Erfüllung seiner Verpflichtungen zur Lasten- und Kostentragung (§ 16 Abs. 2 WEG a. F.) in Höhe eines Betrages, der drei Prozent des Einheitswerts seines Wohnungseigentums übersteigt, länger als drei Monate in Verzug befand.

Dieses Regelbeispiel ist ersatzlos entfallen. In den Materialien zum WEMoG heißt es dazu, § 10 Abs. 1 Nr. 2 ZVG ermögliche es der Gemeinschaft der Wohnungseigentümer, sich bei einem Hausgeldausfall vorrangig aus dem Wohnungseigentum zu befriedigen. Angesichts dessen bestehe für einen gesetzlich besonders geregelten Entziehungsgrund kein Bedürfnis mehr (BR-Drs. 168/20, S. 61). Fraglich ist daher, was seit dem 1.12.2020 bei einem Zahlungsrückstand gilt.

Höhe des Zahlungsrückstandes
Das LG meint, ein bloßer Zahlungsrückstand genüge nicht (mehr), um die Voraussetzungen des § 17 WEG zu erfüllen. Es reichten aber fortlaufende, nicht nur geringfügige Rückstände.

Ob diese Haltung überzeugt, bleibt abzuwarten. Denn die Streichung von § 18 Abs. 2 Nr. 2 WEG a. F. sollte nicht bedeuten, dass eine Entziehung des Wohnungseigentums wegen Verzugs mit Hausgeldrückständen in Zukunft ausscheiden soll (siehe nur Lehmann-Richter/Wobst, WEG-Reform 2020, 2020, Rn. 1550). Das Gegenteil sei richtig: Es handele sich bei der Pflicht, die Vor- und Nachschüsse zu bezahlen, um die Kardinalpflicht jedes Wohnungseigentümers, deren Verletzung nach § 17 Abs. 2, § 14 Abs. 1 Nr. 1 WEG den Ausschluss aus der Gemeinschaft rechtfertigen könne. Die Würdigung der Schwere dieser Pflichtverletzung sei nach neuem Recht also möglicherweise nur von den Vorgaben des § 18 Abs. 2 Nr. 2 a. F. befreit. An ihre Stelle seien die Merkmale des wiederholten, gröblichen Verstoßes gegen die Zahlungspflichten trotz Abmahnung getreten (Lehmann-Richter/Wobst, WEG-Reform 2020, 2020, Rn. 1550; s. auch Hügel/Elzer, WEG, 3. Aufl., § 17 Rn. 17).

Gleicht der Hausgeldschuldner seine Schulden bis zum Ende der mündlichen Tatsachenverhandlung über den Entziehungsanspruch aus, sollte dies im Übrigen bei der Gesamtwürdigung zugunsten des Störers berücksichtigt werden (Lehmann-Richter/Wobst, WEG-Reform 2020, 2020, Rn. 1552). Die Tilgung des Rückstandes führt aber – anders als bisher – nicht stets zur Unbegründetheit der Entziehungsklage.

Entziehungsbeschluss
Die Kammer spricht kurz den Streit an, ob die Wohnungseigentümer über eine Entziehung beschließen müssen. Der Wortlaut des § 17 Abs. 1 WEG ist insoweit nicht eindeutig. Wenn man die Materialien zur WEG-Reform betrachtet, kann es allerdings keinem Zweifel unterliegen, dass der Gesetzgeber an dem Erfordernis eines Entziehungsbeschlusses festhalten wollte. Der Praxis ist daher zu raten, über die Entziehung zu beschließen. Der Beschluss bedarf – wie alle Beschlüsse im aktuellen Recht – nur der Mehrheit der abgegebenen Stimmen. Ein besonderes Quorum ist nicht erforderlich.

Abmahnung
Im neuen Recht ist ferner streitig geworden, ob ein Wohnungseigentümer in der Lage ist, seinen Miteigentümer abzumahnen. Bislang war das unproblematisch.

Im neuen Recht ist aber nur die Gemeinschaft der Wohnungseigentümer befugt, eine Entziehung zu verlangen. Dies könnte dafür sprechen, dass nur die Gemeinschaft in der Lage ist, ein Fehlverhalten abzumahnen. Hiervon sollte die Verwaltung jedenfalls ausgehen, bis es eine Klärung durch die Rechtsprechung gibt. Die Verwaltung kann sich also nicht darauf verlassen, dass die Abmahnung durch einen Wohnungseigentümer reicht, sondern muss selbst einem Wohnungseigentümer sein Fehlverhalten vor Augen führen. Die Alternative besteht darin, einen Rechtsanwalt zur Abmahnung einzuschalten.

Rechtsanwaltskosten für Abmahnung
Im dargestellten Fall hatte der Verwalter für die Abmahnung des Beklagten einen Rechtsanwalt eingeschaltet. Dessen Kosten klagte die Gemeinschaft der Wohnungseigentümer als Nebenkosten ein. Auch hiermit hatte sie Erfolg. Die für die Abmahnung aufgewandten Rechtsanwaltskosten stünden der Gemeinschaft als Schadensersatzanspruch (§ 280 BGB) zu. Die Nichtzahlung des Hausgeldes habe eine erhebliche Pflichtverletzung dargestellt, die einen entsprechenden Schadensersatzanspruch begründe.

Ich selbst finde diese Sichtweise überraschend. Denn eigentlich gibt es keinen Grund, einen Rechtsanwalt einzuschalten, da die Gemeinschaft der Wohnungseigentümer durch einen professionellen Verwalter vertreten wird, dem es nicht schwerfallen sollte, eine Abmahnung auszusprechen.

9.1.2 Verwirkung

LG Frankfurt a. M., Beschluss vom 3.5.2021, 2-13 S 116/20
Wird wegen Pflichtverletzungen eines Wohnungseigentümers eine Unterlassungsklage erhoben, ist eine auf diese Vorwürfe gestützte Entziehungsklage nicht verwirkt. Die Entziehung setzt aber voraus, dass zuvor alle milderen Mittel, wozu auch eine Titulierung von Unterlassungsansprüchen gehören kann, ausgeschöpft werden müssen.

Sachverhalt
Die Gemeinschaft der Wohnungseigentümer K geht gegen Wohnungseigentümer B nach § 17 WEG (Entziehung) vor. Im Laufe des Rechtsstreits erklären die Parteien diesen für erledigt. Fraglich ist, wer die Kosten des Rechtsstreits tragen muss.

Entscheidung
Das LG meint, die Kosten des Rechtsstreits seien gegeneinander aufzuheben. Zwar habe K den Entziehungsanspruch nicht dadurch verwirkt, dass sie wegen der vermeintlichen Störungen, die auch zur Begründung der Entziehungsklage herangezogen werden, kurz zuvor Unterlassungsklage erhoben habe. Denn es liege weder das

Zeit- noch das Umstandsmoment vor. Unterlassungs- und Entziehungsklage stünden nicht in einem Alternativverhältnis. Sie könnten kumulativ erhoben werden. Denkbar sei aber, dass unter dem Gesichtspunkt der »ultima ratio« des Entziehungsanspruchs zuvor alle milderen Mittel, wozu auch eine Titulierung von Unterlassungsansprüchen gehören kann, ausgeschöpft werden müssen. Ob dies hier angesichts der trotz Abmahnung andauernden Verstöße im Hinblick auf deren Intensität und Wiederholung bei laufendem Unterlassungsverfahren erforderlich gewesen sei, sei offen und im Rahmen der summarischen Prüfung nicht inhaltlich prüfbar.

Hinweis für die Verwaltungspraxis

§ 17 Abs. 1 WEG enthält das Recht, bei einer schweren Verletzung von einem Wohnungseigentümer die Veräußerung seines Wohnungseigentums zu verlangen. Ziel ist es, künftige Störungen zu verhindern und den Hausfrieden wiederherzustellen, nicht, vergangenes Handeln zu sanktionieren.

Anspruchsgegner

Anspruchsgegner ist ein Wohnungseigentümer. Steht ein Wohnungseigentum mehreren Eigentümer gesamthänderisch zu und stört nur einer von ihnen, kann die Veräußerung des Wohnungseigentums von allen verlangt werden. Nach § 17 WEG berechtigt ist die Gemeinschaft der Wohnungseigentümer. Sie handelt insoweit als Treuhänderin.

Verletzung mehrerer Pflichten

Verletzt ein Wohnungseigentümer eine oder mehrere seiner Pflichten, muss für ein Veräußerungsverlangen untersucht werden, ob die Verletzung schwer und eine Fortsetzung der Gemeinschaft unzumutbar ist. Dies kann nicht abstrakt beantwortet werden, sondern ist Gegenstand einer Gesamtabwägung. Herauszuarbeiten ist, was jeweils für die andere Seite spricht. Bei der Abwägung spielt u. a. eine Rolle, ob die Verletzung schuldhaft ist, ob sie sich wiederholt, aus welcher Sphäre sie stammt, wie eng die Wohnungseigentümer zusammenleben, wie lange die Pflichtverletzung zurückliegt usw. Das Verhalten des Störers darf nicht isoliert bewertet werden. Ein Verschulden ist nicht zwingend. Ist eine Wiederholung nicht zu erwarten, kann eine Verpflichtung zur Veräußerung zulässig sein, wenn die einmalige Verletzung von besonderer Schwere ist.

9.2 Begriff der Verwaltung

AG Saarbrücken, Urteil v. 28.10.2021, 36 C 117/21 (12)

Die Wiederinbetriebnahme einer bestehenden, aber bereits längere Zeit außer Betrieb gesetzten Aufzugsanlage ist eine Maßnahme der ordnungsmäßigen Erhaltung

i. S. v. §§ 18 Abs. 2, 19 Abs. 2 Nr. 2 WEG und keine bauliche Veränderung i. S. v. § 20 WEG, selbst wenn dies infolge der langen Stilllegung den Einbau einer neuen Anlage erfordert.

Sachverhalt
Im Jahr 1990 wird der in der Wohnungseigentumsanlage vorhandene Personenaufzug stillgelegt und seither nicht mehr betrieben. Durch ein Urteil aus dem Jahr 2014 wird allerdings festgestellt, dass die Wohnungseigentümer verpflichtet sind, den Personenaufzug wieder in Gang zu setzen oder für die Installation eines funktionsfähigen Personenaufzugs Sorge zu tragen. Die Wohnungseigentümer erstellen vor diesem Hintergrund eine Erhaltungsplanung für die Zeit von 2014 bis 2020. Danach sollen im Jahr 2019 der Personenaufzug und das Treppenhaus »saniert« werden. Hierzu kommt es aber nicht. Wohnungseigentümer K klagt jetzt auf die Reparatur des Personenaufzugs.

Entscheidung
K hat Erfolg: Nach § 18 Abs. 2 Nr. 1 WEG stehe jedem einzelnen Wohnungseigentümer ein individueller Anspruch auf ordnungsmäßige Verwaltung des gemeinschaftlichen Eigentums zu. Im vorliegenden Fall sei dieser Anspruch darauf gerichtet, die im gemeinschaftlichen Eigentum befindliche Aufzugsanlage in einer Art und Weise herzurichten oder zu erneuern, dass sie ihre Funktion wieder erfüllen kann. Die faktische Beseitigung der Erreichbarkeit der oberen Stockwerke mit einem Personenaufzug durch dessen Stilllegung oder die Verweigerung geeigneter Maßnahmen zur Erreichung der Funktionstüchtigkeit entpricht nicht ordnungsmäßiger Verwaltung (Hinweis auf Hügel/Elzer, WEG, 3. Aufl., § 18 Rn. 10). Die Aufstellung der Erhaltungsplanung zeige, dass die Wohnungseigentümer dies in der Vergangenheit selbst so eingeschätzt hätten.

Die Einwendungen der Gemeinschaft der Wohnungseigentümer führten zu keiner anderen Entscheidung. Das »Erfordernis einer vorherigen Beschlussfassung« sei unbeachtlich. Der Anspruch des Klägers sei darauf gerichtet, die Funktionstüchtigkeit des Personenaufzugs wiederherzustellen. Es obliege der Gemeinschaft der Wohnungseigentümer, konkrete Schritte auf dieses Ziel hin zu veranlassen, entsprechende Beschlüsse zu fassen und weitere Maßnahmen vorzunehmen. Die wirtschaftliche und finanzielle Leistungsunfähigkeit der anderen Wohnungseigentümer rechtfertige nicht den Verzicht auf gebotene Maßnahmen ordnungsmäßiger Verwaltung.

> **Hinweis für die Verwaltungspraxis**
>
> Im Fall wird ein Personenaufzug seit Jahrzehnten nicht mehr betrieben. Fraglich ist, ob ein Wohnungseigentümer die Wiederinbetriebnahme verlangen kann.

Anspruch auf Erhaltung des gemeinschaftlichen Eigentums
Jeder Wohnungseigentümer hat einen Anspruch auf die Erhaltung des gemeinschaftlichen Eigentums. Dieser Anspruch kann nicht verjähren. Die anderen Wohnungseigentümer können ihm nicht entgegenhalten, kein Geld zu haben.

Eine Grenze könnte allenfalls die Unwirtschaftlichkeit einer Reparatur bilden. Dann müsste man eine jahrelange »Nichtreparatur« eines im gemeinschaftlichen Eigentum stehenden wesentlichen Gebäudebestandteils als eine »Zerstörung« i. S. v. § 22 WEG einordnen. Diesen Weg hat der BGH versperrt. Er ist der Ansicht, eine Zerstörung sei ein punktuelles Ereignis (wie Brand, Überflutung oder Explosion), das die Nutzbarkeit des Gebäudes oder Gebäudeteils wesentlich beeinträchtige oder aufhebe (BGH, Urteil v. 15.10.2021, V ZR 225/20).

9.3 Einsichtnahme (§ 18 Abs. 4 WEG)

9.3.1 Auskunft trotz Einsichtnahme?

LG Frankfurt a. M., Beschluss vom 27.7.2021, 2-13 S 120/20
Einem Wohnungseigentümer kann in Einzelfällen ein Auskunftsanspruch zustehen. Dieser setzt aber voraus, dass der Wohnungseigentümer die gewünschten Informationen nicht im Wege des Einsichtsrechts nach § 18 Abs. 4 WEG erlangen kann.

Sachverhalt
Wohnungseigentümer K bittet den Verwalter, ihm Name und Anschrift und ggf. die Firma des Unternehmens mitzuteilen, das die Gemeinschaft der Wohnungseigentümer mit der Durchführung einer Dachreparatur sowie mit dem Verschluss von Rissen in seiner Wohnung beauftragt hat. Der Verwalter kommt der Bitte des K nicht nach. Daraufhin erhebt K Klage gegen die Gemeinschaft der Wohnungseigentümer, mit der er Einsichtnahme in die Verwaltungsunterlagen begehrt. Das AG weist die Klage ab. Dagegen richtet sich die Berufung.

Entscheidung
K hat keinen Erfolg: § 18 Abs. 4 WEG gebe dem einzelnen Wohnungseigentümer einen gegen die Gemeinschaft gerichteten Anspruch auf Einsicht in die Verwaltungsunterlagen, der kein besonderes Interesse an der Einsichtnahme verlange. Seine Grenzen finde das Einsichtsrecht im Verbot des Rechtsmissbrauchs (§ 242 BGB) und im Schikaneverbot (§ 226 BGB). § 18 Abs. 4 WEG sei auf ein bloßes Einsichtsrecht beschränkt (Hinweis u. a. auf Dötsch/Schultzky/Zschieschack, WEG-Recht 2021, Kap. 5 Rn. 23) und gebe kein Recht auf Auskunft.

Soweit vereinzelt ein Auskunftsanspruch entsprechend § 18 Abs. 4 WEG angedacht werde, könne die Kammer dem angesichts des klaren Wortlauts nicht folgen. Allerdings sei § 18 Abs. 4 WEG mit Blick auf die Informationsrechte des Wohnungseigentümers auch nicht abschließend (Hinweis auf Lehmann-Richter/Wobst, WEG-Reform 2020, § 5 Rn. 374). Auch nach neuem Recht bestünden aus dem Gemeinschaftsverhältnis oder auf Grundlage von § 242 BGB Auskunftsansprüche, die mit dem Vermögensbericht in § 28 Abs. 4 WEG nicht erschöpfend geregelt seien. Ob diese nach wie vor grundsätzlich nur in der Versammlung geltend gemacht werden können (Hinweis dafür auf Dötsch/Schultzky/Zschieschack, WEG-Recht 2021, Kap. 5 Rn. 23; Lehmann-Richter/Wobst, WEG-Reform 2020, § 5 Rn. 375; und dagegen BeckOK WEG/Elzer, 1.7.2021, WEG § 18 Rn. 182) und ob es ggf. auf den Grund und den Inhalt des konkreten Auskunftsbegehrens ankomme, könne offenbleiben. Ein Auskunftsanspruch setze jedenfalls voraus, dass der Anspruchsteller die gewünschten Informationen nicht bereits im Wege des Einsichtsrechts erlangen könne. Im Fall sei nicht erkennbar, dass K die gewünschten Informationen nicht durch Einsicht in die Verwaltungsunterlagen beschaffen könne. Denn schließlich erstrecke sich das Einsichtsrecht nach § 18 Abs. 4 WEG u. a. auf die Beschlusssammlung, die Versammlungsniederschriften und Verträge mit Handwerkern (Hinweis u. a. auf BeckOGK/Skauradszun, 1.6.2021, WEG § 18 Rn. 71 und Hügel/Elzer, 3. Aufl., WEG § 18 Rn. 155). Es gebe keinen Grund zur Annahme, dass K die gewünschten Informationen dort nicht finden würde.

Hinweis für die Verwaltungspraxis

Im dargestellten Fall geht es um die Frage, ob ein Wohnungseigentümer von der Gemeinschaft der Wohnungseigentümer nicht nur Einsicht in die Verwaltungsunterlagen, sondern auch Auskunft verlangen kann.

Einsichtsrecht
Nach § 18 Abs. 4 WEG kann jeder Wohnungseigentümer von der Gemeinschaft der Wohnungseigentümer Einsicht in die Verwaltungsunterlagen verlangen. Dieses Recht unterliegt, was die Kammer auch so entscheidet, keinen weiteren Voraussetzungen. Der Einsichtnehmende muss also kein besonderes rechtliches Interesse geltend machen.

Auskunftsrecht
Ob es neben dem Einsichts- ein Auskunftsrecht gibt, ist unklar. Die Kammer lehnt meine Herleitung ab – Analogie zu § 18 Abs. 4 WEG –, kommt aber auch zu dem Ergebnis, dass es das Auskunftsrecht gibt. Dieses nicht bei § 18 Abs. 4 WEG, sondern bei § 242 BGB (Treu und Glauben) oder im Gemeinschaftsverhältnis (Treu und Glauben) zu verorten ist im Ergebnis unerheblich. Es stellen sich dann aber zwei Fragen:
- Unterliegt auch das Auskunftsrecht keinen weiteren Voraussetzungen?
- Wer kann Auskunft verlangen und wo?

Zur ersten Frage befürwortet die Kammer eine Subsidiarität. Hätte sie recht, könnte man nur Auskunft verlangen, wenn sich die Informationen nicht im Wege der Einsichtnahme einholen lassen. Ich bin insoweit noch skeptisch. Die zweite Frage lässt die Kammer offen. Ich selbst sehe es so: Die Pflicht der Gemeinschaft der Wohnungseigentümer besteht gegenüber jedem Wohnungseigentümer individuell. Jeder Wohnungseigentümer kann daher individuell zu sämtlichen Fragen Auskunft verlangen und dies nicht nur in der Versammlung.

9.3.2 Klage auf Einsicht

AG Hamburg-St. Georg, Beschluss v. 5.8.2021, 980a C 25/21
Der Anspruch aus § 18 Abs. 4 WEG richtet sich gegen die Gemeinschaft der Wohnungseigentümer.

Sachverhalt

Wohnungseigentümerin K beantragt im Wege einer einstweiligen Verfügung, Verwalter B zu verpflichten, zwei von ihr bevollmächtigten Personen (ihrem Bruder und ihrem Vater) Einsicht in die Verwaltungsunterlagen zu gewähren. Sie sei vor Kurzem Mutter geworden und daher nicht in der Lage, selbst Einsicht zu nehmen. Da ihr Vertrauensverhältnis zum Verwalter gestört sei, habe sie einen Anspruch auf zwei Vertreter. B lehnt eine gleichzeitige Anwesenheit von zwei Personen in seinen Geschäftsräumen trotz vorheriger anwaltlicher Aufforderung ab.

Entscheidung

Das AG ist prozessual der Ansicht, der Antrag auf Gewährung einstweiligen Rechtsschutzes sei unzulässig, weil die begehrte Leistungsverfügung zu einer Vorwegnahme der Hauptsache führen würde. Eine Leistungsverfügung sei neben Fällen der Existenzgefährdung und Notlage des Antragstellers als Eilmaßnahme nur dann zulässig, wenn die geschuldete Handlung oder Leistung so kurzfristig zu erbringen sei, dass die Erwirkung eines Titels im ordentlichen Verfahren nicht (mehr) möglich sei. Für die Erfüllung des Rechts auf Einsicht in die Verwaltungsunterlagen liege es nicht so. Dies gelte auch dann, wenn K beabsichtige – wie sie es ausführe –, ihr Wohnungseigentum zu veräußern, und sich in den Verwaltungsunterlagen Informationen zu ihrer Wohnung erhoffe.

Im Übrigen sei der Antrag aber auch unbegründet. Der Anspruch auf Einsichtnahme nach § 18 Abs. 4 WEG richte sich nämlich gegen die Gemeinschaft der Wohnungseigentümer. Der Antrag sei ferner unbegründet, weil K kein nachvollziehbares und berechtigtes Interesse dargelegt habe, dass Dritte in die Verwaltungsunterlagen Einsicht nehmen.

Hinweis für die Verwaltungspraxis

Im dargestellten Fall geht es neben Fragen des Prozessrechts, die hier nicht vertieft werden sollen, um die am Ende gestellte Frage, gegen wen der Anspruch auf Einsichtnahme besteht und ob es für die Einsichtnahme eines Dritten eines nachvollziehbaren und berechtigten Interesses bedarf.

Verpflichteter
Nach § 18 Abs. 4 WEG ist die Gemeinschaft der Wohnungseigentümer verpflichtet, die Einsichtnahme zu gewähren. Für diese erfüllt die Pflicht der Verwalter.

Anspruchsteller
Der Anspruchsteller muss »Wohnungseigentümer« sein. Wohnungseigentümer i. d. S. ist auch der ausgeschiedene, sofern er noch betroffen ist. Das Einsichtsrecht umfasst das Recht, sich von einem Dritten, beispielsweise einem Rechtsanwalt, begleiten zu lassen. Ein Wohnungseigentümer kann aber auch einen Dritten ermächtigen, in die Verwaltungsunterlagen Einsicht zu nehmen. Dieser Dritte kann ein Rechtsanwalt, ein Vertrauter, aber auch ein Mieter sein. Dieser Dritte muss – das ist streitig – keiner Schweigepflicht/Vertraulichkeit unterworfen sein.

Das Einsichtsrecht unterliegt keinen weiteren Voraussetzungen. Der Einsichtnehmende muss also kein besonderes rechtliches Interesse geltend machen. Dies gilt auch dann, wenn – das ist streitig und wird vom AG anders gesehen – er einen Dritten ermächtigt. Ein berechtigtes Interesse des Wohnungseigentümers an einer Einsichtnahme durch Dritte kann jedenfalls bereits die fehlende Sachkunde des Wohnungseigentümers oder aber auch die Stellung des Bevollmächtigten als Vertrauter und insbesondere auch Mieter des Wohnungseigentümers begründen.

Auskunftsrecht
Ob es neben dem Einsichts- auch ein Auskunftsrecht gibt, ist unklar (siehe Kap. 9.3.1). Jedenfalls nach Art. 15 DSGVO ist es aber anders. Danach hat ein Wohnungseigentümer das Recht, von der Gemeinschaft der Wohnungseigentümer eine Bestätigung darüber zu verlangen, ob sie den Wohnungseigentümer betreffende personenbezogene Daten verarbeitet. Ist dies der Fall, so hat der Wohnungseigentümer ferner ein Recht auf Auskunft über diese personenbezogenen Daten und auf folgende Informationen:

- die Verarbeitungszwecke
- die Kategorien personenbezogener Daten, die verarbeitet werden
- die Empfänger oder Kategorien von Empfängern, gegenüber denen die personenbezogenen Daten offengelegt worden sind oder noch offengelegt werden, insbesondere bei Empfängern in Drittländern oder bei internationalen Organisationen

- falls möglich die geplante Dauer, für welche die personenbezogenen Daten gespeichert werden, oder, falls dies nicht möglich ist, die Kriterien für die Festlegung dieser Dauer
- das Bestehen eines Rechts auf Berichtigung oder Löschung der sie betreffenden personenbezogenen Daten oder auf Einschränkung der Verarbeitung durch den Verantwortlichen oder eines Widerspruchsrechts gegen diese Verarbeitung
- das Bestehen eines Beschwerderechts bei einer Aufsichtsbehörde
- wenn die personenbezogenen Daten nicht bei der betroffenen Person erhoben werden, alle verfügbaren Informationen über die Herkunft der Daten
- das Bestehen einer automatisierten Entscheidungsfindung einschließlich Profiling gemäß Art. 22 Abs. 1 und Abs. 4 DSGVO und – zumindest in diesen Fällen – aussagekräftige Informationen über die involvierte Logik sowie die Tragweite und die angestrebten Auswirkungen einer derartigen Verarbeitung für die betroffene Person

9.4 Benutzungsbeschluss (§ 19 Abs. 1 WEG)

9.4.1 Verbot der Benutzung?

BGH, Urteil vom 15.10.2021, V ZR 225/20
Die Nutzung des gemeinschaftlichen Eigentums kann aufgrund baulicher oder bauordnungsrechtlicher Mängel (hier: Brandschutzmängel) auf Dauer durch Beschluss nicht verboten werden, wenn dadurch die Benutzung des Sondereigentums zum vereinbarten Zweck erheblich beeinträchtigt oder sogar ausgeschlossen wird.

Zerstört i. S. v. § 22 WEG ist ein Gebäude nur dann, wenn seine Nutzbarkeit durch punktuelle Ereignisse (wie Brand, Überflutung oder Explosion) wesentlich beeinträchtigt oder aufgehoben ist.

Sachverhalt
Im dargestellten Fall geht es um ein im gemeinschaftlichen Eigentum stehendes Parkhaus mit elf Ebenen. Auf den ersten drei Ebenen stehen die Stellplätze im Eigentum von Teileigentümer K. Nur diese werden benutzt. Im Jahr 2016 fordert das Bauordnungsamt die Gemeinschaft der Wohnungseigentümer auf, Nachweise zu erbringen, dass die brandschutztechnischen Mindeststandards eingehalten sind und die Standsicherheit auch im Brandfall gewährleistet ist. Daraufhin beschließen die Wohnungseigentümer, dass die Stellplätze des K aus Gründen der Verkehrssicherheit nicht mehr genutzt werden dürfen. Dagegen geht K vor, obwohl ihm erlaubt ist, die für einen Brandschutz notwendigen baulichen Maßnahmen auf eigene Kosten fachgerecht durchzuführen und dann die Stellplätze wieder zu benutzen.

Entscheidung

K hat Erfolg: Der Beschluss enthalte ein Benutzungsverbot. Dieses sei nicht ordnungsmäßig. Zwar könnten die Wohnungseigentümer im Grundsatz ein auf das gemeinschaftliche Eigentum bezogenes Nutzungsverbot zum Zwecke der Gefahrenabwehr nach § 19 Abs. 1 WEG beschließen. Wenn dadurch die zweckentsprechende Benutzung des Sondereigentums eingeschränkt oder vollständig ausgeschlossen werde, sei ein derartiger Beschluss aber nur aus zwingenden Gründen und in engen Grenzen ordnungsmäßig. Solche Gründe lägen nicht vor. Denn die Wohnungseigentümer seien verpflichtet, Maßnahmen zur Erfüllung der öffentlich-rechtlichen Anforderungen an das gemeinschaftliche Eigentum zu ergreifen, wenn das gemeinschaftliche Eigentum die bauordnungsrechtlichen Anforderungen an die in der Gemeinschaftsordnung vorgesehene Benutzung des Gebäudes nicht erfülle und Räume aus diesem Grunde nicht zu dem in der Gemeinschaftsordnung vereinbarten Zweck genutzt werden könnten. Ebenso müssten die Wohnungseigentümer gravierenden baulichen Mängeln des gemeinschaftlichen Eigentums entgegentreten, die eine Benutzung des Sondereigentums zum vereinbarten Zweck erheblich beeinträchtigen oder sogar ausschließen.

Ein dauerhaftes Nutzungsverbot könne daher nur dann rechtmäßig sein, wenn die Voraussetzungen des § 22 WEG vorlägen.

> ### § 22 WEG Wiederaufbau
> Ist das Gebäude zu mehr als der Hälfte seines Wertes zerstört und ist der Schaden nicht durch eine Versicherung oder in anderer Weise gedeckt, so kann der Wiederaufbau nicht beschlossen oder verlangt werden.

Diese Voraussetzungen seien hier nicht gegeben. Insoweit sei zwar umstritten, ob § 22 WEG anwendbar ist, wenn es durch unterlassene Erhaltungsmaßnahmen zu Funktionseinbußen des Gebäudes gekommen sei. Ein Gebäude könne aber nur durch ein unerwartetes, punktuell eintretendes Schadensereignis »zerstört« werden. Dafür spreche der Wortlaut dieser Bestimmung. Auch ihre analoge Anwendung scheide aus. Es bestehe schon keine planwidrige Regelungslücke.

Hinweis für die Verwaltungspraxis

Im dargestellten Fall geht es um die Frage, ob die Wohnungseigentümer beschließen können, das gemeinschaftliches Eigentum dauerhaft nicht auf Kosten sämtlicher Wohnungseigentümer zu erhalten.

Benutzungsbeschluss
Der BGH geht davon aus, dass Wohnungseigentümer nicht beschließen können, das gemeinschaftliche Eigentum dauerhaft nicht zu erhalten. Dies entspricht der h. M. Denn in einer andauernden Benutzungsuntersagung liege keine bloße

Verwaltung, sondern eine Änderung der Grundlagen, was allen Wohnungseigentümern nach § 16 Abs. 1 Satz 3 WEG zum Mitgebrauch zur Verfügung stehen solle. Über diese elementare Frage könne nicht beschlossen werden. Ein Benutzungsbeschluss dürfe eine vom Gesetz oder von einer Vereinbarung erlaubte Benutzung nicht vollständig verbieten bzw. ausschließen. Eine solche Bestimmung ändere der Sache nach das Gesetz und/oder die Vereinbarung ab und sei in Ermangelung einer Beschlusskompetenz nichtig.

Eine Benutzungsbestimmung durch Benutzungsbeschluss setzt also stets den Mitgebrauch weiterhin voraus. Etwas anderes gilt allerdings, wenn das Gesetz oder eine behördliche Maßnahme einen solchen Gebrauchsentzug anordnet und ein etwaiger Beschluss diesen nur umsetzt, da sich dann der Bereich des § 16 Abs. 1 Satz 3 WEG durch Einwirkung von außen geändert hat.

Zerstörung des gemeinschaftlichen Eigentums
Etwas anderes würde auch dann gelten, wenn § 22 WEG bei einer jahrelangen »Nichterhaltung« des gemeinschaftlichen Eigentums anwendbar wäre. In diesem Fall könnte eine Erhaltung ausnahmsweise nicht mehr verlangt und die Benutzung dauerhaft verboten werden. So sah es bislang eine verbreitete Ansicht. Diese wollte der punktuellen die schleichende Zerstörung an die Seite stellen. Diese Sichtweise lehnt der BGH ab.

Aufhebung der Gemeinschaft
Der BGH weist darauf hin, dass in Fällen der wirtschaftlichen Wertlosigkeit des Wohnungs- oder Teileigentums nach Treu und Glauben (§ 242 BGB) ein Anspruch auf Aufhebung der Gemeinschaft in Betracht kommt. Er meint, sich dieser Problematik aber nicht widmen zu müssen, da es im Fall nur um ein Benutzungsverbot gehe.

Einordnung
Die Entscheidung hat vor allem für bestimmte Einrichtungen, die im gemeinschaftlichen Eigentum stehen, beispielsweise einen Personenaufzug, eine Bedeutung. Für diese Einrichtungen steht noch mehr als bislang fest, dass ihre Reparatur nicht lange verschoben werden darf.

9.4.2 Verbot von Elektroautos?

AG Wiesbaden, Urteil vom 4.2.2022, 92 C 2541/21
Ein Beschluss, der das Abstellen von elektrisch betriebenen Fahrzeugen in der Tiefgarage einer Wohnungseigentumsanlage verbietet, entspricht nicht ordnungsmäßiger Verwaltung.

Sachverhalt

Mieter M von Wohnungseigentümer K ist berechtigt, den Tiefgaragenstellplatz von K zu gebrauchen. M stellt dort ein sogenanntes Hybridfahrzeug ab. Die Wohnungseigentümer fassen daraufhin im August 2021 den Beschluss, dass das Abstellen elektrisch betriebener Fahrzeuge in der Tiefgarage bis auf Weiteres untersagt ist. Die Wohnungseigentümer meinen, von den Lithium-Ionen-Akkus in elektrisch betriebenen Fahrzeugen gehe eine erhöhte Brandgefahr aus. Der Brand eines solchen Fahrzeugs sei wesentlich aufwendiger zu löschen als der eines benzinbetriebenen Autos.

Gegen diesen Beschluss geht K vor. Er meint, es fehle bereits an der Beschlusskompetenz. Zudem greife der Beschluss in sein Sondernutzungsrecht am Stellplatz ein und verstoße gegen das Ziel des Gesetzgebers, Elektromobilität zu fördern.

Entscheidung

Die Anfechtungsklage hat Erfolg: Der Beschluss sei allerdings nicht mangels Beschlusskompetenz nichtig. Denn die Wohnungseigentümer seien berechtigt, Benutzungsbestimmungen für das gemeinschaftliche Eigentum und das Sondereigentum zu treffen, wobei eine Nutzungsregelung nicht so gefasst sein dürfe, dass sie das Sondernutzungsrecht eines Wohnungseigentümers aushöhle. Der Beschluss bewege sich in diesem Rahmen, weil nur das Abstellen bestimmter Fahrzeuge untersagt werde.

Der Beschluss widerspreche aber ordnungsmäßiger Verwaltung. Mit der WEG-Reform 2020 habe der Gesetzgeber jedem Wohnungseigentümer einen Anspruch verschafft, ihm auf eigene Kosten den Einbau einer Lademöglichkeit für ein elektrisch betriebenes Fahrzeug zu gestatten. Dieser Anspruch, der sich aus § 20 Abs. 2 Satz 1 Nr. 2 WEG ergebe, laufe durch ein Verbot, elektrisch betriebene Fahrzeuge in der Tiefgarage abzustellen, ins Leere. Der Beschluss widerspreche außerdem dem wesentlichen gesetzgeberischen Ziel der WEG-Reform, die Verbreitung der Elektromobilität zu fördern.

> ### Hinweis für die Verwaltungspraxis
>
> Im Fall geht es um eine Gebrauchsbestimmung. Zu fragen ist, ob es möglich ist und ordnungsmäßiger Verwaltung entspricht zu verbieten, in Tiefgaragen elektrisch betriebene Fahrzeuge abzustellen.
>
> **Beschlusskompetenz**
> Soweit die Benutzung des gemeinschaftlichen Eigentums und des Sondereigentums nicht durch ein Gesetz oder durch eine Vereinbarung der Wohnungseigentümer geregelt ist, können die Wohnungseigentümer über eine ordnungsmäßige Benutzung beschließen. Im Fall gibt es keine Vereinbarung.

Man kann aber fragen, ob ein Gesetz es erlaubt, elektrisch betriebene Fahrzeuge in einer Tiefgarage abzustellen. Zu denken ist zum einen an § 20 Abs. 2 Satz 1 Nr. 2 WEG, der einem Wohnungseigentümer einen Anspruch gibt, angemessene bauliche Veränderungen zu verlangen, die dem Laden elektrisch betriebener Fahrzeuge dienen. Diesem Anspruch wohnt die Idee des Gesetzgebers inne, dass man ein elektrisch betriebenes Fahrzeug in einer Tiefgarage abstellen darf. Zum anderen ist das Gebäude-Elektromobilitätsinfrastruktur-Gesetz (GEIG) zu nennen. Dieses zwingt unter den von ihm genannten Voraussetzungen dazu, zu errichtende und bestehende Gebäude mit der vorbereitenden Leitungsinfrastruktur und der Ladeinfrastruktur für Elektromobilität auszustatten.

Diesen beiden Gesetzen kann man ggf. ein Verbot entnehmen, im Vorfeld zu beschließen, das Abstellen elektrisch betriebener Fahrzeuge zu untersagen. Ob Gesetze allerdings bereits ein »Vorfeld« angreifen, dürfte noch nicht ausreichend diskutiert sein. Jedenfalls würde der Beschluss, der das Abstellen verbietet, einem Anspruch nach § 20 Abs. 2 Satz 1 Nr. 2 WEG oder Maßnahmen nach dem GEIG nicht entgegenstehen.

Ordnungsmäßige Verwaltung
Jeder Wohnungseigentümer kann nach § 18 Abs. 2 WEG von der Gemeinschaft der Wohnungseigentümer eine Verwaltung des gemeinschaftlichen Eigentums verlangen, die dem Interesse der Gesamtheit der Wohnungseigentümer nach billigem Ermessen (ordnungsmäßige Verwaltung und Benutzung) und, soweit solche bestehen, den gesetzlichen Regelungen, Vereinbarungen und Beschlüssen entspricht. Entspricht ein wirksamer Beschluss nicht diesem Maßstab, ist er nach §§ 23 Abs. 4 Satz 2, 44 Abs. 1 Satz 1 WEG für ungültig zu erklären.

Das AG meint, diese Voraussetzungen seien erfüllt. Soweit es auf das gesetzgeberische Ziel abhebt, die Verbreitung von Elektromobilität zu fördern, erkennt es nicht, dass es darauf nach § 18 Abs. 2 WEG nicht ankommt. Und soweit es auf § 20 Abs. 2 Satz 1 Nr. 2 WEG blickt, sieht es nicht, dass der Beschluss einem Anspruch aus § 20 Abs. 2 Satz 1 Nr. 2 WEG nicht entgegenstehen würde (der Wohnungseigentümer hätte einen Anspruch auf einen abändernden Zweitbeschluss). Es wäre daher besser gewesen, sich mit der behaupteten Brandgefahr zu beschäftigen. An dieser Stelle kann man dann u. a. § 20 Abs. 2 Satz 1 WEG bzw. § 554 Abs. 1 Satz 1 BGB die Wertung entnehmen, dass nach einer Abwägung die Brandgefahr in der Regel zurückzustehen hat.

Mieter
Der Mieter eines Wohnungseigentümers kann nach § 554 Abs. 1 Satz 1 BGB verlangen, dass ihm der Wohnungseigentümer bauliche Veränderungen der Miet-

sache erlaubt, die dem Laden elektrisch betriebener Fahrzeuge dienen. Der Anspruch besteht allerdings nicht, wenn die bauliche Veränderung dem Vermieter auch unter Würdigung der Interessen des Mieters nicht zugemutet werden kann (§ 554 Abs. 1 Satz 1 BGB).

Bestimmtheit
Ein Beschluss muss »bestimmt« sein. Dies dient sowohl dem Schutz der derzeitigen Wohnungseigentümer als auch der gemäß § 10 Abs. 3 Satz 2 WEG an die bestehenden Beschlüsse gebundenen zukünftigen Wohnungseigentümer. Ein Beschluss ist ausreichend bestimmt, wenn er aus sich heraus genau erkennen lässt, was gilt. Er muss sein »Regelungsproblem« vollständig lösen. Die Abgrenzung zwischen Nichtigkeit wegen vollständiger inhaltlicher Unbestimmtheit und Anfechtbarkeit wegen zweifelhaften Inhalts wird regelmäßig danach vorgenommen, ob der Beschluss überhaupt eine durchführbare Regelung erkennen lässt.

Im Fall muss man bei den Worten »bis auf Weiteres« skeptisch sein. Wie lange soll die Regelung gelten?

9.4.3 Verbot von Standheizungen?

AG Hamburg-Altona, Urteil vom 9.11.2021, 303a C 7/21
Die im Rahmen des Bestimmungszwecks »Abstellen von Fahrzeugen« eröffnete individuelle Handlungsfreiheit darf durch eine Gebrauchsregelung nur so weit eingeschränkt werden, wie dies zum Erreichen des geordneten und störungsfreien Zusammenlebens und zur Wahrung des Hausfriedens erforderlich ist.

Sachverhalt
Nach der Gemeinschaftsordnung kann der Verwalter »nach Rücksprache mit der Wohnungseigentümerversammlung« eine Hausordnung erlassen. Dies tut er auch. Im April 2021 ergänzen die Wohnungseigentümer diese Hausordnung: Sie verbieten nämlich die Nutzung von Standheizungen in der Tiefgarage. Hintergrund sind Erwägungen zum Brandschutz und zum CO_2-Ausstoß.

Gegen den Beschluss geht Wohnungseigentümerin K vor. Ihrem Wohnungseigentum ist ein Sondernutzungsrecht an einem Tiefgaragenstellplatz zugeordnet. Sie meint daher, es gebe für den Beschluss keine Beschlusskompetenz. Sie sei in der Nutzung lediglich »an die Zweckbestimmung der Gemeinschaftsordnung« gebunden. Diese erlaube das Abstellen von Kraftfahrzeugen und Fahrrädern und müsse daher auch alle damit verbundenen Tätigkeiten wie auch den Betrieb einer Standheizung ermöglichen. Es werde in den Kern ihres Sondernutzungsrechtes eingegriffen.

Entscheidung

Die Anfechtungsklage hat Erfolg: Der Beschluss entspreche nicht den Grundsätzen ordnungsmäßiger Verwaltung. Ein Beschluss zur Frage, wie man eine Fläche, die einem Sondernutzungsrecht unterliegt, gebrauchen dürfe, sei nur dann ordnungsmäßig, wenn er den ohnehin dem allgemeinen Rücksichtnahmegebot (§ 14 Abs. 1 Nr. 2 WEG) unterfallenden Gebrauch durch den Sondernutzungsberechtigten konkretisiere und nicht in den Kernbereich des Sondernutzungsrechts eingreife. Ein nach § 14 Abs. 1 WEG zulässiger Gebrauch dürfe durch einen Beschluss nicht untersagt werden (Hinweis auf LG Hamburg, Urteil v. 17.6.2015, 318 S 167/14, ZMR 2015, S. 787).

Der Beschluss greife zwar nicht in den Kernbereich des Sondernutzungsrechts ein. Er enthalte in seiner Allgemeinheit aber eine zu weitgehende Einschränkung des durch die Gemeinschaftsordnung eingeräumten Gebrauchs (Abstellen von Fahrzeugen). Die im Rahmen dieses Bestimmungszwecks eröffnete individuelle Handlungsfreiheit dürfe durch eine Gebrauchsregelung nur so weit eingeschränkt werden, wie dies zur Erreichung des geordneten und störungsfreien Zusammenlebens und zur Wahrung des Hausfriedens erforderlich sei. Das »Schlechthin-Verbot« von Standheizungen sei zu weitgehend. Es fehle an einem schützenswerten Interesse, soweit der Beschluss auch die Nutzung elektrischer Standheizungen untersage. Diese stießen keine Schadstoffe aus. Es sei daher nicht erkennbar, inwieweit deren Betrieb beeinträchtigen und damit im Rahmen des allgemeinen Rücksichtnahmegebots zu unterlassen sein sollte. Auch Erwägungen des Brandschutzes trügen nicht. Denn auch wenn der unbeaufsichtigte Betrieb von Standheizungen das Risiko von Fahrzeugbränden erhöhen sollte, könne dieser Umstand nicht herangezogen werden, um ein generelles Nutzungsverbot zu rechtfertigen: Untersagt werde auch der beaufsichtigte Betrieb. Auch im Übrigen sei kein Grund für ein unterschiedsloses Verbot erkennbar. Insbesondere sei nicht ersichtlich, dass der Betrieb von Standheizungen in der Tiefgarage öffentlich-rechtlichen Beschränkungen unterliege oder nach der Verkehrsanschauung, namentlich nach allgemein üblichen Benutzungsregelungen, als unzulässig anzusehen sei.

Hinweis für die Verwaltungspraxis

Im dargestellten Fall geht es um eine Gebrauchsvereinbarung. Zu fragen ist, ob es möglich ist und ordnungsmäßiger Verwaltung entspricht zu verbieten, in der Tiefgarage Fahrzeuge abzustellen, die eine Standheizung haben.

Beschlusskompetenz

Soweit die Benutzung des gemeinschaftlichen Eigentums und des Sondereigentums nicht durch ein Gesetz oder durch eine Vereinbarung der Wohnungseigentümer geregelt ist, können die Wohnungseigentümer über eine ordnungsmäßige Benutzung beschließen.

Im angeführten Fall gibt es eine Vereinbarung, nämlich eine Sondernutzungsrechtsvereinbarung. Hier gilt: Die Wohnungseigentümer können Regelungen zum Gebrauch eines Gebäudeteils, eines Raums oder einer Fläche treffen, die einem Sondernutzungsrecht unterliegen. Ein Sondernutzungsrecht nimmt den Wohnungseigentümern nicht das Recht, den allgemeinen Gebrauch auch durch Beschluss zu regeln. Die Wohnungseigentümer können z. B. die Öffnungszeiten eines »Biergartens« regeln, zur Bepflanzung einer einem Sondernutzungsrecht unterliegenden Fläche Gebrauchsbestimmungen treffen, regeln, dass die einem Sondernutzungsrecht unterliegende Fläche im Notfall als Fluchtweg genutzt werden kann, oder grundsätzlich regeln, bis wann ein Stellplatz befahren werden darf.

Etwas anderes gilt, wenn die Gebrauchsbestimmung das Sondernutzungsrecht seinem Inhalt nach ändert, es »aushöhlt«. Dies ist beispielsweise der Fall, wenn für eine Gartensondernutzungsfläche ein »Ziergarten« vorgeschrieben wird, wenn für einen Kfz-Stellplatz das Parken von Autos verboten wird, wenn beschlossen wird, auf einer einem Sondernutzungsrecht unterliegenden Freifläche einen feststehenden, gemauerten Pflanztrog, der die Hälfte der Sondernutzungsfläche einnimmt, zu errichten, oder wenn dem Sondernutzungsberechtigten verboten wird, sein Sondernutzungsrecht außenstehenden Dritten zur Nutzung zu überlassen. Im Fall ist nicht zu erkennen, dass das Sondernutzungsrecht seinem Inhalt nach »ausgehöhlt« wird. Es besteht mithin eine Beschlusskompetenz.

Ordnungsmäßige Verwaltung
Jeder Wohnungseigentümer kann nach § 18 Abs. 2 WEG von der Gemeinschaft der Wohnungseigentümer eine Verwaltung des gemeinschaftlichen Eigentums verlangen, die dem Interesse der Gesamtheit der Wohnungseigentümer nach billigem Ermessen (ordnungsmäßige Verwaltung und Benutzung) und, soweit solche bestehen, den gesetzlichen Regelungen, Vereinbarungen und Beschlüssen entspricht. Entspricht ein wirksamer Beschluss nicht diesem Maßstab, ist er nach §§ 23 Abs. 4 Satz 2, 44 Abs. 1 Satz 1 WEG für ungültig zu erklären.

Das AG meint, diese Voraussetzungen seien erfüllt. Im Kern meint es, der Beschluss gehe zu weit, weil er auch elektrische Standheizungen untersage und auch der beaufsichtigte Betrieb untersagt werde. Dieser Maßstab verkennt leider, dass den Wohnungseigentümern bei Verwaltungsentscheidungen ein Ermessen eingeräumt ist. Die Wohnungseigentümer haben ein Selbstorganisationsrecht. Die AG-Erwägungen tragen zwar. Man kann das aber auch anders sehen – und die Wohnungseigentümer haben es mehrheitlich eben anders gesehen. Das hat das AG nicht ausreichend beachtet, weil es den Maßstab, an dem Verwaltungsentscheidungen zu messen sind, nicht herausarbeitet und nicht beachtet. Es setzt sein Ermessen an die Stelle des Ermessens der Mehrheit der Wohnungseigentümer. So geht es aber nicht.

Garagenverordnung
Die meisten Bundesländer haben eine Garagenverordnung, meistens die Muster-Garagenverordnung der ARGEBAU (https://www.is-argebau.de/Dokumente/42311444.pdf) übernommen oder verweisen darauf (https://de.wikipedia.org/wiki/Garagenverordnung).

Verwalter und Hausordnung
Die Wohnungseigentümer können, wie im Fall, vereinbaren, dass der Verwalter eine Hausordnung aufstellen soll. Die Wohnungseigentümer können diese Hausordnung später ergänzen. Ob sie die Hausordnung aber auch abändern dürfen, hängt davon ab, ob es sich bei den Bestimmungen des Verwalters um eine Regelung handelt, die die Wohnungseigentümer ändern dürfen. Das ist eine Frage des Einzelfalls.

9.5 Einzelne Verwaltungsmaßnahmen (§ 19 Abs. 2 WEG)

9.5.1 Erhaltung (§ 19 Abs. 2 Nr. 2 WEG)

9.5.1.1 Anspruch auf einen Grundlagenbeschluss

AG Hamburg-St. Georg, Urteil vom 25.6.2021, 980a C 31/20
Ein Sondereigentümer hat einen Anspruch auf einen Grundlagenbeschluss (hier: zum Austausch maroder Fenster und Türen), wenn das Ermessen der Wohnungseigentümer am Tag der Beschlussfassung auf null reduziert ist.

Sachverhalt
Im Jahr 2020 lehnen die Wohnungseigentümer den Antrag von Wohnungseigentümer K ab, Fenster und Türen seiner Räume im Souterrain (»Souterrain-Einheiten«) auf Kosten der Gemeinschaft der Wohnungseigentümer und in Abstimmung mit dem Denkmalschutz auszutauschen. Die Wohnungseigentümer meinen, K müsse nach der Gemeinschaftsordnung die Kosten selbst tragen. Dort heißt es u. a.: »Jeder Miteigentümer hat auf seine Kosten diejenigen Gebäudeteile, Anlagen und Teile von diesen, die entweder in seinem Sondereigentum oder seinem Sondernutzungsrecht stehen oder sich als Gemeinschaftseigentum im Bereich seines Sondereigentums befinden, ordnungsgemäß instandzuhalten bzw. instandzusetzen. […] Die vorstehende Verpflichtung umfasst insbes.: […] b) die Türen und Fenster einschließlich Rahmen und Verglasung, ausgenommen den Farbanstrich der Außenseiten der Abschlusstüren und der Fenster; […].«

Gegen diesen Beschluss geht K im Oktober 2020 vor. K meint, die Umlagevereinbarung in der Gemeinschaftsordnung gelte nicht für Fenster. Die für die Reparatur der Fenster erforderlichen Kosten (14.000 EUR bis 19.000 EUR), seien nach Miteigentumsanteilen auf alle Miteigentümer zu verteilen. Die anderen Wohnungseigentümer wenden ein, Ks Beschlussantrag sei zu unbestimmt gewesen. Er sei nicht einmal als Grundlagenbeschluss haltbar gewesen.

Entscheidung
Die Anfechtungsklage hat Erfolg: K habe einen Anspruch auf einen Grundlagenbeschluss. Das Ermessen der Wohnungseigentümer sei im Fall auf null reduziert gewesen. Die Fenster und Türen der Souterrain-Einheiten müssten unstreitig repariert werden. Die Wohnungseigentümer hätten daher eine Reparatur nicht ablehnen dürfen.

Der Beschlussantrag sei auch nicht zu unbestimmt gewesen. Nach ihm seien die Fenster und Türen auf Kosten der Gemeinschaft der Wohnungseigentümer auszutauschen. Soweit es darüber hinaus in dem Antrag heiße, der Austausch solle »in Abstimmung mit dem Denkmalschutz« und »noch in diesem Jahr« stattfinden, ändere dies nichts. Zwar sei es richtig, dass noch ein weiterer Beschluss über das »Wie« der Maßnahme zu treffen sei, der die Einzelheiten regele. Für einen Grundlagenbeschluss sei dies aber unerheblich.

Sofern es im Antrag »auf Kosten der Gemeinschaft« heiße, sei dagegen nichts zu erinnern, da die Kosten nach § 16 Abs. 2 WEG a. F. zu verteilen seien. Denn die in der Gemeinschaftsordnung getroffene Umlagevereinbarung sei unwirksam (Hinweis auf BGH, Urteil v. 14.6.2019, V ZR 254/17, NJW 2019, S. 3780 Rn. 7).

Hinweis für die Verwaltungspraxis

Im dargestellten Fall möchte eine Wohnungseigentümerin eine Erhaltungsmaßnahme durchsetzen. Für diese soll die Gemeinschaft der Wohnungseigentümer die Kosten tragen. Insoweit ist zu klären, wann ein Wohnungseigentümer einen Anspruch auf eine Erhaltungsmaßnahme hat. Und zweitens ist zu klären, wer die Kosten für eine Erhaltungsmaßnahme zu tragen hat.

Anspruch auf eine Erhaltungsmaßnahme

Die Pflicht zur Instandhaltung und/oder Instandsetzung des gemeinschaftlichen Eigentums (Erhaltung) ruht nach § 18 Abs. 1 WEG auf der Gemeinschaft der Wohnungseigentümer. Für die Frage, wie diese ihrer Pflicht nachkommt, ob und in welchen Schritten sie eine sachlich gebotene (modernisierende) Erhaltung durchführt, besteht ein Ermessen. Ein Anspruch eines Wohnungseigentümers auf sofortige Durchführung einer sachgerechten Erhaltung besteht, wenn allein dieses Vorgehen ordnungsmäßiger Verwaltung entspricht. So soll es liegen, wenn bauliche Mängel vorhanden sind, die den zweckentsprechenden Gebrauch bzw. eine solche Nutzung des Sondereigentums erheblich beeinträchtigen oder sogar ausschließen.

Um zu beurteilen, ob dies der Fall ist, muss geklärt werden, wie das gemeinschaftliche Eigentum beschaffen sein muss. Im angeführten Fall geht es allerdings nicht um einen Beschluss zur Erhaltung, mit dem im Einzelnen bestimmt wird, was zu tun ist, sondern um einen bloßen Grundlagenbeschluss. Bei Erhaltungsmaßnahmen ist nämlich ein »zweistufiges Verfahren« möglich: Zunächst wird ein Grundlagenbeschluss gefasst, der die Art der geplanten Maßnahme enthält, und erst danach – nach Einholung von Angeboten – wird der eigentliche Erhaltungsbeschluss gefasst.

Im dargestellten Fall ist dem AG meines Erachtens eher nicht zuzustimmen, dass der Wohnungseigentümer einen Anspruch auf einen Grundlagenbeschluss in diesem Sinne hatte. Dieser ist für ihn völlig wertlos: Maßnahmen auf dieser Grundlage sind nicht einklagbar. Die Frage war daher möglicherweise, ob die Fenster und Türen sofort zu reparieren sind. Dafür sind die vom Gericht getroffenen Feststellungen gegebenenfalls zu »dünn«.

Kosten einer Erhaltungsmaßnahme
Die Kosten für eine Erhaltungsmaßnahme sind nach dem dafür vereinbarten oder nach § 16 Abs. 2 Satz 2 WEG beschlossenen Umlageschlüssel, subsidiär nach § 16 Abs. 2 Satz 1 WEG umzulegen. Es kann ferner nach § 10 Abs. 1 Satz 2 WEG vereinbart werden, dass ein Wohnungseigentümer die Kosten für eine Erhaltungsmaßnahme allein zu tragen hat. Außerdem kann die Gemeinschaft der Wohnungseigentümer mit einem Wohnungseigentümer einen Kostenvertrag schließen.

Die Wohnungseigentümer haben nach § 16 Abs. 2 Satz 2 WEG im Übrigen die Möglichkeit, eine Umlagevereinbarung zu ändern. Für die Bauteile des gemeinschaftlichen Eigentums, die sich im Bereich einer Wohnung oder der Räume eines Teileigentums befinden, dürfte es sachgerecht sein, nach § 16 Abs. 2 Satz 2 WEG zu beschließen, dass nur der Eigentümer der Wohnung oder der Räume die Kosten zu tragen hat.

Umlagevereinbarung
Die im dargestellten Fall zu betrachtende Umlagevereinbarung war tatsächlich nach der Rechtsprechung des Bundesgerichtshofs von der Verwaltung nicht zu beachten. Weist die Gemeinschaftsordnung die Pflicht zur Instandhaltung und Instandsetzung der Fenster nebst Rahmen im räumlichen Bereich des Sondereigentums den einzelnen Wohnungseigentümern zu und nimmt sie dabei den Außenanstrich aus, ist eine vollständige Erneuerung der Fenster im Zweifel Sache der Gemeinschaft der Wohnungseigentümer (BGH, Urteil v. 2.3.2012, V ZR 174/11, NZM 2012 S. 419 Rn. 9).

Ist die Erneuerung des Außenanstrichs der Fenster samt Rahmen der Gemeinschaft der Wohnungseigentümer zugewiesen, erlaubt dies nicht den Schluss, dass alle anderen Maßnahmen dem einzelnen Wohnungseigentümer obliegen, sondern führt im Zweifel dazu, dass der Austausch der Fenster eine Gemeinschaftsaufgabe ist. Mit einer solchen Regelung wollen die Wohnungseigentümer eine einheitliche Außenansicht des Gebäudes sicherstellen. Ein Austausch der Fenster kann die Außenansicht in gleichem oder noch stärkerem Maße als ein Anstrich beeinflussen.

Prozessuales
Der Kläger hatte im Übrigen auch eine Beschlussersetzungsklage erhoben. Diese hatte keinen Erfolg. Das AG führt hier im Kern wie folgt aus: Zwar sei die Klage analog § 48 Abs. 5 WEG noch gegen die anderen Wohnungseigentümer zu richten gewesen. Der Antrag, der auf die Verurteilung der Beklagten zur Zustimmung zu dem auf Austausch der Fenster und Türen gerichteten Beschlussantrag (Hauptantrag) bzw. auf Ersetzung dieses Beschlusses durch das Gericht (Hilfsantrag) gerichtet gewesen sei, könne aber keinen Erfolg haben. Im angeführten Fall fehle es – bezogen auf den maßgeblichen Zeitpunkt – an einem Ausfall des Selbstbestimmungsrechts der Eigentümer und an einer erforderlichen Reduzierung des ihnen zustehenden Ermessens auf null. Insoweit komme es nach allgemeinen prozessualen Regeln auf den Zeitpunkt der letzten mündlichen Tatsachenverhandlung an.

Im beprochenen Fall liege es so, dass die Wohnungseigentümer infolge der zum 1.12.2020 in Kraft getretenen Änderungen des materiellen Rechts nunmehr die Möglichkeit hätten, von der Gemeinschaftsordnung abweichende Umlageschlüssel zu bestimmen und zu beschließen und die Kosten für den Austausch der Fenster beispielsweise allein dem Kläger aufzuerlegen (Hinweis u. a. auf BT-Drucks. 19/18791, S. 56 und Elzer in: Skauradszun/Elzer/Hinz/Riecke, Die WEG-Reform 2020, 2021, § 13 Rn. 23).

> **Achtung**
> Im aktuellen Recht muss unterschieden werden, wer darüber zu entscheiden hat, wann und auf welche Weise das gemeinschaftliche Eigentum erhalten wird. Hier ein Überblick:
> - Im Kern sind die Wohnungseigentümer dazu berufen, nach § 19 Abs. 1 WEG zu beschließen, wann das gemeinschaftliche Eigentum mit welchen Mitteln repariert wird.
> - Wenn die Erhaltung aber sofort durchgeführt werden muss, ist die Verwaltung nach § 27 Abs. 1 Nr. 2 WEG zum Handeln berufen.
>
> Und die Verwaltung ist nach § 27 Abs. 1 Nr. 1 WEG gegenüber der Gemeinschaft der Wohnungseigentümer ferner berechtigt und verpflichtet, die Maßnahmen ordnungsmäßiger Verwaltung zu treffen, die untergeordnete Bedeutung haben und nicht zu erheblichen Verpflichtungen führen. Nach den Gesetzesmaterialien gehören zu diesen Maßnahmen auch Erhaltungsmaßnahmen. Dies soll dann der Fall sein, wenn es sich um »kleinere« Erhaltungsmaßnahmen handelt. Dieser Maßstab ist denkbar unklar und kann sich außerdem von Wohnungseigentumsanlage zu Wohnungseigentumsanlage unterscheiden. Denn die Frage, ob etwas »klein« ist, bemisst

sich unter anderem an der Frage, wie viele Wohnungseigentumsrechte es in einer Wohnungseigentumsanlage gibt und welche Mittel die Wohnungseigentümer jährlich u. a. für die Erhaltung aufbringen.

Der Verwalter und die Wohnungseigentümer sollten daher rasch für Klarheit sorgen. Diese Klarheit erreicht ein Beschluss, mit dem die Wohnungseigentümer die Erhaltungsmaßnahmen bestimmen können, die sie als »klein« ansehen wollen. Ferner sollte dieser Beschluss herausarbeiten, welche Mittel der Verwalter für Erhaltungsmaßnahmen einsetzen kann und ob er vor Beauftragung eines Werkunternehmers Rücksprache halten soll, beispielsweise mit einem Ingenieur oder den Verwaltungsbeiräten. Ist eine Entscheidung über eine Erhaltungsmaßnahme von den Wohnungseigentümern zu treffen, muss der Verwalter diese – wie auch bislang – angemessen vorbereiten. Der Verwalter muss die Wohnungseigentümer beispielsweise über die Notwendigkeit einer Reparatur des gemeinschaftlichen Eigentums informieren, Angebote einholen und den Wohnungseigentümern Vorschläge unterbreiten, wie Mängeln angemessen entgegenzutreten ist.

> **Muster: Erweiterung der Verwalterrechte nach § 27 Abs. 2 WEG**
> 1. Der Verwalter ist berechtigt und verpflichtet, Erhaltungsmaßnahmen des gemeinschaftlichen Eigentums bis zu einer Summe von … EUR und von jährlich maximal … EUR eigenständig und ohne Beschluss der Wohnungseigentümer ordnungsmäßig zu organisieren.
> 2. Der Verwalter hat vor einem beabsichtigten Vertragsabschluss den Verwaltungsbeirat zu informieren und diesem das Vertragsangebot des Werkunternehmers vorzulegen.
> 3. Ist der Verwaltungsbeirat mehrheitlich der Auffassung, dass die Wohnungseigentümer mit der Erhaltungsmaßnahme befasst werden sollten, ist vom Verwalter binnen eines Monats ein Beschluss der Versammlung herbeizuführen.
> 4. Mittel für die Erhaltungsmaßnahme sind der Erhaltungsrückstellung zu entnehmen.
>
> **Abstimmungsergebnis**
> Ja-Stimmen: …
> Nein-Stimmen: …
> Enthaltungen: …
> Der Versammlungsleiter verkündet folgendes Beschlussergebnis:
> Der Beschluss, … [Inhalt], wurde angenommen/abgelehnt.

9.5.1.2 Erhaltungsbeschluss: Inhalte und Delegation

AG Hamburg, Urteil vom 1.11.2021, 11 C 113/21
Bei größeren Erhaltungsmaßnahmen müssen alle Mängel vor einem Erhaltungsbeschluss bekannt sein. Ferner muss bekannt sein, welche Kosten für die Erhaltungsmaßnahmen anfallen werden.

Sachverhalt
Seit mehreren Jahren treten an einem in Wohnungseigentum aufgeteilten Gebäude Feuchtigkeitsschäden auf. Die Wohnungseigentümer beschließen daher im Juni 2018, bestimmte Bauteile zu überprüfen. Im Jahr 2019 werden den Wohnungseigentümern

die Ergebnisse vorgestellt. Im Jahr 2020 wird ein »Bauausschuss« gebildet. Im Jahr 2021 beschließen die Wohnungseigentümer nach diesen Klärungen, alle Fenster auszutauschen.

Gegen diesen Beschluss geht Wohnungseigentümer K vor. Er meint, es handele sich um eine »Luxussanierung«, da nur begrenzte Schäden bekämpft werden müssten. Der Austausch der Fenster sei mithin unverhältnismäßig. Die beschlossenen Erhaltungsmaßnahmen seien außerdem mangelhaft vorbereitet worden.

Entscheidung
Die Anfechtungsklage hat Erfolg: Bei größeren Erhaltungsmaßnahmen müssten vor einem Erhaltungsbeschluss alle Mängel bekannt sein. Bereits an dieser Voraussetzung fehle es. Denn die Wohnungseigentümer hätten bestimmt, dass ein Architekt mit der Prüfung »weiterer« Feuchtigkeitsprobleme beauftragt werden solle. Dies zeige, dass der Reparaturbedarf nicht »durchermittelt« gewesen sei. Im Übrigen räume die Gemeinschaft der Wohnungseigentümer ein, im Rahmen einer Baubegleitung seien ergänzende Bestandsaufnahmen und Bauteilöffnungen notwendig geworden. Im Rahmen einer »Notwendigkeitsuntersuchung« seien nicht zerstörerische Bauteilöffnungen aber von Anfang an vorzunehmen und auch zumutbar.

Bei größeren Erhaltungsmaßnahmen müsse ferner bekannt sein, welche Kosten anfallen werden. Auch an dieser Voraussetzung fehle es. Denn die Gemeinschaft der Wohnungseigentümer habe die möglichen KfW-Zuschüsse vor der Beschlussfassung nicht durchrechnen lassen. Wenn die Gemeinschaft der Wohnungseigentümer vortrage, diese seien vor dem Beschluss nicht ermittelbar gewesen, so sei dies unrichtig. Ein Energieberater hätte für die einzelnen Maßnahmen die Zuschusshöhen nennen können, ggf. im Wege der Schätzung mit einer mitzuteilenden Bandbreite.

Im Übrigen sei der Umfang der beschlossenen Maßnahme(n) nur durch Bezugnahme auf eine »Bieterliste« und durch vier »Bulletpoints« kursorisch unter schlagwortartiger Nennung von Gewerken (z. B. »Wiederherstellungsarbeiten am Wärmeverbundsystem«) dargestellt worden. Die Bezugnahme auf »vorgelegte Planungs- und Ausschreibungsergebnisse« sei nicht konkret genug. Weder das Fenstermaterial noch die Fenstermarke für die weitgehend auszutauschenden Fenster seien beschrieben worden. Und auch die Maßnahmen am Wärmeverbundsystem seien vom Umfang und der Methodik her völlig unklar.

Es habe im Übrigen einer ordnungsmäßigen Verwaltung widersprochen, die Auswahl des Werkunternehmers auf den Verwalter zu delegieren. Eine Delegierung sei nur bei kleinen Maßnahmen von untergeordneter Bedeutung und begrenztem finanziellen Risiko für einzelne Wohnungseigentümer zulässig. § 9b Abs. 1 WEG erlaube es nicht, dem Verwalter umfangreiche Auswahlrechte zu geben. Die Regelung betreffe die Vertretung der Gemeinschaft der Wohnungseigentümer durch den Verwalter nach außen, nicht die Verwalterbefugnis nach innen.

Hinweis für die Verwaltungspraxis

Im angeführten Fall beschließen die Wohnungseigentümer, Mängeln der Gebäudehülle entgegenzutreten. Sie entscheiden sich im Ergebnis nicht für einzelne Reparaturmaßnahmen, sondern für den Austausch der Fenster. Daher stellt sich die Frage, wie ein solcher Erhaltungsbeschluss vorzubereiten ist.

Erhaltungsbeschluss

Ist – wie im angeführten Fall – das gemeinschaftliche Eigentum zu erhalten, besteht grundsätzlich kein Ermessen für das Ob. Für den Beschluss, welche Maßnahme mit welchen Mitteln auf welche Art und Weise angegangen wird, besteht hingegen Ermessen. Bei der Prüfung ist beispielsweise nach Hügel/Elzer, WEG, 3. Aufl., § 19 Rn. 103 u. a. folgenden Fragen nachzugehen:

- Welche von mehreren notwendigen Maßnahmen steht zuerst an? Für den Beschluss, welche Maßnahme mit welchen Mitteln auf welche Art und Weise oder welche von mehreren anstehenden Maßnahmen zuerst durchgeführt werden soll, besteht Ermessen.
- Welchen Mängeln ist im Einzelnen entgegenzutreten bzw. welche Mängel sind eingetreten?
- Welche Ursachen haben die Mängel?
- Beachten die geplanten Maßnahmen den allgemein anerkannten Stand der Technik sowie die Regeln der Baukunst?
- Ist durch Angebote geklärt, welche Möglichkeiten der Mangelbehebung in Betracht kommen?
- In welchen Schritten ist vorzugehen?
- Wie werden die Mittel für die geplante Erhaltungsmaßnahme aufgebracht, wird z. B. eine Sonderumlage erhoben oder ein Darlehen aufgenommen? Der Erhaltungsbeschluss entspricht grundsätzlich nur dann ordnungsmäßiger Verwaltung, wenn diese Kostenfrage mitgeregelt ist.
- Wurde eine Kosten-Nutzen-Analyse vorgenommen? Es kann danach im Einzelfall ordnungsmäßiger Verwaltung entsprechen, aus wirtschaftlichen Gründen keine Erhaltungsmaßnahme zu ergreifen, z. B. bei einer Heizungsanlage keinen Zwischenzähler zur Ermittlung des Betriebsstroms einzubauen oder diese Erhaltungsmaßnahme wenigstens zunächst zurückzustellen – ein möglicher, aber eher seltener Fall. Andererseits ist es möglich, dass trotz hoher finanzieller Belastung das Verschieben von Erhaltungsmaßnahmen angesichts einer fortschreitenden Verschlechterung des Bauzustandes nicht mehr infrage kommt. Ein Anspruch auf sofortige Durchführung irgendeiner

- Maßnahme besteht dann, wenn allein dieses Vorgehen ordnungsmäßiger Verwaltung entspricht.
- Überfordert die beabsichtigte Maßnahme die einzelnen Wohnungseigentümer in finanzieller Hinsicht? Ist eine Maßnahme nicht zwingend, kann es im Einzelfall ordnungsmäßiger Verwaltung entsprechen, aus wirtschaftlichen Gründen keine Erhaltungsmaßnahmen zu ergreifen oder diese zunächst zurückzustellen.

Nach diesem »Programm« war im dargestellten Fall vor dem Erhaltungsbeschluss tatsächlich zu klären, welchen Mängeln man entgegentreten wollte und mit welchen Mitteln der Werkunternehmer bezahlt werden sollte. Ferner war zu klären, welche Belastungen auf die Wohnungseigentümer durch den Erhaltungsbeschluss zukommen würden. Nach den Feststellungen des AG hatten die Wohnungseigentümer alle diese Punkte nicht ausreichend beachtet.

Erweiterung der Aufgaben des Verwalters
Das AG meint im Übrigen, auch im aktuellen Recht sei es nicht möglich, Aufgaben an die Verwaltung zu delegieren. Diese Ausführung ist erkennbar unzutreffend. Das Gegenteil ist richtig. § 27 Abs. 2 WEG ermöglicht es den Wohnungseigentümern, die Rechte des Verwalters durch einen Beschluss zu erweitern. Es ist mithin möglich, der Verwaltung umfangreiche Entscheidungskompetenzen zu übertragen. Eines »Korridors«, z. B. zur Höhe von Kosten, bedarf es dazu nicht; er ist aber möglich.

9.5.1.3 Einstweilige Verfügung

AG Hamburg-St. Georg, Beschluss vom 2.8.2021, 980b C 21/21 WEG
Ein Wohnungseigentümer kann in der Regel keine Erhaltungsmaßnahme im Wege einer einstweiligen Verfügung durchsetzen.

Sachverhalt
Wohnungseigentümer K stellt im Wege der einstweiligen Verfügung beim AG den Antrag, die Gemeinschaft der Wohnungseigentümer zu verpflichten, die Kellerräume der Wohnungseigentumsanlage »unverzüglich zu sanieren bzw. den Verwalter damit zu beauftragen und zu ermächtigen, entweder die Firma ... mit der Durchführung der Sanierungsmaßnahmen entsprechend den in dem Kostenvoranschlag vom 13.8.2020 aufgelisteten Maßnahmen auf Kosten der Gemeinschaft der Wohnungseigentümer zu beauftragen oder alternativ mindestens zwei Vergleichsangebote einzuholen und der Eigentümerversammlung zur Beschlussfassung über die Auftragsvergabe und deren Finanzierung vorzulegen«.

Entscheidung

Das AG hält bereits den Antrag für unzulässig: Die Unzulässigkeit ergebe sich schon daraus, dass damit die Hauptsache vorweggenommen werden würde; das materielle Begehren würde mit dem Erlass der begehrten Entscheidung bereits befriedigt werden. K sei daher gehalten, sein Begehren im bereits rechtshängigen Hauptsacheverfahren zu verfolgen. Es sei für ihn zumutbar, auf etwaige Sekundäransprüche verwiesen zu werden. Außerdem fehle dem Begehren das Rechtsschutzbedürfnis. Ebenso wie eine Klage auf Beschlussersetzung voraussetze, dass die übrigen Eigentümer mit dem Beschlussgegenstand vorbefasst werden (Hinweis u. a. auf Elzer/Riecke in Skauradszun/Elzer/Hinz/Riecke, Die WEG-Reform 2020, 2021, § 9 Rn. 73), müsse dies aufgrund des gewichtigen Eingriffs in das Selbstorganisationsrecht der Eigentümer auch für einen Antrag auf Beschlussersetzung im Wege des Eilrechtsschutzes nach den §§ 935 ff. ZPO gelten. Eine Abstimmung über einen entsprechenden Beschlussantrag – dessen Aufnahme in die Tagesordnung einer Eigentümerversammlung im Eilrechtsschutz verlangt werden könne – im Rahmen einer (außerordentlichen) Eigentümerversammlung sei bislang nicht erfolgt.

Für einen Antrag auf Beschlussersetzung gebe es aber auch keinen Verfügungsgrund. K habe die Dringlichkeit seines Begehrens selbst widerlegt. Jedenfalls seit der Durchführung einer Versammlung im Januar 2021 sei ihm bekannt, dass der Antrag, den Schimmelbefall in den Kellerräumen beseitigen zu lassen, keine Mehrheit gefunden habe. Seither seien aber über sechs Monate vergangen.

Hinweis für die Verwaltungspraxis

Jeder Wohnungseigentümer hat gegen die Gemeinschaft der Wohnungseigentümer nach §§ 18 Abs. 1, Abs. 2, 19 Abs. 2 Nr. 2 WEG einen Anspruch darauf, dass das gemeinschaftliche Eigentum erhalten wird. Dieser Anspruch ist in der Regel im Wege einer Beschlussersetzungsklage zu verfolgen. Sind die Tatbestandsvoraussetzungen des § 27 Abs. 1 WEG erfüllt, kann ein Wohnungseigentümer meines Erachtens auch auf Leistung klagen. Im dargestellten Fall geht es um die Frage, ob man daneben eine Erhaltung im Wege des einstweiligen Rechtsschutzes verlangen kann.

Allgemeine Voraussetzungen einer einstweiligen Verfügung

Ein AG erlässt auf Antrag eine einstweilige Verfügung, wenn der Antrag zulässig ist und wenn der Antragsteller einen Verfügungsanspruch sowie einen Verfügungsgrund hat.

Das AG meint, der Antrag des K sei aus zwei Gründen nicht zulässig: Der eine bestehe in der Vorwegnahme der Hauptsache. Hiermit ist das Vorwegnahmeverbot gemeint: Die Verfügungsentscheidung soll die in der Hauptsache zu treffende Entscheidung nicht ersetzen, sondern inhaltlich hinter ihr zurückbleiben, und es sollen keine irreversiblen Maßnahmen angeordnet werden. Da K (auch) beantragt hatte, Vergleichsangebote einzuholen und der Versammlung zur Beschlussfassung über die Auftragsvergabe und deren Finanzierung vorzulegen, dürfte das Vorwegnahmeverbot aber nicht verletzt gewesen sein. Der andere sei das fehlende Rechtsschutzbedürfnis. K müsse vor seinem Antrag versuchen, die Wohnungseigentümer mit seinem Begehren zu befassen. Ist eine Regelung dringlich, ist auch diese Ansicht unvertretbar. Sie ist auch kein Prüfungsgegenstand des Rechtsschutzbedürfnisses, sondern des Verfügungsgrundes (eine besondere Ausprägung des Rechtsschutzbedürfnisses).

Verfügungsgrund
Im Übrigen meint das AG, es fehle wegen einer Selbstwiderlegung an einem Verfügungsgrund (der Verfügungsanspruch lag vor, wird vom AG aber nicht problematisiert). Dies ist der Fall, wenn der Antragsteller nach Eintritt der Gefährdung mit einem Antrag zuwartet oder das Verfahren nicht zügig betreibt. An dieser Stelle ist tatsächlich auch für Wohnungseigentümer Eile geboten.

9.5.2 Wohnungseigentum und Gebäudeversicherung (§ 19 Abs. 2 Nr. 3 WEG)

9.5.2.1 Vollmacht für Eigentümer nach einem Brand

LG Potsdam, Urteil vom 2.2.2022, 2 O 291/19
Ein Wohnungseigentümer kann allein gegen die Versicherung vorgehen, mit der die Gemeinschaft der Wohnungseigentümer einen Vertrag geschlossen hat, wenn ihn die Gemeinschaft der Wohnungseigentümer für die Geltendmachung ihrer Ansprüche bevollmächtigt hat.

Sachverhalt
Die Gemeinschaft der Wohnungseigentümer X schließt mit der B-AG einen Gebäudeversicherungsvertrag. Nach einem Brand verlangt nicht die Gemeinschaft der Wohnungseigentümer, sondern Wohnungseigentümer K von der B-AG für die Dauer von 36 Monaten den Ersatz der ihm entgangenen Miete und weiterer Schäden. Der Verwalter hatte der B-AG insoweit mitgeteilt, K sei ermächtigt, den Mietausfall sowie die Kosten für die Demontage, den Abtransport, die Lagerung, den Antransport, den Wiedereinbau und die Reinigung einer Einbauküche direkt bei ihr geltend zu machen. Die B-AG ist bereit, Miete in Höhe von 8.640,00 EUR (= 8 Monate) und 1.050,00 EUR für die Einbauküche zu zahlen. Weitere Schäden will sie nicht regulieren. Sie meint, K habe die Reparatur des Sondereigentums schuldhaft verzögert.

Vor diesem Hintergrund erhebt K gegen die B-AG Klage auf weitere Beträge. Die B-AG wendet jetzt ein, die Gemeinschaft der Wohnungseigentümer sei die Versicherungsnehmerin. Die von dem Verwalter mitgeteilte Ermächtigung des K gelte nicht für den Mietausfall. K habe die Schadensbeseitigung jedenfalls vorsätzlich, zumindest aber grob fahrlässig verzögert, indem er überzogene Anforderungen an die Schadensbeseitigung gestellt habe, um möglichst lange eine Mietausfallentschädigung zu erhalten, sodass sie nach den Versicherungsbedingungen leistungsfrei sei.

Entscheidung

Die Klage hat Erfolg: K sei berechtigt, gegen die B-AG vorzugehen. Dies ergebe sich bereits aus dem Schreiben des Verwalters. Dieser habe ausdrücklich mitgeteilt, K sei ermächtigt, die aufgestellten Forderungen direkt bei der B-AG geltend zu machen. Dass diese Ermächtigung sich nur auf die außergerichtliche Regulierung des Mietausfallsschadens beziehen solle, sei dem Schreiben nicht zu entnehmen.

K habe die Wiederbenutzung seiner Wohnung auch nicht schuldhaft verzögert. Fraglich sei bereits, ob ein Verhalten des K maßgeblich sein könne. Nicht er, sondern die Gemeinschaft der Wohnungseigentümer sei die Versicherungsnehmerin. Jedenfalls habe K selbst nichts falsch gemacht. Stellte man auf die Gemeinschaft der Wohnungseigentümer ab, ergebe sich kein anderes Bild.

> **Hinweis für die Verwaltungspraxis**
>
> Die Gemeinschaft der Wohnungseigentümer wird in der Regel eine angemessene Versicherung des gemeinschaftlichen Eigentums zum Neuwert sowie eine Versicherung der Wohnungseigentümer gegen Haus- und Grundbesitzerhaftpflicht abschließen. Die Versicherung des gemeinschaftlichen Eigentums zum Neuwert bezieht sich zwar auch auf das Sondereigentum. Will ein Wohnungseigentümer gegen die Versicherung wegen des Sondereigentums vorgehen, ist aber zu fragen, ob er das überhaupt kann.
>
> **Abwicklung eines Schadensfalls: Sondereigentum**
> Schäden am Sondereigentum muss die Gemeinschaft der Wohnungseigentümer dem Versicherer nur anzeigen. Zur eigentlichen Schadenabwicklung ist die Gemeinschaft der Wohnungseigentümer aber nicht berufen – sofern sie mit dem oder den betroffenen Wohnungseigentümern individuell nichts anderes vereinbart hat.
>
> Ein betroffener Wohnungseigentümer muss sich also grundsätzlich selbst um (mit-)versicherte Schäden im Sondereigentum kümmern. Er bedarf zur Durchsetzung seiner Ansprüche zunächst der Vertragsdaten des Versicherungsvertrags. Diese Daten hat ihm der Verwalter im Namen der Gemeinschaft der Wohnungs-

eigentümer mitzuteilen. Ferner benötigt der Wohnungseigentümer die Zustimmung der Gemeinschaft der Wohnungseigentümer, gegen den Versicherer vorzugehen. Diese Zustimmung muss der Verwalter nach § 27 Abs. 1 Nr. 1 WEG erteilen. Kann der Verwalter nicht handeln, müssen die anderen Wohnungseigentümer für die Gemeinschaft der Wohnungseigentümer die Zustimmung erteilen.

9.5.2.2 Vollmacht für einen Eigentümer nach Wasserschaden

OLG Nürnberg, Beschluss vom 10.5.2021, 8 U 3174/20

Ein Wohnungseigentümer kann gegenüber dem Wohngebäudeversicherer wegen pflichtwidrig verzögerter Regulierung eines Leitungswasserschadens im Einzelfall einen Mietausfallschaden verlangen. Ihn kann aber die Obliegenheit treffen, die sein Sondereigentum betreffenden Schäden zunächst aus eigenen Mitteln zu beseitigen, um die Wohnung mit zumutbarem Aufwand wieder in einen vermietbaren Zustand zu versetzen. Bei Verletzung dieser Obliegenheit ist der zu ersetzende Mietausfallschaden zeitlich zu begrenzen.

Sachverhalt

Wohnungseigentümer K erleidet 2009 einen Wasserschaden. Nach einer Ermächtigung durch die Gemeinschaft der Wohnungseigentümer geht er gegen den Versicherer B wegen Schäden am gemeinschaftlichen Eigentum, am Sondereigentum und wegen eines Mietausfallschadens vor. Das LG gibt der Klage für die Schäden bis zum Jahr 2014 statt. Zwar bestehe kein vertraglicher Leistungsanspruch. Dieser sei unstreitig auf einen Zeitraum von 24 Monaten begrenzt. Jedoch schulde B Schadensersatz aus §§ 280 Abs. 1, Abs. 2, 286 Abs. 1 BGB, § 14 Abs. 1 VVG. Denn B habe ihre Leistung insbesondere für den Austausch des Estrichs pflichtwidrig und schuldhaft verweigert. Ein über Januar 2014 hinausgehender Schadensersatz scheitere hingegen am Mitverschulden des K. Nach Abschluss der gerichtlichen Beweissicherung im Oktober 2013 habe K nämlich intensivere Bemühungen für eine Reparatur und deren Finanzierung entfalten müssen. Dagegen wendet sich K.

Entscheidung

K hat keinen Erfolg: Er sei nach der Ermächtigung zwar berechtigt gewesen, Schadensersatzansprüche einzuklagen, die ihm aus einer verzögerten Erfüllung entstanden seien; ebenso Schäden, die das gemeinschaftliche Eigentum beträfen. K habe aber nur bis zum Jahr 2014 einen Anspruch. Ihm sei es nämlich möglich und zumutbar gewesen, seine Wohnung nach Abschluss der parallelen gerichtlichen Beweissicherung in einen bewohnbaren Zustand zu versetzen und die hierfür erforderlichen Kosten vorzufinanzieren. Für das Sondereigentum hätte er maximal 8.700 EUR aufwenden müssen. Die Kosten für die Beseitigung der Schäden am gemeinschaftlichen Eigentum, namentlich am Estrich, hätte hingegen die Gemeinschaft der Wohnungseigentümer vorstrecken müssen.

Hinweis für die Verwaltungspraxis

Zu einer ordnungsmäßigen Verwaltung des gemeinschaftlichen Eigentums gehören nach § 19 Abs. 2 Nr. 3 WEG wenigstens die angemessene Versicherung des gemeinschaftlichen Eigentums zum Neuwert sowie eine Haus- und Grundbesitzerhaftpflichtversicherung der Wohnungseigentümer. Diese Verträge muss die Gemeinschaft der Wohnungseigentümer im eigenen Namen zugunsten der Wohnungseigentümer abschließen.

Versicherer

Mit welchem Versicherer zu welchen Bedingungen ein Vertrag geschlossen, geändert oder gekündigt wird, können die Wohnungseigentümer bestimmen. Die von § 19 Abs. 2 Nr. 3 WEG genannten Versicherungsverträge unterfallen in der Regel allerdings wohl auch § 27 Abs. 1 WEG.

9.6 Datenschutz

9.6.1 Legionellenbefall

OLG München, Urteil vom 6.10.2021, 20 U 7051/20
Der Verwalter ist bei einem Legionellenbefall berechtigt, den Wohnungseigentümern die Wohnung zu nennen, den Befall sowie den Wohnungseigentümer.

Sachverhalt

In einer Wohnungseigentumsanlage gibt es einen Legionellenbefall. Von diesem ist u. a. die Wohnung von Wohnungseigentümer K betroffen. Mit der Einladung zu einer Versammlung teilt der Verwalter allen 70 Wohnungseigentümern den Befall, die befallenen Wohnungen und ihre Eigentümer sowie die KBE-Werte mit. Wohnungseigentümer K meint, hierin liege ein Verstoß gegen die Datenschutzgrundverordnung (DSGVO). Ihm sei ein immaterieller Schaden entstanden. Es liege eine Rufschädigung vor. Zudem habe ein potenzieller Käufer seines Wohnungseigentums aufgrund der ihm aus den Reihen der informierten Wohnungseigentümer zugetragenen Information des Legionellenbefalls von einem Kauf Abstand genommen. K begehrt vom Verwalter V eine Geldentschädigung von pauschal 7.000 EUR (70 × 100 EUR).

Entscheidung

K hat keinen Erfolg: V habe nicht gegen die Vorschriften der DSGVO verstoßen. Die Verarbeitung der Daten in der mit der Einladung zur Eigentümerversammlung verschickten Tagesordnung sei gem. Art. 6 Abs. 1 Unterabsatz 1 Buchstabe c) und Buchstabe f) DSGVO erlaubt gewesen. V sei ebenso wie die Gemeinschaft der Wohnungseigentümer für die Erhaltung des gemeinschaftlichen Eigentums und die

Überprüfung der Leitungen rechtlich verantwortlich gewesen. Außerdem sei V der Gemeinschaft der Wohnungseigentümer vertraglich zur ordnungsmäßigen Verwaltung verpflichtet.

Es sei auch erforderlich gewesen, die Namen der einzelnen Wohnungseigentümer zu nennen. Denn V habe nur auf diese Weise sicherstellen können, dass die Wohnungseigentümer über die für die Aussprache und Beschlussfassung über weitergehende Maßnahmen zum Legionellenbefall und deren Finanzierung erforderlichen Informationen verfügten und die Aussprache und Beschlussfassung vollständig durchführen konnten. Denn nur bei Kenntnis, wer von dem Legionellenbefall betroffen war, hätten die Wohnungseigentümer die einzelnen Redebeiträge zutreffend einordnen und Nachfragen stellen können, z. B. zum Umfang der Arbeiten in den betroffenen Wohnungen oder an den im Sondereigentum stehenden Wasserarmaturen oder zu Mietminderungen. Dass Ks Interessen an der Nichtnennung seines Namens überwiegen würden, sei nicht ersichtlich. V sei zum Vorteil des K zur endgültigen Unterbindung des Legionellenbefalls in der klägerischen Wohnung tätig gewesen. Auch eine Wohnungseigentümergemeinschaft sei keine anonyme Gemeinschaft (Hinweis auf OLG München, Beschluss v. 9.3.2007, 32 Wx 177/06). Die Behauptung, ein potenzieller Käufer sei »abgesprungen«, führe zu keiner anderen Beurteilung. Ein erst kürzlich beseitigter Legionellenbefall im Verkaufsobjekt sei einem potenziellen Käufer gegenüber unzweifelhaft von K selbst zu offenbaren gewesen.

Hinweis für die Verwaltungspraxis

Die Umsetzung der Datenschutzgrundverordnung (DSGVO) ab dem Jahr 2018 hat den Verwaltungen viel Arbeit gemacht. Gerichtliche Entscheidungen, die sich mit dem Verwalter und dem Datenschutz beschäftigen, sind seitdem allerdings äußerst selten. Umso dankbarer muss man sein, wenn es eine Entscheidung gibt und diese im Kern das Tun der Verwaltungen bestätigt. Konkret geht es um die Frage, ob und ggf. welche Informationen die Verwaltung den Wohnungseigentümern im Zusammenhang mit einem Legionellenbefall mitteilen darf.

Grundsätze
Bei Legionellen handelt es sich um Bakterien. Bei Wassertemperaturen von 30°C bis 45°C vermehren sie sich bis zu einer für den Menschen gesundheitsgefährdenden Konzentration. Zu einer Infektion kommt es durch Einatmen von zerstäubtem, legionellenhaltigem Wasser oder durch Eindringen von erregerhaltigem Trinkwasser in die Luftröhre oder Lunge.

Maßnahmen bei hohem Legionellenbefall
Wird ein hoher Legionellenbefall festgestellt, bieten sich u. a. die folgenden Maßnahmen an:

- eine Information des zuständigen Gesundheitsamtes (§ 16 Abs. 1 Trinkwasserverordnung);
- unverzügliche Untersuchungen zur Aufklärung der Ursache und Sofortmaßnahmen zur Abhilfe (§ 16 Abs. 1 Trinkwasserverordnung);
- eine Information der Verbraucher;
- ggf. die Erstellung einer Gefährdungsanalyse (§ 16 Abs. 7 Trinkwasserverordnung);
- eine Leitungsspülung und Desinfektion.

DSGVO: Grundsätze

Jeder Wohnungseigentümer hat nach der DSGVO und dem Bundesdatenschutzgesetz (BDSG) einen Anspruch auf Schutz seiner personenbezogenen Daten. Seine Daten müssen u. a.

- auf rechtmäßige Weise, nach Treu und Glauben und in einer für ihn nachvollziehbaren Weise verarbeitet werden;
- für festgelegte, eindeutige und legitime Zwecke erhoben werden und dürfen nicht in einer mit diesen Zwecken nicht zu vereinbarenden Weise weiterverarbeitet werden;
- dem Zweck angemessen und erheblich sowie auf das für die Zwecke der Verarbeitung notwendige Maß beschränkt sein;
- in einer Form gespeichert werden, welche die Identifizierung der betroffenen Personen nur so lange ermöglicht, wie es für die Zwecke, für die sie verarbeitet werden, erforderlich ist;
- in einer Weise verarbeitet werden, die durch geeignete technische und organisatorische Maßnahmen eine angemessene Sicherheit der personenbezogenen Daten gewährleistet, einschließlich Schutz vor unbefugter oder unrechtmäßiger Verarbeitung und vor unbeabsichtigtem Verlust, unbeabsichtigter Zerstörung oder unbeabsichtigter Schädigung.

DSGVO: Verantwortlichkeit für Datenschutz

In einer Wohnungseigentumsanlage ist nach Art. 4 Nr. 7 DSGVO die Gemeinschaft der Wohnungseigentümer für den Datenschutz verantwortlich. Denn sie allein entscheidet durch ihre Organe – den Verwalter, die Wohnungseigentümer und/oder den Verwaltungsbeirat – über die Zwecke und Mittel der Verarbeitung der personenbezogenen Daten der Wohnungseigentümer. Der Verwalter kann auch nicht als Auftragsverarbeiter i. S. v. Art. 28 DSGVO oder i. S. v. Art. 26 Abs. 1 DSGVO als gemeinsamer Verantwortlicher angesehen werden (das ist streitig). Es ist allein an der Gemeinschaft der Wohnungseigentümer, die Zwecke der und die Mittel zur Verarbeitung festzulegen. Der Verwalter handelt auch nicht in ihrem Auftrag. Folgen dieses Denkens sind:

Einer Vereinbarung nach Art. 26 Abs. 1 Satz 2 DSGVO, welche Verpflichtung die Gemeinschaft der Wohnungseigentümer oder der Verwalter gemäß der DSGVO erfüllt, bedarf es nicht mehr (diese Frage wird auch anders beantwortet).

Der Verwalter kann für die Einhaltung des Datenschutzes keine Sondervergütung verlangen. Anders ist es nur, wenn es gelänge, transparent zu beschreiben, worin sich diese Leistung von den »Grundleistungen« unterscheidet. Das ist kaum vorstellbar.

Die Gemeinschaft der Wohnungseigentümer kann sich weiterhin vertraglich an einen externen Datenschützer binden.

DSGVO: Verarbeitung von Daten
Der klagende Wohnungseigentümer rügte die Weitergabe seines Namens, der Nummer seiner Wohnung und eines Prüfungsergebnisses. Für alle diese Daten fragt sich, ob der Verwalter sie als Organ der Gemeinschaft der Wohnungseigentümer Dritten (im Fall: den anderen Wohnungseigentümern) weitergeben/mitteilen darf.

Die Erhebung, Erfassung, Organisation und Speicherung der Daten eines Wohnungseigentümers ist jeweils eine »Verarbeitung« seiner Daten. Die Gemeinschaft der Wohnungseigentümer ist zu dieser Verarbeitung befugt, wenn mindestens eine der in Art. 6 Abs. 1 Unterabsatz 1 DSGVO genannten Bedingungen erfüllt ist:

- **Art. 6 Abs. 1 Unterabsatz 1 Buchstabe a) DSGVO (Einwilligung):** Dies ist bei der Erfassung des Namens und der Adresse eines Wohnungseigentümers bzw. seiner Kontodaten nach Art. 6 Abs. 1 Unterabsatz 1 Buchstabe a) DSGVO der Fall. Denn der Wohnungseigentümer hat wenigstens mittelbar seine Einwilligung zur Verarbeitung der ihn betreffenden personenbezogenen Daten für die Zwecke der Gemeinschaft der Wohnungseigentümer gegeben. Bei der E-Mail-Adresse hängt es von den Vereinbarungen und Beschlüssen der Wohnungseigentümer ab. In der Regel dürfte die Gemeinschaft der Wohnungseigentümer danach auch befugt sein, die E-Mail-Adresse oder die Nummer eines Faxgeräts zu erfassen. Es ist aber auch vorstellbar, dass ein Wohnungseigentümer in die Erfassung dieser Daten nicht einwilligt.
- **Art. 6 Abs. 1 Unterabsatz 1 Buchstabe c) DSGVO (rechtliche Verpflichtung):** In Bezug auf die Erhebung der Legionellendaten ist die Verarbeitung durch die Gemeinschaft der Wohnungseigentümer nach Art. 6 Abs. 1 Unterabsatz 1 Buchstabe c) DSGVO zulässig. Denn die Gemeinschaft der Wohnungseigentümer muss nach § 9a Abs. 2 WEG u. a. die öffentlich-rechtlichen Pflichten der Wohnungseigentümer in Bezug auf das gemeinschaftliche Eigentum wahrnehmen.
- Ferner dürfte die Verarbeitung nach **Art. 6 Abs. 1 Unterabsatz 1 Buchstabe d) DSGVO** zulässig sein, um lebenswichtige Interessen der anderen Wohnungseigentümer und der Drittnutzer zu schützen.

Ob die Gemeinschaft der Wohnungseigentümer berechtigt ist, den anderen Wohnungseigentümern die Daten eines Wohnungseigentümers offenzulegen und zu übermitteln, richtet sich wieder nach Art. 6 Abs. 1 Unterabsatz 1 DSGVO. Denn auch die Offenlegung durch Übermittlung, Verbreitung oder eine andere Form der Bereitstellung ist jeweils eine »Verarbeitung« von Daten. Die Mitteilung, welche Wohnung in welcher Weise von Legionellen betroffen ist, dürfte Art. 6 Abs. 1 Unterabsatz 1 Buchstabe d) DSGVO (lebenswichtige Interessen der anderen Wohnungseigentümer) unterfallen. Danach dürfte die Verarbeitung zulässig sein, um lebenswichtige Interessen der anderen Wohnungseigentümer und der Drittnutzer zu schützen. Das OLG nennt hingegen Art. 6 Abs. 1 Unterabsatz 1 Buchstabe c) DSGVO sowie Art. 6 Abs. 1 Unterabsatz 1 Buchstabe f) DSGVO.

9.6.2 Mieter schwärzt Mieter an: Auskunft?

BGH, Urteil vom 22.2.2022, V ZR 14/21
Ein Mieter kann ein Recht darauf haben zu erfahren, wer ihn gegenüber der Hausverwaltung angeschwärzt hat.

Sachverhalt
Die Hausverwaltung B kündigt Mieter K an, sie wolle dessen Wohnung besichtigen. Anlass für diese Absicht seien Beschwerden über eine starke Geruchsbelästigung und Ungeziefer im Treppenhaus, die ihre Ursache in der Wohnung des K hätten. K leugnet dies und möchte wissen, wer sich in dieser Weise diskriminierend beschwert habe. Da B nicht bereit ist, den Namen freiwillig zu verraten, klagt K, gestützt auf Art. 15 Abs. 1 DSGVO, gegen die Hausverwaltung auf Auskunft. Das LG weist die Klage ab, das OLG die Berufung zurück. Hiergegen richtet sich die Nichtzulassungsbeschwerde des K.

Entscheidung
K hat Erfolg: Die Offenlegung der Identität des Hinweisgebers durch die Hausverwaltung sei gem. Art. 6 Abs. 1 Unterabsatz 1 Buchstabe f) DSGVO ggf. rechtmäßig. Sie sei zur Wahrung des berechtigten Interesses des K, nämlich seines Rechts auf Auskunftserteilung gem. Art. 15 Abs. 1 Halbsatz 2 Buchstabe g) DSGVO, möglicherweise erforderlich. Die Interessen oder Grundrechte und Grundfreiheiten des Hinweisgebers, die den Schutz personenbezogener Daten erforderten, überwögen wohl nicht. Für den BGH sei allerdings der Vortrag des K zu unterstellen, die Behauptungen des Hinweisgebers seien unzutreffend gewesen.

Es handele sich bei der Beschwerde auch nicht nur um eine bloße Meinungsäußerung, die allein persönliches Empfinden zum Gegenstand habe, sondern um einen dem Beweis zugänglichen Tatsachenkern. Um mögliche Rechte auch gegenüber dem

Hinweisgeber geltend zu machen, benötige K die Information, von wem die Angaben stammten. Für ein konkretes Schutzbedürfnis des Hinweisgebers, das ausnahmsweise trotz sachlicher Unrichtigkeit der von ihm herrührenden Daten ein das Auskunftsrecht überwiegendes Geheimhaltungsinteresse begründen könnte, sei nichts ersichtlich.

Die Verweigerung der Auskunft könne nicht auf das Interesse der Hausverwaltung an einer sachgerechten und effektiven Aufgabenerfüllung, insbesondere der Erhaltung der Ordnung und des Friedens in der Hausgemeinschaft, gestützt werden. Das Interesse an einer sachgerechten und effektiven Aufgabenerfüllung überwiege nicht das grundrechtlich verbürgte Auskunftsrecht des K über die Herkunft der Daten, wenn diese sachlich unrichtig seien. Bei Annahme einer Auskunftspflicht über die Identität des Hinweisgebers bestehe auch nicht die Gefahr, dass sich niemand mehr an eine Hausverwaltung wenden würde, um Missstände im Haus anzuzeigen und um Abhilfe zu bitten. Denn auf Missstände könne auch anonym hingewiesen werden.

Hinweis für die Verwaltungspraxis

Im Fall geht es um die Frage, ob eine Hausverwaltung den Namen eines »Hinweisgebers« nennen muss. Es handelt sich um einen Fall in einem Mietshaus. Dort ist es vorstellbar, die Verwaltung unmittelbar auf Auskunft in Anspruch zu nehmen. In einer Wohnungseigentumsanlage müsste sich die Klage gegen die Gemeinschaft der Wohnungseigentümer richten, da der Verwalter stets als ihr Organ handelt. Würde ein Wohnungseigentümer dennoch gegen den Verwalter klagen, müsste dessen Klage also abgewiesen werden.

Datenschutz
Die Hausverwaltung war der Ansicht, aus Gründen des Datenschutzes keine Auskunft über den Namen des »Hinweisgebers« erteilen zu müssen. Dieser Argumentation zeigt der BGH die rote Karte – teilweise! Er hält die Preisgabe des Namens des Hinweisgebers nach der DSGVO möglicherweise für rechtmäßig. Dies gilt nicht nur in einem Mietshaus, sondern auch in der Wohnungseigentumsanlage. Eine Verwaltung wäre meines Erachtens auch nicht berechtigt, den Anfragenden auf eine Einsichtnahme in die Verwaltungsunterlagen zu verweisen. Wie in Bezug auf andere Entscheidungen bereits dargelegt, haben bestimmte Personen ein Recht auf Auskunft und nicht nur auf Einsichtnahme. Bereits dort habe ich auf Art. 15 Abs. 1 DSGVO hingewiesen. Eben diese Norm nutzt der BGH für das Auskunftsrecht des vermeintlich zu Unrecht angeschwärzten Mieters.

Abwägung
Für die Frage, ob die Auskunft zu erteilen ist, sind allerdings die Interessen des Auskunftsberechtigten (im Fall ist das K) und die des anonymen Hinweisgebers gegeneinander abzuwägen. Für die Abwägung kann die Richtigkeit oder Unrich-

tigkeit der vom Hinweisgeber mitgeteilten personenbezogenen Daten eine maßgebliche, wenn auch nicht die allein entscheidende Rolle spielen.

In die Abwägung sind zugunsten des Auskunftsberechtigten Bedeutung, Gewicht und Zweck des Auskunftsrechts über die Herkunft der Daten einzubeziehen. Zugunsten des Hinweisgebers ist demgegenüber zu berücksichtigen, dass auch dessen Rechte verbürgt sind. Allein der Einwand des auf Auskunft in Anspruch genommenen Verantwortlichen, dem Hinweisgeber – im Ergebnis ohne Rücksicht auf das Auskunftsrecht des Betroffenen – Vertraulichkeit zugesichert zu haben, führt noch nicht zum Recht, dem Auskunftsersuchenden die Information zu verweigern, ebenso wenig ein pauschaler Verweis auf das Schutzbedürfnis des Hinweisgebers und darauf, dass der Verantwortliche auf dessen Hinweise angewiesen sei.

Das Interesse an der Geheimhaltung des Hinweisgebers hat gegenüber dem Auskunftsinteresse regelmäßig zurückzutreten, wenn der Hinweisgeber wider besseres Wissen oder leichtfertig unrichtige Angaben zu personenbezogenen Daten der betroffenen Person gemacht hat. Ob es so ist, muss das OLG noch prüfen. Ob es abgesehen von diesen Fällen auf die objektive Richtigkeit oder Unrichtigkeit der vom Hinweisgeber mitgeteilten Daten ankommt, hängt von den Umständen des Einzelfalls ab. Hat z. B. eine öffentliche Stelle Informationen von einem Hinweisgeber bezogen und würde die Auskunftserteilung über den Hinweisgeber die ordnungsgemäße Erfüllung der in der Zuständigkeit der verantwortlichen Stelle liegenden Aufgaben, wie beispielsweise die Kriminalitätsbekämpfung, gefährden, erlaubt es die DSGVO, die Auskunft zu verweigern. Im Hinblick darauf, dass Behörden auf den Einsatz unerkannt bleibender Hinweisgeber angewiesen sein können, kann die Abwägung im Einzelfall dazu führen, dass die Auskunft über den Hinweisgeber selbst bei objektiver Unrichtigkeit der Angaben verweigert wird. Demgegenüber kann es bei der Mitteilung personenbezogener Daten, die wegen ihres ansehensbeeinträchtigenden Charakters das allgemeine Persönlichkeitsrecht verletzen können, auf die objektive Richtigkeit der Daten durchaus ankommen.

Die Verwaltung muss versuchen, die Richtigkeit der Hinweise zu ermitteln (s. auch Gündel, ZWE 2022, S. 250, 251). Ferner ist sie verpflichtet, den Hinweisgeber über die Datenverarbeitung und damit die mögliche Offenlegung seiner Identität zu informieren. Denn gegen die Offenlegung hat der Hinweisgeber nach Art. 21 Abs. 1 DSGVO ein Widerspruchsrecht.

Umfang der Auskunft
Der Auskunftsanspruch nach Art. 15 Abs. 1 DSGVO ist nicht dahin gehend teleologisch zu reduzieren, dass der Personenbezug eine signifikante biografische

Information voraussetzt, die im Vordergrund des fraglichen Dokuments steht. Interne Vermerke können daher nicht kategorisch vom Anwendungsbereich des datenschutzrechtlichen Auskunftsanspruchs ausgenommen werden. Dass es sich insoweit um interne Vorgänge handelt, ist belanglos. Auch die Kommunikation der betroffenen Person mit dem Verantwortlichen ist nicht kategorisch vom Anwendungsbereich des Art. 15 Abs. 1 DSGVO ausgenommen. Dass der betroffenen Person die Schreiben bekannt sind, schließt den datenschutzrechtlichen Auskunftsanspruch nicht aus. Näheres findet man dazu jüngst bei BGH, Urteil v. 15.6.2021, VI ZR 576/19.

9.6.3 Videoüberwachung

LG Frankfurt am Main, Beschluss vom 7.5.2020, 2-09 S 2/20
Eine Videoüberwachungsanlage, die unter der Regie und Aufsicht der Gemeinschaft der Wohnungseigentümer Teile des gemeinschaftlichen Eigentums überwacht und das Geschehen aufzeichnet, ist zulässig, wenn das Überwachungsinteresse der Gemeinschaft das Interesse des einzelnen Wohnungseigentümers und Dritter, deren Verhalten mitüberwacht wird, überwiegt und wenn die Ausgestaltung der Überwachung inhaltlich und formell dem Schutzbedürfnis des Einzelnen ausreichend Rechnung trägt.

Sachverhalt
Wohnungseigentümer K wendet sich mit einer Anfechtungsklage gegen einen Beschluss, mit dem die Wohnungseigentümer die Installation einer Videoüberwachungsanlage beschlossen haben.

Entscheidung
Die Klage hat keinen Erfolg: Die Installation der Videoüberwachungsanlage sei nicht zu beanstanden. Die beklagten Wohnungseigentümer hätten substanziiert vorgetragen und hierzu auch Unterlagen und Strafanzeigen vorgelegt, wonach es vor dem Beschluss zu mehreren Diebstählen und Belästigungen von Wohnungseigentümern durch Dritte gekommen war. Im Fall überwiege daher das Interesse des Überwachenden das Interesse des Überwachten am Schutz seiner Privatsphäre. Die Ausgestaltung genüge inhaltlich und formell den Vorgaben des § 4 BDSG. Zwar könne die Herstellung von Filmaufzeichnungen einer Person mit einer Videokamera auch in der Öffentlichkeit zugänglichen Bereichen, beispielsweise auf einem öffentlichen Weg, einen unzulässigen Eingriff in das allgemeine Persönlichkeitsrecht des Betroffenen darstellen. Eine Videoüberwachungsanlage, die unter der Regie und Aufsicht der Gemeinschaft der Wohnungseigentümer Teile des gemeinschaftlichen Eigentums überwache und das Geschehen aufzeichne, sei aber zulässig, wenn das Überwachungsinteresse das Interesse des einzelnen Wohnungseigentümers und Dritter, deren Verhalten mit-

überwacht werde, überwiege und wenn die Ausgestaltung der Überwachung inhaltlich und formal dem Schutzbedürfnis des Einzelnen ausreichend Rechnung trage. Ob diese Vorgaben eingehalten worden seien, sei anhand einer umfassenden Würdigung der Umstände des Einzelfalls zu beantworten. Im Fall genüge der Beschluss diesen Anforderungen.

Hinweis für die Verwaltungspraxis

Nach § 4 Abs. 1 Nr. 2 BDSG ist das Beobachten öffentlich zugänglicher Räume mit optisch-elektronischen Einrichtungen eine Videoüberwachung, die zur Wahrung des Hausrechts zulässig ist, wenn keine Anhaltspunkte bestehen, dass schutzwürdige Interessen der betroffenen Personen überwiegen. Das Bundesverwaltungsgericht hat aber entschieden, dass § 4 BDSG gegen das EU-Recht verstößt und daher nicht anzuwenden ist (BVerwG, Urteil v. 27.3.2019, 6 C 2.18, NJW 2019, S. 2556).

DSGVO
Die Zulässigkeit von Videoüberwachungen zu privaten Zwecken ergibt sich daher nur aus Art. 6 Abs. 1 Unterabsatz 1 Buchstabe f) DSGVO. Danach ist eine Videoaufzeichnung rechtmäßig,
- wenn die Verarbeitung zur Wahrung der berechtigten Interessen des Verantwortlichen oder eines Dritten erforderlich ist,
- sofern nicht die Interessen oder Grundrechte und Grundfreiheiten der betroffenen Person, die den Schutz personenbezogener Daten erfordern, überwiegen, insbesondere dann, wenn es sich bei der betroffenen Person um ein Kind handelt.

Bei Wohnungseigentumsanlagen, die optisch überwacht werden, ergeben sich nach Art. 13 Abs. 1 und 2 DSGVO ferner folgende Mindestanforderungen:
- Piktogramm (Kamerasymbol);
- Name des Verantwortlichen (einschließlich dessen Kontaktdaten);
- Kontaktdaten des Datenschutzbeauftragten (sofern Benennungspflicht);
- die Rechtsgrundlage sowie die Verarbeitungszwecke in Schlagworten;
- Angabe der Rechtsgrundlage;
- Dauer der Speicherung;
- Hinweis auf weitere ausführliche Informationspflichten gem. Art. 13 DSGVO nebst Hinweis zum Beschwerderecht/Auskunftsrecht etc.

Die Informationspflichten sind unmittelbar am Ort der Videoüberwachung an einer für die Betroffenen leicht zugänglichen Stelle darzustellen (z. B. am Haupteingang der Tiefgarage oder an einem Kassenautomaten).

9.7 Folgenbeseitigungsanspruch

LG Frankfurt a. M., Beschluss vom 23.11.2021, 2-13 T 71/21
Beschlüsse, die dazu führen, dass die Umsetzung eines rechtskräftig für ungültig erklärten Beschlusses fortgesetzt wird, unterlaufen den Folgenbeseitigungsanspruch der Wohnungseigentümer und widersprechen daher im Regelfall einer ordnungsmäßigen Verwaltung.

Sachverhalt
Die Wohnungseigentümer beschließen im Jahr 2017, die Wohnungseingangstüren erneuern zu lassen. Dieser Beschluss (und ein Folgebeschluss) werden später rechtskräftig für ungültig erklärt. Noch vor dieser Entscheidung hatte der Verwalter bereits im Namen der Gemeinschaft der Wohnungseigentümer einen Werkvertrag geschlossen und dem Werkunternehmer einen Vorschuss von rund 100.000 EUR gezahlt. Dieser Werkunternehmer baute während des Anfechtungsverfahrens zur Erfüllung des Vertrags 31 neue Türen ein. Weitere Arbeiten hatte er dann unter Hinweis auf das Anfechtungsverfahren eingestellt.

Im Oktober 2020 beschließen die Wohnungseigentümer, den Werkunternehmer außergerichtlich zum Einbau der restlichen 92 Türen unter Fristsetzung aufzufordern, nach erfolglosem Fristablauf vom Vertrag zurückzutreten und den gezahlten Vorschuss zurückzuverlangen. Gegen diesen Beschluss wendet sich Wohnungseigentümer K. Er ist der Ansicht, die Gemeinschaft der Wohnungseigentümer dürfe für den Einbau der Türen keine weiteren Aktivitäten entfalten, die dazu führen könnten, dass es zu einem Einbau komme. Die beklagten Wohnungseigentümer sind hingegen der Auffassung, ohne die beschlossene Vorgehensweise sei der Gemeinschaft der Wohnungseigentümer kein Rücktritt möglich. Während dieser zweiten Anfechtungsklage wird der Werkunternehmer, der parallel gerichtlich in Anspruch genommen worden war, rechtskräftig verurteilt, den Vorschuss zurückzuzahlen. Die Parteien der zweiten Anfechtungsklage erklären daraufhin den Rechtsstreit in der Hauptsache für erledigt und streiten nur noch über die Kosten.

Entscheidung
AG und LG meinen, die beklagten Wohnungseigentümer müssten die Kosten des Rechtsstreits tragen. Die Baumaßnahmen, die rechtskräftig als nicht ordnungsmäßig eingestuft worden waren, seien noch nicht durchgeführt worden. In einem derartigen Fall sei es Teil des Folgenbeseitigungsanspruchs, dass die Gemeinschaft der Wohnungseigentümer alles tue, um eine Vertiefung des Zustandes zu vermeiden, der nicht ordnungsmäßiger Verwaltung entspricht. Eine weitere Beschlussumsetzung habe in jedem Fall zu unterbleiben. Die Gemeinschaft der Wohnungseigentümer müsse alle zumutbaren Anstrengungen entfalten, um zu verhindern, dass durch weitere Maßnahmen des Vertragspartners der für sie bestehende Folgenbeseitigungsaufwand erhöht oder eine Wiederherstellung des ursprünglichen Zustandes unmöglich werde.

Hinweis für die Verwaltungspraxis

Im Mittelpunkt des dargestellten Falls steht die dogmatische Frage, was für einen Beschluss gilt, der angefochten worden ist. Ferner ist zu klären, wie eine Gerichtsentscheidung umzusetzen ist, mit der ein bereits ganz oder teilweise angefochtener Beschluss für ungültig erklärt wird.

Bindung an nicht nichtige, aber ordnungswidrige Beschlüsse
Auch dann, wenn ein Beschluss nicht ordnungsmäßig ist, bindet er nach seiner Rechtsnatur und nach den allgemeinen Grundsätzen sofort die Gemeinschaft der Wohnungseigentümer, den Verwalter und sämtliche an- und abwesenden Wohnungseigentümer, wenn er nicht nichtig ist.

Ist der Beschluss Grundlage einer Klage und ist er daneben im Wege der Anfechtungsklage angegriffen, ändert sich an dieser Bindung nichts. Die Bindung an einen nicht ordnungsmäßigen, aber nicht nichtigen Beschluss kann bekämpft und vernichtet werden. Dazu muss der Beschluss nach § 44 Abs. 1 Satz 1 WEG angefochten und durch ein rechtskräftiges Urteil ex tunc für ungültig erklärt werden.

Folgenbeseitigungsanspruch
Wird ein Beschluss rechtskräftig für ungültig erklärt oder wird seine Nichtigkeit festgestellt, kann ein Wohnungseigentümer einen Anspruch auf Folgenbeseitigung haben. »Folgenbeseitigung« meint, dass Maßnahmen, die auf einem Beschluss beruhen, wieder rückgängig gemacht werden.

In Betracht kommt eine solche Rückgängigmachung zwar nicht für »Gebrauchsbeschlüsse«, also solche, die regeln, welcher Gebrauch erlaubt/verboten ist, oder für beschlossene Umlageschlüssel. Eine Rückgängigmachung ist aber für eine Erhaltungsmaßnahme und eine bauliche Veränderung, aber auch infolge eines Beschlusses, auf dem Zahlungsansprüche der Gemeinschaft der Wohnungseigentümer beruhen, möglich. Ferner ist es möglich, dass die Wohnungseigentümer als Folgenbeseitigung bloß einen Beschlussmangel beseitigen. Der Folgenbeseitigungsanspruch beruht auf § 18 Abs. 2 WEG. Seine Voraussetzung ist allein, dass ein Beschluss rechtskräftig für ungültig erklärt oder seine Nichtigkeit festgestellt wird. Auf ein Verschulden kommt es nicht an. Anspruchsinhaber ist jeder Wohnungseigentümer. Hier ein Überblick:

Wird ein Beschluss nach § 28 Abs. 1 Satz 1, Abs. 2 Satz 1 WEG für ungültig erklärt oder wird seine Nichtigkeit festgestellt, ist zwar die Rechtsgrundlage für Zahlungen entfallen. Ein Wohnungseigentümer kann aber keine Rückzahlung verlangen. Denn die Beschlüsse haben nach h. M. einen »Vorrang«. Der Wohnungseigentümer habe gegen die Gemeinschaft der Wohnungseigentümer nur einen Anspruch auf Erstellung einer neuen Jahresabrechnung für das betroffene Jahr. Von den übrigen Wohnungseigentümern könne er die Beschlussfassung hierüber verlangen, was ggf. mit der Beschlussersetzungsklage durchzusetzen sei. Dieses »System« gelte auch dann, wenn zwischen der Zahlung und der erneuten Beschlussfassung ein Wohnungseigentum seinen Eigentümer gewechselt hat. Die Erfüllung eines Bereicherungsanspruchs aus Mitteln der Gemeinschaft der Wohnungseigentümer könne erst und nur dann verlangt werden, wenn ein Beschluss nach § 28 Abs. 1 Satz 1, Abs. 2 Satz 1 WEG für den entsprechenden Wohnungseigentümer ein Guthaben ausweise.

Geht es – wie im Fall – um Beschlüsse über Erhaltungsmaßnahmen und/oder bauliche Veränderungen, gilt in der Theorie etwas anderes. Der Folgenbeseitigungsanspruch ist hier darauf gerichtet, dass der frühere Zustand möglichst wiederhergestellt wird. Eigentlich müsste der Verwalter, soweit er eine Vertretungsmacht hat, die Maßnahme also rückgängig machen lassen. Anspruchsinhalt muss aus rechtlichen und praktischen Gründen in der Regel aber eine Beschlussfassung sein. Diese muss bestimmen, ob und wie und durch wen dem Folgenbeseitigungsanspruch Rechnung getragen wird. Denn eine erfolgreiche Anfechtung muss nicht zwingend zur Folge haben, dass die aufgrund des Beschlusses durchgeführten Maßnahmen unbrauchbar sind. Möglich ist z. B., den Erstbeschluss zu wiederholen, etwa wenn er nur formal fehlerhaft war. Ferner ist es möglich, einen dem ersten Beschluss entsprechenden Beschluss zu fassen, der materiell rechtmäßig ist. Kommt ausnahmsweise nur eine Rückgängigmachung in Betracht, ist zu beschließen, die auf dem für ungültig erklärten oder nichtigen Beschluss beruhenden Maßnahmen rückgängig zu machen. Für das Ob dieses Beschlusses besteht kein Ermessen. Die Wohnungseigentümer können aber bestimmen, auf welche Art und Weise die Maßnahme von wem mit welchen Mitteln rückgängig gemacht wird – sie können also das Wie festlegen.

Ist die Entscheidung, einen Vertrag zu schließen, rückgängig zu machen, besteht, sofern die Wohnungseigentümer nichts anderes beschließen, ein Anspruch, diesen, soweit dies möglich ist, zu beenden (= zu kündigen, aufzuheben).

Hat der Verwalter aufgrund eines für ungültig erklärten Beschlusses an einen Dritten oder die Wohnungseigentümer Zahlungen geleistet, müssen die Wohnungseigentümer klären, ob sie den Fehler des für ungültig erklärten Beschlusses beheben oder ob sie die Zahlungen zurückverlangen wollen. Liegt es so, ist über ein außergerichtliches bzw. gerichtliches Vorgehen gegen den Dritten, den Wohnungseigentümer oder den Verwalter zu entscheiden.

10 Bauliche Veränderungen und ihre Kosten (§§ 20, 21 WEG)

In diesem Abschnitt wird über Entscheidungen berichtet, die sich mit der Frage beschäftigen, wann und in welcher Weise baulich ins gemeinschaftliche Eigentum eingegriffen werden darf. Erfasst sind die baulichen Veränderungen, die Modernisierung des gemeinschaftlichen Eigentums und die modernisierende Instandsetzung. Geht es um bauliche Veränderungen nur des Sondereigentums, handelt es sich um eine Frage des Gebrauchs.

10.1 Anspruch auf bauliche Veränderung

10.1.1 Lademöglichkeit für E-Autos

LG Düsseldorf, Urteil vom 4.8.2020, 25 S 134/19
Eine Duldung der eigenmächtigen Installation einer Lademöglichkeit für ein Elektroauto ergibt sich nicht aus § 21 Abs. 5 Nr. 6 WEG a. F.

Sachverhalt
Im Jahr 2018 bringt Wohnungseigentümer B eigenmächtig im Wandbereich seiner Tiefgaragenstellplätze eine Wallbox-Elektroladestation an. Die Versorgung der Wallbox erfolgt über Stromkabel. Die anderen Wohnungseigentümer lehnen es ab, die Anbringung zu genehmigen. Die Gemeinschaft der Wohnungseigentümer geht ferner gegen B mit dem Ziel des Rückbaus vor. B ist der Ansicht, die Errichtung einer Ladestation habe entsprechend § 21 Abs. 5 Nr. 6 WEG keines Beschlusses bedurft. Der Rückbau stehe außerdem im Widerspruch zur Änderung des § 20 Abs. 2 WEG. Aus diesem Gesetzgebungsverfahren ergebe sich ein Vertrauen schaffender Tatbestand. Jedenfalls sei das Verfahren hilfsweise aber bis zum Erlass des Gesetzes auszusetzen.

Entscheidung
Das LG gibt der Klage auf Rückbau statt. Es handele sich bei der Wallbox um eine unzulässige, den anderen Wohnungseigentümern nachteilige bauliche Veränderung. Die Zustimmung der Miteigentümer zu der baulichen Veränderung sei auch nicht entbehrlich bzw. sei die bauliche Veränderung von diesen auch nicht zu dulden gewesen. Eine Duldung der Installation der Ladestation ergebe sich nicht aus § 21 Abs. 5 Nr. 6 WEG. Denn diese Vorschrift solle lediglich einen gewissen Mindeststandard entsprechend dem Stand der Technik ermöglichen. Zwar sei Bs Vortrag zutreffend, dass die Schaffung von Ladestationen zur Unterstützung der E-Mobilität auch von der Bundesregierung gefördert werde. Allerdings würden zum jetzigen Zeitpunkt Ladestationen in

Tiefgaragen nicht zum geltenden Mindeststandard gehören. Aber selbst wenn die Installation einer Ladestation unter die Norm fiele, würde diese keine Ermächtigung zur Errichtung einer Ladestation auf eigene Faust begründen. Etwas anderes gelte auch nicht aufgrund der geplanten WEG-Reform. Ein Vertrauenstatbestand werde durch Gesetzgebungsverfahren nicht begründet.

Hinweis für die Verwaltungspraxis

Der dargestellte Fall spielt im alten Recht. Im aktuellen Recht ist die Rechtslage anders. Denn nach § 20 Abs. 2 Satz 1 Nr. 2 WEG hat jeder Wohnungseigentümer einen Anspruch auf angemessene bauliche Veränderungen, die dem Laden elektrisch betriebener Fahrzeuge dienen. Hier ein Überblick:

Jeder Wohnungseigentümer kann nach § 20 Abs. 2 Satz 1 Nr. 2 WEG angemessene bauliche Veränderungen verlangen, die dem Laden elektrisch betriebener Fahrzeuge dienen. Handelt es sich um Maßnahmen, die über die Erhaltung des Sondereigentums hinausgehen, zum Beispiel um die Errichtung einer Lademöglichkeit auf einem Stellplatz, gilt er entsprechend.

Der Begriff »Lademöglichkeit« ist im Hinblick auf die technische und rechtliche Weiterentwicklung ohne Rückgriff auf die Ladesäulenverordnung oder andere Regelwerke autonom zu bestimmen. In Betracht kommen für Garagenstellplätze zurzeit vor allem die einfache Ladesteckdose (Haushaltssteckdose) und Wallboxen sowie Ladesäulen für den Außenbereich.

Der Begriff »elektrisch betriebenes Fahrzeug« ist autonom ohne Rückgriff auf das Elektromobilitätsgesetz (EmoG) zu bilden. Erfasst sind neben den im EmoG genannten Fahrzeugen (ein reines Batterieelektrofahrzeug, ein von außen aufladbares Hybridelektrofahrzeug oder ein Brennstoffzellenfahrzeug) beispielsweise auch elektrisch betriebene Zweiräder oder spezielle Elektromobile für Gehbehinderte.

Dem Laden elektrisch betriebener Fahrzeuge dienen alle baulichen Veränderungen, die es ermöglichen, die Batterie eines elektrisch betriebenen Fahrzeugs zu laden. Dem Laden dient ferner, was zur Umsetzung von Vorgaben des Messstellenbetriebsgesetzes oder zur Teilnahme an einem Flexibilitätsmechanismus nach § 14a des Energiewirtschaftsgesetzes erforderlich ist. Hierzu gehören z. B. Veränderungen, die zum Einbau und Betrieb der notwendigen Mess- und Steuereinrichtungen erforderlich sind, Veränderungen von Zählerschränken oder die kommunikative Anbindung der Ladeeinrichtung an ein intelligentes Messsystem.

Der Anspruch aus § 20 Abs. 2 Satz 1 Nr. 2 WEG umfasst zum einen die Anbringung eines Ladepunkts oder einer Ladestation an der Wand (Wallbox). Er betrifft zum anderen aber auch die »Ladeinfrastruktur«, also die Summe aller elektrotechnischen Verbindungen, Mess-, Steuer- und Regelungseinrichtungen, einschließlich Überstrom- und Überspannungsschutzeinrichtungen, die zur Installation, zum Betrieb und zur Steuerung von Ladepunkten für die Elektromobilität notwendig sind, sowie die »Leitungsinfrastruktur«, also die Gesamtheit aller Leitungsführungen zur Aufnahme von elektro- und datentechnischen Leitungen in Gebäuden oder im räumlichen Zusammenhang von Gebäuden vom Stellplatz über den Zählpunkt eines Anschlussnutzers bis zu den Schutzelementen.

Der Anspruch beschränkt sich nicht auf die Ersteinrichtung eines Ladepunkts oder einer Ladestation, sondern betrifft auch deren Verbesserung, z. B. durch die Installation eines Lastmanagementsystems oder die Erweiterung der Hausanschlussleistung.

§ 20 Abs. 2 Satz 1 Nr. 2 WEG räumt einem Wohnungseigentümer nicht das Recht ein, ein zu ladendes Fahrzeug für die Zeit des Ladevorganges im Bereich des gemeinschaftlichen Eigentums abzustellen. Ein solcher Anspruch besteht nur, wenn der Wohnungseigentümer das Recht hat, das zu ladende Fahrzeug im Bereich der begehrten Lademöglichkeit abzustellen. Keine Rolle spielt es, ob sich dieses Recht aus dem Sondereigentum, einem Sondernutzungsrecht oder lediglich dem Recht zum Mitgebrauch einer gemeinschaftlichen Abstellfläche ergibt.

Entstehen beim Mitgebrauch Kapazitätsprobleme, müssen diese nach allgemeinen Regeln gelöst werden, beispielsweise durch einen Beschluss, der festlegt, wann welcher Wohnungseigentümer das gemeinschaftliche Eigentum gebrauchen darf. Dabei sind alle interessierten Wohnungseigentümer gleich zu behandeln, ungeachtet der Tatsache, wie lange sie das gemeinschaftliche Eigentum schon gebrauchen.

Ein Wohnungseigentümer erhält durch den Umstand, dass er die Kosten der Installation einer Lademöglichkeit getragen hat, kein Alleingebrauchsrecht an einem bestimmten Stellplatz, der dieser Lademöglichkeit zugeordnet ist. Nicht nur er darf ein Fahrzeug auf diesem Stellplatz abstellen, um dort sein elektrisch betriebenes Fahrzeug beispielsweise jeden Abend wieder aufzuladen. Zwar ist der Wohnungseigentümer, dem eine Maßnahme nach § 20 Abs. 2 Satz 1 Nr. 2 WEG gestattet wurde, nach § 21 Abs. 1 Satz 2 WEG allein berechtigt, diese zu nutzen. Dieses Alleingebrauchsrecht besteht aber nur für die Lademöglichkeit, nicht für den vor dieser liegenden Stellplatz. Möglich ist es, an dem Stellplatz ein Sondernutzungsrecht zu bestellen oder diesen dem entsprechenden Wohnungseigentümer zu vermieten, solange nicht auch andere Wohnungseigentümer ihr Recht anmelden und durchsetzen, die Lademöglichkeit mitzugebrauchen. Insoweit gelten die vorstehenden Ausführungen zu den Kapazitätsproblemen entsprechend.

Die Wohnungseigentümer sind nicht befugt, den Anspruch aus § 20 Abs. 2 Satz 1 Nr. 2 WEG mit Blick auf beschränkte Kapazitäten beispielsweise der gemeinschaftlichen Elektroinstallationen abzulehnen. Entweder teilen sich in einem solchen Fall alle an der Nutzung interessierten Wohnungseigentümer die beschränkten Kapazitäten oder sie rüsten die bestehenden Elektroinstallationen gemeinsam auf und tragen nach § 21 Abs. 1 Satz 1 WEG die dafür notwendigen Kosten gemeinsam. Die Nutzung und Kostenbeteiligung durch später hinzutretende Wohnungseigentümer regelt § 21 Abs. 4 WEG.

Auch das neue Recht verzichtet nicht auf einen Beschluss. Selbst eine bauliche Veränderung, auf die ein Wohnungseigentümer einen Anspruch hat, ist ohne Beschluss unzulässig. Soweit die übrigen Wohnungseigentümer durch eine bauliche Veränderung nicht über das unvermeidliche Maß hinaus beeinträchtigt werden, besteht nach § 20 Abs. 3 WEG allerdings ein Anspruch auf Zustimmung zur baulichen Maßnahme. Dieser Anspruch kann einem Anspruch auf Beseitigung entgegengehalten werden. Dies ist auch bei einem Anspruch aus § 20 Abs. 2 Satz 1 WEG vorstellbar, nämlich dann, wenn ganz ausnahmsweise eine konkrete Ausführung verlangt werden kann und das Direktionsrecht nicht verletzt ist.

10.1.2 Klimaanlage

LG Frankfurt a. M., Beschluss vom 20.4.2021, 2-13 S 133/20
Die in § 20 Abs. 2 Satz 1 WEG aufgeführten privilegierten Maßnahmen sind abschließend.

Sachverhalt
Es geht um eine Zweiergemeinschaft aus K und B. Wohnungseigentümer K beabsichtigt, auf dem Dach eine Klimaanlage anzubringen. Er begehrt u. a. die Feststellung, dass dazu die Zustimmung des B entbehrlich sei, und hilfsweise, B zu deren Erteilung zu verurteilen. Das AG weist die Klage ab. Hiergegen richtet sich die Berufung.

Entscheidung
K hat keinen Erfolg: Das Verfahren sei, auch wenn der Hilfsantrag als Beschlussersetzungsklage auszulegen sei, nach dem bisherigen Verfahrensrecht weiterzuführen. § 48 Abs. 5 WEG wolle ersichtlich alle Beschlussklagen erfassen (Hinweis auf Lehmann-Richter/Wobst, WEG Reform 2020, Rn. 1993 und Elzer in BeckOK WEG, 43. Ed. 1.1.2021,

§ 48 Rn. 20). Materiell gelte – mit Ausnahme von Anfechtungsklagen, bei denen es auf den Zeitpunkt der Beschlussfassung ankomme – das neue Recht. Soweit K mit dem Hauptantrag sinngemäß verlange, ohne Mitwirkung des B eine Klimaanlage anbringen zu dürfen, könne dies bereits deshalb keinen Erfolg haben, weil nach neuem Recht gem. § 20 WEG jede bauliche Veränderung zwingend einer Beschlussfassung bedürfe (Hinweis u. a. auf Dötsch/Schultzky/Zschieschack, WEG-Recht 2021, Kap. 6 Rn. 46). Der Hilfsantrag sei ebenfalls unbegründet. Bei der Klimaanlage handele es sich nicht um eine privilegierte Maßnahme nach § 20 Abs. 2 Satz 1 WEG. Diese Bestimmung sei auch nicht erweiterungsfähig. Somit verbleibe als Anspruchsgrundlage allenfalls § 20 Abs. 3 WEG. Der Einbau einer Split-Klimaanlage stelle indes eine benachteiligende bauliche Veränderung dar, auf die man keinen Anspruch habe.

Hinweis für die Verwaltungspraxis

Nach der Entscheidung ist § 20 Abs. 2 Satz 1 WEG abschließend. Darüber sollte man nachdenken. Obwohl er abschließend formuliert ist, ist er u. a. aus verfassungsrechtlichen, aber auch aus systematischen Gründen entsprechend anzuwenden auf Fälle, die § 20 Abs. 2 Satz 1 WEG gleichstehen. Ein Wohnungseigentümer kann – ist nichts anderes vereinbart – daher entsprechend § 20 Abs. 2 Satz 1 WEG einen Anspruch auf die feste Montierung einer Parabolantenne haben. Nach § 21 Abs. 5 Nr. 6 WEG a. F. gehörte ferner die Duldung aller Maßnahmen, die zur Herstellung einer Fernsprechteilnehmereinrichtung, einer Rundfunkempfangsanlage oder eines Energieversorgungsanschlusses zugunsten eines Wohnungseigentümers erforderlich sind, zu einer ordnungsmäßigen, dem Interesse der Gesamtheit der Wohnungseigentümer entsprechenden Verwaltung.

Erklärungen

Die Erklärungen, die zur Vornahme der Maßnahmen erforderlich sind, waren vom Verwalter im Namen der Gemeinschaft der Wohnungseigentümer abzugeben. Nach den WEMoG-Materialien sollen diese Maßnahmen jetzt §§ 18, 19 WEG unterfallen. Diese Verortung trägt aber nicht. Denn die Maßnahmen, die § 21 Abs. 5 Nr. 6 WEG a. F. meinte – den Anschluss an ein Energieversorgungsnetz (Heizung, Gas, Wasser, Strom), den Anschluss an Medien (das Rundfunk- und Fernsprechnetz, auch Telefax), den Anschluss an einen Fernseh- und/oder Internetempfang bzw. sämtliche Anschlüsse für andere leitungsgebundene Medien –, beinhalten jeweils denklogisch privilegierte bauliche Veränderungen. Aus diesem Grund ist § 20 Abs. 2 Satz 1 WEG auf sie entsprechend anzuwenden. Im begründeten Einzelfall ist schließlich vorstellbar, dass ein Wohnungseigentümer entsprechend § 20 Abs. 2 Satz 1 WEG einen Anspruch auf eine angemessene Anlage oder Einrichtung hat, die als Modernisierungsmaßnahme i. S. v. § 555b BGB anzusehen ist und die nach einer Abwägung den privilegierten baulichen Veränderungen gleichstehen muss. Für eine Klimaanlage gilt das alles allerdings nicht.

10.2 Verlegung Müllplatz

AG München, Urteil vom 6.7.2020, 481 C 17917/19 WEG

Wenn der Stellplatz für die Mülltonnen in die Nähe eines Schlafzimmerfensters verlegt wird und zumindest in den Sommermonaten der Mittagssonne ausgesetzt ist, sodass mit Geruchsbeeinträchtigungen zu rechnen ist, stellt das eine Benachteiligung dar.

Sachverhalt

Der Aufteilungsplan sieht im Vorgartenbereich zwei gleich große nebeneinander stehende Mülltonnenhäuschen rechts des Zugangsweges und links der Tiefgarageneinfahrt an der östlichen Grundstücksgrenze vor. Derzeit befinden sich in diesem Bereich Mülltonnenhäuschen für insgesamt drei Mülltonnen. Ende 2019 beschließen die Wohnungseigentümer gegen die Stimme von Wohnungseigentümer K, an der straßenseitigen Grundstücksgrenze vier Tonnenstellplätze mit entsprechenden Einhausungsboxen parallel zur Straße zu errichten, zur einen Hälfte – vom Hauseingang gesehen – rechts, zur anderen Hälfte links vom Zugangsweg zum Haus positioniert. Die Öffnung der Tonnen erfolgt zur Straße hin. Gegen diesen Beschluss geht Wohnungseigentümer K vor. Die Neuanordnung der Mülltonnenstellplätze benachteilige ihn über das gem. § 14 Abs. 1 Nr. 2 WEG vorgesehene Maß, da für ihn durch die neue Anordnung Geruchsbeeinträchtigungen entstünden. Bei der Neuanordnung handele es sich um eine unzulässige bauliche Veränderung, da von dem durch den Aufteilungsplan vorgesehenen Standort abgewichen werde.

Entscheidung

Dies sieht das AG im Ergebnis auch so. Der Beschluss widerspreche einer ordnungsmäßigen Verwaltung. Die Verlegung der Mülltonnenanlage (Mülltonnen samt Einhausungsboxen) sei eine bauliche Veränderung. Eine solche könne weder mit Stimmenmehrheit beschlossen noch von einem Wohnungseigentümer verlangt werden. Es sei dazu vielmehr die Zustimmung aller Wohnungseigentümer erforderlich, es sei denn, deren Rechte würden durch die Veränderung nicht über das in § 14 Abs. 1 Nr. 2 WEG bestimmte Maß hinaus beeinträchtigt (Hinweis auf BayObLG, Beschluss v. 14.2.2002, 2 Z BR 138/01, ZWE 2002 S. 213). Im Fall habe K zustimmen müssen. Die Rückwand eines 80 cm tiefen Mülltonnenhäuschens liege jetzt ca. 4,20 m von seinem Schlafzimmerfenster entfernt. Eine Bepflanzung zwischen Schlafzimmerfenster und Rückwand des Mülltonnenhäuschens sei nicht vorhanden und auch nicht vorgesehen. Die Mülltonnenhäuschen seien zumindest in den Sommermonaten der Mittagssonne ausgesetzt. K dürfe daher verständlicherweise davon ausgehen, dass Geruchsbeeinträchtigungen entstehen werden. Dieser Nachteil sei auch nicht unvermeidbar. Denn den Wohnungseigentümern stehe für die Neugestaltung der Mülltonnenstellplätze die ca. 30 m lange straßenseitige Grundstücksgrenze zur Verfügung. Der Teilungserklärung samt Gemeinschaftsordnung sei keine Regelung zu entnehmen, wonach der Standort der Mülltonnen im Aufteilungsplan verbindlich festgelegt worden sei.

Hinweis für die Verwaltungspraxis

Im Fall geht es um die Frage, ob einer baulichen Veränderung im alten Recht alle beeinträchtigten Wohnungseigentümer zustimmen mussten.

Bauliche Veränderung im alten Recht
Nach § 22 Abs. 1 WEG a. F. war der Beschluss über eine bauliche Veränderung nur ordnungsmäßig, wenn alle von der baulichen Veränderung wesentlich beeinträchtigten Wohnungseigentümer zugestimmt hatten. Dieser Maßstab machte eine bauliche Veränderung häufig unmöglich.

Bauliche Veränderung im aktuellen Recht
Im aktuellen Recht wäre der Fall anders zu lösen. Auf die Frage eines Nachteils kommt es für die bauliche Veränderung selbst nicht mehr an. Dennoch kann man fragen, ob es ordnungsmäßig sein kann, so zu bauen, dass ein Wohnungseigentümer einen Nachteil erfährt, obwohl eine gangbare Alternative besteht. Ich würde das verneinen. Sieht man es so, hätten wir allerdings die alten Probleme im neuen Gewand wieder auf dem Tisch. Ich denke aber, diesen Weg sollten wir gehen. Die Lösung fällt insoweit noch leichter, wenn man die Ausgestaltung der baulichen Veränderung als einen Beschluss nach § 19 Abs. 1 WEG sieht. Denn dieser muss ordnungsmäßig sein. So liegt es aber bei einem vermeidbaren Nachteil für einen Wohnungseigentümer nicht – zumal dann, wenn durch die Alternative keine wesentlich höheren Kosten entstehen.

10.3 Kosten einer privilegierten baulichen Veränderung

AG Lübeck, Urteil v. 11.02.2022, 35 C 39/21
Ein Beschluss, die Kosten einer privilegierten baulichen Veränderung gleichmäßig auf alle Wohnungseigentümer zu verteilen, entspricht keiner ordnungsmäßigen Verwaltung.

Sachverhalt
In einer Versammlung geht es unter dem TOP »Elektromobilität« um die Ermöglichung von Ladestationen. Die Wohnungseigentümer überlegen, die Verwaltung anzuweisen, die Stadtwerke mit der Planung eines gemeinsamen Lastmanagements und der Schaffung einer Ladeinfrastruktur zu beauftragen, um die derzeit maximal möglichen zehn Anschlüsse für Wallboxen zur Herstellung der Elektromobilität zu installieren. In der Niederschrift ist dann aufgeführt, es gebe sieben Anträge auf Anschlüsse. Weiter heißt es: »Kosten ca. 45.000,00 Euro, die von den neuen Miteigentümern der zu betreibenden Ladestationen zu gleichen Teilen zu tragen sind.« Weiter heißt es, die Wohnungseigentümer erklären sich mit folgendem Beschluss einverstanden:

»Da die Gesamtsituation derzeit noch keine ›Beschlussreife‹ bietet, schlägt Herr K. vor, zumindest einen Duldungsbeschluss dergestalt zu fassen, dass sich die Versammlungsteilnehmer vom Grundsatz her damit einverstanden erklären, dass in der Tiefgarage und den Außenstellplätzen eine Energieversorgung der einzelnen Stellplätze mit Ladestationen erfolgen darf. Die Kostenverteilung richtet sich nach dem WEG und ist, wie oben dargestellt, auf alle Nutzer angemessen zu verteilen.«

Gegen diesen Beschluss geht Wohnungseigentümer K nur in Bezug auf die Verteilung der Kosten vor. Er ist der Ansicht, die Kosten seien nach dem Verhältnis der Miteigentumsanteile zu verteilen. Die Gemeinschaft der Wohnungseigentümer meint, die im Beschluss genannte Kostenverteilung entspreche § 21 WEG. Hierbei sei auch auf die Vorschrift des § 21 Abs. 5 Satz 1 WEG abzustellen. Da die Ladesäulen für die Antragsteller pro Stellplatz errichtet würden, seien die Kosten unabhängig von der Größe des Miteigentumsanteils und der Größe des Stellplatzes, sodass diese Kostenregelung billigem Ermessen entspreche. Der Gebrauch der Ladestation sei auch nur von der Nutzung des Stellplatzes und nicht von der Größe des Miteigentumsanteils abhängig.

Entscheidung
Die Anfechtungsklage hat Erfolg. Die Beschränkung auf den zweiten Teil des Beschlusses, also den Umlageschlüssel, sei nicht zu beanstanden. Denn die Beschlussteile können getrennt werden. Beim ersten Teil gehe es um die Zustimmung zu einer baulichen Veränderung i. S. d. § 20 Abs. 2 Satz 1 Nr. 2 WEG. Beim zweiten Teil gehe es hingegen um die Kosten.

Diese Regelung widerspreche § 16 Abs. 2 Satz 1 WEG. Danach habe jeder Wohnungseigentümer Kosten nach dem Verhältnis seiner Anteile (Miteigentumsanteile) zu tragen. Diese Kostenregelung gelte auch im Rahmen der Kostenverteilung einer baulichen Veränderung i. S. d. § 21 Abs. 2 Satz 1 WEG. Eine Verteilung der Kosten zu gleichen Teilen widerspreche dieser Regelung. B könne sich auch nicht auf § 21 Abs. 5 Satz 1 WEG berufen. Es sei nicht erkennbar, dass die Wohnungseigentümer überhaupt an eine abweichende Verteilung der Kosten i. S. d. § 21 Abs. 5 Satz 1 WEG gedacht hätten. Außerdem sei eine Verteilung der Kosten abweichend vom gesetzlichen Regelfall nicht ausdrücklich beschlossen worden. Zwar habe B gute Gründe vorgetragen, warum eine Verteilung der Kosten auf alle Nutzer der Wallboxen zu gleichen Teilen angemessen sei und von der Verteilung der Kosten auf die Nutzer entsprechend ihren Miteigentumsanteilen abgewichen werden könne. Jedoch ergebe sich eine derartige Begründung nicht aus der Niederschrift. Danach wollten die Wohnungseigentümer formal nicht entgegen der gesetzlichen Regelung entscheiden. Die Niederschrift lege nahe, dass die Wohnungseigentümer meinten, eine Kostenverteilung nach dem Wohnungseigentumsgesetz sei eine solche zu gleichen Teilen.

Hinweis für die Verwaltungspraxis

Im dargestellten Fall verlangen mehrere Wohnungseigentümer gestützt auf § 20 Abs. 2 Satz 1 Nr. 2 WEG, dass ihnen angemessene bauliche Veränderungen gestattet werden, die dem Laden elektrisch betriebener Fahrzeuge dienen. Ist es so, müssen die anderen Wohnungseigentümer nur über die Gestattung beschließen. Denn die Frage, welcher Wohnungseigentümer dann welche Kosten zu tragen hat, bestimmt § 21 WEG. Im besprochenen Fall ist grundsätzlich dessen Absatz 1 Satz 1 einschlägig. Die Kosten einer baulichen Veränderung, die einem Wohnungseigentümer gestattet werden, hat danach dieser Wohnungseigentümer zu tragen. Die Kosten einer privilegierten baulichen Veränderung (hier: Installation eines Lastmanagements und von Wallboxen), die mehrere Wohnungseigentümer verlangen, sind entsprechend § 16 Abs. 2 Satz 1 WEG zu verteilen.

Die Wohnungseigentümer haben allerdings auch die Beschlusskompetenz, nach § 21 Abs. 5 Satz 1 WEG eine abweichende Verteilung der Kosten zu beschließen.

Der Beschluss im Fall
Den Beschluss, den das AG betrachten musste (bzw. den Beschlussteil, der angegriffen war), lautet wie folgt: »Die Kostenverteilung richtet sich nach dem WEG und ist, wie oben dargestellt, auf alle Nutzer angemessen zu verteilen.« Das Wort »oben« bezieht sich auf folgenden Satz: »Kosten ca. 45.000,00 Euro, die von den neuen Miteigentümern der zu betreibenden Ladestationen zu gleichen Teilen zu tragen sind.«

Das ist natürlich miserabel gemacht und sollte so nicht beschlossen werden. Man könnte auch überlegen, ob der Beschluss in Bezug auf die Kosten wegen Unbestimmtheit nicht ordnungsmäßig ist (allerdings müssen die Wohnungseigentümer wegen der Kosten gar nichts beschließen, da § 21 WEG alles regelt). Legt man den Beschluss aber gutwillig aus, haben die Wohnungseigentümer bestimmt, dass die »neuen Miteigentümer« (ich nehme wegen des Wortes »Nutzer« an, dass das die Wohnungseigentümer sind, die eine Lademöglichkeit verlangen, auch wenn das nicht sicher ist) die Kosten der Lademöglichkeit zu gleichen Teilen tragen sollen. Der Beschluss widerspricht also einer ordnungsmäßigen Verwaltung. Das sieht das AG ganz richtig!

Der Beschluss nach § 21 Abs. 5 Satz 1 WEG
Die Wohnungseigentümer haben die Möglichkeit, von der Kostenverteilung, die § 21 Abs. 1 bis 3 WEG anordnet, abzuweichen. Dieser Beschluss würde es beispielsweise erlauben zu bestimmen, dass die Kosten nach Anzahl der Nutzer umzulegen sind. Im besprochenen Fall würde aber auch dieser Beschluss einer

ordnungsmäßigen Verwaltung widersprechen. Wird er angefochten, müsste er daher für ungültig erklärt werden. § 21 Abs. 5 Satz 1 WEG ist mithin ein Mysterium: Er erlaubt nur zu bestimmen, was sowieso gilt.

10.4 Störungen: Sondereigentum

AG Hamburg-St. Georg, Urteil vom 25.6.2021, 980a C 5/21

Wird das Sondereigentum durch eine unzulässige bauliche Veränderung beeinträchtigt, kann der Wohnungseigentümer als Sondereigentümer gegen die bauliche Veränderung vorgehen.

Sachverhalt

Der Erdgeschosswohnung von Wohnungseigentümer B ist ein nicht von ihm errichteter Wintergarten vorgelagert. Diesen lässt B abreißen und durch einen neuen Wintergarten ersetzen. Ferner lässt B auf dem neu errichteten Wintergarten eine Markise nebst Markisenkasten mit einer Breite von 5,05 m und einer Tiefe (Ausfall) von 4,00 m anbringen, die bzw. der über die gesamte Breite des Wintergartens ragt.

Wohnungseigentümer K geht gegen die Markise vor. Er meint, von dieser nebst Kasten gingen als baulicher Veränderung erhebliche Beeinträchtigungen aus. Der Blick durch die Fenster auf den Alsterlauf sei erheblich beeinträchtigt, da die Markise auf gesamter Breite in seine Fensterhöhe hineinrage und dadurch ein Großteil des zuvor freien Blicks stark reduziert sei. Auch gehe von der elektrischen Ein- und Ausfahrautomatik eine erhebliche Geräuschbelastung aus. Die Markise sei großflächig stark verschmutzt, weil sie nicht gereinigt werde. Der Wert seiner Wohnung habe sich durch die Markise erheblich verringert.

B hält dem entgegen, K habe dem Vorhaben im Zuge der Erneuerung des Wintergartens zugestimmt. Die Markise – deren Kasten nicht größer sei als jeder andere übliche Markisenkasten auch – ersetze den vorherigen innen liegenden Sonnenschutz. Nur ein außenliegender Sonnenschutz erfülle zudem die energetischen Anforderungen der aktuellen Förderbedingungen der KfW. Die Oberseite des Markisenkastens ende beispielsweise 5 cm bis 10 cm unterhalb der Unterkante des Fensters des K, weswegen keine optische Beeinträchtigung gegeben sei.

Entscheidung

Die Klage auf Beseitigung hat Erfolg! Das Recht, von B Beseitigung zu verlangen, stehe K individuell zu. K berufe sich auf eine Beeinträchtigung seines Sondereigentums. B sei auch zur Beseitigung verpflichtet. Ein (förmlicher) Beschluss, der die in Rede stehende bauliche Veränderung legalisiert habe, bestehe nicht. Soweit B auf eine Zustimmungserklärung des K abhebe, habe K allenfalls der Zusammenlegung der früheren

Wohneinheiten 2 und 3 zugestimmt, nicht aber der Installation einer Markise nebst Kasten in ausgeführter Form auf dem Wintergarten. B als Handlungs- und Zustandsstörer beeinträchtige das Sondereigentum des K auch in einer Weise, wie dieser es im Rahmen des § 14 Abs. 2 Nr. 1, Abs. 1 Nr. 2 WEG nicht hinzunehmen habe. B stehe daher auch kein Anspruch gegen die Gemeinschaft der Wohnungseigentümer auf (nachträgliche) Gestattung der Maßnahmen nach § 20 Abs. 3 WEG zu, den er dem Beseitigungsanspruch nach § 242 BGB entgegenhalten könnte.

Hinweis für die Verwaltungspraxis

Im dargestellten Fall geht es um die Frage, ob sich ein Wohnungseigentümer gegen eine unzulässige bauliche Veränderung (hier: vor allem die Anbringung einer Markise) wehren kann, wenn diese sein Sondereigentum beeinträchtigt. Dazu ist zu klären, wann eine bauliche Veränderung zulässig ist. Ferner ist zu klären, ob das Sondereigentum oder das gemeinschaftliche Eigentum gestört wird.

Bauliche Veränderung
Will ein Wohnungseigentümer das gemeinschaftliche Eigentum baulich verändern, ist dieses Tun nach § 20 Abs. 1 WEG nur dann rechtmäßig, wenn die Wohnungseigentümer die bauliche Veränderung gestattet haben oder die Gemeinschaft der Wohnungseigentümer die bauliche Veränderung vorgenommen hat.

Im Sondereigentum ist es anders. Für Maßnahmen, die über die ordnungsmäßige Instandhaltung und Instandsetzung (Erhaltung) des Sondereigentums hinausgehen, gilt § 20 WEG mit der Maßgabe entsprechend, dass es keiner Gestattung bedarf, soweit keinem der anderen Wohnungseigentümer über das bei einem geordneten Zusammenleben unvermeidliche Maß hinaus ein Nachteil erwächst (§ 13 Abs. 2 WEG).

Eigentum am Wintergarten und an der Markise
Das Dach des Wintergartens ist ein Bestandteil des Gesamtgebäudes und gehört als konstruktives Element zum gemeinschaftlichen Eigentum. Auch die Markise (nebst Kasten) steht im gemeinschaftlichen Eigentum. Sie ist für die äußere Gestaltung der Gebäudefassade (auch) maßgeblich.

Unzulässigkeit
Da die Markise und der Wintergarten gemeinschaftliches Eigentum sind, bedurfte es eines Beschlusses nach § 20 Abs. 1 WEG. Auf die Frage eines Nachteils i. S. v. § 13 Abs. 2 WEG kommt es nicht an. Dieser Beschluss, der auch nachträglich gefasst werden kann, fehlt im dargestellten Fall. Die Anbringung der Markise ist also unzulässig. Der Wohnungseigentümer dürfte auf die Anbringung nach § 20

Abs. 3 WEG auch keinen Anspruch haben. Anders ist es nur, wenn alle Wohnungseigentümer, deren Rechte durch die bauliche Veränderung über das bei einem geordneten Zusammenleben unvermeidliche Maß hinaus beeinträchtigt werden, einverstanden sind oder wenn es – anders als im Fall – keinen Nachteil gibt.

Entstörungskompetenz
Wird das Sondereigentum durch ein Geräusch oder einen Geruch oder Ähnliches gestört, kann der Eigentümer des Sondereigentums dagegen vorgehen. Die Gemeinschaft der Wohnungseigentümer ist nach §§ 9a, 14 Abs. 1 Nr. 1 WEG nur für eine Entstörung des gemeinschaftlichen Eigentums zuständig.

11 Versammlung (§§ 23 bis 25 WEG)

Im folgenden Abschnitt geht es um Entscheidungen rund um die Versammlung der Wohnungseigentümer (Ort, Stätte, Zeit, Gegenstände, Tagesordnung, Einberufung/Ladung, Durchführung, Niederschrift und Beschlusssammlung). Ferner geht es um die Rechte und Pflichten der Wohnungseigentümer im Zusammenhang mit der Versammlung, ebenso um die Rechte und Pflichten des Verwalters.

11.1 Einberufung (Ladung)

Versammlungstag und Versammlungszeit

Welcher Versammlungstag und welche Versammlungszeit zu wählen sind, bestimmen originär die Wohnungseigentümer. Treffen die Wohnungseigentümer keine Regelung, hat der Einberufende ein Ermessen. Bei der Terminierung ist zu beachten, dass die Teilnahmemöglichkeit der Wohnungseigentümer zentrales Recht ist, das durch eine »unzeitige« Terminbestimmung nicht verkürzt oder gar vereitelt werden darf. Abwägung und Entscheidung müssen sich jeweils an den Besonderheiten der Wohnungseigentumsanlage und den Belangen der Wohnungseigentümer ausrichten und können im Einzelfall sehr stark voneinander abweichen.

Bei der Abwägung, welcher Tag und welche Zeit angemessen sind, ist unter anderem Folgendes zu beachten:

- Wünsche der Wohnungseigentümer, auch einer Minderheit (soweit diese berechtigte Belange geltend machen)
- die Größe der Wohnungseigentumsanlage (jedenfalls in kleineren Wohnungseigentumsanlagen ist der Ladende verpflichtet zu versuchen, jedem Miteigentümer in zumutbarer Weise eine Versammlungsteilnahme zu ermöglichen)
- die Anzahl der zu besprechenden Punkte
- die voraussichtliche Dauer der Versammlung
- die Anzahl der Eigentümer
- die Frage, ob das Sondereigentum selbstgenutzt oder vermietet ist oder ob es sich um »Ferienwohnungen« handelt
- die Fragen, ob die Wohnungseigentümer vor Ort ansässig sind und wie der gewählte Versammlungsort zu erreichen ist
- die gewöhnlichen Arbeitszeiten
- die Frage, ob der gewählte Zeitpunkt mit anderen Veranstaltungen kollidiert und Schulferien herrschen (ist die Behandlung von Punkten dringlich, stehen zum Beispiel Ferien, aber auch andere Prüfsteine einer Einberufung nicht entgegen)

Ferner sind gesetzliche oder kirchliche Feiertage in den Blick zu nehmen. Die Frage, ob an Sonntagen und gesetzlichen sowie kirchlichen Feiertagen in zumutbarer Weise Versammlungen abgehalten werden können, ist dabei umstritten. Richtig ist es, nach den regionalen Gepflogenheiten zu schauen und auf die Religionsausübung angemessen Rücksicht zu nehmen.

> **DIGITALE EXTRAS**
>
> **Überblick: Anhänge zur Einladung zu einer Versammlung**
> - Gesamtabrechnung und die einen Wohnungseigentümer betreffende Einzelabrechnung
> - Wirtschaftsplan und der einen Wohnungseigentümer betreffende Einzelwirtschaftsplan
> - Baubeschreibungen
> - Leistungsverzeichnisse
> - umfangreiche Angebote
> - Verträge, beispielsweise der Verwaltervertrag

11.1.1 Was gilt, wenn der Falsche lädt? (I)

BGH, Urteil v. 11.3.2022, V ZR 77/21

Eine in der Gemeinschaftsordnung enthaltene Regelung, mit der sich der zunächst zum Verwalter bestellte aufteilende Eigentümer die einseitige Bestimmung eines anderen Verwalters in der Aufteilungsphase vorbehält, ist unter Geltung des WEG in der bis zum 30.11.2020 geltenden Fassung jedenfalls insoweit unwirksam, als der Vorbehalt nach Entstehung der (werdenden) Gemeinschaft der Wohnungseigentümer fortgelten soll.

Sachverhalt

Bauträger T errichtet eine Wohnungseigentumsanlage. In der von ihm initiierten Gemeinschaftsordnung heißt es wie folgt: »Zum ersten Verwalter wird T bestellt. Ihm obliegt das Recht, bis zum vollständigen Bezug des Objekts für einen Zeitraum bis zum 31.12.2020 einen anderweitigen Verwalter einseitig zu bestimmen.« Im April 2019 bestimmt der Bauträger die X zur Verwalterin und schließt mit dieser einen Verwaltervertrag.

Mit Schreiben vom 28.5.2019 lädt X zu einer Versammlung für den 14.6.2019 ein. In der Versammlung genehmigen die Wohnungseigentümer den Wirtschaftsplan für das Jahr 2019 und einen Plan für die Zuführung zur Erhaltungsrücklage 2019. Gegen diese Beschlüsse geht Wohnungseigentümer K vor. Das AG gibt der Klage statt, das LG weist die Klage auf die Berufung der anderen Wohnungseigentümer (es gilt noch altes Verfahrensrecht) ab. Mit der von dem LG zugelassenen Revision will K es weiterhin erreichen, dass die Beschlüsse für ungültig erklärt werden.

Entscheidung

K hat keinen Erfolg: X sei zwar nicht befugt gewesen zu laden. Die Befugnis des T, einen Verwalter zu bestimmen, sei erloschen gewesen. Im bis zum 30.11.2020 geltenden Recht sei gem. § 26 Abs. 1 Satz 1 WEG a. F. eine einseitige Verwalterbestellung nicht mehr möglich gewesen, nachdem die (werdende) Gemeinschaft der Wohnungseigentümer entstanden sei. Von da an müssten die Wohnungseigentümer mit Stimmenmehrheit über die Bestellung des Verwalters beschließen.

Dieser formale Mangel habe aber nicht dazu geführt, dass die Beschlüsse für ungültig zu erklären seien. Es habe sich nämlich um eine Versammlung gehandelt, da X jedenfalls potenziell einberufungsberechtigt gewesen sei. Infolgedessen komme es darauf an, ob sich die fehlende Berechtigung der X zur Einberufung auf die Beschlüsse ausgewirkt habe. Das sei zu verneinen. Wenn eine Versammlung von einem Nichtberechtigten einberufen werde, sei dieser Mangel unerheblich, wenn sämtliche Wohnungseigentümer an der Versammlung und der Abstimmung teilnähmen. Ob ihnen bekannt sei, dass die Person, die die Versammlung einberufen habe, dazu nicht berechtigt war, sei unerheblich (Hinweis u. a. auf BayObLG, Beschluss v. 2.3.2001, 2 Z BR 88/00, ZWE 2001, S. 550, 551). So liege es aber im vorliegenden Fall: Nach den Feststellungen des Berufungsgerichts seien sämtliche stimmberechtigten Wohnungseigentümer anwesend gewesen.

Ein formaler Ladungsmangel liege auch nicht darin, dass X den Beschluss über den Wirtschaftsplan entgegen § 23 Abs. 2 WEG nicht angekündigt hatte. Auch ein solcher Mangel werde geheilt, wenn, wie im Fall, sämtliche stimmberechtigten Wohnungseigentümer anwesend seien und in Kenntnis der Tagesordnung abstimmten. Richtig sei ferner, dass X den Wohnungseigentümern auch den Gesamtwirtschaftsplan und die Einzelwirtschaftspläne nicht mit dem Einladungsschreiben übersandt habe. Auch hierauf komme es aber nicht an. Denn X habe diese Unterlagen bereits mit einem Schreiben vom 19.5.2019 übersandt.

Hinweis für die Verwaltungspraxis

Im dargestellten Fall geht es zum einen um eine Frage des alten Rechts. Sie lautet: Wie lange kann einem Wohnungseigentümer das Recht zustehen, den Verwalter allein zu bestimmen? Zum anderen geht es um die Frage, wer befugt ist, zur Versammlung zu laden und was für formale Beschlussmängel gilt.

Verwalterbestellung durch einen Wohnungseigentümer
Zum »Altrecht« hält der BGH dafür, dass die Befugnis, allein einen Verwalter zu bestimmen, mit Beginn der werdenden Gemeinschaft der Wohnungseigentümer endet. Diese Sichtweise entspricht der h. M.

Was aber gilt im neuen Recht? Die Gemeinschaft der Wohnungseigentümer entsteht mit dem Anlegen der Wohnungsgrundbuchblätter. Der Bauträger ist der erste Wohnungseigentümer. Solange er allein ist, kann er auch allein Beschlüsse fassen. Er kann also allein beschließen, wer der Verwalter sein soll. Einen Bedarf, den Verwalter in der Gemeinschaftsordnung zu bestimmen oder dort eine Klausel aufzunehmen, die es erlaubt, den Verwalter zu bestimmen, gibt es nicht. Geht der Bauträger dennoch so vor, ist streitig, ob die Bestimmung jetzt als unwirksam anzusehen ist.

Gäbe es eine aktuelle Vereinbarung, die es dem Bauträger erlaubte, den Verwalter zu bestimmen, wäre diese im Übrigen in dem Moment unwirksam, in dem es zwei Wohnungseigentümer oder einen Wohnungseigentümer und einen werdenden Wohnungseigentümer gibt.

Ladung durch einen Nichtberechtigten

Beruft ein Nichtberechtigter die Versammlung der Eigentümer ein, sind auf dieser Versammlung gefasste Beschlüsse anfechtbar, nach h. M. aber nicht nichtig. Notwendig ist allerdings, dass aus Gründen des Vertrauensschutzes die Ladung zu einer Versammlung der Eigentümer von einer wenigstens potenziell für eine Ladung infrage kommenden Person ausgesprochen wird. Eine Zurechnung kommt dabei bei einer Ladung als Verwaltungsmaßnahme nur in Betracht, wenn die Person für die Gemeinschaft der Wohnungseigentümer handeln könnte. Lädt z. B., wie im besprochenen Fall, ein »bestellter« Verwalter, sind alle auf der entsprechenden Versammlung gefassten Beschlüsse wegen dieses formalen Mangels nur anfechtbar.

Der Ladungsmangel wird nach bislang wohl h. M. geheilt, wenn in der Versammlung sämtliche Eigentümer anwesend sind und die fehlerhafte Einberufung trotz ihrer Kenntnis des Mangels durch ihre Teilnahme zumindest stillschweigend genehmigen (Hügel/Elzer, WEG, 3. Aufl., § 24 Rn. 84). Davon weicht der BGH ab. Er meint, es reiche schon, wenn sämtliche Wohnungseigentümer an der Versammlung und der Abstimmung teilnehmen. Ob ihnen der Mangel bekannt war, sei unerheblich. Daran sollte sich die Praxis orientieren. Ich selbst werde aber weiterhin verlangen, dass die Wohnungseigentümer wissen, dass es einen Ladungsmangel gibt. Nur dann können sie es selbstbestimmt akzeptieren, trotzdem zu verhandeln und zu entscheiden.

Universalversammlung

Kommen sämtliche Wohnungseigentümer durch eine Einigung oder aufgrund einer Ladung in einer Stätte zusammen, sind sie also in Person erschienen oder wirksam vertreten, liegt eine Universalversammlung (Vollversammlung) vor. Die Universalversammlung heilt, wie der Fall zeigt, sämtliche Einberufungsmängel, wenn sämtliche Wohnungseigentümer an der Versammlung und der Abstimmung teilnehmen.

Die Tatsache allein, dass ein Wohnungseigentümer bei einer Universalversammlung anwesend ist und sich an der Abstimmung beteiligt, muss allerdings nicht zwingend bedeuten, dass von einer die Einladungsmängel heilenden Universalversammlung auszugehen ist. Eine Heilung ohne Verzicht kommt nicht in Betracht. Einer ausdrücklichen »Rüge« des Ladungsmangels bedarf es aber nicht.

11.1.2 Was gilt, wenn der Falsche lädt? (II)

LG Frankfurt a. M., Urteil vom 13.12.2021, 2-13 S 75/20

Lädt ein Dritter die Wohnungseigentümer zu einer Versammlung, den der Verwalter umfassend mit sämtlichen Verwaltungsaufgaben betraut hat und der faktisch für den Verwalter die Verwaltung führt, liegt eine systematische Missachtung der Regelungen des Wohnungseigentumsrechts vor. Die gefassten Beschlüsse sind dann, ohne dass es auf eine Kausalitätsprüfung ankommt, für ungültig zu erklären.

Sachverhalt

Die B GmbH & Co. KG lädt die Wohnungseigentümer zur Versammlung. Diese KG hat der Verwalter umfassend mit sämtlichen Verwaltungsaufgaben betraut. B führt faktisch die Verwaltung. B wird in der Versammlung daher auch folgerichtig zur Verwalterin bestellt.

Gegen diesen Beschluss geht Wohnungseigentümer K vor. Er rügt, sein umfassend mit einer »Generalvollmacht« ausgestatteter Sondereigentumsverwalter S sei nicht als sein Vertreter zur Versammlung zugelassen worden (nach der Gemeinschaftsordnung ist eine Vertretung nur durch Verwandte in gerader Linie, Ehegatten, einen anderen Wohnungseigentümer, einen Generalbevollmächtigten oder den Verwalter zulässig). Das AG gibt der Anfechtungsklage wegen des Ausschlusses des Sondereigentumsverwalters statt. Dagegen richtet sich die Berufung.

Entscheidung

Die Berufung hat keinen Erfolg: Zwar sei der Versammlungsleiter tatsächlich berechtigt gewesen, S nach der Gemeinschaftsordnung nicht als Vertreter zu akzeptieren. Zwar habe K die dem S erteilte Vollmacht als »Generalvollmacht« bezeichnet. S sei aber nur ermächtigt gewesen, das Wohnungseigentum des K zu vertreten – und auch dies nur beschränkt, denn dem S sei die Veräußerung des Wohnungseigentums nicht gestattet gewesen. Eine solche Vollmacht sei nach einer Auslegung keine Generalvollmacht im Sinne der Gemeinschaftsordnung.

Die Einladung sei aber von einer nicht dazu berechtigten Person ausgesprochen worden. Hierin liege, ohne dass es auf die Kausalität eines Beschlussmangels ankomme, ein schwerwiegender Verstoß gegen die Regeln des Wohnungseigentumsrechts. Ein solcher Verstoß sei gegeben, wenn die Regelungen über die Verwaltung des gemeinschaftlichen Eigentums systematisch missachtet würden, beispielsweise wenn eine Versammlung von einem dazu nicht ermächtigten und auch sonst nicht befugten Wohnungseigentümer ausgesprochen werde (Hinweis auf BGH, Urteil v. 20.11.2020, V ZR 64/20, Rn. 14).

So liege es im Fall. Zur Versammlung habe nämlich nicht der Verwalter, sondern die B GmbH & Co. KG geladen. In der Übertragung der Verwalteraufgaben auf diese liege ein systematischer Verstoß gegen die Regelungen des Wohnungseigentumsrechts. Denn der Verwalter habe die Pflicht, seine Dienste höchstpersönlich zu erbringen. Außerhalb von Übertragungen innerhalb seines Unternehmens sei der Verwalter rechtsgeschäftlich nicht befugt, seine Pflichten auf Dritte zu übertragen oder diesen zur Ausübung zu überlassen.

Hinweis für die Verwaltungspraxis

Im dargestellten Fall werden zwei Probleme angesprochen: Zum einen die Frage, welche Personen einem Wohnungseigentümer als Vertreter dienen können, zum anderen die Frage, was gilt, wenn eine dazu nicht befugte Person die Wohnungseigentümer zu einer Versammlung lädt.

Mögliche Vertreter eines Wohnungseigentümers
Jeder Wohnungseigentümer hat das Recht, sich als Eigentümer eines Wohnungseigentums durch eine oder sogar durch mehrere Personen in der Versammlung vertreten zu lassen. Als Vertreter kommt grundsätzlich jeder Dritte in Betracht. Neben einer Einzelvertretung ist eine Gruppenvertretung – die Vertretung mehrerer Wohnungseigentümer – oder die Vertretung eines Wohnungseigentümers durch mehrere Vertreter zulässig. In der Praxis ist es Übung, dass der Verwalter einem Wohnungseigentümer von sich aus anbietet, im Fall der Verhinderung für ihn sein Stimmrecht als sein Vertreter wahrzunehmen.

Vertreterklausel
Die Befugnis, sich durch jeden Dritten vertreten zu lassen, kann durch eine Vereinbarung beschränkt werden (Vertreterklausel). Eine Vertreterklausel bezweckt vor allem, die Versammlungen von gemeinschaftsfremden Einwirkungen freizuhalten und den Kreis der Vertretungsberechtigten auf Personen zu beschränken, die entweder mit der Verwaltung des gemeinschaftlichen Eigentums betraut sind (Verwalter), als Wohnungseigentümer bereits an der Versammlung teilnehmen dürfen oder dem vertretenen Wohnungseigentümer besonders nahestehen. In der Praxis werden drei Arten von Vertretungsbeschränkungen bevorzugt: funktionsbezogene (Verwalter, Verwaltungsbeirat), gemeinschaftsbezogene (andere Wohnungseigentümer) und personenbezogene (Familienangehörige und Ehegatten) Vertretungsbeschränkungen.

Eine Vertretungsbeschränkung ist nach ihrem Sinn und Zweck nicht in allen Fällen einer Vertretung anwendbar. Hier ein Überblick zu den wichtigsten Praxisfällen:

- **Gesetzliche Vertreter:** Eine Vertretungsbeschränkung gilt nicht für den gesetzlichen Vertreter eines Wohnungseigentümers, zum Beispiel die Eltern eines minderjährigen Wohnungseigentümers.

- **Juristische Personen:** Eine Vertretungsbeschränkung gilt auch für juristische Personen, beispielsweise eine GmbH oder AG. Eine solche Person ist aber befugt, sich nicht nur durch ihre organschaftlichen Vertreter, sondern auch durch einen ihrer Mitarbeiter vertreten zu lassen. Ebenso wie es einer natürlichen Person verwehrt ist, sich durch einen beliebigen Dritten oder den Mitarbeiter eines von ihm beauftragten Verwaltungsunternehmens vertreten zu lassen, kann sich eine juristische Person freilich nicht durch einen Mitarbeiter eines beliebigen anderen Unternehmens vertreten lassen. Eine juristische Person kann sich allerdings dann durch einen Mitarbeiter einer zum selben Konzern gehörenden (weiteren) Tochtergesellschaft vertreten lassen, wenn diese für die Verwaltung des Wohnungseigentums zuständig ist – selbst dann, wenn die Vertretung auf Verwandte in gerader Linie beschränkt ist.
- **Kommunen und Städte:** Es gelten die Ausführungen zur juristischen Person entsprechend.
- **Nießbraucher:** Streitig ist, was bei einem vom Wohnungseigentümer zur Vertretung ermächtigten Nießbraucher gilt. Nach herrschender und zu folgender Meinung unterfällt ein Nießbraucher einer Vertreterklausel. Soll etwas anderes gelten, muss das vereinbart werden.
- **Parteien kraft Amtes:** Eine Vertretungsbeschränkung gilt nicht für Parteien kraft Amtes. Ein Insolvenzverwalter ist zum Beispiel berechtigt, für den Insolvenzschuldner an der Versammlung teilzunehmen
- **Verbände:** Es gelten die Ausführungen zur juristischen Person entsprechend.

Eine ungenaue Vertreterklausel ist – ist sie nicht wegen Unbestimmtheit unanwendbar – streng auszulegen. Zum Beispiel kann es einem Wohnungseigentümer trotz einer personenbezogenen Vertretungsbeschränkung im Einzelfall erlaubt sein, sich auch durch einen Lebenspartner vertreten zu lassen. Allerdings ist nicht jede Person als Lebenspartner in diesem Sinne anzusehen. Es bedarf vielmehr einer gewissen »Verfestigung«. Im Einzelfall ist es den anderen Wohnungseigentümern aufgrund besonderer Umstände nach Treu und Glauben (§ 242 BGB) ferner verwehrt, sich auf eine Vertreterklausel zu berufen. Ob dem so ist, kann in der Regel erst in der Versammlung der Eigentümer geprüft werden. Auf eine Vereinbarung, dass sich ein Wohnungseigentümer nur durch seinen Ehegatten, den Verwalter oder einen anderen Wohnungseigentümer vertreten lassen kann, dürfen sich die anderen Wohnungseigentümer zum Beispiel nicht berufen, wenn der Ehegatte zur Vertretung aus gesundheitlichen Gründen nicht in der Lage, der Wohnungseigentümer mit den übrigen Wohnungseigentümern völlig zerstritten und erst unmittelbar vor der Versammlung ein neuer Verwalter bestellt worden ist, den der – verhinderte – Eigentümer (noch) nicht kennt. Eine Vertreterklausel ist im Übrigen nicht anzuwenden, wenn der durch sie beschränkte Wohnungseigentümer im Ausland lebt, nicht verheiratet ist, es sich um eine kleine Wohnungseigentumsanlage handelt, die anderen Wohnungseigentümer mit dem Verwalter »identisch« und die Eigentümer schließlich zerstritten sind.

Im besprochenen Fall geht es um eine Vertreterklausel, nach der eine Vertretung nur durch Verwandte in gerader Linie, Ehegatten, einen anderen Wohnungseigentümer, einen Generalbevollmächtigten oder den Verwalter zulässig ist. Man muss auslegen, was ein »Generalbevollmächtigter« ist. Das LG versteht diesen Begriff sehr eng und meint, der Vertreter müsse jedenfalls in Bezug auf das Wohnungseigentum eine umfassende Vertretungsmacht haben und daher auch berechtigt sein, über dieses zu verfügen. Diese Auslegung ist vertretbar, aber nicht zwingend. Die Verwaltungen, die mit entsprechenden Formulierungen in ihrer Gemeinschaftsordnung arbeiten müssen, sollten aber die Wohnungseigentümer auf diesen Umstand aufmerksam machen.

Ladung zur Versammlung

Die Versammlung ist nach § 24 Abs. 1 WEG vom Verwalter als Organ der Gemeinschaft der Wohnungseigentümer einzuberufen. Fehlt ein Verwalter oder weigert er sich pflichtwidrig, die Versammlung einzuberufen, kann die Versammlung auch durch den Vorsitzenden des Verwaltungsbeirats, dessen Vertreter oder einen durch Beschluss ermächtigten Wohnungseigentümer einberufen werden.

Lädt eine dazu nicht befugte Person zur Versammlung, ist meines Erachtens für dort gefasste Beschlüsse zu unterscheiden. Im Grundsatz macht die Nichtberechtigung die Beschlüsse zwar anfechtbar, sie führt aber nicht zu ihrer Unwirksamkeit. Diese Auffassung steht zwar im Widerspruch zu § 241 Nr. 1 AktG und ebenso zur allgemeinen Ansicht im Recht der GmbH. Die dortige Rechtsauffassung kann aber auch nicht übertragen werden. Hierfür spricht vor allem, dass § 24 Abs. 1 bis 3 WEG wenigstens teilweise abdingbar sind. Notwendig ist allerdings entsprechend § 241 Nr. 1 AktG, dass aus Gründen des Vertrauensschutzes die Ladung zu einer Versammlung der Eigentümer von einer wenigstens potenziell für eine Ladung infrage kommenden Person ausgesprochen wird. Eine Zurechnung kommt nur bei einer Ladung als Verwaltungsmaßnahme in Betracht, wenn die Person für die Gemeinschaft der Wohnungseigentümer handeln könnte. Lädt beispielsweise ein Verwalter, obwohl er nicht mehr oder – wegen Nichtigkeit des Bestellungsbeschlusses – nicht dazu berufen ist, sind alle auf der entsprechenden Versammlung gefassten Beschlüsse wegen dieses formalen Mangels nur anfechtbar. Auch dann, wenn eine Versammlung vom Vorsitzenden des Verwaltungsbeirats nach § 24 Abs. 3 WEG einberufen wird, obwohl die Voraussetzungen dafür nicht vorliegen, handelt es sich gleichwohl um eine Versammlung der Wohnungseigentümer, sodass die dort gefassten Beschlüsse nicht von vornherein unwirksam sind. Etwas anderes gilt hingegen für einen Wohnungseigentümer, der keine Ermächtigung für die Ladung besitzt (diese Frage ist streitig).

Im vorliegenden Fall geht es um eine KG, auf die der Verwalter offensichtlich die Verwaltung übertragen wollte und die in Vorwegnahme ihrer Bestellung bereits im Vorfeld für den Verwalter tätig war und u. a. auch zur Versammlung geladen hatte. Bei einer solchen Verwaltung handelt es sich um einen sogenannten faktischen Verwalter. Hier wurde bislang angenommen, dass sein Handeln jedenfalls nicht dazu führt, dass auf Versammlungen, die er einberufen hatte, alle Beschlüsse nichtig sind. Das LG geht hier einen anderen Weg. Ich halte dies aber für einen Irrweg. Richtig ist, dass ein Verwalter nicht befugt ist, seine Rechte und Pflichten vollständig auf einen Dritten zu übertragen. Richtig ist aber auch, dass die KG nach den Feststellungen des LG bereits länger die Wohnungseigentumsanlage verwaltet hatte. Es wäre daher besser gewesen, die Beschlüsse zwar für anfechtbar, nicht aber für nichtig zu erachten.

11.1.3 Irreführung der Wohnungseigentümer

LG München I, Urteil v. 4.11.2021, 36 S 14711/20 WEG
Die Verwaltung darf in einem Einberufungsschreiben nicht den Eindruck erwecken, ein Wohnungseigentümer könne sich nur durch die Verwaltungsbeiräte in der Versammlung vertreten lassen. Dies ist der Fall, wenn der Einberufung ein Formular beigefügt wird, mit dem ein Wohnungseigentümer nur die Verwaltungsbeiräte bevollmächtigen kann.

Sachverhalt

Die Wohnungseigentümer genehmigen im November 2019 zu TOP 3 die Jahresabrechnung für das Jahr 2018. Ferner beschließen sie zu TOP 9, eine Befahranlage an der Ost-, Süd- und Westseite des Hochhauses »gem. Angebot vom 27.11.2019 der X-GmbH« abbauen zu lassen (Befahranlagen dienen u. a. der Reinigung und Wartung von Dachoberlichtern, Fassaden und Lüftungsanlagen und den damit verbundenen Flächen). So geschieht es.

Gegen die Beschlüsse geht Wohnungseigentümer K vor. Das AG erklärt die Beschlüsse wegen eines formalen Beschlussmangels für ungültig. Denn der Einladung sei kein »Blankovollmachtsformular« beigeheftet gewesen, sondern ein Formular, mit dem ein Wohnungseigentümer nur die Verwaltungsbeiräte bevollmächtigen konnte. Dies habe den unzutreffenden Eindruck erweckt, es bestehe eine entsprechende Beschränkung. Hiergegen richtet sich die Berufung. Die beklagten Wohnungseigentümer meinen, im Einladungsschreiben sei lediglich empfohlen und darum gebeten worden, sich vertreten zu lassen und den beiliegenden Vordruck zu verwenden. Jeder Wohnungseigentümer habe durch einen Blick in die Gemeinschaftsordnung feststellen können, wer als Vertreter in Betracht komme. K habe dies beispielsweise auch erkannt und sich einen anderen Vertreter genommen.

Entscheidung

Das LG meint mit dem AG, die Einberufung sei formal fehlerhaft gewesen: In einer Einberufung müsse in der Regel zwar nicht auf eine Vertretungsmöglichkeit oder einen Stimmrechtsausschluss hingewiesen werden. Gebe die Verwaltung aber einen Hinweis, müsse die Regelung zur Vertretung oder zum Stimmrechtsausschluss zutreffend wiedergegeben werden. Dies sei nicht der Fall gewesen. Die Wohnungseigentümer hätten die Einberufung so verstehen müssen, dass sie nur die Verwaltungsbeiräte bevollmächtigen können.

Dennoch habe die Klage keinen Erfolg. Denn der Kläger hätte darlegen müssen, dass sich dieser Ladungsmangel auf das Abstimmungsergebnis ausgewirkt habe (Hinweis u. a. auf LG München I, Urteil v. 10.10.2018, 1 S 2806/18, ZMR 2019, S. 297). Ferner hätte der Kläger darlegen müssen, wie er sich ohne den Ladungsmangel verhalten hätte, beispielsweise dass er nur wegen des verspäteten Zugangs der Einladung nicht an der Versammlung teilnehmen konnte, welche weiteren Vorbereitungsmaßnahmen er bei ordnungsmäßiger Beschlussankündigung noch hätte treffen wollen oder auch welche Argumente er angesichts eindeutiger Mehrheitsverhältnisse gegen die Entscheidung der Mehrheit hätte geltend machen wollen (Hinweis u. a. auf MüKoBGB/Hogenschurz, 8. Aufl., WEG § 23 Rn. 71). K hätte zur Schlüssigkeit der Klage also zumindest vortragen müssen, dass ein Ladungsmangel vorliege, (jedenfalls) ein anderer Wohnungseigentümer zur Versammlung nicht erschienen sei und keinen Vertreter entsandt habe und einen Vertreter geschickt hätte, wenn er ordnungsmäßig, also unter korrekter Angabe der Vertretungsmöglichkeiten eingeladen worden wäre.

Hinweis für die Verwaltungspraxis

Im angeführten Fall lädt eine Verwaltung zu einer Versammlung. Als »Serviceleistung« ermöglicht die Verwaltung es den Wohnungseigentümern, den Verwaltungsbeiräten eine Vollmacht zu erteilen, wenn die Wohnungseigentümer nicht selbst an der Versammlung teilnehmen wollen. Die Wohnungseigentümer streiten darüber, ob die Verwaltung die Wohnungseigentümer durch die »Serviceleistung« in die Irre geführt hat.

Einladungsschreiben und Vollmachten

AG und LG meinen, die »Serviceleistung« der Verwaltung sei in ihrer Form verfehlt gewesen. Die Wohnungseigentümer hätten darüber informiert werden müssen, dass sie nicht nur den Verwaltungsbeiräten nach einer Vertreterklausel eine Vollmacht hätten erteilen können, sondern letztlich jeder Person. Ich selbst finde diese Haltung wenig überzeugend. Sie sollte jede Verwaltung aber davor warnen, ähnlich wie diese Verwaltung vorzugehen!

Formaler Ladungsmangel und »Beruhen«
Das LG meint, es sei am Kläger gewesen darzulegen und zu beweisen, dass sich der Ladungsmangel auf das Abstimmungsergebnis ausgewirkt habe. Auch diese Haltung überzeugt nicht. Im Gegenteil führt Hogenschurz aus, es sei an der Gemeinschaft der Wohnungseigentümer als Beklagter darzulegen und zu beweisen, dass sich der Ladungsmangel nicht ausgewirkt habe.

11.1.4 Bezeichnung der Gegenstände I

AG Spandau, Urteil vom 23.2.2021, 19 C 58/20

Für die Bezeichnung eines Beschlusses in der Einberufung kann es ausreichen, dass ein anderer Beschluss bezeichnet wird.

Sachverhalt

Der Verwalter lädt mit Schreiben vom 1. September 2020 zu einer Versammlung am 16. September 2020. Mit Schreiben vom 7. September 2020 ergänzt er die Tagesordnung um den TOP 12. In der Versammlung genehmigen die Wohnungseigentümer zu diesem TOP gegen die Stimmen von zwei Wohnungseigentümern dem Wohnungseigentümer X, in seinem Garten auf eigene Kosten – und Tragung der Folgekosten – einen Schuppen aufzustellen, sofern er dabei Auflagen des Denkmalschutzes einhält (bei der Wohnungseigentumsanlage handelt es sich um eine aus Einfamilienreihenhäusern und Mehrfamilienhäusern bestehende, unter Denkmalschutz stehende ältere Siedlung). Vor dem Beginn der Arbeiten soll X der Verwaltung die Genehmigung des Denkmalschutzamtes vorlegen.

Gegen diesen Beschluss wendet sich Wohnungseigentümer K im Wege der Anfechtungsklage. Er ist der Ansicht, dieser leide unter einem formalen Ladungsmangel. Da er gegen den Beschluss gestimmt habe und durch den Schuppen benachteiligt werde, habe der Verwalter außerdem verkünden müssen, dass der Beschluss nicht zustande gekommen sei. Der Beschluss sei im Übrigen aber auch materiell nicht ordnungsmäßig. Er sei zu unbestimmt, da nicht geregelt worden sei, wo und wie X bauen dürfe. Schließlich sei die Regelung, dass X die Folgekosten tragen müsse, unwirksam.

Entscheidung

Die Anfechtungsklage hat keinen Erfolg: Der Verwalter habe nicht gegen § 24 Abs. 4 Satz 2 WEG verstoßen. Zwar habe er die Tagesordnung zu spät ergänzt. Auf der ursprünglichen Tagesordnung habe sich aber ein vergleichbarer Gegenstand gefunden. Dieser Umstand sei ausreichend gewesen, um sich in genügendem Maß mit der »Materie« zu beschäftigen.

Der Beschluss sei auch nicht zu unbestimmt. Zwar nenne der Beschluss weder Ausführungsart noch Standort des Schuppens. Diese Umstände würden sich aber unmittelbar aus dem weiteren Inhalt der Niederschrift ergeben. Danach handele es sich um ein Holzhaus mit Satteldach mit einer Grundfläche von 1,80 m × 2,10 m auf der rückwärtigen Grundstücksgrenze.

Der Verwalter sei ungeachtet der Gegenstimmen auch berechtigt gewesen, einen positiven Beschluss zu verkünden. K habe dem Beschluss in Ermangelung eines Nachteils nicht zustimmen müssen. Die einzelnen Gärten seien durch Sichtschutzzäune voneinander abgegrenzt. Die Wohnungseigentümer gestalteten die Sondernutzungsflächen gärtnerisch und hätten dort bereits Gartenhäuser und andere Baulichkeiten errichtet. Dies treffe auch auf K zu, auf dessen Sondernutzungsfläche ebenfalls ein Gartenhaus stehe. Ein einheitliches Erscheinungsbild der Gärten liege also bereits aufgrund der Zergliederung des Grundstücks und der errichteten verschiedenartigen Abgrenzungen zum jeweiligen Nachbarn nicht vor. Die Errichtung eines weiteren Gartenhauses, das angesichts des geltenden Denkmalschutzes bereits öffentlich-rechtlich den denkmalschutzrechtlichen Vorschriften entsprechen müsse, führe nicht zu einer nachteiligen optischen Veränderung.

Hinweis für die Verwaltungspraxis

Im dargestellten Fall geht es erstens um die Frage, wie ein Beschlussgegenstand zu bezeichnen ist. Zweitens geht es um den »Dauerbrenner« Bestimmtheit. Und drittens geht es um einen Beschluss, mit dem die Wohnungseigentümer sich zu einer baulichen Veränderung verhalten. Der Fall spielt allerdings noch im bis zum 30.11.2020 geltenden Recht. Im Vergleich zum neuen Recht zeigt sich, was sich hier verändert hat.

Bezeichnung eines Beschlussgegenstandes und Einberufungsfrist

Die Frist der Einberufung soll, sofern nicht ein Fall besonderer Dringlichkeit vorliegt, nach § 24 Abs. 4 Satz 2 WEG mindestens drei Wochen betragen (im alten Recht waren es zwei Wochen). Wird diese Frist wegen der Ergänzung der Tagesordnung nicht eingehalten, liegt ein formaler Ladungsmangel vor. Die Rechtsprechung vermutet für solche Mängel, dass ein Beschluss, den die Wohnungseigentümer in dieser Situation fassen, auf ihnen beruht. Dieser Umstand hätte der Klage eigentlich zum Erfolg verhelfen müssen.

Das AG hilft sich, um dieses Ergebnis zu verhindern, mit einem »Trick«. Es meint, es liege kein Ladungsmangel vor, da sich der klagende Wohnungseigentümer allgemein mit der Errichtung eines Schuppens habe beschäftigen können. Mich überzeugt diese großzügige Sichtweise nicht. Denn der Kläger hatte erst mit der Ergänzung der Tagesordnung einen ausreichenden Anlass, sich mit der Errichtung eines Schuppens in der Nähe seines Gartens zu beschäftigen. Ich selbst hätte diese Frage also anders entschieden.

Bestimmtheit eines Beschlusses
Beschlüsse müssen »bestimmt« genug formuliert sein. Dies ist der Fall, wenn ein Beschluss aus sich heraus genau, klar, eindeutig und widerspruchsfrei erkennen lässt, was gilt. Einem Beschluss fehlt hingegen Bestimmtheit, wenn er keine sinnvolle, in sich geschlossene und verständliche Regelung enthält. Damit ein Beschluss »bestimmt« ist, muss er so ausführlich wie nötig beschreiben, was gelten soll. Er muss – gegebenenfalls durch Verweisung – sein Regelungsproblem (den Anlass seiner Entstehung) vollständig lösen. Außerdem muss er so formuliert werden, dass er in sich nicht widersprüchlich ist. Lässt sich ein Gegenstand im Beschlusstext selbst nur schlecht oder gar nicht oder nur ungenau oder nur widersprüchlich darstellen, bedarf es für eine Herstellung von Bestimmtheit in der Regel einer Beschlussanlage. Ein Beschlusstext kann auch aus diesem Grund selbst kurz sein und zur näheren Erläuterung auf eine Anlage Bezug nehmen. Eine solche Beschlussanlage kann z. B. ein Gutachten, ein Bild, eine Zeichnung, eine Baubeschreibung, ein Leistungsverzeichnis, ein Bauplan, eine Skizze etc. sein. Im Fall wendet das AG diesen Grundsatz nicht an. Denn danach reicht es gerade nicht, wenn sich die notwendigen Angaben (hier: Was darf wo gebaut werden?) nur in der Niederschrift, nicht aber im Beschluss finden.

Bauliche Veränderung bis zum 30.11.2020
Bauliche Veränderungen konnten nach § 22 Abs. 1 Satz 1 WEG a. F. nur beschlossen werden, wenn jeder Wohnungseigentümer zustimmt, dessen Rechte durch die Maßnahmen über das in § 14 Nr. 1 WEG a. F. bestimmte Maß hinaus beeinträchtigt werden.

Im Fall macht Wohnungseigentümer K eine solche Beeinträchtigung geltend. Dies sieht das AG vertretbar anders und lehnt eine Beeinträchtigung ab. Was für die Kosten einer baulichen Veränderung galt, bestimmte § 16 Abs. 6 WEG a. F. Danach hatten die Wohnungseigentümer die Kosten der baulichen Veränderungen zu tragen, die ihr zugestimmt hatten. Im angefochtenen Beschluss hatten die Wohnungseigentümer diesen gesetzlichen Umlageschlüssel dauerhaft ändern wollen, und zwar sowohl für die Errichtungs- als auch für die Folgekosten. Richtiger Ansicht nach widersprach ein solcher Beschluss einer ordnungsmäßigen Verwaltung. Warum es im Fall anders liegen soll, ist der Entscheidung leider nicht zu entnehmen.

Bauliche Veränderung seit dem 1.12.2020
Bauliche Veränderungen können seit dem 1.12.2020 nach § 20 Abs. 1 WEG beschlossen oder einem Wohnungseigentümer durch Beschluss gestattet werden.

Auf die Beeinträchtigung eines Wohnungseigentümers kommt es für die Beschlusskompetenz nicht an. Eine Grenze setzt nur § 20 Abs. 4 WEG. Danach dürfen bauliche Veränderungen nicht beschlossen oder durch Beschluss gestattet werden, wenn sie einen Wohnungseigentümer ohne sein Einverständnis gegenüber anderen Wohnungseigentümern unbillig benachteiligen. Dieser Fall liegt selten vor. Was für die Kosten gilt, bestimmt § 21 WEG. Im Fall wäre § 21 Abs. 1 Satz 1 WEG anwendbar. Danach wäre klar, dass X die Kosten und die Folgekosten der baulichen Veränderung zu tragen hätte.

11.1.5 Bezeichnung der Gegenstände II

AG Ludwigsburg, Urteil vom 22.4.2021, 21 C 2168/20 WEG
Wird die Vermietung eines Stellplatzes angekündigt, entspricht es keiner ordnungsmäßigen Verwaltung, die Nichtvermietung zu beschließen.

Sachverhalt
In der Ladung wird folgender Gegenstand angekündigt: »Vermietung der Fläche hinter dem Parkplatz ›A‹ … für 5 Jahre durch Losverfahren/den Meistbietenden.« In der Versammlung wird einstimmig folgender Beschluss gefasst: »Die Fläche wird nicht vermietet. Es wird ein Parkverbotsschild mit dem Hinweis auf Abschleppen angebracht. Die Verwaltung wird beauftragt, in entsprechenden Fällen den PKW abschleppen zu lassen«. Wohnungseigentümer K, der gern auf der Fläche parkt, meint, die Ankündigung habe den tatsächlich gefassten Beschluss nicht getragen. Zudem widerspreche der Beschluss ordnungsmäßiger Verwaltung.

Entscheidung
Das AG meint, der Beschluss widerspreche ordnungsmäßiger Verwaltung. Bei der Entscheidung über das Ob einer Vermietung müssten die wesentlichen Gesichtspunkte, die für und gegen eine Vermietung sprechen, ermittelt werden und den Wohnungseigentümern vor der Beschlussfassung zur Verfügung stehen. Denn die Wohnungseigentümer hielten sich nur dann im Rahmen des ihnen in Bezug auf Maßnahmen ordnungsmäßiger Verwaltung zustehenden Beurteilungsspielraums, wenn sie ihre Entscheidung auf einer ausreichenden Tatsachengrundlage treffen (Hinweis auf BGH, Beschluss v. 14.3.2018, V ZB 131/17, NJW 2018, S. 1749 Rn. 14). Hieran habe es gefehlt. Es wäre nämlich erforderlich gewesen, die genauen Abstände und die Durchfahrtsbreite zu ermitteln und die Probleme, die abgestellte Fahrzeuge mit sich bringen, in Häufigkeit und Intensität zu bestimmen. Ferner hätte man Alternativen ermitteln bzw. ausschließen müssen (Anbringen eines Pfostens, anderer Abstellplatz der Mülltonnen, farbliche Markierung der Stellfläche etc.) und hätte den finanziellen Vorteil einer Vermietung zu bestimmen gehabt. Eine entsprechende Vorbereitung der Entscheidung habe nicht stattgefunden

und – so der Verwalter – habe auch nicht stattfinden können. Denn der Verwalter sei bis zur Diskussion und wie sich aus seiner Einladung ergebe, davon ausgegangen, es gehe um die Frage, wer die Stellfläche anmietet. Daher liege auch ein Verstoß gegen § 23 Abs. 2 WEG vor. Die Einladung habe nur so verstanden werden können, dass es um die Person des Anmietenden gehe. Dies folge schon daraus, dass sogar zwei Optionen der Entscheidungsfindung genannt seien, nämlich Losverfahren oder Meistbietender und auch der Anmietzeitraum angegeben worden sei.

Hinweis für die Verwaltungspraxis

Das AG referiert alles richtig. Und dennoch bleibt bei mir ein schaler Nachgeschmack. Bedurfte es wirklich der vom AG genannten Ermittlungen? Es war tatsächlich so, dass K regelmäßig so geparkt hatte, dass die anderen Wohnungseigentümer schwer in die Tiefgarage kamen. Was sollte man da ermitteln? Und muss man bei einer angekündigten Vermietung nicht auch damit rechnen, dass es nicht dazu kommt?

11.2 Stimmrecht

11.2.1 Mehrere Wohnungseigentumsrechte

BGH, Urteil vom 20.11.2020, V ZR 64/20
Wenn mehrere Wohnungseigentumsrechte nur teilweise identischen Miteigentümern gehören oder wenn der Miteigentümer eines Wohnungseigentumsrechts zugleich Alleineigentümer eines anderen Wohnungseigentumsrechts ist, haben die Eigentümer jedes Wohnungseigentumsrechts bei Geltung des Kopfstimmenprinzips je eine Stimme. Das Kopfstimmrecht eines Wohnungseigentümers entfällt nicht, wenn er Miteigentümer eines anderen Wohnungseigentumsrechts wird oder bleibt. Das gilt auch, wenn er Mehrheitseigentümer anderer Wohnungseigentumsrechte ist oder wird.

Sachverhalt
In einer Wohnungseigentumsanlage gibt es drei Wohnungseigentumsrechte. Das Wohnungseigentumsrecht 1 gehört dem Ehepaar B1 und B2 je zur Hälfte. Das Wohnungseigentumsrecht 2 gehört dem Ehepaar K1 und K2 je zur Hälfte. Das Wohnungseigentumsrecht 3 gehört B1 allein. Mit Schreiben vom 3.12.2018 lädt das Ehepaar B1 und B2 das Ehepaar K1 und K2 zu einer Versammlung ein. Gegenstand soll die Wahl eines Verwalters sein. Das Ehepaar K1 und K2 erscheint nicht. B1 und B2 beschließen, einen V für den Zeitraum vom 1. Februar 2019 bis zum 31. Januar 2021 zum Verwalter zu bestellen. Mit einem weiteren Beschluss bestimmen sie, dass die Gemeinschaft der Wohnungseigentümer mit V ein Verwaltervertrag schließen soll.

Gegen diese beiden Beschlüsse gehen K1 und K2 vor. Sie meinen, B1 und B2 seien schon nicht berechtigt gewesen, zu einer Versammlung zu laden. Außerdem hätten B1 und B2 gemeinsam nur eine Stimme. Die Beschlüsse hätten daher nicht die erforderliche Mehrheit erreicht. Das AG weist die Klage ab. Die dagegen gerichtete Berufung bleibt erfolglos. Mit der Revision möchte das Ehepaar K1 und K2 weiterhin erreichen, dass die Beschlüsse für ungültig erklärt werden.

Entscheidung

Der BGH hält beide Beschlüsse im Ergebnis für ordnungsmäßig. Sie hätten jeweils die erforderliche Mehrheit erreicht: mehr Ja- als Nein-Stimmen. Richtig sei, dass das Ehepaar B1 und B2 nicht befugt gewesen sei, zu einer Versammlung zu laden. Dieser Ladungsmangel habe sich aber nicht ausgewirkt, da B1 und B2 auf sich zwei Stimmrechte vereinigen würden. Selbst dann, wenn eine dazu befugte Person geladen hätte, hätten B1 und B2 daher den Verwalter und den Inhalt des Verwaltervertrags bestimmen können. Etwas anderes wäre zwar anzunehmen, wenn ein schwerwiegender Verstoß gegen das Teilnahme- und Mitwirkungsrecht von K1 und K2 vorläge. Denn dann wären die Beschlüsse nichtig. So liege es aber nicht.

Hinweis für die Verwaltungspraxis

Nach dem WEG-Konzept »eine Person, eine Stimme« bestehen beim Kopfstimmrecht zwei Stimmen, wenn das Wohnungseigentumsrecht 1 einem A und das Wohnungseigentumsrecht 2 dem A und einem B gemeinsam gehören. Im Anschluss an einen Beschluss des LG Lübeck war bislang ungeachtet dessen die Ansicht vertreten worden, dass nur ein Stimmrecht bestehe. Der BGH hat dieser Ansicht mit der vorstehenden Entscheidung eine »rote Karte« erteilt. Hier ein zusammenfassender Überblick zum Kopfstimmrecht:
- Fall 1: Das Wohnungseigentumsrecht Nr. 1 gehört A. Das Wohnungseigentumsrecht Nr. 2 gehört auch A. Frage: Wie viele Stimmen entfallen auf die Wohnungseigentumsrechte Nr. 1 und 2? Antwort: eine. Abwandlung: A veräußert den halben Miteigentumsanteil des Wohnungseigentumsrechts Nr. 2 an B. Frage: Wie viele Stimmen entfallen jetzt auf die Wohnungseigentumsrechte Nr. 1 und 2? Antwort: zwei. Frage: Spielt es eine Rolle, dass B die Ehefrau oder eine von A beherrschte Gesellschaft ist? Antwort: nein.
- Fall 2: Das Wohnungseigentumsrecht Nr. 1 gehört A und B. Das Wohnungseigentumsrecht Nr. 2 gehört A, B und C. Frage: Wie viele Stimmen entfallen auf die Wohnungseigentumsrechte Nr. 1 und 2? Antwort: zwei.
- Fall 3: Das Wohnungseigentumsrecht Nr. 1 gehört A und B je zur Hälfte. Das Wohnungseigentumsrecht Nr. 2 gehört auch A und B ebenfalls je zur Hälfte. Frage: Wie viele Stimmen entfallen auf die Wohnungseigentumsrechte Nr. 1 und 2? Antwort: eine. Frage: Ändert sich etwas, wenn die Quoten der Beteiligung an den Wohnungseigentumsrechten bei A und B unterschiedlich sind

oder wenn die Eheleute beim Wohnungseigentumsrecht Nr. 1 eine Gütergemeinschaft bilden, beim Wohnungseigentumsrecht Nr. 2 aber eine Erbengemeinschaft? Antwort: nein. Abwandlung: A und B legen ihr Eigentum am Wohnungseigentumsrecht Nr. 2 in eine BGB-Gesellschaft X ein, deren Gesellschafter A und B sind. Frage: Wie viele Stimmen entfallen auf die Wohnungseigentumsrechte Nr. 1 und 2? Antwort: jetzt zwei.

Vermehrung durch Veräußerung
Ein Wohnungseigentümer kann im Fall des Kopfstimmrechts die Anzahl der Stimmrechte vermehren, wenn er Eigentümer mehrerer Wohnungseigentumsrechte ist und eines oder mehrere von diesen an einen Dritten veräußert. Dieser »Dritte« kann auch eine ihm nahestehende Person, beispielsweise seine Ehefrau, oder eine von ihm beherrschte Gesellschaft sein. Etwas anderes gilt, wenn in der Wohnungseigentumsanlage das Objektstimmrecht gilt. Denn dann standen dem, der Eigentümer mehrerer Wohnungseigentumsrechte war, bereits vor einer Veräußerung so viele Stimmen zu, wie er Eigentümer von Wohnungseigentumsrechten war. Veräußert er ein Wohnungseigentumsrecht, verliert er ein Stimmrecht, das dann auf einen Dritten übergeht. Zur Vermehrung der Stimmrechte kommt es nicht.

Anders ist es auch nicht, wenn in der Wohnungseigentumsanlage das Wertstimmrecht gilt. Wie beim Objektstimmrecht stehen dann die Stimmrechte bei einer Veräußerung zwar einem Dritten zu. Eine »Vermehrung« ist aber ausgeschlossen. Diese Grundsätze gelten auch, wenn ein Wohnungseigentümer ein Wohnungseigentumsrecht rechtlich unterteilt. Insoweit gibt es beim Wertstimmrecht keine Besonderheiten; es kommt also nicht zu einer Vermehrung der Stimmrechte. Beim Objekt- und Kopfstimmrecht führt eine Unterteilung ebenfalls nicht dazu, dass nach der Anlegung eines weiteren Wohnungsgrundbuchblattes zwei Stimmen entstehen würden. Es ist auch nicht so, dass die Eigentümer jeweils ein halbes Stimmrecht hätten. Vielmehr ist es so, dass die Eigentümer ein gemeinsames Stimmrecht haben (also z. B. nicht ¾ zu ¼ oder ½ zu ½). Diese Grundsätze gelten auch dann, wenn ein Wohnungseigentümer seine Wohnungseigentumsrechte miteinander vereinigt.

Achtung
Durch eine Unterteilung – ein Wohnungseigentümer macht aus einem Wohnungseigentumsrecht rechtlich zwei Wohnungseigentumsrechte – verändern sich die Stimmrechte ihrer Anzahl nach nicht. Teilt ein Wohnungseigentümer sein Wohnungseigentum auf und veräußert die neu geschaffenen Wohnungseigentumsrechte an verschiedene Dritte, entstehen – ist nichts anderes vereinbart – bei Geltung des Kopfstimmrechts keine weiteren Stimmrechte.

> Auch bei Vereinbarung des Objektstimmrechts führt eine Unterteilung im Fall der Veräußerung zu keiner Stimmrechtsvermehrung. Das zuvor auf das ungeteilte Wohnungseigentumsrecht entfallende Stimmrecht ist entsprechend der Zahl der neu entstandenen Wohnungseigentumsrechte nach Bruchteilen aufzuspalten und diesen zuzuweisen. Gilt das Wertstimmrecht, richtet sich das Stimmrecht nach der jeweiligen Größe der jeweiligen Miteigentumsanteile.

11.2.2 Stimmverbot I

LG Hamburg, Urteil vom 2.2.2022, 318 S 31/21
Das Stimmverbot des § 25 Abs. 4 WEG erfasst als Ausnahmevorschrift nur bestimmte Fälle der Interessenkollision. Es soll den Wohnungseigentümer nicht schlechthin daran hindern, an Entscheidungen über die Verwaltung des gemeinschaftlichen Eigentums mitzuwirken.

Sachverhalt
Die Wohnungseigentümer lehnen noch vor dem 1.12.2020 mehrheitlich den Beschluss ab, mit dem eine X-GmbH aus wichtigem Grund abberufen und ihr Verwaltervertrag außerordentlich gekündigt werden soll.

Gegen diesen Negativbeschluss geht Wohnungseigentümer K vor. Er meint, die Wohnungseigentümer hätten mehrheitlich für den Beschluss gestimmt. Denn die Stimmen der Mehrheitseigentümerin, für die V als Vertreter abgestimmt hatte, seien nicht zu berücksichtigen gewesen. Dies sieht das AG auch so. Es stellt daher auf den Antrag des K zusätzlich fest, dass der Beschluss zustande gekommen sei. Für die Feststellung und Verkündung des Beschlusses als Positivbeschluss komme es nicht darauf an, ob dieser ordnungsmäßiger Verwaltung entspreche. Das Rechtsschutzziel des K sei lediglich darauf gerichtet festzustellen, dass der Beschluss zu TOP 4 gefasst worden sei und nicht, ob dieser auch ordnungsmäßiger Verwaltung entsprochen habe.

Entscheidung
Die Berufung hat Erfolg: Das Stimmverbot des § 25 Abs. 4 WEG erfasse als Ausnahmevorschrift nur bestimmte Fälle der Interessenkollision. Es solle den Wohnungseigentümer nicht schlechthin daran hindern, an Entscheidungen über die Verwaltung des gemeinschaftlichen Eigentums mitzuwirken. Da das Stimmrecht ein wesentliches Mittel zur Mitgestaltung der Gemeinschaftsangelegenheiten sei, dürfe es nur ausnahmsweise unter eng begrenzten Voraussetzungen eingeschränkt werden. Zur Unterscheidung zwischen den Rechtsgeschäften, die § 25 Abs. 4 WEG unterfallen, von solchen, in denen es keine Rechtfertigung für einen Ausschluss des Stimmrechts gebe, sei danach zu differenzieren, ob der Schwerpunkt der Angelegenheit in der Verfolgung

privater Sonderinteressen oder in der Wahrnehmung mitgliedschaftlicher Interessen liege (Hinweis auf BGH, Urteil v. 19.9.2002, V ZB 30/02, Rn. 31 – juris).

Unter Berücksichtigung dieser Maßstäbe sei die Mehrheitseigentümerin nicht vom Stimmrecht ausgeschlossen gewesen. Dass sie schwerpunktmäßig private Sonderinteressen verfolgt habe, sei weder hinreichend vorgetragen, noch sei dies anderweitig ersichtlich. Es handele sich bei der Mehrheitseigentümerin und der Verwaltung zwar um zwei juristisch eigenständige Gesellschaften, die über denselben Mutterkonzern miteinander verbunden und in deren Konzernabschluss einzubeziehen seien. Dies stelle aber kein privates Sonderinteresse der Mehrheitseigentümerin von einigem Gewicht dar. Eine Gefahr, dass die Mehrheitseigentümerin ihr Stimmrecht zum wirtschaftlichen Nachteil der Gemeinschaft der Wohnungseigentümer ausgeübt habe, sei nicht gegeben gewesen. Allein eine wirtschaftliche Verbundenheit zwischen der Mehrheitseigentümerin und der Verwaltung über die Muttergesellschaft führe nicht zu einem Stimmrechtsausschluss. Auch eine Majorisierung sei nicht erkennbar.

Für die X-GmbH als Vertreterin der Mehrheitseigentümerin habe ebenfalls kein Stimmverbot gegolten. Zwar könne ein Nichtwohnungseigentümer einen Wohnungseigentümer bei der Stimmabgabe nicht wirksam vertreten, wenn er – wäre er selbst Wohnungseigentümer – einem Stimmverbot unterläge. Die Mehrheitseigentümerin habe ihre Vollmacht im Außenverhältnis für die X-GmbH aber weisungsgebunden beschränkt.

Der Negativbeschluss habe im Übrigen ordnungsmäßiger Verwaltung entsprochen. Das Ermessen der Beklagten sei nicht auf null reduziert gewesen. Die von K vorgetragenen Pflichtverletzungen reichten weder im Einzelnen noch in ihrer Gesamtschau aus, um einen wichtigen Grund für eine Abberufung und eine außerordentliche Kündigung des Verwaltervertrags darzustellen.

Hinweis für die Verwaltungspraxis

Ein Wohnungseigentümer ist nach § 25 Abs. 4 WEG nicht stimmberechtigt, wenn die Beschlussfassung die Vornahme eines auf die Verwaltung des gemeinschaftlichen Eigentums bezüglichen Rechtsgeschäfts mit ihm oder die Einleitung oder Erledigung eines Rechtsstreits gegen ihn betrifft oder wenn er nach § 17 WEG rechtskräftig verurteilt ist.

Im dargestellten Fall war danach einerseits zu fragen, ob die Mehrheitseigentümerin vom Stimmrecht ausgeschlossen ist, weil sie und die X-GmbH als Einheit zu sehen sind. Andererseits war zu fragen, was für die X-GmbH als Vertreterin gilt, wenn es um ihren Vertrag und ihre Bestellung geht und ein Wohnungseigentümer »wichtige« Gründe für diese Entscheidungen anführt.

Ausschluss des Stimmrechts für die Mehrheitseigentümerin
Die Mehrheitseigentümerin wäre vom Stimmrecht ausgeschlossen gewesen, wenn sie ihr Stimmrecht missbraucht hätte. Das war im Fall nicht zu erkennen. Ferner wäre sie vom Stimmrecht ggf. ausgeschlossen gewesen, wenn sie und die X-GmbH als eine »Einheit« anzusehen wären. Dazu näher bei den Hinweisen in Kap. 11.2.3 zum AG Schwarzenbek, Urteil v. 2.11.2021, 2 C 54/19 WEG.

Ausschluss des Stimmrechts für die Verwalterin als Vertreterin
Der Verwalter ist weder durch § 25 Abs. 4 WEG noch durch § 181 BGB grundsätzlich daran gehindert, als Stellvertreter am Beschluss über seine (erneute) Be- oder seine Abberufung mitzuwirken. Dies gilt auch dann, wenn mit dem Beschluss zugleich über den Abschluss des Verwaltervertrags abgestimmt wird.

Bei einer Abberufung aus wichtigem Grund gilt etwas anderes. Ein Stimmverbot folgt hier aus dem in §§ 712 Abs. 1, 737 BGB und in §§ 117, 127, 140 HGB enthaltenen allgemeinen Rechtsgedanken, wonach niemand über Maßnahmen gegen sich aus wichtigem Grund mitentscheiden können soll. Das LG sieht das anders, weil die Mehrheitseigentümerin die X-GmbH angewiesen hatte, wie diese abstimmen soll. Ein Interessenkonflikt komme dann nicht zum Tragen, wenn die Vollmacht im Außenverhältnis beschränkt in der Weise erteilt werde, dass der Bevollmächtigte nur mit Ja oder Nein stimmen kann. Das überzeugt im Allgemeinen. Der Vertreter ist dann tatsächlich ein Bote, weil es nicht auf seine Willensbildung, sondern auf die des – vom Stimmrecht nicht ausgeschlossen – Vertretenen ankommt. Allerdings hatte die Mehrheitseigentümerin die Weisung im Sinne ihrer »Schwester« erteilt. Muss dann nichts anderes gelten?

Von der isolierten Abstimmung über den Verwaltervertrag ist im Übrigen der Verwalter sowohl als Wohnungseigentümer als auch als Stellvertreter (§ 181 BGB) ausgeschlossen. Der Verwalter ist ferner gehindert, als Vertreter eines stimmberechtigten Wohnungseigentümers an der Abstimmung über seine Entlastung teilzunehmen.

11.2.3 Stimmverbot II

AG Schwarzenbek, Urteil vom 2.11.2021, 2 C 54/19 WEG
Für einen Wohnungseigentümer besteht aus dem in den §§ 712 Abs. 1, 737 BGB, §§ 117, 127, 140 HGB zutage tretenden Rechtsgedanken ein Stimmverbot, wenn der betref-

fende Beschluss die Abberufung eines Wohnungseigentümers als Verwalter aus wichtigem Grund zum Gegenstand hat.

Sachverhalt

Nach der Gemeinschaftsordnung entfallen bei einer Beschlussfassung auf jedes Wohnungseigentum jeweils drei Stimmen. Ein Antrag zu TOP 3, den Verwalter V aus wichtigem Grund abzuberufen und den Verwaltervertrag zu kündigen (V hatte unberechtigt Verträge zu einem Gesamtvolumen i. H. v. 68.425,00 EUR geschlossen), findet keine Mehrheit. Der Beschluss zu TOP 7, V zu entlasten, findet hingegen eine Mehrheit.

Bei der Abstimmung stimmt V in Vollmacht für die Mehrheitseigentümerin M ab (dieser stehen 60 der 65 Wohnungseigentumsrechte zu). Gegen diese Beschlüsse geht Wohnungseigentümer K vor. Er ist der Auffassung, M habe in missbräuchlicher Art und Weise von ihrem Mehrheitsstimmrecht Gebrauch gemacht, weil V seine Pflichten verletzt habe. V und M sind Konzerntöchter von Z.

Entscheidung

K hat Erfolg: M sei von der Teilnahme an der Abstimmung zu TOP 3 ausgeschlossen gewesen, sodass ihre Stimmen bei der Abstimmung nicht hätten berücksichtigt werden dürfen. Nach der h. M. in Rechtsprechung und Literatur bestehe ein Stimmverbot für einen Eigentümer aus dem in den §§ 712 Abs. 1, 737 BGB und §§ 117, 127, 140 HGB zutage tretenden Rechtsgedanken, wenn der betreffende Beschluss die Abberufung dieses Eigentümers als Verwalter aus wichtigem Grund zum Gegenstand habe (Hinweis u. a. auf OLG München, Beschluss v. 15.9.2010, 32 Wx 16/10, ZMR 2011, S. 148 und Hügel/Elzer, WEG, 3. Aufl., § 25 Rn. 105). Dieser Stimmrechtsausschluss gelte auch im Fall, obwohl M mit V nicht personenidentisch sei. Denn M sei wie V ein von Z abhängiges Unternehmen i. S. v. § 17 Abs. 1 AktG. Aus diesem Grund seien M und V für die Beurteilung eines Stimmrechtsausschlusses als einheitliche Person zu betrachten. V habe ihre Pflichten durch eine Auftragsvergabe ohne ermächtigenden Beschluss auch grob verletzt.

Der zu TOP 7 gefasste Beschluss sei für ungültig zu erklären, weil er nicht mit der erforderlichen Stimmenmehrheit zustande gekommen sei. Nach § 25 Abs. 4 WEG sei ein Wohnungseigentümer nicht stimmberechtigt, wenn die Beschlussfassung die Vornahme eines auf die Verwaltung des gemeinschaftlichen Eigentums bezüglichen Rechtsgeschäfts mit ihm betreffe. Darunter falle auch die Entlastung eines Verwalter-Eigentümers, weil es sich bei der Entlastung des Verwalters um ein negatives Schuldanerkenntnis handele (Hinweis u. a. auf OLG Karlsruhe, Beschluss v. 31.7.2007, 14 Wx 41/06, ZMR 2008, S. 408 und Hügel/Elzer, WEG, 3. Aufl., § 25 Rn. 106). Da Z sowohl auf die M als auch auf V einen beherrschenden Einfluss ausübe, seien diese – wie ausgeführt – hinsichtlich des der M zustehenden Stimmrechts wie eine Person zu behandeln (Hinweis auf OLG Karlsruhe, Beschluss v. 31.7.2007, 14 Wx 41/06, ZMR 2008, S. 408).

Hinweis für die Verwaltungspraxis

Ein Wohnungseigentümer ist nach § 25 Abs. 4 WEG nicht stimmberechtigt, wenn die Beschlussfassung die Vornahme eines auf die Verwaltung des gemeinschaftlichen Eigentums bezüglichen Rechtsgeschäfts mit ihm oder die Einleitung oder Erledigung eines Rechtsstreits gegen ihn betrifft oder wenn er nach § 17 WEG rechtskräftig verurteilt ist. Im Fall war danach zu fragen, ob die Mehrheitseigentümerin vom Stimmrecht ausgeschlossen ist, weil sie und die X-GmbH als Einheit zu sehen sind.

Abhängige Unternehmen
Nach § 17 Abs. 1 AktG handelt es sich bei einem abhängigen Unternehmen um ein rechtlich selbstständiges Unternehmen, auf das ein anderes Unternehmen unmittelbar oder mittelbar einen beherrschenden Einfluss ausüben kann. Bei der Beurteilung eines Stimmrechtsausschlusses im Fall von Rechtsgeschäften mit einem Dritten ist in der wohnungseigentums- und gesellschaftsrechtlichen Rechtsprechung und Literatur im Grundsatz anerkannt, dass sich ein Stimmrechtsausschluss im Einzelfall aus einer Verflechtung der grundsätzlich stimmberechtigten natürlichen oder juristischen Person mit einem an dem betreffenden Rechtsgeschäft beteiligten Dritten ergeben kann.

Stimmrechtsausschluss
Der Stimmrechtsausschluss nach § 25 Abs. 4 WEG greift in dem Fall, dass die betreffende Beschlussfassung ein Rechtsgeschäft mit einer Gesellschaft zum Gegenstand hat, an der der Wohnungseigentümer mehrheitlich beteiligt ist und deren Geschäftsführer oder geschäftsführender Gesellschafter er ist (BGH, Urteil v. 13.1.2017, V ZR 138/16). Darüber hinaus greift ein Stimmrechtsausschluss bei Geschäften unter der Beteiligung von zwei von einer Konzernmutter beherrschten Unternehmen jedenfalls dann, wenn die abhängigen Unternehmen im Mehrheitsbesitz der Konzernmutter stehen und die Konzernmutter überdies maßgeblichen Einfluss auf die Willensbildung in den beherrschten Unternehmen ausübt (OLG Karlsruhe, Beschluss v. 31.7.2007, 14 Wx 41/06).

Der wichtigste Fall
Der wichtigste Fall des § 25 Abs. 4 WEG ist die Vornahme eines Rechtsgeschäfts, das sich auf die Verwaltung des gemeinschaftlichen Eigentums bezieht. »Rechtsgeschäft« i. S. v. § 25 Abs. 4 Fall 1 WEG kann beispielsweise ein Kauf-, Dienst- oder Werkvertrag, aber auch – wie im dargestellten Fall – ein Wärmelieferungsvertrag als Vertrag eigener Art sein. Auch die Abnahme einer Werkleistung ist ein Rechts-

geschäft i. S. d. § 25 Abs. 4 Fall 1 WEG. Zu den Rechtsgeschäften gehören ferner einseitige oder rechtsgeschäftsähnliche Handlungen, beispielsweise eine Abmahnung.

Nach § 25 Abs. 4 Fall 1 WEG muss es sich um ein Rechtsgeschäft mit einem »ihm« – also einem stimmberechtigten Wohnungseigentümer – handeln. Der Anwendungsbereich ist aber auch für Rechtsgeschäfte mit Dritten eröffnet, aus denen ein Wohnungseigentümer eigene Rechte »ableiten« kann. Ferner kann, wie der Fall zeigt, die Bestimmung des § 25 Abs. 4 Fall 1 WEG im Einzelfall entsprechend angewendet werden.

Eine entsprechende Anwendung kommt bei einer personellen und wirtschaftlichen Verflechtung von Wohnungseigentümer und (künftigem) Vertragspartner der Gemeinschaft der Wohnungseigentümer in Betracht. Wann es so liegt, ist unsicher und im Einzelfall zu klären. Der stimmberechtigte Wohnungseigentümer muss mit dem Dritten wohl wirtschaftlich so eng verbunden sein, dass sein persönliches Interesse mit dem des Dritten »völlig gleichgesetzt« werden kann. Entscheidend ist, ob sich der Wohnungseigentümer bei wirtschaftlicher Betrachtung im selben Interessenkonflikt befindet, der bestünde, wenn er selbst Vertragspartner werden sollte. Hier ein Überblick:
- § 25 Abs. 4 Fall 1 WEG ist entsprechend anzuwenden, wenn der Wohnungseigentümer eine natürliche Person und Alleingesellschafter der Gesellschaft ist oder wenn er diese beherrscht.
- § 25 Abs. 4 Fall 1 WEG ist entsprechend anzuwenden, wenn das Rechtsgeschäft mit einem – formal betrachtet – Dritten geschlossen werden soll und der Wohnungseigentümer an dem Dritten mehrheitlich beteiligt und dort Geschäftsführer oder geschäftsführender Gesellschafter ist.
- § 25 Abs. 4 Fall 1 WEG ist entsprechend anzuwenden, wenn der Wohnungseigentümer eine rechtsfähige Personen- oder Kapitalgesellschaft ist und Vertragspartner ein Gesellschafter oder das Mitglied eines Organs dieser Gesellschaft werden soll, der bzw. das auf die Meinungsbildung in der Gesellschaft entscheidenden Einfluss hat.

Beim sachlichen Anwendungsbereich ist danach zu unterscheiden, ob der Wohnungseigentümer private Sonderinteressen oder – im Schwerpunkt – mitgliedschaftliche Rechte und Interessen verfolgt. Im Schwerpunkt bloß private Sonderinteressen sind anzunehmen und führen zu einem Stimmrechtsauschluss, wenn
- darüber beschlossen werden soll, ob mit dem betroffenen Wohnungseigentümer ein Vertrag abgeschlossen werden soll,
- einem Wohnungseigentümer gemeinschaftliches Eigentum vermietet werden soll,

- es um die Einräumung von Sonderrechten für einen Wohnungseigentümer geht,
- Beschlüsse über Mahnungen (§ 286 BGB) sowie Fristsetzungen gefasst werden sollen.

Überwiegend private Sonderinteressen sind auch bei Abschluss, Änderung oder Aufhebung (Kündigung) des Verwaltervertrags mit einem Wohnungseigentümer-Verwalter anzunehmen. Ein Wohnungseigentümer-Verwalter ist ferner nicht stimmberechtigt, wenn seine Abberufung aus wichtigem Grund zur Beschlussfassung ansteht.

Ein Wohnungseigentümer verfolgt im Schwerpunkt hingegen »mitgliedschaftliche« Rechte und Interessen und ist stimmbefugt, wenn es um sogenannte körperschaftliche Sozialakte geht. Bei solchen, die »inneren Angelegenheiten der Wohnungseigentümergemeinschaft« betreffenden Beschlüssen ist dem Wohnungseigentümer die Mitwirkung nicht schon zu versagen, wenn der Beschlussinhalt zugleich auf seinen persönlichen Rechtskreis einwirkt, es sei denn, er würde dadurch zum Richter in eigener Sache. So liegt es etwa, wenn
- es um seine Bestellung zum Verwalter oder zum Verwaltungsbeirat einschließlich der Beschlussfassung über die dazugehörigen Regelungen oder seine »normale« Abberufung als Verwalter oder seine Abwahl als Verwaltungsbeirat ohne wichtigen Grund geht,
- beschlossen werden soll, wie das eigene Sondereigentum gebraucht werden darf,
- einem Wohnungseigentümer eine Klagebefugnis erteilt werden soll,
- es um die Abrechnung oder den Wirtschaftsplan geht.

Wird im Rahmen einer einheitlichen Beschlussfassung sowohl über Be- und Anstellung oder Abberufung und Vertragsschluss/Kündigung des Verwaltervertrags entschieden, besitzt der vom Stimmrecht eigentlich Ausgeschlossene ein Stimmrecht. Etwas anderes gilt allerdings, wenn mit ein und demselben Beschluss über eine außerordentliche Beendigung des Verwalteramtes und des bestehenden Vertragsverhältnisses aus wichtigem Grund abgestimmt wird.

Jede Verwaltung muss im Vorfeld jeder Versammlung anhand der Tagesordnung zu jedem vorgesehenem Tagesordnungspunkt prüfen, welche Personen nach einer Vereinbarung oder von Gesetzes wegen oder wegen eines etwaigen Stimmrechtsmissbrauchs nicht stimmberechtigt bzw. stimmberechtigt sind. Kommt eine entsprechende Anwendung des § 25 Abs. 4 Fall 1 WEG in Betracht, sollte im Vorfeld jeder Versammlung geklärt werden, in welcher Weise ein Wohnungseigentümer mit einem Dritten verflochten ist. Der Wohnungseigentümer ist darauf hinzuweisen, dass er sich vollständig und richtig erklären muss und im Zweifel seine Stimme ggf. vom Verwalter nicht gezählt wird. Mit der Annahme eines Stimmrechtsmissbrauchs sollte zurückhaltend verfahren werden. Ein Stimmrechtsmissbrauch kann in der Regel erst in einer Versammlung abschließend geklärt werden.

11.2.4 Majorisierung

AG Hamburg-St. Georg, Urteil vom 30.10.2020, 980b C 20/20
Die rechtswidrige Ausnutzung der Stimmenverhältnisse kann zur Nichtigkeit eines Beschlusses nach § 138 Abs. 1 BGB führen. Dies ist der Fall, wenn der durch einen Beschluss begünstigte Wohnungseigentümer treuwidrig in sachwidriger Weise eigene Zwecke auf Kosten der übrigen Wohnungseigentümer verfolgt.

Sachverhalt
In einer Wohnungseigentumsanlage gibt es nur zwei Wohnungseigentumsrechte. Auf dem Grundstück stand ursprünglich ein um das Jahr 1900 erbautes Wohnhaus mit vier Vollgeschossen. Dieses wurde im Jahr 2015 auf Betreiben von Wohnungseigentümer B abgerissen. Mit – nicht rechtskräftigem – Urteil wird B auf Antrag von Wohnungseigentümer K im Mai 2020 verurteilt, auf seine Kosten das Mehrfamilienhaus grundsätzlich 1 : 1 wiederherzustellen. Auf einer von B als Mehrheitseigentümer im Juni 2020 einberufenen Versammlung beschließt B indes, es solle mit einer Neubaumaßnahme begonnen werden, die von der Verurteilung aus Mai 2020 gravierend abweicht. Im Juli 2020 stellt K daher den Antrag auf Erlass einer einstweiligen Verfügung. B soll es verboten werden, ohne die Zustimmung des K zu bauen.

Entscheidung
K hat Erfolg: Der Beschluss aus dem Juni 2020 sei nichtig! Die Nichtigkeit eines Beschlusses könne sich daraus ergeben, dass er seinem Inhalt nach gegen die guten Sitten verstößt. So liege es beispielsweise, wenn der aus einem Beschluss begünstigte Mehrheitseigentümer treuwidrig in sachwidriger Weise eigene Zwecke auf Kosten der übrigen Eigentümer verfolge. So sei es hier. B beabsichtige, einen rechtswidrigen Zustand zu schaffen, da bei dem von ihm geplanten Neubau u. a. ein Wohnungseigentumsrecht entfallen würde. Es gehe in der Sache (auch) um den Wiederaufbau des im gemeinschaftlichen Eigentum stehenden Gebäudes, das B nicht nach eigenem Ermessen »erzwingen« könne.

Hinweis für die Verwaltungspraxis

Es handelt sich um den seltenen Fall, bei dem die Abgabe einer Stimme – hier der Ja-Stimmen des B – nicht nur anfechtbar, sondern nichtig ist. Ob es so liegt, ist eine Frage des Einzelfalls. Im konkreten Fall liegt Nichtigkeit allerdings sehr nahe. B verhält sich extrem rechtswidrig und versucht, einseitig seine Interessen durchzusetzen.

11.3 Elektronische Kommunikation

AG Saarbrücken, Urteil v. 19.8.2021, 36 C 139/21
Beschlüsse, die auf einer Versammlung gefasst werden, die nur im Wege elektronischer Kommunikation stattfindet, sind nicht nichtig.

Sachverhalt
Der Verwalter lädt die sechs Wohnungseigentümer einer Wohnungseigentumsanlage zu einer Versammlung, die im März 2021 nur im Wege der elektronischen Kommunikation stattfinden soll. Die Wohnungseigentümer erteilen dem Verwalter entweder eine Vollmacht oder nehmen selbst auf elektronischem Wege an der Versammlung teil.

Die Wohnungseigentümer fassen in der Versammlung den Negativbeschluss, Wohnungseigentümerin K Kosten in Höhe von 834,49 EUR (die Kosten für eine Erhaltungsmaßnahme am gemeinschaftlichen Eigentum) nicht zu erstatten. Ferner beschließen die Wohnungseigentümer, von K die Kosten für eine Schimmelbeseitigung zu verlangen. Wohnungseigentümerin K, die an der Versammlung teilgenommen hat, greift die in dieser Versammlung gefassten Beschlüsse im Wege der Anfechtungsklage an. Sie meint, eine Versammlung, die nur im Wege der elektronischen Kommunikation stattfinden soll, sei unzulässig. Alle Beschlüsse seien wegen dieses formalen Mangels unwirksam. Ferner beantragt sie, ihr die 834,49 EUR zu erstatten.

Entscheidung
Das AG meint, die angefochtenen Beschlüsse seien nicht nichtig. Denn die Vorschriften über die Art und Weise der Einberufung und Durchführung einer Eigentümerversammlung nach § 24 WEG seien ebenso wie über die Beschlussfassung gem. § 25 WEG abdingbar und somit keine, auf deren Einhaltung nicht verzichtet werden könne. Der Verstoß gegen § 23 Abs. 1 Satz 2 WEG führe daher nicht zur Nichtigkeit gefasster Beschlüsse. Es sei auch kein Wohnungseigentümer vorsätzlich und/oder gezielt von der Mitwirkung an der Versammlung ausgeschlossen gewesen, noch sei in den Kernbereich der Wohnungseigentumsrechte eingegriffen worden. Auch die Bitte der Verwaltung, ihr Vollmachten zu erteilen, sei im Fall nicht zu beanstanden (Hinweis auf Häublein, ZfIR 2020, S. 787).

Die Beschlüsse seien aber auch nicht für ungültig zu erklären. Zwar liege ein formaler Beschlussmangel vor. Der Mangel sei aber für die gefassten Beschlüsse nicht kausal gewesen. Denn K habe eine Erstattung ihrer Kosten nicht verlangen können. Daher bestehe auch kein Anspruch auf Zahlung der 834,49 EUR.

Hinweis für die Verwaltungspraxis

Die Wohnungseigentümer können nach § 23 Abs. 1 Satz 2 WEG beschließen, dass Wohnungseigentümer an der Versammlung auch ohne Anwesenheit an deren

Ort teilnehmen und sämtliche oder einzelne ihrer Rechte ganz oder teilweise im Wege elektronischer Kommunikation ausüben können. Die Verwaltung kann diese Entscheidung nicht treffen. Erst recht ist es der Verwaltung nicht erlaubt, die Wohnungseigentümer nur im Wege elektronischer Kommunikation zu laden. Fraglich ist, was bei einem Verstoß gilt.

Formaler Beschlussmangel
Das AG meint, es handele sich bei der Einberufung einer nur im Wege elektronischer Kommunikation stattfindenden Versammlung um einen formalen Beschlussmangel, der nur zu einer Anfechtung der auf diese Weise gefassten Beschlüsse führe. Ich selbst sehe das anders: Das Gesetz sieht eine Versammlung, die nur im Wege elektronischer Kommunikation stattfinden soll, nicht vor. Aus diesem Grund würde ich dort gefasste Beschlüsse grundsätzlich für ungültig halten: Sie sind auf einer »Nicht-Versammlung« gefasst worden.

Universalversammlung
Kommen – wie im dargestellen Fall – sämtliche Wohnungseigentümer an einer Stätte zusammen, sind sie also in Person erschienen oder wirksam vertreten, liegt eine Universalversammlung (Vollversammlung) vor. Diese heilt entsprechend § 51 Abs. 3 GmbHG sämtliche Einberufungsmängel, wenn die Wohnungseigentümer allstimmig und mit dem Wissen, dass die gesetzlichen Vorschriften etwas anderes bestimmen, auf die im Vorfeld einer Versammlung ansonsten notwendigen Schritte verzichten und festlegen, eine Versammlung abzuhalten und dort über bestimmte Angelegenheiten zu beschließen.

Diese Ausnahme könnte auch dann gelten, wenn die Verwaltung eine reine Online-Versammlung vorschlägt. Allerdings müsste die Verwaltung die Wohnungseigentümer zu Beginn darüber belehren, dass nicht nur ein Einberufungsmangel, sondern eine eigentlich nicht mögliche Versammlung vorliegt. Sind dann alle Wohnungseigentümer einverstanden, ist vorstellbar, dass Beschlüsse, die die Wohnungseigentümer fassen, doch nicht nichtig sind.

11.4 Niederschrift: Berichtigung

AG Ratingen, Urteil vom 12.5.2021, 8 C 373/20
Der einzelne Wohnungseigentümer muss einen Anspruch auf ordnungsmäßige Verwaltung (hier: Berichtigung einer Niederschrift) gegenüber der Gemeinschaft der Wohnungseigentümer geltend machen. Für die Durchsetzung ist in der Regel nach einer Vorbefassung der Versammlung die Beschlussersetzungsklage der richtige Weg.

Sachverhalt
In der Niederschrift ist ausgeführt:

»Einige Miteigentümer geben zu Protokoll, dass sie sich das querulatorische Verhalten der Miteigentümer K dauerhaft nicht mehr bieten lassen werden. Die Verwaltung soll juristisch prüfen lassen, ob die Miteigentümer durch die wiederholten Beschlussanfechtungen Schadensersatzansprüche gegenüber K geltend machen können.«

Die Wohnungseigentümer K fordern den Verwalter B auf, diesen Passus zu entfernen. Da sich B weigert, verklagen K ihn. B habe sie durch die Aufnahme der Anmerkungen in der Niederschrift herabgesetzt.

Entscheidung
Die K haben keinen Erfolg: Sie hätten die Gemeinschaft der Wohnungseigentümer verklagen müssen. Gem. § 18 Abs. 2 WEG bestehe ein Rechtsanspruch auf Maßnahmen ordnungsmäßiger Verwaltung nur gegenüber der Gemeinschaft der Wohnungseigentümer. Die K hätten daher in einer Versammlung beantragen müssen, dass ein Beschluss gefasst werden soll, B anzuweisen, die Niederschrift zu berichten, und diesen Anspruch erforderlichenfalls durch die Gemeinschaft der Wohnungseigentümer gerichtlich durchzusetzen. Komme so ein Beschluss nicht zustande, müsse eine Beschlussersetzungsklage erhoben werden. Etwas anderes ergebe sich auch nicht aus dem Verwaltervertrag. Dieser habe hinsichtlich der Frage der Erstellung der Niederschrift und ihrer Unterzeichnung keine drittschützende Wirkung. Bei der Äußerung handele es sich zudem um eine reine Meinungsäußerung. Sie sei drastisch formuliert, beinhalte aber keine erhebliche Ehrverletzung. Es fehle zudem an einer »Prangerwirkung«, da die Versammlung nichtöffentlich gewesen sei und der Inhalt des Protokolls auch nur Wohnungseigentümern und der Verwalterin zugänglich sei.

> ### Hinweis für die Verwaltungspraxis
>
> Im dargestellen Fall geht es darum, gegen wen ein Wohnungseigentümer vorgehen muss, wenn er gegen ein Tun des Verwalters vorgehen will.
>
> #### Pflichtverletzungen des Verwalters
> Der Verwalter ist nur ein Organ der Gemeinschaft der Wohnungseigentümer. Verletzt er seine Pflichten, muss man daher, wie vom Gericht erkannt, mit Blick auf eine Änderung/Unterlassung gegen die Gemeinschaft der Wohnungseigentümer vorgehen.
>
> #### Korrekturen der Niederschrift
> Enthält eine Niederschrift – vor allem, aber nicht nur – Auslassungen, Fehler, Unrichtigkeiten, Ungenauigkeiten, ist sie unvollständig, beurkundet sie unver-

hältnismäßig viel Überflüssiges oder weist sie unzulässige Inhalte auf, kann sie ohne zeitliche Beschränkung berichtigt werden. Wird ein Wohnungseigentümer durch den Inhalt der Niederschrift rechtswidrig beeinträchtigt oder wird eine rechtlich erhebliche Erklärung falsch wiedergegeben, hat er einen Anspruch auf Berichtigung. Der Berichtigungsanspruch richtet sich gegen die Gemeinschaft der Wohnungseigentümer. Erfüllt diese den Berichtigungsanspruch nicht freiwillig, kann sie gerichtlich nach § 44 Abs. 1 Satz 2 WEG auf »Berichtigung« in Anspruch genommen werden. Die Klage auf Berichtigung setzt, woran im Fall erinnert wird, wie jede Klage ein Rechtsschutzinteresse voraus. Dieses ist gegeben, wenn sich die Rechtsposition des Klägers durch die begehrte Änderung verbessern oder zumindest rechtlich erheblich verändern würde. Die Berichtigung ist in der Niederschrift selbst auf einem besonderen, mit der Niederschrift zu verbindenden Blatt oder analog § 44a Abs. 2 Satz 1 BeurkG in einem zu unterschreibenden Nachtragsvermerk niederzulegen. Es ist ferner zulässig, die Richtigstellung durch eine neue Niederschrift vorzunehmen.

12 Verwalter (§§ 26, 27 WEG)

In diesem Abschnitt geht es um Entscheidungen, die ihren Schwerpunkt bei den Rechten und Pflichten des Verwalters haben. Ferner geht es um Entscheidungen zur Frage, wie eine Person »Verwalter« wird und wie sie dieses Amt wieder »verlieren« kann. Vorgestellt werden auch Fragen zum Verwaltungsunternehmen, zum Beispiel seine Umwandlung, und die Vergütung des Verwalters. Zu finden sind hier außerdem Entscheidungen im Zusammenhang mit dem Verwaltervertrag.

12.1 Bestellung

12.1.1 Verflechtungen und Ordnungsmäßigkeit

AG Wuppertal, Urteil vom 29.9.2021, 95b C 1/21
Die Bestellung einer eng mit dem Vorverwalter verbundenen Person, die auch schon faktisch früher die Verwaltung wahrgenommen hat und deren Abrechnungsbeschlüsse etc. in zahlreichen Gerichtsverfahren für ungültig erklärt wurden, entspricht keiner ordnungsmäßigen Verwaltung.

Sachverhalt
In einer Wohnungseigentumsanlage gibt es nur zwei Wohnungseigentümer (K und B). Mit den Stimmen von Wohnungseigentümer B bestellen sie einen F zum Verwalter. Dieser F war ein Mitarbeiter der X-GmbH, die von Wohnungseigentümer B betrieben wird. Die X-GmbH war in der Wohnungseigentumsanlage früher als Verwalterin tätig. Ihre Bestellung hielten das AG und LG u. a. wegen der von ihr erstellten Jahresabrechnungen für nicht ordnungsmäßig.

Wohnungseigentümer K greift den Bestellungsbeschluss an. Er behauptet, F habe die X-GmbH in der Vergangenheit nicht nur vertreten, sondern habe auch alle – unstreitig nicht ordnungsmäßigen – Jahresabrechnungen der X-GmbH erstellt. Ks Vertrauensverhältnis zu F sei aufgrund der gravierenden Mängel in der Vergangenheit zerrüttet. F fehle es neben einer gewerberechtlichen Erlaubnis nach § 34c GewO auch an einer Zertifizierung nach § 26a WEG, einer Berufshaftpflicht- und einer Vermögensschadenhaftpflichtversicherung. Auf der Versammlung seien Fragen zu den Kontaktdaten und der Verwaltungspraxis von F nicht beantwortet worden.

Entscheidung
Die Anfechtungsklage hat Erfolg: F habe nicht nur eng mit der X-GmbH zusammengearbeitet, sondern sei »ein integraler Bestandteil der X-GmbH«. Dafür spreche neben denselben Geschäftsräumen, der Benutzung derselben SEPA-Lastschriftvollmachten,

derselben Verwaltungsstruktur, dem Auftreten von F in früheren, von der X-GmbH geleiteten Versammlungen, demselben Verwaltervertrag und derselben telefonischen Erreichbarkeit der Umstand, dass die Jahresabrechnungen der X-GmbH, die Gegenstand mehrerer gerichtlicher Auseinandersetzungen waren, von F stammen würden. In einer Zusammenschau sämtlicher Punkte sei die Bestellung von F wie eine Bestellung der X-GmbH zu behandeln und daher nicht ordnungsmäßig.

Hinweis für die Verwaltungspraxis

Im dargestellten Fall geht es um die Frage, wann die Bestellung einer Person zum Verwalter ordnungsmäßiger Verwaltung widerspricht.

Bestellungsbeschluss und Ordnungsmäßigkeit

Der Beschluss über die Bestellung eines Verwalters kann für ungültig erklärt werden, wenn ein Grund vorliegt, der gegen die Bestellung spricht. Ein solcher Grund ist nach h. M. zu bejahen, wenn unter Berücksichtigung aller, nicht notwendig vom Verwalter verschuldeter Umstände nach Treu und Glauben eine Zusammenarbeit mit dem gewählten Verwalter unzumutbar und das erforderliche Vertrauensverhältnis von vornherein nicht zu erwarten ist.

Dies kann der Fall sein, wenn Umstände vorliegen, die den Gewählten als unfähig oder ungeeignet für das Amt erscheinen lassen. Die Bestellung des Verwalters widerspricht den Grundsätzen ordnungsmäßiger Verwaltung allerdings erst dann, wenn die Wohnungseigentümer ihren Beurteilungsspielraum überschreiten, wenn es also objektiv nicht mehr vertretbar erscheint, den Verwalter ungeachtet der gegen ihn sprechenden Umstände zu bestellen. So liegt es, wenn die Mehrheit aus der Sicht eines vernünftigen Dritten gegen ihre eigenen Interessen handelt, weil sie – beispielsweise aus Bequemlichkeit – massive Pflichtverletzungen des Verwalters tolerieren will.

12.1.2 Versendung von Alternativangeboten?

LG Frankfurt a. M., Beschluss vom 25.2.2021, 2-13 S 23/20

Liegen bei einer Verwalterwahl Alternativangebote vor, sind diese den Wohnungseigentümern rechtzeitig zur Verfügung zu stellen. Ob für die Wiederbestellung des amtierenden Verwalters überhaupt Angebote einzuholen waren, ist dabei bedeutungslos.

Sachverhalt

Die Wohnungseigentümer bestellen V zum Verwalter. Wohnungseigentümer K geht gegen den Beschluss vor. Er rügt, den Wohnungseigentümern seien vor der Beschlussfassung die vorhandenen Alternativangebote nicht übersandt worden. In der Einladung sei lediglich mitgeteilt worden, welche anderen Verwalterkandidaten zur Auswahl stünden, ohne dass insoweit mit Ausnahme des bisherigen und wiederbestellten Verwalters Adressen oder sonstige Kontaktdaten angegeben oder Informationen zu den Konditionen mitgeteilt worden seien.

Entscheidung

Die Anfechtungsklage hat Erfolg: Die Wohnungseigentümer hätten ihre Entscheidung nicht auf einer sachgerechten Basis treffen können. Dies führe dazu, dass die Ermessensentscheidung fehlerhaft war. Soweit die Berufung darauf hinweise, dass es sich um eine vorgezogene Wiederbestellung handele, ändere dies nichts. Dabei komme es nicht darauf an, ob Alternativangebote einzuholen waren. Denn es hätten, wie sich aus der Einladung ergebe, Alternativangebote vorgelegen. Dann müssten den Eigentümern diese aber auch rechtzeitig zur Verfügung gestellt werden, damit eine sachgerechte Entscheidung möglich sei (Hinweis u.a. auf Hügel/Elzer, WEG, 3. Aufl., § 24 Rn. 101). Die Verwalterwahl bleibe auch im Fall einer Wiederbestellung eine Ermessensentscheidung und reduziere sich nicht allein auf die Frage, ob der bisher bestellte Verwalter erneut bestellt wird oder dies nicht der Fall sein soll. Soweit die Berufung anführe, einzelne Kandidaten hätten sich schon in der Vergangenheit um die Bestellung bemüht und sich auch schon mehrfach vorgestellt, genüge dies nicht. Angesichts der erheblichen Zerstrittenheit innerhalb der Wohnungseigentümer könne nicht ohne Weiteres gesagt werden, dass die Wohnungseigentümer unproblematisch mit dem bisherigen Verwalter zurechtkämen und daher eine weitere Ermessensentscheidung angesichts des damit verbundenen Aufwandes unverhältnismäßig wäre.

Hinweis für die Verwaltungspraxis

Eine ordnungsmäßige Beschlussfassung kann es erfordern, mit der Einladung und unabhängig von der Bezeichnung des Gegenstandes der Beschlussfassung zusätzlich eine Unterlage zur Verfügung zu stellen. Diese Unterlage hat das Ziel, den Wohnungseigentümern eine inhaltliche Befassung mit dem Beschlussgegenstand zu ermöglichen, jedenfalls zu erleichtern. Was gilt, ist u. a. abhängig von
- der Frage nach der Komplexität des Beschlussgegenstandes,
- der Frage, inwieweit ein Bedürfnis der Wohnungseigentümer anzuerkennen ist, sich umfassend anhand konkreter Unterlagen vor der Versammlung ein Bild zu machen, und
- der Frage, inwieweit die Wohnungseigentümer vom Beschlussgegenstand bereits ein Bild haben, beispielsweise durch eine Vorbefassung in früheren Versammlungen.

Ferner ist es möglich, dass bereits ein Dritter den Wohnungseigentümern die Unterlage zur Verfügung gestellt hatte.

Die Prüfsteine zeigen auf, dass die Frage in der Regel nicht abstrakt, sondern nur im Einzelfall beantwortet werden kann. Im Zweifel sollte man eine Übersendung von Unterlagen für notwendig erachten, da den Wohnungseigentümern eine intensive Auseinandersetzung mit diesen in aller Regel in der Versammlung selbst nicht möglich, jedenfalls nicht zumutbar ist.

Unterlagen
Bedürfen die Wohnungseigentümer einer Unterlage zum Verständnis des Beschlussgegenstandes, muss ihnen diese zur Verfügung gestellt werden. Geht es um die Sichtung verschiedener Angebote, ist allerdings auch vorstellbar, einen Vergleichsspiegel zu erstellen, in dem die wichtigsten Vertragsgegenstände tabellarisch aufgeführt werden, und den Wohnungseigentümern im Übrigen die Möglichkeit zu geben, die Unterlage im Verwalterbüro zu studieren. Die Übersendung der Unterlage oder eines Vergleichsspiegels ist als Anhang zu einer E-Mail möglich.

Zu welchem Zeitpunkt eine Unterlage selbst oder der Vergleichsspiegel den Wohnungseigentümern zur Verfügung zu stellen ist, ist wieder eine Frage des Einzelfalls. Im Grundsatz ist die Frist des § 24 Abs. 4 Satz 2 WEG maßgeblich. Denn die Ladungsfrist beschreibt den Zeitraum, den der Gesetzgeber als notwendig erachtet, sich auf eine Versammlung vorzubereiten. Im Ausnahmefall und abhängig vom jeweiligen Beschlussgegenstand kann aber auch etwas anderes gelten. Im Grundsatz ist es für jede Unterlage vorstellbar, dass sie den Wohnungseigentümern zur Verfügung zu stellen ist. In Betracht kommen beispielsweise Angebote jeglicher Art, Baubeschreibungen, Gerichtsentscheidungen, Gutachten, Leistungsverzeichnisse, Lichtbilder, Verträge oder ihre Entwürfe. Als Unterlagen, die den Wohnungseigentümern stets zu übersenden sind, werden bislang angesehen:
- die Jahresabrechnung und die einen Wohnungseigentümer betreffende Einzelabrechnung als Zahlenwerk
- der Wirtschaftsplan und der jeweilige Einzelwirtschaftsplan eines Wohnungseigentümers als Zahlenwerk
- Unterlagen zu einer Sonderumlage
- der Verwaltervertrag im Entwurf bzw. ein Vergleichsspiegel (ob für eine Wiederbestellung überhaupt Angebote einzuholen waren, ist dabei, wie der Fall zeigt, ohne Bedeutung, wenn die Angebote vorliegen)

Formaler Beschlussmangel
Werden den Wohnungseigentümern Unterlagen nicht innerhalb der dazu notwendigen Frist zur Verfügung gestellt, kann ein dennoch gefasster Beschluss allein aus diesem Grund mangelhaft sein.

12.2 Abberufung

BGH, Urteil v. 25.2.2022, V ZR 65/21

Ein Wohnungseigentümer hat einen Anspruch auf Abberufung des Verwalters, wenn die Ablehnung der Abberufung aus objektiver Sicht nicht mehr vertretbar ist. Diese Frage ist in umfassender Würdigung aller Umstände des Einzelfalles und aller gegen den Verwalter erhobenen Vorwürfe zu beantworten.

Seit dem 1.12.2020 kann der Verwalter jederzeit abberufen werden. Entgegenstehende Regelungen in der Gemeinschaftsordnung sind unwirksam. Wird der Verwalter abberufen, endet der mit ihm geschlossene Vertrag spätestens sechs Monate nach der Abberufung. Entgegenstehende Vereinbarungen in einem Verwaltervertrag sind auch unwirksam.

Sachverhalt

Es geht um eine Mehrhausanlage. Der Verwalter erstellt dort die Jahresabrechnungen nach Häusern. Diese Abrechnungen lässt er nur von den Wohnungseigentümern der jeweiligen Häuser genehmigen (es gilt noch altes Recht, mithin § 28 Abs. 5 WEG a. F., der bestimmte, dass nicht Nachschüsse, sondern die Jahresabrechnung beschlossen wird). Auch in der Versammlung vom 4.12.2018, zu der lediglich die Wohnungseigentümer von Haus 1 geladen sind, wird so verfahren und die Jahresabrechnung für das Jahr 2017 für dieses Haus genehmigt. Gegen diesen Beschluss geht Wohnungseigentümer K vor. Das AG ist im Juli 2019 der Ansicht, der Genehmigungsbeschluss sei nichtig. Die Wohnungseigentümer von Haus 1 bildeten keine Untergemeinschaft. Seine Bewohner seien daher nicht berechtigt gewesen, den Beschluss zu fassen.

Im November 2019 versammeln sich alle Wohnungseigentümer. Sie beschließen, in den Jahresabrechnungen für die Jahre 2016 bis 2018 solle die Kostenzuordnung »wie bisher« erfolgen. Daneben soll eine neue Gesamtabrechnung in Form einer Einnahmen-Ausgaben-Rechnung erstellt werden. Wohnungseigentümer K hält das alles nicht für richtig und den Verwalter, der das Tun zu verantworten hat, für unfähig. Er beantragt daher in dieser Versammlung, den Verwalter abzuberufen und den Verwaltervertrag außerordentlich zu kündigen. Diese Anträge lehnen die Wohnungseigentümer mehrheitlich ab. K erhebt deshalb eine Beschlussersetzungsklage. Das AG soll den Verwalter abberufen und den Verwaltervertrag kündigen. Das AG weist die Klage indes ab. Auch die Berufung zum LG bleibt erfolglos. Mit seiner Revision zum BGH verfolgt K seine Anträge weiter.

Entscheidung

Der BGH ist der Ansicht, auch nach dem seit dem 1.12.2020 geltenden Recht bestehe ein Anspruch des einzelnen Wohnungseigentümers auf Abberufung des Verwalters nur dann, wenn die Ablehnung der Abberufung aus objektiver Sicht nicht vertretbar erscheine. Zwar könne ein Verwalter seit dem 1.12.2020 jederzeit abberufen werden. Regelungen in der Gemeinschaftsordnung, die dieser Rechtslage entgegenstünden, seien unwirksam geworden. Werde der Verwalter abberufen, ende der mit ihm geschlossene Vertrag jetzt zudem spätestens sechs Monate nach der Abberufung. Entgegenstehende Vereinbarungen im Verwaltervertrag seien mithin ebenfalls unwirksam geworden. Auch richte sich der Anspruch auf Abberufung des Verwalters nicht mehr gegen die übrigen Wohnungseigentümer, sondern gegen die Gemeinschaft der Wohnungseigentümer.

Der Anspruch auf Abberufung des Verwalters bestehe aber weiterhin nur dann, wenn die Ablehnung dieses Anspruchs aus objektiver Sicht nicht vertretbar erscheine. »Nicht vertretbar« bedeute dabei nicht, dass unerfüllbare Anforderungen an den Abberufungsanspruch gestellt werden dürften. Es reiche aus, wenn in der Gesamtschau allein die Abberufung dem Interesse der Gesamtheit der Wohnungseigentümer nach billigem Ermessen entspreche. Ob ein Abberufungsanspruch gegeben sei, sei auch nach neuem Recht in umfassender Würdigung aller Umstände des Einzelfalls und aller gegen den Verwalter erhobenen Vorwürfe zu prüfen. Dabei sei zu berücksichtigen, dass mit dem Kriterium der Unvertretbarkeit zum einen die Entscheidung der Mehrheit in vertretbarem Rahmen respektiert, andererseits aber auch der Minderheit Schutz geboten werde. Insofern müsse bei der Würdigung aller Umstände des Einzelfalls auch jeweils der Minderheitenschutz in den Blick genommen werden. Bei der Gesamtschau der Umstände des Einzelfalls könnten schwerwiegende Verstöße die Abberufung eher nahelegen, während bei leichteren Verfehlungen möglicherweise eher berücksichtigt werden könne, inwieweit in der Zukunft eine Besserung zu erwarten sei.

Mit welchem Gewicht länger zurückliegende Geschehnisse zu berücksichtigen seien, entziehe sich einer allgemeinen Betrachtung. Allgemeingültige zeitliche Grenzen, jenseits derer Pflichtverletzungen unbeachtlich seien, gebe es nicht. Die Annahme, die Ablehnung der Abberufung eines Verwalters sei unvertretbar, könne sich erst in der Gesamtschau eines neuerlichen Vorfalls mit älteren Geschehnissen ergeben. Umgekehrt könne ein neuer Vorfall einen alten in einem neuen Licht erscheinen lassen. Zudem könne ein länger zurückliegender Punkt im Rahmen einer Gesamtwürdigung mit weiteren späteren Vorfällen, »die das Fass irgendwann zum Überlaufen bringen«, wesentliche Bedeutung erlangen. Zwar sei auch denkbar, dass ein bestimmter Zeitablauf eine Pflichtverletzung im Rahmen der Gesamtabwägung als weniger gewichtig erscheinen lasse. Dies sei aber nur ein mögliches Ergebnis der Abwägung und befreie nicht von der Pflicht, zunächst alle Umstände in die Gesamtabwägung einzubeziehen.

Hinweis für die Verwaltungspraxis

Im besprochenen Fall geht es um die Frage, wann ein Wohnungseigentümer einen Anspruch darauf hat, dass der Verwalter abberufen und dessen Vertrag gekündigt wird. Der Fall hat eine besondere »Brisanz«, weil die Antworten erstmals nach dem seit dem 1.12.2020 geltenden Recht zu geben sind. Denn bei einer Beschlussersetzungsklage ist immer das Recht maßgeblich, das am Tag der mündlichen Verhandlung gilt, und nicht das Recht, das am Tag der Beschlussfassung noch galt.

Abberufung des Verwalters als Verwaltungsentscheidung
Die Abberufung des Verwalters ist eine Verwaltungsentscheidung. Die Wohnungseigentümer haben bei dieser ein Ermessen. Sie können zu einer Verwaltungsentscheidung in der Regel nur gezwungen werden, wenn wenigstens für das Ob kein Ermessen besteht. So liegt es in den Fällen des § 19 Abs. 2 WEG. Im Übrigen gibt es für die Wohnungseigentümer nur dann kein »Entrinnen«, wenn sich ihr Ermessen auf null reduziert hat. Dies meint der BGH, wenn er ausführt, »allein die Abberufung müsse dem Interesse der Gesamtheit der Wohnungseigentümer nach billigem Ermessen entsprechen«. Für die Antwort auf die Frage, wann das Ermessen bei einer Abberufung ausnahmsweise reduziert ist, gibt der BGH wichtige Hinweise. Danach ist vor allem zu prüfen, ob und in welcher Weise der Verwalter seine gesetzlichen und/oder vertraglichen Pflichten verletzt hat. Bei den Verstößen ist ferner zu fragen, wie lange sie zurückliegen und ob zu erwarten ist, dass sie sich wiederholen.

Entgegenstehende Bestimmungen
§ 26 Abs. 5 WEG bestimmt seit dem 1.12.2020, dass Abweichungen »von den Absätzen 1 bis 3« nicht zulässig sind. Dadurch ist jedenfalls einer Vereinbarung oder einem Beschluss, die etwas anderes bestimmen wollen, der Weg versperrt. § 26 Abs. 5 WEG verbietet es ferner, in Verträgen, beispielsweise im Verwalter- oder in einem Bauträgervertrag, von § 26 Abs. 1 bis Abs. 3 WEG abzuweichen.

Damit ist es vor allem nicht (mehr) möglich, im Verwaltervertrag die Abberufung des Verwalters auf einen wichtigen Grund einzuengen. Nach der WEG-Reform traten viele Stimmen dafür ein, dass etwas anderes für »Altverträge« gelten müsse, also solche, die vor dem 1.12.2020 geschlossen worden waren. Man argumentierte, der Verwalter müsse auf seinen Vertrag vertrauen dürfen. Hier heißt es beim BGH kurz und knackig, entgegenstehende Vereinbarungen im Verwaltervertrag seien ebenfalls unwirksam geworden. Verwalter können sich also nicht darauf berufen, dass in ihrem Altvertrag Schutzmauern aufgebaut worden seien.

Wohnungseigentümer reagiert zu spät: Was gilt dann?

Ob ein Anspruch auf Abberufung ausgeschlossen ist, wenn ein Wohnungseigentümer diesen Anspruch nicht zeitnah zum letzten Vorfall verlangt, auf den die Forderung nach Abberufung gestützt wird, hat der BGH offengelassen. Im Fall habe K seine Forderung, den Verwalter abzuberufen, u. a. auf die seiner Auffassung nach unzureichende Umsetzung des Urteils im Vorprozess gestützt. Dieses Urteil sei erst am 31.7.2019 ergangen. Das Abberufungsverlangen in der Eigentümerversammlung vom 28.11.2019 könne daher nicht verspätet sein.

Mehrhausanlage und Jahresabrechnung

Der Kläger hatte dem Verwalter im dargestellten Fall u. a. vorgeworfen, es habe keine einheitliche Jahresabrechnung gegeben, sondern nur hausbezogene Jahresabrechnungen. Ferner sei es nicht richtig gewesen, über die Jahresabrechnungen nur hausbezogen abzustimmen. In seinen Hinweisen an das LG – die »Segelanweisung« – macht der BGH insoweit deutlich, ohne eigene Kenntnis der Gemeinschaftsordnung könne er selbst nicht beurteilen, inwieweit die getrennte Beschlussfassung eine schwerwiegende Pflichtverletzung des Verwalters darstelle. Denn es sei mangels jeglicher Feststellungen zum Inhalt der Gemeinschaftsordnung offen, ob der Verwalter die Gemeinschaftsordnung pflichtwidrig nicht beachtet habe.

12.3 Faktischer Verwalter

LG Frankfurt a. M., Urteil vom 24.6.2021, 2-13 S 25/20
Das Pflichtenprogramm und auch die Haftung eines faktischen Verwalters entsprechen dem eines ordnungsmäßig bestellten Verwalters.

Sachverhalt
Wohnungseigentümer K geht gegen den Beschluss vor, mit dem die Wohnungseigentümer im März 2019 den V zum Verwalter bestellt haben. Er rügt, V, dessen Bestellung Ende 2017 endete, habe sein Amt in der Vergangenheit nicht ordnungsmäßig ausgeübt.

Entscheidung
K hat Erfolg: Der Beschluss widerspreche ordnungsmäßiger Verwaltung. Gegen die Bestellung des V spreche ein wichtiger Grund. Ein solcher sei ebenso wie bei der Abberufung nach § 26 Abs. 1 Satz 4 WEG a. F. zu bejahen, wenn unter Berücksichtigung aller, nicht notwendig vom Verwalter verschuldeter Umstände nach Treu und Glauben eine Zusammenarbeit mit dem gewählten Verwalter unzumutbar und das erforderliche Vertrauensverhältnis von vornherein nicht zu erwarten sei. Gegen die Bestellung des V spreche, dass dieser sein Amt in der Vergangenheit nicht ordnungsmäßig aus-

geübt habe. Denn V habe seit dem Jahr 2014 nicht dafür gesorgt, dass das Gebäude ausreichend versichert ist.

Hinzu komme, dass die Wohnungseigentümer im Oktober 2018 beschlossen hatten, eine Gebäudeversicherung abzuschließen, V diesen Beschluss aber bis März 2019 nicht ausgeführt habe. Zwar sei V seit dem Auslaufen der Bestellung Ende 2017 nicht mehr der ordentlich bestellte Verwalter gewesen. Er habe das Amt aber unstreitig weiter ausgeübt und sei damit als faktischer Verwalter einzuordnen. Auch wenn die Einzelheiten dieses Rechtsverhältnisses streitig seien, bestehe im Ergebnis Einigkeit, dass das Pflichtenprogramm (und auch die Haftung) dem eines bestellten Verwalters entspreche. Daher könnten für die Beurteilung, ob der Bestellungsbeschluss ordnungsmäßiger Verwaltung entspricht, auch Pflichtverletzungen des V herangezogen werden, die im Jahr 2018 und später aufgetreten seien.

Hinweis für die Verwaltungspraxis

Für die Lösung des Falles muss man zunächst klären, ob auf V die Bestimmungen des WEG anzuwenden sind, obwohl seine Bestellung bereits mit Ablauf des Jahres 2017 endete. Daneben ist fraglich, in welchem Fall ein Wohnungseigentümer einen Anspruch darauf hat, dass der Verwalter abberufen wird.

Faktischer Verwalter

Personen können in manchen Belangen als Amtsträger angesprochen werden, obwohl sie es nicht sind (»faktische« Verwalter; »Scheinverwalter«). Dies kommt vor allem in Betracht, wenn – wie im dargestellten Fall – eine Person als Amtsträger auftritt und die Pflichten und Rechte eines Amtsinhabers für sich beansprucht, obwohl ihre Amtszeit als Amtsträger abgelaufen ist, wenn der Amtsträger abberufen wurde oder sein Amt niedergelegt hat oder wenn die Bestellung einer Person zum Amtsträger unwirksam ist oder für ungültig erklärt wurde. Als faktischer Verwalter ist aber auch die Person anzusprechen, die, ohne jemals zum Verwalter bestellt worden zu sein, die Geschäfte der Gemeinschaft der Wohnungseigentümer und der Wohnungseigentümer »wie ein Verwalter« führt.

Für die Annahme, dass eine Person in diesem Fall faktischer Verwalter ist, ist es notwendig, aber auch ausreichend, dass der Betreffende in maßgeblichem Umfang Geschäftsführungsfunktionen übernommen hat, wie sie nach den §§ 24 Abs. 1, 27 Abs. 1 WEG für den Verwalter kennzeichnend sind, z. B. die Versammlung der Wohnungseigentümer einberuft. Ist eine Person als faktischer Verwalter anzusehen, haftet sie grundsätzlich wie ein Amtsträger. Neben einem Amtsverhältnis wird zwischen dem faktischen Amtsträger und der Gemeinschaft der Wohnungseigentümer häufig wenigstens ein Auftrag anzunehmen sein, sodass in der Regel sogar die §§ 662 ff. BGB anwendbar sind.

Anspruch auf Abberufung
Ein Wohnungseigentümer kann nach § 18 Abs. 2 Nr. 1 WEG im Einzelfall verlangen, dass der Amtsträger abberufen wird. Voraussetzung für diesen Anspruch ist, dass allein ein Abberufungsbeschluss dem Interesse der Gesamtheit der Wohnungseigentümer nach billigem Ermessen und damit ordnungsmäßiger Verwaltung entspricht.

Dieser Anspruch ist noch nicht gegeben, wenn gegen die Person des Amtsträgers ein wichtiger Grund im Sinne der alten Rechtslage vorliegt. Halten die Wohnungseigentümer nämlich am Amtsträger ungeachtet erheblicher Mängel seiner Arbeit oder seiner Person und damit trotz eines wichtigen Grundes fest, sind sie nicht verpflichtet, diesen abzuberufen.

Die Aufrechterhaltung der Bestellung eines Verwalters widerspricht vielmehr erst dann den Grundsätzen ordnungsmäßiger Verwaltung, wenn es objektiv nicht mehr als vertretbar erscheint, einen Amtsträger ungeachtet der gegen ihn sprechenden Umstände nicht abzuberufen. Die Kammer nimmt einen solchen Grund bereits dann an, wenn der Verwalter nicht alles dafür tut, dass die Gemeinschaft der Wohnungseigentümer sich angemessen versichert, und wenn er zusätzlich einen Beschluss der Wohnungseigentümer, einen Versicherungsvertrag abzuschließen, nicht zeitnah durchführt. Diese Sichtweise sollte jeder Verwaltung eine Warnung sein, für einen ausreichenden, unverzüglichen Versicherungsschutz zu sorgen.

12.4 Rechte und Pflichten

12.4.1 Kompetenzschutzklage I

LG München I, Beschluss vom 16.2.2022, 36 T 1514/22
Gegen eine Pflichtverletzung des Verwalters kann nur die Gemeinschaft der Wohnungseigentümer vorgehen.

Sachverhalt
Mit Schreiben vom 11.3.2021 lädt ein Verwalter zu einer Versammlung am 7.4.2021 als »Ein-Mann-Versammlung« mit dem Hinweis, mit Blick auf die COVID-19-Pandemie und die Kontaktbeschränkungen sei das Abhalten einer Versammlung unter persönlicher Teilnahme der Eigentümer zeitnah nicht zulässig und für viele Eigentümer auch nicht zumutbar. Wie im letzten Jahr solle die Versammlung daher über den Umweg einer »Ein-Mann-Versammlung« abgehalten werden. Die Eigentümer werden gebeten, den Verwalter zu bevollmächtigen. Es wird angekündigt, der Verwalter sei gezwungen, die Versammlung abzusagen, wenn sich ein Wohnungseigentümer gegen das Prozedere

ausspreche oder persönlich zur Versammlung erscheine. In der Versammlung wird zu TOP 7 als »Vorratsbeschluss« bestimmt, einen Gestattungsvertrag mit der X-GmbH zur Errichtung einer Lade-Infrastruktur im Keller/TG-Bereich zum Laden von Elektrofahrzeugen abzuschließen. Außerdem werden andere Beschlüsse gefasst. Diese anderen Beschlüsse erklärt das AG später wegen der Form der Ladung für nichtig.

Im Dezember 2021 beginnen die Baumaßnahmen. Am 14.12.2021 bemerkt Wohnungseigentümer A Durchbruchslöcher in den Hausflurwänden und in den Kellergängen. Die Baumaßnahmen sind mittlerweile in Bezug auf die Kabelinstallation und deren Anschluss abgeschlossen, die Leitungen müssen aber noch verkleidet werden. Wohnungseigentümer A geht jetzt gegen den Verwalter im Wege der einstweiligen Verfügung auf Unterlassung vor. Er ist der Auffassung, die baulichen Maßnahmen wichen von dem ab, was nach dem Vorratsbeschluss hätte erfolgen dürfen. Die eigenmächtige Umsetzung des Beschlusses stelle einen erheblichen Eingriff dar und könne Auswirkungen auf den Brandschutz haben. Der Verwalter und nicht die Gemeinschaft der Wohnungseigentümer sei als Handlungsstörer der richtige Antragsgegner, da der Verwalter eigenmächtig handele. Das AG weist den Antrag zurück. A hätte sich an die Gemeinschaft der Wohnungseigentümer wenden müssen. Dagegen richtet sich die sofortige Beschwerde des A.

Entscheidung

A hat keinen Erfolg: Der Beschluss dürfte zwar nichtig sein. Vollziehe der Verwalter einen nichtigen Beschluss, begehe er außerdem eine Pflichtverletzung. Handele der Verwalter pflichtwidrig, könne ihn aber nur die Gemeinschaft der Wohnungseigentümer im Wege der Leistungs- oder Unterlassungsklage in Anspruch nehmen und notfalls eine einstweilige Verfügung erwirken. Pflichtwidriges Verhalten des Verwalters verletze zwar den Individualanspruch jedes Wohnungseigentümers auf ordnungsmäßige Verwaltung aus § 18 Abs. 2 Nr. 1 WEG. Der Anspruch auf ordnungsmäßige Verwaltung richte sich aber ausschließlich gegen die Gemeinschaft der Wohnungseigentümer. Der Gemeinschaft werde analog § 31 BGB pflichtwidriges Verhalten des Verwalters zugerechnet, und der betroffene Wohnungseigentümer könne daher die Gemeinschaft im Wege der Unterlassungs- oder Leistungsklage in Anspruch nehmen und notfalls eine einstweilige Verfügung erwirken. Die Rechtsfigur des Vertrags mit Schutzwirkung zugunsten Dritter helfe nicht weiter. Durch einen Vertrag mit Schutzwirkung zugunsten Dritter erhalte der Dritte zwar einen eigenständigen vertraglichen Anspruch gegen den Schuldner, wenn dieser Vertragspflichten verletze. Derartige Ansprüche beträfen aber ausschließlich die Sekundärebene, d.h. der Dritte könne den Schuldner allein auf Ersatz der infolge der Pflichtverletzung entstandenen Schäden in Anspruch nehmen.

A sei zwar in Bezug auf eine Störung im Bereich des Sondereigentums prozessführungsbefugt. Dass der Verwalter dessen Sondereigentum beeinträchtigt habe, sei aber nicht erkennbar. Es sei daher auch nicht entscheidungserheblich, ob ein Anspruch aus § 1004 BGB nur gegen die Gemeinschaft der Wohnungseigentümer gegeben wäre, solange der Verwalter »in amtlicher Eigenschaft« und nicht ohne inneren Zusammenhang mit seinen Obliegenheiten nur »bei Gelegenheit« handele.

Hinweis für die Verwaltungspraxis

Im dargestellten Fall handelt die Verwaltung nach Ansicht eines Wohnungseigentümers pflichtwidrig. Um sie zu stoppen, geht er gegen sie im Wege der einstweiligen Verfügung mit einem Antrag auf Unterlassung vor. Fraglich ist, ob das geht.

Kompetenzschutzklage
Es ist zu fragen, wer eine Pflichtwidrigkeit gerichtlich geltend machen kann. Das LG München verweigert einem Wohnungseigentümer das Recht, gegen einen Verwalter unmittelbar vorzugehen. Es meint mithin, die Gemeinschaft der Wohnungseigentümer, vertreten nach § 9b Abs. 2, Abs. 1 Satz 2 WEG, müsse gegen den Verwalter vorgehen. Diese Sichtweise überzeugt mich nicht. Überschreitet ein Organ der Gemeinschaft der Wohnungseigentümer pflichtwidrig seine Kompetenzen, sollte ein Wohnungseigentümer nach den allgemeinen Verbandsgrundsätzen nämlich auf (ggf. vorbeugende) Unterlassung und/oder auf Beseitigung klagen können (näher Elzer, ZMR 2021, S. 953, 955).

Man sollte umgekehrt fragen, ob überhaupt die Gemeinschaft der Wohnungseigentümer eigentlich berechtigt ist, gegen eines ihrer Organe vorzugehen (im Fall müsste der Beiratsvorsitzende die Gemeinschaft der Wohnungseigentümer vertreten). Aber auch diese Frage sollte bejaht werden. Der Gemeinschaft der Wohnungseigentümer sollte es aus Haftungs- und Kostengründen im begründeten Einzelfall möglich sein, die Klage eines Wohnungseigentümers gegen sich selbst (die Gemeinschaft) vorab »auszubremsen«, indem sie ihr eigenes Organ (den Amtsinhaber) verklagt (Elzer, ZMR 2021, S. 953, 955).

12.4.2 Kompetenzschutzklage II

LG Frankfurt a. M., Beschluss vom 24.2.2022, 2-13 T 85/21
Die Gemeinschaft der Wohnungseigentümer ist befugt, Ansprüche wegen eines unrechtmäßigen Verwaltungshandelns gegen Wohnungseigentümer, Verwalter oder den Beiratsvorsitzenden durchsetzen. Einem einzelnen Wohnungseigentümer ist dies verwehrt.

Sachverhalt
In einer Wohnungseigentumsanlage gibt es keinen Verwalter. Aus diesem Grund lädt einer von vier Wohnungseigentümern die anderen Wohnungseigentümer zu einer Ver-

sammlung ein. Wohnungseigentümer K hält dies nicht für richtig. Im Wege der einstweiligen Verfügung beantragt er beim AG, den anderen drei Wohnungseigentümern die Durchführung einer Eigentümerversammlung zu untersagen. Das AG erlässt diese Verfügung auch. Dagegen legen die anderen Wohnungseigentümer Widerspruch ein. Im weiteren Verfahren erklären die Wohnungseigentümer den Rechtsstreit übereinstimmend für erledigt. Die Kosten erlegt das AG dem Wohnungseigentümer K auf. Eine »Passivlegitimation der Antragsgegner« habe nicht bestanden. Hiergegen richtet sich die sofortige Beschwerde.

Entscheidung

K hat keinen Erfolg: Das LG schließt sich der Sichtweise des AG an. Klage ein Wohnungseigentümer auf Durchführung oder Unterlassung einer Versammlung, müsse er die Gemeinschaft der Wohnungseigentümer verklagen. Erhebe er gegen die anderen Wohnungseigentümer oder den Verwalter eine Klage, liefe das darauf hinaus, dass die Organe der Gemeinschaft der Wohnungseigentümer bzw. sogar nur die Organmitglieder (der Eigentümerversammlung) über interne Pflichten und Rechte stritten. Ein derartiger Innerorganstreit sei in gesellschaftsrechtlichen Streitigkeiten unzulässig. Dies sei auf das Wohnungseigentumsrecht zu übertragen.

Ein Rechtsverlust sei damit nicht verbunden. Möglich bleibe eine Klage der Gemeinschaft der Wohnungseigentümer gegen das vermeintlich rechtswidrig handelnde Organ. Denn die Gemeinschaft der Wohnungseigentümer könne einen Anspruch auf ein Verwaltungshandeln oder dessen Unterlassen gegen ihre Organe geltend machen (Hinweis u. a. auf AG Ludwigshafen, Urteil v. 4.6.2021, 2p C 37/21, ZMR 2021, S. 525 und Elzer, ZMR 2021, S. 953 ff.). Da der Gemeinschaft der Wohnungseigentümer Ersatzansprüche gegen ihre Organe zustünden, wenn diese Pflichtwidrigkeiten begingen und sie nach § 31 BGB für deren Pflichtverletzung hafte, wäre es ein nicht hinzunehmender Wertungswiderspruch, die Gemeinschaft der Wohnungseigentümer – mangels Klagebefugnis – zu zwingen, Pflichtverletzungen ihrer Organe tatenlos hinzunehmen, um sodann Schadensersatzansprüche aus der Vertragsverletzung geltend zu machen oder für diese einstehen zu müssen (Hinweis u. a. auf Elzer, ZMR 2021, S. 953, 954).

Zutreffend sei, dass die Geltendmachung der Ansprüche bei verwalterlosen Gemeinschaften angesichts der gesetzlich angeordneten Gesamtvertretung (§ 9b Abs. 1 Satz 2 WEG) in der Praxis zu erheblichen Koordinierungsproblemen führe. Dies sei aber ein – in der WEG-Reform angelegtes – Problem, das sich in allen Vertretungsfällen stelle und nicht zu prozessualen Sonderstellungen der Wohnungseigentümer zwinge.

Hinweis für die Verwaltungspraxis

Im dargestellten Fall handeln die anderen Wohnungseigentümer nach Ansicht eines Wohnungseigentümers pflichtwidrig. Um sie zu stoppen, geht er gegen die anderen Wohnungseigentümer im Wege der einstweiligen Verfügung mit dem Antrag auf Unterlassung vor. Auch in diesem Fall geht es nach Ansicht des klagenden Wohnungseigentümers um pflichtwidrig handelnde Personen. Fraglich ist, wer diese Pflichtwidrigkeit gerichtlich geltend machen kann.

Kompetenzschutzklage
Auch dieses LG stellt sich auf den Standpunkt, nur die Gemeinschaft der Wohnungseigentümer könne gegen Pflichtwidrigkeiten einschreiten. Wie zuvor (Kap. 12.4.1) dargestellt, halte ich das nicht für richtig. Im vorliegenden Fall kommt hinzu, dass es meines Erachtens der Sache nach gar nicht um eine Kompetenzschutzklage geht. Ein Wohnungseigentümer will nur nicht, dass sich die anderen Wohnungseigentümer versammeln und in der Versammlung wenigstens anfechtbare Beschlüsse fassen. Hierin sehe ich keine Kompetenzschutzklage und keinen Streit zwischen der Gemeinschaft der Wohnungseigentümer und ihren Organen.

12.5 Aufwendungs- und Bereicherungsansprüche

BGH, Urteil vom 10.12.2021, V ZR 32/21
Schließt die Verwaltung eigenmächtig Verträge zur Erhaltung des gemeinschaftlichen Eigentums, kann ihr gegenüber der Gemeinschaft der Wohnungseigentümer ein Ersatzanspruch aus Geschäftsführung ohne Auftrag und/oder ein Bereicherungsanspruch zustehen.

Sachverhalt
Die Wohnungseigentümer beschließen im Jahr 2014, für ein Gesamtvolumen von rund 40.000 EUR brutto die A-GmbH mit der Erneuerung der Eingangstüren und der Briefkastenanlagen zu beauftragen. Die Verwaltung führt diesen Beschluss nicht aus. Sie beauftragt nicht die A-GmbH, sondern die B-GmbH. Diese hatte ein günstigeres Angebot abgegeben und führt die Arbeiten für nur 36.300,83 EUR auch aus. Die Verwaltung begleicht die Rechnung der B-GmbH aus Mitteln der Gemeinschaft der Wohnungseigentümer.

Diese ist damit nicht einverstanden und genehmigt den Vertrag mit der B-GmbH nicht. Im Jahr 2017 wird die B-GmbH zu allem Übel im Handelsregister gelöscht, nachdem das Insolvenzverfahren mangels Masse nicht einmal eröffnet worden war. Die Gemeinschaft der Wohnungseigentümer verlangt von der Verwaltung daher die Rückzahlung der an die B-GmbH geleisteten Zahlungen. Die Verwaltung sieht sich im Recht. Hilfsweise rechnet sie mit nach ihrer Darstellung in gleicher Höhe bestehenden Gegenansprüchen auf. Sie meint nämlich, die Gemeinschaft der Wohnungseigentümer sei durch die Durchführung der Erhaltungsmaßnahmen in Höhe von 36.300,83 EUR bereichert.

Das AG folgt der Gemeinschaft der Wohnungseigentümer und verurteilt die Verwaltung antragsgemäß. Die hiergegen gerichtete Berufung bleibt erfolglos. Das LG ist der Ansicht, die Verwaltung sei nicht berechtigt gewesen, der B-GmbH die 36.300,83 EUR zu zahlen. Der Verwaltung stehe auch kein aufrechenbarer Gegenanspruch zu. Ein Wohnungseigentümer, der eigenmächtig Erhaltungsmaßnahmen am gemeinschaftlichen Eigentum durchführe oder durchführen lasse, habe keinen Ersatzanspruch. Für Verwaltungen könne nichts anderes gelten. Auch ihnen sei es zumutbar, das gesetzlich vorgesehene Verfahren unter Wahrung der Beschlusshoheit der Wohnungseigentümer zu beachten.

Entscheidung

Dies sieht der BGH nicht so: Anders als AG und LG hält er es für möglich, dass der Verwaltung durch die Erhaltungsmaßnahmen ein Anspruch zusteht, den sie dem Anspruch der Gemeinschaft der Wohnungseigentümer entgegenhalten kann. Denn einer Verwaltung stehe grundsätzlich ein Anspruch auf Ersatz der ihr bei der Geschäftsführung entstandenen Aufwendungen zu. Der Verwaltervertrag sei ein auf Geschäftsbesorgung gerichteter Dienstvertrag. Es gehöre zum gesetzlichen Leitbild eines solches Vertrags, dass die Kosten aus der Ausführung der Geschäftsbesorgung von dem Auftraggeber zu tragen seien, in dessen Interesse die Geschäftsbesorgung erfolge. Die Verwaltung müsse zwar Beschlüsse gemäß dem ihr bekannten Willen und dem Interesse der Wohnungseigentümer durchführen. Und diese Verpflichtung habe B verletzt. Die Verletzung stehe einem Ersatzanspruch aber nicht entgegen.

Liege eine Eigenmächtigkeit darin, dass sich die Verwaltung über die Entscheidung der Wohnungseigentümer hinweggesetzt habe, ein bestimmtes Unternehmen zu beauftragen, könne dies allerdings eine Verringerung des Ersatzanspruchs rechtfertigen. Das komme insbesondere in Betracht, wenn die künftige Durchsetzung etwaiger Gewährleistungsansprüche gegen das von der Verwaltung beauftragte Unternehmen weniger erfolgversprechend erscheine oder wenn es den Wohnungseigentümern darauf angekommen sei, die bestehende Geschäftsbeziehung zu dem von ihnen gewählten Unternehmen zu festigen, um sich dadurch in der Zukunft die schnellere Ausführung von Arbeiten, die Durchführung von Kleinreparaturen und Wartungen oder ähnliche Vorteile zu sichern. Die sich hieraus ergebenden wirtschaftlichen Nachteile ließen sich durch einen Abschlag vom Erstattungsanspruch berücksichtigen, der – abhängig von den Umständen des Einzelfalls – bis zu 20 Prozent betragen könne.

Hinweis für die Verwaltungspraxis

Im Fall geht es einerseits um die Frage, ob eine Verwaltung befugt ist, den Willen der Wohnungseigentümer zu ignorieren. Andererseits und vorrangig geht es um das Problem, ob eine Verwaltung von der Gemeinschaft der Wohnungseigentümer Ersatz verlangen kann, wenn sie eigenmächtig gehandelt hat. Dies bejaht der BGH.

Bindung an Beschlüsse

Fassen die Wohnungseigentümer einen Beschluss, sind diese selbst, aber auch die Verwaltung an ihn gebunden. Muss ein Beschluss »durchgeführt« werden, muss beispielsweise ein Vertrag im Namen der Gemeinschaft der Wohnungseigentümer geschlossen werden, ist diese Durchführung eine Aufgabe der Verwaltung. Die Verwaltung muss jeden nicht für ungültig erklärten Beschluss, aber auch jede wirksame Vereinbarung zeitnah, in der Regel sogar unverzüglich, durchführen. Die Verwaltung ist nicht befugt, einer Entscheidung der Wohnungseigentümer ihr eigenes Ermessen entgegenzustellen. Dies gilt selbst dann, wenn die Entscheidung der Verwaltung oder sogar »jedermann« als »falsch« erscheint. Haben sich die Wohnungseigentümer – wie im Fall – für ein bestimmtes Vertragsangebot ausgesprochen, ist die Verwaltung im Innenverhältnis also nicht befugt, im Namen der Gemeinschaft der Wohnungseigentümer ein anderes Angebot anzunehmen, weil ihr dieses beispielsweise vorteilhafter erscheint. Die Verwaltung hat nur die Aufgabe, die Wohnungseigentümer zu beraten und zu informieren. Es ist nicht ihre Aufgabe, die Wohnungseigentümer zu bevormunden.

Genehmigungen

Hat die Verwaltung im Namen der Gemeinschaft der Wohnungseigentümer einen Vertrag geschlossen, den die Wohnungseigentümer erkennbar nicht wollten, besteht die Möglichkeit, dass die Wohnungseigentümer dem Tun der Verwaltung nachträglich zustimmen. Eine solche nachträgliche Zustimmung nennt man »Genehmigung«. Jede verantwortungsvolle Verwaltung sollte die Wohnungseigentümer um eine solche Genehmigung bitten, wenn sie versehentlich einen Vertrag gegen den Willen der Wohnungseigentümer geschlossen hat. Die Verwaltung sollte dabei die Gründe für ihr Handeln offenbaren. Handelt die Verwaltung anders und fällt es beispielsweise den Verwaltungsbeiräten später auf, dass die Verwaltung den Willen der Wohnungseigentümer missachtet hat, kann ihr das leicht auf die Füße fallen. Das galt schon immer – im neuen Recht aber noch mehr, da die Abberufung des Verwalters keines wichtigen Grundes mehr bedarf!

Erlaubte Vertragsschlüsse

Nach § 27 Abs. 1 Nr. 1 WEG ist die Verwaltung berechtigt und verpflichtet, die Maßnahmen ordnungsmäßiger Verwaltung zu treffen, die untergeordnete Bedeutung haben und nicht zu erheblichen Verpflichtungen führen. Welche Maßnahmen diese Anforderungen erfüllen, sollte in jeder Wohnungseigentumsanlage nach § 27 Abs. 2 WEG beschlossen werden.

12.6 Vergleich mit Gemeinschaft der Wohnungseigentümer

LG Frankfurt a. M., Beschluss vom 14.6.2021, 2-13 S 13/21
Die Gemeinschaft der Wohnungseigentümer kann auf eine Forderung gegen den Verwalter teilweise verzichten.

Sachverhalt
Die Wohnungseigentümer streiten darüber, ob wegen Versäumnissen des Verwalters Forderungen der Gemeinschaft der Wohnungseigentümer gegen säumige Hausgeldschuldner verjährt sind. Die Wohnungseigentümer beschließen nach einer Diskussion und in Kenntnis einer Liste offener Hausgeldforderungen daraufhin wie folgt:

»Die Hausverwaltung verpflichtet sich nach Ablauf der Anfechtungsfrist zur Zahlung einer Summe von 3.000 EUR. Sämtliche vermeintlich verjährte Hausgeldforderungen sind damit abgegolten.«

Wohnungseigentümer K geht gegen diesen Beschluss vor. Das AG erklärt ihn für ungültig. Es hält ihn für zu unbestimmt. Dagegen richtet sich die Berufung.

Entscheidung
Die Berufung hat keinen Erfolg: Auch das LG sieht den Beschluss als zu unbestimmt an. Es sei nämlich nicht erkennbar welche Forderungen Gegenstand des Vergleichs seien. Im Übrigen sei der Beschluss nicht ordnungsmäßig vorbereitet worden. Zwar seien die Wohnungseigentümer berechtigt, im Namen der Gemeinschaft der Wohnungseigentümer gegen den Verwalter auf eine Forderung zu verzichten. Dieses Recht sei allerdings dahin gehend einzuschränken, dass die Gemeinschaft der Wohnungseigentümer nicht ohne Not auf eine bestehende und durchsetzbare Forderung verzichten dürfe. Jedenfalls müssten die Wohnungseigentümer die Entscheidung auf einer hinreichend gesicherten Tatsachengrundlage treffen. Sie müssten also wissen, welche Forderungen von dem Vergleich umfasst seien und welche Prozessrisiken bei der gerichtlichen Durchsetzung ohne einen Vergleich bestünden. Hieran habe es gefehlt.

Hinweis für die Verwaltungspraxis

Im dargestellten Fall geht es erstens um die Frage, wann ein Beschluss »bestimmt« genug gefasst ist. Zweitens geht es um die Frage, ob die Wohnungseigentümer im Namen der Gemeinschaft der Wohnungseigentümer berechtigt sind, auf eine Forderung teilweise zu verzichten. Drittens geht es um die Vorbereitung eines Beschlusses im Tatsächlichen. Und viertens ist zu fragen, wie man einen Forderungsverzicht umsetzt.

Bestimmtheit

Beschlüsse müssen bestimmt genug formuliert sein. So liegt es, wenn ein Beschluss aus sich heraus genau, klar, eindeutig und widerspruchsfrei erkennen lässt, was gilt. Einem Beschluss fehlt hingegen Bestimmtheit, wenn er keine sinnvolle, in sich geschlossene und verständliche Regelung enthält. Damit ein Beschluss »bestimmt« ist, muss er so ausführlich wie nötig beschreiben, was gelten soll. Er muss – gegebenenfalls durch Verweisung – sein Regelungsproblem (den Anlass seiner Entstehung) vollständig lösen. Außerdem muss er so formuliert werden, dass er in sich nicht widersprüchlich ist. Lässt sich ein Gegenstand im Beschlusstext selbst nur schlecht oder gar nicht oder nur ungenau oder nur widersprüchlich darstellen, bedarf es für eine Herstellung von Bestimmtheit in der Regel einer Beschlussanlage. Ein Beschlusstext kann auch aus diesem Grund selbst kurz sein und zur näheren Erläuterung auf eine Anlage Bezug nehmen. Im Fall ist der angefochtene Beschluss tatsächlich zu unbestimmt. Denn er selbst lässt nicht erkennen, welche Hausgeldforderungen nach Ansicht der Wohnungseigentümer verjährt waren. Damit war nicht erkennbar, für welche Pflichtverletzungen der Verwalter im Einzelnen einstehen wollte.

Forderungsverzicht

Die Wohnungseigentümer haben ein Ermessen, ob sie eine zweifelhafte Forderung im Namen der Gemeinschaft der Wohnungseigentümer verfolgen lassen wollen oder nicht. Je zweifelhafter eine Forderung ist, desto näher liegt es, mit dem Schuldner einen Vergleich zu suchen und auf eine mögliche/vermeintliche Forderung teilweise zu verzichten. Ferner muss ein Anlass bestehen, auf die möglichen Ansprüche zu verzichten (BGH, Beschluss v. 17.7.2003, V ZB 11/03). Was gilt, ist eine Frage des Einzelfalls. Bei Hausgeldforderungen dürfte kein Zweifel bestehen. Denn der Hausgeldschuldner müsste eigentlich feststehen und ebenso der Beginn und der drohende Ablauf der Verjährung. Ich selbst kann daher nicht sehen, dass es ordnungsmäßiger Verwaltung entsprechen könnte, mit einer Verwaltung insoweit einen Vergleich zu schließen.

Beschlussvorbereitung

Damit der spätere Beschluss nicht unter einem Ermessensfehler leidet, muss die Verwaltung die Wohnungseigentümer umfassend über den Beschlussgegenstand und die Beschlussumstände informieren. Im dargestellten Fall war es daher die Aufgabe des Verwalters, die einzelnen Hausgeldforderungen zu benennen und herauszuarbeiten, welche davon aus welchen Gründen verjährt waren.

Umsetzung eines Forderungsverzichts

Will die Gemeinschaft der Wohnungseigentümer gegenüber dem Verwalter auf eine Forderung verzichten, muss das erstens beschlossen und zweitens nach § 9b Abs. 2 WEG umgesetzt werden. Der bloße Beschluss, auch einer zur Entlastung des Verwalters, reicht hierfür nicht.

12.7 Verwaltervertrag: Staffelklausel

LG Frankfurt a. M., Urteil vom 24.6.2021, 2-13 S 35/20

Eine Klausel, die eine pauschale jährliche Erhöhung der Verwaltervergütung um vier Prozent vorsieht, ist unwirksam.

Sachverhalt

B und die Gemeinschaft der Wohnungseigentümer vereinbaren im Jahr 1993, dass sich das Verwalterhonorar jährlich zum 1. November um vier Prozent erhöht. Im November 2003 beschließen die Wohnungseigentümer anlässlich einer Wiederbestellung, dass sich die Verwaltervergütung »entgegen der vertraglichen Vereinbarung während des Bestellungszeitraums« nicht erhöht. In den späteren Bestellungsbeschlüssen aus den Jahren 2008 und 2013 heißt es »die genauen Konditionen regelt der bereits bestehende Verwaltervertrag«. K und B streiten um die Frage, ob sich die Vergütung in den Jahren 2016 bis 2018 erhöht hatte.

Entscheidung

Das LG verneint die Frage. Zwar seien Preisanpassungsklauseln bei Dauerschuldverhältnissen nicht in jedem Fall unwirksam. Erforderlich sei aber, dass sichergestellt sei, dass sich durch Preisanpassungen das ausgehandelte Äquivalenzverhältnis im Nachhinein nicht einseitig zugunsten des Verwenders verschiebe (Hinweis auf BGH, Urteil v. 11.10.2007, III ZR 63/07, NJW-RR 2008, S. 134 Rn. 19). Preisklauseln in Verwalterverträgen seien daher nur dann zulässig, wenn sichergestellt sei, dass sie dem Verwender keine Möglichkeit eröffnen, einseitig seinen Gewinn zu erhöhen (Hinweis u. a. auf Staudinger/Jacoby, WEG, 2018, § 26 Rn. 187). Hieran fehle es, wenn lediglich eine pauschale Preiserhöhung, wie hier jährlich um vier Prozent, stattfinde, ohne dass sichergestellt sei, dass im gleichen Umfang auch Preissteigerungen beim Verwalter eintreten würden. Es liege auch keine hinreichende Kompensation durch ein Kündigungs- bzw. Lösungsrecht vor.

Hinweis für die Verwaltungspraxis

Der Fall wirft vor allem die Frage auf, ob und – wenn ja – auf welche Weise man im Verwaltervertrag anlegen kann, dass sich das Honorar des Verwalters regelmäßig ohne Weiteres erhöht.

Preisklauselgesetz

Das Preisklauselgesetz setzt Klauseln, nach denen das Verwalterhonorar angepasst wird, enge Grenzen. Erlaubt sind danach nur Leistungsvorbehaltsklauseln, Spannungsklauseln und Kostenelementeklauseln. Liegen – wie im Fall – diese Ausnahmen nicht vor, wird die unzulässige Klausel allerdings erst für die Zukunft unwirksam, wenn der Verstoß rechtskräftig festgestellt wurde (§ 8 Satz 1 Preisklauselgesetz).

AGB-Recht
Bietet eine Erhöhungsklausel dem Verwender die Aussicht, einseitig seinen Gewinn zu erhöhen, ist die Klausel unangemessen und ungeachtet des Preisklauselgesetzes unwirksam. So liegt es nach der sehr strengen Ansicht der Kammer im dargestellten Fall. Der BGH hingegen meint, die Schranke des § 307 Abs. 1 Satz 1 BGB werde nicht eingehalten, wenn die Preisanpassungsklausel es dem Verwender ermögliche, über die Abwälzung konkreter Kostensteigerungen hinaus den zunächst vereinbarten Preis ohne Begrenzung anzuheben und so nicht nur eine Gewinnschmälerung zu vermeiden, sondern einen zusätzlichen Gewinn zu erzielen (BGH, Urteil vom 15.11.2007, III ZR 247/06, Rn. 10). Dementsprechend seien Preisanpassungsklauseln zulässig, wenn
- die Befugnis des Verwenders zu Preisanhebungen von Kostenerhöhungen abhängig gemacht werde und
- die einzelnen Kostenelemente sowie deren Gewichtung bei der Kalkulation des Gesamtpreises offengelegt würden,

sodass der andere Vertragsteil bei Vertragsschluss die auf ihn zukommenden Preissteigerungen einschätzen könne.

Diese Rechtsprechung betrifft ebenso wie die Fundstelle bei Jacoby keine Staffelregelung, sondern Klauseln, die es dem Verwender einseitig ermöglichen, den Preis zu erhöhen. Die Kammer hätte daher die Revision zulassen sollen.

Erklärungen gegenüber Banken
Die Gemeinschaft der Wohnungseigentümer hatte im Übrigen auch noch einen Anspruch auf außergerichtliche Rechtsanwaltskosten geltend gemacht. Diese waren entstanden, um eine »Kontenumschreibung« zu ermöglichen (die Bank hatte von B als »Ex-Verwalter« eine Erklärung verlangt, die dieser zunächst nicht hatte abgeben wollen). Das LG meinte hier, B habe sich nicht erklären müssen. Es habe sich um ein Konto der Gemeinschaft der Wohnungseigentümer gehandelt. B habe daher mit dem Wirksamwerden der Abberufung die Verfügungsbefugnis über das Konto verloren und sei demzufolge weder berechtigt noch verpflichtet gewesen, insoweit Erklärungen abzugeben. Dass das kontoführende Institut dieses aus »bankinternen« Gründen anders gesehen habe, ändere im Verhältnis von K und B nichts. Zwar könne es sein, dass B im Rahmen seiner nachwirkenden Treuepflichten verpflichtet gewesen sei, ggf. zwar rechtlich nicht erforderliche, aber aus praktischer Sicht nötige Schritte zu unternehmen, damit K über ihr Vermögen verfügen kann. B habe sich insoweit aber nicht in Verzug befunden (dazu auch Dötsch, IMR 2021, S. 371).

Muster: Staffelklausel im Verwaltervertrag

§ ...

Ab dem [...] Vertragsjahr beträgt die Vergütung pro Monat, zuzüglich der jeweils gültigen gesetzlichen Mehrwertsteuer [derzeit ...%],

a) je Wohnungseigentumseinheit ... EUR netto = derzeit ... EUR brutto,
b) je Teileigentumseinheit Gewerbe ... EUR netto = derzeit ... EUR brutto,
c) je Garagen-/Stellplatz-Teileigentumseinheit ... EUR netto = derzeit ... EUR brutto.

Muster: Beschluss nach § 16 Abs. 2 Satz 2 WEG (Sondervergütung)

Kann der Verwalter für ... [genaue Nennung] gemäß dem Verwaltervertrag vom ... eine Sondervergütung verlangen, hat der Wohnungseigentümer, der die Sondervergütung veranlasst hat, der Gemeinschaft der Wohnungseigentümer die Sondervergütung zu erstatten. Der Anspruch ist sofort mit Veranlassung fällig.

Abstimmungsergebnis

Ja-Stimmen: ...

Nein-Stimmen: ...

Enthaltungen: ...

Der Versammlungsleiter verkündet folgendes Beschlussergebnis:

Der Beschluss, ... [Inhalt], wurde angenommen/abgelehnt.

13 Wirtschaftsplan, Sonderumlage, Jahresabrechnung und Hausgeldschuldner (§ 28 WEG)

Gegenstand der hier vorgestellten Entscheidungen sind sämtliche Fragen im Zusammenhang mit dem Wirtschaftsplan, mit Sonderumlagen und mit der Jahresabrechnung. Vorgestellt werden ferner diejenigen Urteile und Beschlüsse, die fragen, welche Person welches Hausgeld schuldet oder für es haftet.

13.1 Wirtschaftsplan (§ 28 Abs. 1 WEG)

13.1.1 Anspruch auf Vorschuss

LG Frankfurt a. M., Beschluss vom 17.5.2022, 2-13 T 27/22
Auch in einer verwalterlosen Gemeinschaft mit nur zwei Wohnungseigentümern können Hausgeldansprüche nur auf der Grundlage eines Beschlusses nach § 28 Abs. 1 Satz 1, Abs. 2 Satz 1 WEG geltend gemacht werden. Dieser Anspruch muss von der Gemeinschaft der Wohnungseigentümer durchgesetzt werden.

Sachverhalt
In der Wohnungseigentumsanlage gibt es nur zwei Wohnungseigentümer. Ein Verwalter ist nicht bestellt. Wohnungseigentümer K erstellt einen Wirtschaftsplan. Dieser wird von den Wohnungseigentümern nicht beschlossen. Im Wege der einstweiligen Verfügung beantragt Wohnungseigentümer K, den Wohnungseigentümer B zu verpflichten, ausgehend vom Wirtschaftsplan für das Wirtschaftsjahr 2022 monatlich einen Vorschuss von 230 EUR zu zahlen. Das AG weist den Antrag zurück. Es fehle an einem Verfügungsgrund. Hiergegen richtet sich die sofortige Beschwerde des K.

Entscheidung
K hat keinen Erfolg. Es fehle bereits an einem Verfügungsanspruch. Ohne einen Beschluss nach § 28 Abs. 1 Satz 1 WEG fehle es nämlich an einer Verpflichtung, einen Vorschuss zu zahlen. Aufgrund des seit dem 1.12.2020 geltenden Wohnungseigentumsrechts folgten Zahlungsansprüche nur aus Beschlüssen über die Vorschüsse zur Kostentragung und zu Rücklagen oder über die Nachschüsse. Für einen daneben bestehenden gesetzlichen Anspruch bestehe keine Handhabe. Daher hätte K zunächst eine Beschlussersetzungsklage erheben müssen. In Eilfällen, insbesondere wenn die Gemeinschaft Liquiditätsprobleme habe, komme dann auch eine einstweilige Verfügung in Betracht.

Zwar habe K den Entwurf für einen Wirtschaftsplan vorgelegt. Sein Antrag könne aber nicht so ausgelegt werden, dass K mit diesem eine Beschlussersetzung habe erwirken wollen. Dem stehe bereits der Klageantrag, der ausdrücklich auf eine monatliche Vorauszahlungspflicht laute, entgegen. Darüber hinaus sei die Klage auf Beschlussersetzung gegen die Gemeinschaft der Wohnungseigentümer zu richten.

Hinweis für die Verwaltungspraxis

Im dargestellten Fall geht es um eine Wohnungseigentumsanlage, die das aktuelle Gesetz und seine dogmatischen Grundlagen nicht »lebt«. Nach dieser Dogmatik steht neben den Wohnungseigentümern eine rechtsfähige Gemeinschaft, gegenüber der die Wohnungseigentümer Rechte, aber auch Pflichten haben. Eine dieser Pflichten besteht darin, die Gemeinschaft der Wohnungseigentümer für die Bewirtschaftung der Wohnungseigentumsanlage mit Mitteln auszustatten. Dazu haben die Wohnungseigentümer jährlich Vorschüsse und, sofern erforderlich, Nachschüsse durch Beschluss zu bestimmen.

Wird diese Dogmatik ignoriert, »funktioniert« eine Wohnungseigentumsanlage nur, solange die Wohnungseigentümer alle Angelegenheiten einvernehmlich regeln. Ist es nicht so, zeigen sich die Untiefen der Dogmatik.

Wirtschaftsplan
Der Wirtschaftsplan ist nach §§ 18 Abs. 1, 28 Abs. 1 Satz 2 WEG durch den Verwalter als Organ der Gemeinschaft der Wohnungseigentümer zu erstellen. Eines Beschlusses bedarf es zur Begründung dieser Pflicht nicht. Gibt es keinen Verwalter, müssen die Wohnungseigentümer einen Dritten mit der Erstellung beauftragen. Im Einzelfall mag es aber auch, wie im Fall, vorstellbar sein, dass ein Wohnungseigentümer sich mit der wirtschaftlichen Planung für das nächste Abrechnungsjahr auseinandersetzt und berechnet, welche Mittel die Gemeinschaft der Wohnungseigentümer für die Bewirtschaftung der Wohnungseigentumsanlage voraussichtlich benötigen wird.

Hausgeld: Zahlungsverpflichtung
Egal wie man verfährt: Ein Wohnungseigentümer schuldet Hausgeld weder von Gesetzes wegen noch aufgrund eines Wirtschaftsplans, egal wer diesen erstellt hat. Hausgeld schuldet ein Wohnungseigentümer nur auf Grundlage eines Beschlusses nach § 28 Abs. 1 Satz 1 WEG. Diesen Beschluss gab es im Fall nicht, sodass B auch nicht verpflichtet war, Hausgeld zu zahlen.

Richtiges Vorgehen
Damit B verpflichtet werden kann, Hausgeld zu zahlen, müssen die Wohnungseigentümer einen Beschluss nach § 28 Abs. 1 Satz 1 WEG fassen. Dieser Beschluss

kann in oder außerhalb einer Versammlung gefasst werden. Dazu muss entweder eine Versammlung einberufen oder ein Beschlussverfahren außerhalb der Versammlung initiiert werden. Die Versammlung muss von einer Person einberufen werden, die dazu befugt ist. Wohnungseigentümer K ist dies nicht. Wohnungseigentümer K ist im aktuellen Recht auch nicht befugt, einen Beschluss außerhalb der Versammlung zu initiieren.

In einem ersten Schritt müsste daher zunächst eine Verwaltung etabliert oder Wohnungseigentümer K durch ein Gericht ermächtigt werden, eine Versammlung einzuberufen. Kommt dort kein Beschluss zustande – das ist auch davon abhängig, ob K überhaupt eine Stimmenmehrheit hat –, kann K gegen die Gemeinschaft der Wohnungseigentümer auf einen Beschluss klagen.

13.1.2 Beschlussfassung

LG Frankfurt a. M., Beschluss vom 20.4.2022, 2-13 T 15/22
Ein Beschluss, mit dem »der Wirtschaftsplan« beschlossen wird, begründet für die Vorschüsse eine Zahlungspflicht.

Sachverhalt

Die Wohnungseigentümer genehmigen nach dem 1.12.2020 den Wirtschaftsplan für das Jahr 2021. Wohnungseigentümer B ist nicht bereit, die dort für sein Sondereigentum genannten Vorschüsse zu bezahlen. Er meint, die Wohnungseigentümer hätten nach § 28 Abs. 1 Satz 1 WEG die Vorschüsse und nicht den Wirtschaftsplan beschließen müssen.

Die Gemeinschaft der Wohnungseigentümer erhebt daraufhin Klage. Jetzt zahlt B. Die Parteien erklären den Rechtsstreit daraufhin in der Hauptsache für erledigt. Das AG legt die Kosten der Gemeinschaft der Wohnungseigentümer K auf. Es meint, die Gemeinschaft der Wohnungseigentümer habe nach dem Beschluss keine Ansprüche gegen B gehabt. Dagegen wendet sich die Gemeinschaft der Wohnungseigentümer im Wege der sofortigen Beschwerde.

Entscheidung

Die Gemeinschaft hat Erfolg: Der Beschluss, mit dem die Wohnungseigentümer den Wirtschaftsplan genehmigt hatten, sei nicht insgesamt nichtig. In Betracht komme, was aber keiner Entscheidung bedürfe, allenfalls eine Teilnichtigkeit. Jedenfalls insoweit Verpflichtungen zu den Vorschusszahlungen beschlossen worden seien, habe eine Beschlusskompetenz bestanden. Nur dieser Beschlussteil sei aber für die Zahlungsklage relevant.

Hinweis für die Verwaltungspraxis

Nach § 28 Abs. 1 Satz 1 WEG beschließen die Wohnungseigentümer über die Vorschüsse zur Kostentragung und zu den nach § 19 Abs. 2 Nr. 4 WEG oder durch Beschluss vorgesehenen Rücklagen. Das LG – Einzelrichter – ist der Ansicht, dieser Beschluss könne auch gefasst werden, indem die Wohnungseigentümer bloß »den Wirtschaftsplan« beschließen. In diesem Beschluss verstecke sich gleichsam der Beschluss über die Vorschüsse.

Praktisches Vorgehen

Eine Verwaltung sollte sich nicht an der Beurteilung des Einzelrichters orientieren. Im geltenden Recht sollte nämlich nicht der Wirtschaftsplan beschlossen werden, sondern, so wie es der Kläger dargelegt hatte, die Vorschüsse. Zwar ist es möglich, zu beschließen, dass die Wohnungseigentümer die Vorschüsse schulden sollen, die sich aus den ihnen vorliegenden Einzelwirtschaftsplänen ergeben. Diese mittelbare Beschlussfassung ist aber nicht anzustreben. Viel besser ist es, wenn aus dem Beschluss, den die Wohnungseigentümer in der Versammlung fassen, ohne Weiteres und transparent hervorgeht, für welches Wohnungs- oder Teileigentum welches Hausgeld für ein Jahr geschuldet wird. Ferner sollte klar sein, wann dieses Hausgeld fällig ist und was passieren soll, wenn ein Wohnungs- oder Teileigentümer seinen Pflichten bei Fälligkeit nicht nachkommt.

Beschlussfassung

Der Beschluss nach § 28 Abs. 1 Satz 1 WEG sollte für jeden Wohnungseigentümer – präziser: für jedes Wohnungs- oder Teileigentum – daher in einem Betrag festlegen, welchen Vorschuss zur Kostentragung und welchen Vorschuss zu den Rücklagen er der Gemeinschaft der Wohnungseigentümer zahlen muss.

DIGITALE EXTRAS

Muster: Beschluss über Vorschüsse

Es werden folgende monatlichen Vorschüsse in Euro für das Jahr … beschlossen:

Wohnungseigentum Nummer	Vorschuss zur Kostentragung	Vorschuss zur Erhaltungsrücklage	Vorschuss zur Rücklage Z	Summe
1	380	18	2	400
2	380	40	6	426
3	410	60	10	480
4	…	…	…	…

Abstimmungsergebnis
Ja-Stimmen: …
Nein-Stimmen: …
Enthaltungen: …
Der Versammlungsleiter verkündet folgendes Beschlussergebnis:
Der Beschluss, … [Inhalt], wurde angenommen/abgelehnt.

13.2 Jahresabrechnung (§ 28 Abs. 2 WEG)

13.2.1 Darstellung der Kostenpositionen

BGH, Beschluss vom 6.7.2021, VIII ZR 371/19
Ein enger Zusammenhang zwischen verschiedenen Kostenpositionen liegt noch nicht vor, wenn im Mietvertrag die Umlage diverser Kosten als »sonstige Betriebskosten« vereinbart ist und diese gemeinsam abgerechnet werden dürfen.

Sachverhalt

In einem Mietrechtsstreit wird fraglich, ob der Vermieter in seiner Betriebskostenabrechnung die Kostenpositionen »Dachrinnenreinigung«, »Trinkwasseruntersuchung« sowie diverse Wartungskosten unter dem Punkt »sonstige Betriebskosten« zusammenfassen durfte.

Entscheidung

Der BGH verneint die Frage. Die Betriebskostenabrechnung sei für diese Kosten bereits formal unwirksam. Nach seiner Rechtsprechung seien Kostenpositionen nämlich aufzuschlüsseln. Etwas anderes gelte nur dann, wenn sie »eng« zusammenhingen. Den erforderlichen engen Zusammenhang zwischen einzelnen Kostenpositionen habe er grundsätzlich bei einzelnen Ziffern des Betriebskostenkatalogs aus § 2 BetrKV bejaht.

Ein enger Zusammenhang liege jedoch nicht vor, wenn im Mietvertrag die Umlage diverser Kosten als »sonstige Betriebskosten« vereinbart sei – wie hier die Kosten der Trinkwasseruntersuchung, der Dachrinnenreinigung und diverse Wartungskosten – und diese in einer Kostenposition abgerechnet werden dürfen. Insoweit bedürfe es einer – gegebenenfalls auch in einer Anlage oder Erläuterung zur Abrechnung – abschließenden Angabe der unter dem Punkt »sonstige Nebenkosten« abgerechneten Kostenpositionen sowie einer Aufschlüsselung, welche Beträge für die jeweilige Kostenposition angefallen seien. Hieran fehle es im Fall.

Hinweis für die Verwaltungspraxis

Im Mittelpunkt des Falls steht eine formale Frage. Es geht darum, inwieweit in einer Betriebskostenabrechnung mehrere Kostenpositionen zusammengefasst werden können. Diese Frage stellt sich auch im Wohnungseigentumsrecht für die Jahresabrechnung. Es ist also zu fragen, wann die Verwaltung mehrere Kostenpositionen unter einem Punkt zusammenfassen darf.

Zusammenfassung von Kostenpositionen
Bei der Zusammenstellung der Kosten in der Betriebskostenabrechnung sollte grundsätzlich nach den Kostenarten des § 2 BetriebskostenVO differenziert werden. Eine Aufschlüsselung einzelner Kostenpositionen innerhalb einer Ziffer des Betriebskostenkatalogs ist im Wohnraummietrecht hingegen nicht erforderlich.

Eine Zusammenfassung der in verschiedenen Ziffern des § 2 BetriebskostenVO genannten Kosten ist demgegenüber grundsätzlich unzulässig. Dass der Mieter durch eine Einsichtnahme in die Belege ermitteln kann, welche Kosten wofür angefallen sind, ist unerheblich. Denn diese Angaben sollen dem Mieter gerade durch die Zusammenstellung der Kosten in der Betriebskostenabrechnung übermittelt werden.

Eng zusammenhängende Kosten sollen allerdings in einer Summe zusammenfasst werden dürfen. Einen derartigen engen Zusammenhang hat der BGH für die Kosten für Frisch- und Schmutzwasser – soweit Letztere auf der Grundlage des Frischwasserbezugs berechnet werden – sowie für Sach- und Haftpflichtversicherungsbeiträge bejaht. Im dargestellten Fall verneint er sie für die Zusammenfassung mehrerer Kosten, die § 2 Nr. 17 BetriebskostenVO unterfallen.

Jahresabrechnung
Die Verwaltungen sollten die in der vorstehenden Entscheidung genannten Grundsätze für die Darstellung von Kostenpositionen in der Jahresabrechnung übernehmen. Das Gesetz verlangt dies zwar nicht. Dies gilt aber auch für die Betriebskosten.

13.2.2 Mängel des Nachschuss-Beschlusses

AG Wiesbaden, Urteil vom 1.7.2022, 92 C 3463/21
Falsche Angaben in den allgemeinen Kontoständen und beim Stand der Erhaltungsrücklage, die Bestandteil des Vermögensberichts sind, begründen keine Anfechtung des Beschlusses über die Nachschüsse bzw. die Anpassung der Vorschüsse. Dies gilt auch, wenn der Vermögensbericht lediglich in der Versammlung zur Einsicht vorgelegt wird.

Sachverhalt

Die Wohnungseigentümer beschließen am 29.11.2021 nach § 28 Abs. 2 Satz 1 WEG. Vor der Beschlussfassung übersendet die Verwaltung den Wohnungseigentümern keinen Vermögensbericht für das Wirtschaftsjahr 2020, sondern legt diesen nur in der Versammlung vor.

Wohnungseigentümer K geht gegen den Beschluss vor. Er bemängelt, in der Jahresabrechnung sei sowohl bei der Erhaltungsrücklage als auch beim Girokonto der Anfangskontostand falsch angegeben. Er meint, der Beschluss nach § 28 Abs. 2 Satz 1 WEG sei bereits aus diesem Grunde anfechtbar, da es wegen der falschen Kontostände und des fehlenden Vermögensberichts nicht möglich sei, die Jahresabrechnung auf ihre Plausibilität zu überprüfen. Darüber hinaus sei die Jahresabrechnung falsch, da die Kosten für Erhaltungsmaßnahmen nicht über die Erhaltungsrücklage, sondern über das laufende Konto finanziert worden seien. Ferner sei die Heizkostenabrechnung für das Wohnungseigentum Nr. 6 mangelhaft, da eine Abrechnung für das gesamte Jahr erstellt worden sei und keine Zwischenabrechnung, obwohl die Wohnung zehn Monate leer stand.

Entscheidung

Die Anfechtungsklage hat keinen Erfolg. Zwar sei es nicht ausreichend, den Vermögensbericht in der Versammlung nur zur Einsicht vorzulegen. Gem. § 28 Abs. 4 Satz 2 WEG sei der Vermögensbericht jedem Wohnungseigentümer zur Verfügung zu stellen. Zum Beispiel seien eine Übersendung per Post oder per E-Mail, aber auch die Einstellung auf einer zugangsbeschränkten Internetseite zulässig. Eine Gelegenheit zur Einsichtnahme stelle hingegen auch bei großzügiger Auslegung keine Zur-Verfügung-Stellung dar. Für den Beschluss nach § 28 Abs. 2 Satz 1 sei dieser Fehler aber unbeachtlich. Auch die Frage, ob bei der Erhaltungsrücklage und beim Girokonto die Anfangskontostände falsch angegeben wurden, sei unbeachtlich. Die Kontostände aller Bankkonten und der Stand der Erhaltungsrücklage seien im Vermögensbericht darzustellen. Falsche Angaben müssten durch eine Klage auf Berichtigung bzw. Ergänzung des Vermögensberichts geltend gemacht werden (Hinweis u.a. auf Hügel/Elzer, WEG, 3. Aufl., § 28 Rn. 207).

Auch die übrigen behaupteten Mängel der Jahresabrechnung 2020 seien nicht geeignet, einen Mangel des Beschlusses gem. § 28 Abs. 2 Satz 1 WEG zu begründen. Wenn K rüge, Kosten für Erhaltungsmaßnahmen seien nicht über die Erhaltungsrücklage, sondern über das laufende Konto finanziert worden, weise die Beklagte zu Recht darauf hin, dass für eine Entnahme aus der Erhaltungsrücklage ein Beschluss erforderlich sei, den es nicht gegeben habe. Und die Tatsache, dass K keine Zwischenabrechnung i. S. v. § 9b Abs. 1 HeizkostenV erhalten habe, sei ebenfalls unbeachtlich. Hätte K zwei Teilabrechnungen erhalten, so wäre die Summe dieser beiden genauso hoch wie die Beträge in der Heizkostenabrechnung für das gesamte Jahr 2020. Da sich der Fehler auf die Höhe der Nachschüsse nicht auswirkt habe, sei daher auch die Nichterstellung der Zwischenabrechnung unbeachtlich.

Hinweis für die Verwaltungspraxis

Im dargestellten Fall handelt es sich um eine Anfechtungsklage gegen einen Beschluss nach § 28 Abs. 2 Satz 1 WEG. Diese hat jedenfalls Erfolg, wenn der Nachschuss, der auf die klagende Partei entfällt, der Höhe nach falsch ist. Dies ist der Fall, wenn die Verwaltung bei der Berechnung des Nachschusses in der Jahresabrechnung, aus der sich der Nachschuss ergeben muss, ganz oder teilweise unzutreffende Umlageschlüssel eingesetzt hat oder auf die klagende Partei Einnahmen oder Ausgaben umgelegt hat, die diese nicht oder in einer anderen Höhe zu tragen hat. Solche Mängel macht der klagende Wohnungseigentümer im besprochenen Fall aber nicht geltend. Er behauptet Mängel der Jahresabrechnung und des Vermögensberichts sowie Verstöße gegen die HeizkostenV.

Mängel der Jahresabrechnung
Die Verwaltung hat nach § 28 Abs. 2 Satz 2 WEG jeweils eine Abrechnung über den Wirtschaftsplan (Jahresabrechnung) aufzustellen, die »darüber hinaus« die Einnahmen und Ausgaben enthält. Macht die Verwaltung hier Fehler, ist die Jahresabrechnung z. B. intransparent oder fehlen Einnahmen und Ausgaben, ist das stets unerheblich, wenn sich der Fehler nicht auf die Höhe der Nachschüsse bzw. die Anpassung der Vorschüsse auswirkt. Allerdings muss den Wohnungseigentümern zum Verständnis des § 28 Abs. 2 Satz 1 WEG die Jahresabrechnung vorgelegt werden (vgl. AG Köln in Kap. 13.2.4). Wird auf der Basis unzureichender Tatsachengrundlagen eine Zahlungspflicht beschlossen, widerspricht dies den Grundsätzen ordnungsmäßiger Verwaltung. Die Wohnungseigentümer müssen auch nach geltendem Recht hinreichend Möglichkeit haben, das ihnen zur Beschlussfassung vorgelegte Zahlenwerk der Jahresabrechnung auf (Ergebnis-)Richtigkeit zu prüfen (AG Köln, Urteil v. 19.7.2021, 215 C 6/21, ZMR 2022, S. 77). Nur dann können sie auf der Grundlage der Erkenntnisse aus dieser Prüfungsmöglichkeit fundiert entscheiden, ob sie die sich ergebenden Zahlungspflichten beschließen oder die Beschlussfassung ablehnen wollen (AG Köln, Urteil v. 19.7.2021, 215 C 6/21, ZMR 2022, S. 77). Dies scheint aber in Wiesbaden auch der Fall gewesen zu sein.

Mängel des Vermögensberichts
Die Verwaltung hat gem. § 28 Abs. 4 Satz 1 WEG nach Ablauf eines Kalenderjahres einen Vermögensbericht zu erstellen, der den Stand der in § 28 Abs. 1 Satz 1 WEG bezeichneten Rücklagen und eine Aufstellung des wesentlichen Gemeinschaftsvermögens enthält. Dieser Vermögensbericht ist jedem Wohnungseigentümer gem. § 28 Abs. 4 Satz 2 WEG zur Verfügung zu stellen. Macht die Verwaltung hier Fehler, sind diese zu korrigieren. Auf den Beschluss nach § 28 Abs. 2 Satz 1 WEG

können sie sich aber nicht auswirken. Fraglich ist aber, ob dies auch gilt, wenn der Vermögensbericht nicht vorgelegt wird. Ich selbst meine, der Fall liege anders als bei der Jahresabrechnung. Denn im Vermögensbericht finden sich keine Angaben, die für die Berechnung des Nachschusses eine Bedeutung haben können (s. auch BR-Drs. 168/20, S. 87).

13.2.3 Gegenstand der Beschlussfassung

AG Düsseldorf, Urteil vom 9.6.2021, 291a C 78/20
Nach § 28 Abs. 2 Satz 1 WEG sind die Berechnungsgrundlagen kein Gegenstand der Beschlussfassung.

Sachverhalt

Die Wohnungseigentümer »genehmigen« am 7.12.2020 zu TOP 4 »die Jahresabrechnung« für das Jahr 2019. Dort sind für Wohnungseigentümer K Hausgeldzahlungen in Höhe von 1.219,44 EUR berücksichtigt worden und nicht – wie es richtig gewesen wäre – in Höhe von 1.278 EUR. Die Einzelabrechnung des K weist als »Abrechnungsspitze (Guthaben)« einen Betrag in Höhe von 25,98 EUR aus, berechnet als Differenz zwischen Soll-Vorauszahlungen auf das Hausgeld und den tatsächlichen Kosten. Ferner wird als Abrechnungsergebnis (Nachzahlung) ein Betrag in Höhe von 497,04 EUR angegeben, der sich aus der Differenz der Ist-Vorauszahlungen und der Kosten errechnet. Schließlich heißt es »nachrichtlich«, K schulde der Gemeinschaft der Wohnungseigentümer zuzüglich eines Betrags zur Erhaltungsrücklage in Höhe von 117,54 EUR einen Betrag in Höhe von 614,58 EUR.

Ferner beschließen die Wohnungseigentümer zu TOP 18 nunmehr, »den TOP 13 der Versammlung 13.06.2017« umzusetzen. Es heißt, es soll eine Infrastruktur zur Ladung von E-Autos geschaffen werden. Herr J habe sich bereiterklärt, »die Umsetzung des Themas zu koordinieren. Auftragnehmer: in Abstimmung mit der Mehrheit des Beirates, Finanzierung: über die Erhaltungsrücklage, Auftragsvolumen: rd. 63.000 EUR. Hinweis: Es soll noch geprüft werden, ob bei den damaligen Angeboten das Lastmanagement berücksichtigt wurde«. Diesen Beschluss hatte der Verwalter wie folgt angekündigt: »Beratung und evtl. Beschlussfassung über die weiteren Maßnahmen zur Erstellung einer Infrastruktur zur Ladung von E-Autos sowie der Genehmigung gegenüber einzelnen Eigentümern zur Montage der notwendigen Einrichtungen von Ladeplätzen«.

Gegen diese Beschlüsse geht K vor.

Entscheidung

K hat keinen Erfolg: Zwar seien die in die Einzelabrechnung eingestellten Ist-Vorauszahlungen fehlerhaft. Es hätte ein um 58,56 EUR höherer Vorauszahlungsbetrag genannt werden müssen. Dies mache den Beschluss aber nicht fehlerhaft. Nach § 28 Abs. 2 Satz 1 WEG werde nicht mehr über die Berechnungsgrundlagen beschlossen. Die »Genehmigungswirkung« beziehe sich nur auf die Abrechnungsspitze. Diese werde rechnerisch zutreffend mit einem »Guthaben« in Höhe von 25,98 EUR ausgewiesen.

Der Beschluss zu TOP 18 sei ordnungsmäßig angekündigt worden. Er sei in der Einladung zumindest grob umrissen bezeichnet worden. Dass eine Beschlussfassung über die etwaige Genehmigung von Ladeplätzen angekündigt worden sei, sei unschädlich. Es stehe im Ermessen der Wohnungseigentümer, über ein »Weniger« zu entscheiden. Der Beschluss sei auch hinreichend bestimmt. Es handele sich lediglich um einen bestätigenden Zweitbeschluss.

Hinweis für die Verwaltungspraxis

Im Fall geht es um zwei ganz verschiedene Gegenstände. Zum einen stellt sich die Frage, wie ein Beschluss nach § 28 Abs. 2 Satz 1 WEG zu formulieren ist, mit dem die Wohnungseigentümer Nachschüsse einfordern oder die beschlossenen Vorschüsse anpassen. Zum anderen geht es um die allgemeine Frage, wie Gegenstände für die Versammlung anzukündigen sind.

Beschluss über die Einforderung von Nachschüssen oder die Anpassung von Vorschüssen

Nach § 28 Abs. 2 Satz 1 WEG beschließen die Wohnungseigentümer nach Ablauf des Kalenderjahres über die Einforderung von Nachschüssen oder die Anpassung der beschlossenen Vorschüsse. Im dargestellten Fall ist dieser Beschluss gründlich misslungen. Es ist anzunehmen, dass sich die Verwaltung noch nicht mit § 28 Abs. 2 Satz 1 WEG befasst hatte. Denn dann hätten die Wohnungseigentümer nicht die Jahresabrechnung genehmigen, sondern Nachschüsse oder die Anpassung der Vorschüsse bestimmen müssen. Meines Erachtens kann man zu diesem Zweck nicht einfach die den Wohnungseigentümern vorliegende Jahresabrechnung genehmigen. Dies zeigt sich schon daran, dass im aktuellen Recht keine Guthaben beschlossen werden. Tatsächlich hätte nämlich darüber beschlossen werden müssen, ob und welche Vorschüsse, die K leisten musste, angepasst werden. Ich denke daher, dass die Anfechtungsklage insoweit hätte Erfolg haben müssen.

Ankündigung von Beschlüssen

Nach § 23 Abs. 2 WEG ist es zur Gültigkeit eines Beschlusses erforderlich, dass der Beschlussgegenstand in der Einberufung bezeichnet ist. Durch diese Regelung sollen Wohnungseigentümer vor überraschenden Beschlüssen geschützt werden und die Möglichkeit haben, sich anhand der Tagesordnung auf die Beratung und Beschlussfassung in der Versammlung vorzubereiten. Der Inhalt der Bezeichnung ist von der Bedeutung des Beschlussgegenstandes abhängig und richtet sich nach dem berechtigten Informationsbedürfnis der Wohnungseigentümer; an die Bezeichnung dürfen keine übertriebenen Anforderungen gestellt werden. Regelmäßig ist es nicht erforderlich, dass der einzelne Wohnungseigentümer die tatsächlichen und rechtlichen Auswirkungen der Beschlussfassung in allen Einzelheiten überblicken kann. Je bedeutsamer der Gegenstand für den einzelnen Wohnungseigentümer ist, desto genauer ist er in der Einladung zur Versammlung zu bezeichnen. Ob eine Bezeichnung den Anforderungen des § 23 Abs. 2 WEG genügt, ist jeweils im Einzelfall zu entscheiden. Bei schwerwiegenden Beschlüssen erfordert das Informationsbedürfnis, dass die Wohnungseigentümer auch die rechtlichen und tatsächlichen Folgen der Beschlussfassung erkennen können. Dazu kann es im Einzelfall erforderlich sein, den Wohnungseigentümern unabhängig von der ausreichenden Bezeichnung des Gegenstandes in der Einladung Unterlagen zur Verfügung zu stellen, um ihnen eine inhaltliche Befassung mit dem Beschlussgegenstand zu ermöglichen.

Nach diesen Grundsätzen widerspreche ich auch an dieser Stelle dem AG. Denn der Bezeichnung in der Einberufung »Beratung und evtl. Beschlussfassung über die weiteren Maßnahmen zur Erstellung einer Infrastruktur zur Ladung von E-Autos sowie der Genehmigung gegenüber einzelnen Eigentümern zur Montage der notwendigen Einrichtungen von Ladeplätzen« konnte man nicht entnehmen, dass die Wohnungseigentümer nochmals über einen Gegenstand einer Versammlung aus dem Jahr 2017 Beschluss fassen sollten. Meint man allerdings mit dem AG, es liege nur ein bestätigender Zweitbeschluss vor, wäre dieser formale Mangel unerheblich.

13.2.4 Ausreichende Tatsachengrundlage

AG Köln, Urteil vom 19.7.2021, 215 C 6/21
Für eine ermessensfehlerfreie Beschlussfassung über die Nachschüsse ist die Vorlage der vollständigen Jahresabrechnung erforderlich.

Sachverhalt
Die Wohnungseigentümer »genehmigen die Jahresabrechnung 2019« am 22.12.2020. Wohnungseigentümer K geht gegen diesen Beschluss vor. Er ist der Ansicht, die Abhaltung der Versammlung habe gegen eine Coronaverordnung verstoßen. Die Verwaltung hätte die Versammlung im Übrigen als »Videokonferenz« abhalten können. Ein entsprechender Beschluss hätte außerhalb der Versammlung gefasst werden können. Der Beschluss sei im Übrigen nicht ordnungsmäßig angekündigt worden, da die Verwaltung die Gesamtjahresabrechnung nicht an die Wohnungseigentümer versandt habe. Ferner klagt K auf die Erstellung des Vermögensberichts für das Jahr 2019.

Entscheidung
Die Anfechtungsklage hat Erfolg: Zwar habe die Verwaltung nicht gegen die Coronaverordnung verstoßen. Die Wohnungseigentümer hätten den Genehmigungsbeschluss aber auf der Basis einer unzureichenden Tatsachengrundlage gefasst. Die Wohnungseigentümer müssten die Möglichkeit haben, das ihnen zur Beschlussfassung vorgelegte Zahlenwerk auf (Ergebnis-)Richtigkeit zu prüfen. Nur dann könnten sie auf der Grundlage der aus dieser Prüfung gewonnenen Erkenntnisse fundiert entscheiden, ob sie die sich ergebenden Zahlungspflichten beschließen oder die Beschlussfassung ablehnen wollen.

> **Hinweis für die Verwaltungspraxis**
>
> Es handelt sich zum einen um eine Anfechtungsklage, mit der ein Wohnungseigentümer der Sache nach gegen einen Beschluss nach § 28 Abs. 2 Satz 1 WEG vorgeht. Neben seiner hier wegen zeitlicher Überholung nicht weiter verfolgten Behauptung, einer Versammlung habe die damals in Nordrhein-Westfalen geltende Coronaverordnung entgegengestanden, geht es um die Frage, ob ein Beschluss nach § 28 Abs. 2 Satz 1 WEG ordnungsmäßig sein kann, obwohl den Wohnungseigentümern die Jahresabrechnung nicht vorliegt. Zum anderen geht es um die Frage, seit wann ein Wohnungseigentümer die Erstellung eines Vermögensberichts von der Gemeinschaft der Wohnungseigentümer verlangen kann.
>
> **§ 28 Abs. 2 Satz 1 WEG und Ordnungsmäßigkeit**
> Der Beschluss nach § 28 Abs. 2 Satz 1 WEG ist ordnungsmäßig, wenn die durch ihn bestimmten Nachschüsse bzw. die Anpassung der Vorschüsse der Höhe nach nicht zu beanstanden sind. Dies ist der Fall, wenn auf einen Wohnungseigentümer anhand der in der Wohnungseigentumsanlage aktuell geltenden Umlageschlüssel sämtliche ihn treffenden Einnahmen und Ausgaben umgelegt worden sind. Auf die Jahresabrechnung, also auf das Zahlenwerk und die Frage, ob die Jahresabrechnung ordnungsmäßig ist, kommt es nicht an.
>
> **§ 28 Abs. 2 Satz 1 WEG und Ermessen**
> Das AG geht allerdings einen anderen Weg. Es weist darauf hin, dass ein Beschluss nur dann ordnungsmäßiger Verwaltung entspricht, wenn die Wohnungseigentümer die Grundlagen ihrer Entscheidung kannten. Diese Ansicht wird im Schrifttum geteilt. Wird die Jahresabrechnung einem Eigentümer nicht rechtzeitig vor der Versammlung zugeleitet, soll der in der Versammlung nach § 28 Abs. 2 Satz 1 WEG gefasste Beschluss bereits aus diesem Grunde anfechtbar sein (BeckOGK/Hermann, 1.12.2021, WEG § 28 Rn. 239; BeckOK WEG/Bartholome, 47. Ed. 1.1.2022, WEG § 28 Rn. 106).
>
> Ob diese Ansicht überzeugt, muss diskutiert werden. Denn dann könnte man behaupten, der Beschluss nach § 28 Abs. 2 Satz 1 WEG sei auch dann anfechtbar,

wenn zwar eine Jahresabrechnung vorlag, diese aber nicht verständlich war. Damit würde man die Rechtslage vor dem 1.12.2020 wiederherstellen. Das Ziel der WEG-Reform war es aber, die Streitigkeiten um die Jahresabrechnung zu beenden, jedenfalls aber den Beschluss nach § 28 Abs. 2 Satz 1 WEG von der Jahresabrechnung »abzukoppeln«. Richtig ist allerdings, dass ein Beschluss grundsätzlich nur dann ordnungsmäßiger Verwaltung entspricht, wenn den Wohnungseigentümern alle relevanten Umstände bekannt waren. Hier wird man zwischen zwei Übeln wählen müssen. Ich selbst meine, es wäre richtiger, wenn man die Nichtvorlage oder Mängel der Jahresabrechnung nicht ins Feld führen könnte.

Vermögensbericht für das Jahr 2019
Mit dem AG ist die h. M. der Ansicht, die Gemeinschaft der Wohnungseigentümer habe den ersten Vermögensbericht erstmals zum 31.12.2020 für das Jahr 2020 zu erstellen (Dötsch/Schultzky/Zschieschack, WEG-Recht, 2021, Kap. 10, Rn. 152). Für frühere Kalenderjahre ist mithin kein Vermögensbericht zu erstellen (Lehmann-Richter/Wobst, WEG-Reform 2020, Rn. 952b).

13.2.5 Klage auf Jahresabrechnung

AG Hannover, Urteil v. 23.3.2021, 483 C 13214/20
Seit dem 1.12.2020 kann kein Wohnungseigentümer mehr auf Erstellung einer Jahresabrechnung für die Jahre 2020 und davor klagen.

Sachverhalt
Im Fall handelt es sich um eine Zweiergemeinschaft, die früher von B verwaltet wurde. Wohnungseigentümer K klagt gegen B auf Erstellung der Jahresabrechnung für das Wirtschaftsjahr 2017, hilfsweise Rechnungslegung. B verweist darauf, sämtliche Pflichten erfüllt zu haben. Im Übrigen sei sein Amt im Jahr 2017 beendet worden.

Entscheidung
Das AG meint, die Klage sei unzulässig. K sei nicht (mehr) prozessführungsbefugt. Nach § 9a Abs. 2 WEG übe die Gemeinschaft der Wohnungseigentümer sämtliche Rechte aus, die sich aus dem gemeinschaftlichen Eigentum ergeben würden. Ks Einwand, der Gesetzgeber könne bereits entstandene individuelle materiell-rechtliche Ansprüche nicht rückwirkend aufheben, sei nicht zu folgen. Vielmehr enthalte § 48 WEG für das materielle Recht keine Übergangsregelungen. Deshalb gelte im Wesentlichen ab Inkrafttreten das neue Gesetz. Damit seien Wohnungseigentümer im Hinblick auf den Justizgewährungsanspruch nach dem Art. 19 Abs. 4 GG auch nicht rechtlos gestellt. Jeder Wohnungseigentümer habe gem. § 18 Abs. 2 WEG einen gerichtlich durchsetzbaren Anspruch, auf eine ordnungsmäßige Verwaltung hinzuwirken.

Hinweis für die Verwaltungspraxis

Es handelt sich um ein typisches Übergangsproblem. Bis zum 1.12.2020 war jeder Wohnungseigentümer berechtigt, unmittelbar vom Verwalter die Aufstellung einer Jahresabrechnung zu verlangen.

Aktuelles Recht
Im aktuellen Recht gilt Folgendes: Der Verwalter ist Organ der Gemeinschaft der Wohnungseigentümer und ihr gegenüber verpflichtet, seine Amtspflichten wahrzunehmen. Danach ist er gegenüber der Gemeinschaft der Wohnungseigentümer nach § 28 Abs. 2 Satz 2 WEG verpflichtet, bei Fälligkeit eine Jahresabrechnung aufzustellen. Diese Pflicht kann daneben aus dem Verwaltervertrag folgen. Auch insoweit ist die Gemeinschaft der Wohnungseigentümer berechtigt (anders ist es nur, wenn der Verwaltervertrag als ein echter Vertrag zugunsten der Wohnungseigentümer ausgestaltet wird, was möglich ist). Damit sind die Wohnungseigentümer nicht entrechtet. Denn sie können ihrerseits unmittelbar von der Gemeinschaft der Wohnungseigentümer im Wege der Leistungsklage und ohne Vorbefassung der anderen Wohnungseigentümer auf die Aufstellung einer Jahresabrechnung klagen. Eine unmittelbare Klage gegen den Verwalter ist ihnen allerdings nicht mehr möglich. Wollen Sie, dass die Gemeinschaft der Wohnungseigentümer gegen den Verwalter vorgeht, ist ein Beschluss nach § 19 Abs. 1 WEG notwendig. Kommt der Beschluss nicht zustande, muss der Wohnungseigentümer auf eine Beschlussersetzung nach § 44 Abs. 1 Satz 2 WEG klagen. Hat diese Klage Erfolg, muss die Gemeinschaft der Wohnungseigentümer, vertreten durch den Vorsitzenden des Verwaltungsbeirats, eines dazu ermächtigten Wohnungseigentümers oder nach § 9b Abs. 1 Satz 2 WEG gegen den Verwalter vorgehen.

14 Verwaltungsbeirat (§ 29 WEG)

Gegenstand dieses Abschnitts sind Entscheidungen im Zusammenhang mit dem Verwaltungsbeirat.

14.1 Entlastung?

LG Koblenz, Urteil vom 24.1.2022, 2 S 72/20 WEG
Da die Aufgaben eines Verwalters und der Verwaltungsbeiräte in Bezug auf eine Jahresabrechnung nicht deckungsgleich sind, folgt aus der für ungültig erklärten Jahresabrechnung nicht automatisch die zu versagende Entlastung für die Verwaltungsbeiräte.

Sachverhalt

Die Wohnungseigentümer beschließen, die Verwaltungsbeiräte für die Tätigkeit im Jahr 2018 zu entlasten. Gegen diesen Beschluss geht Wohnungseigentümer K vor. Die Jahresabrechnung, welche die Verwaltungsbeiräte gebilligt hatten, sei intransparent und nicht nachvollziehbar. Das AG erklärt den Beschluss für ungültig. Dagegen richtet sich die Berufung der Wohnungseigentümer (es gilt noch altes Verfahrensrecht).

Entscheidung

Mit Erfolg! Nach dem Beschlusswortlaut sei den Beiratsmitgliedern Entlastung für ihre Tätigkeit im Jahr 2018 erteilt worden. Hier stelle sich zunächst die Frage, für welche Tätigkeit eine Entlastung erteilt worden sei. Die Auslegung ergebe, dass den Verwaltungsbeiräten Entlastung insbesondere für ihre Tätigkeit bei der Kassenprüfung in Zusammenhang mit der vom Verwalter unter dem Druckdatum 22.5.2019 erstellten Jahresabrechnung für das Geschäftsjahr 2018 erteilt worden sei, unabhängig davon, ob die Kassenprüfungstätigkeit hierzu im Jahr 2018 und/oder im Jahr 2019 erbracht worden sei.

Weiter stelle sich die Frage, was K den Verwaltungsbeiräten eigentlich vorwerfe. Dies sei aber nicht zu erkennen. Die mehrseitige Klagebegründung des K verhalte sich zwar über Mängel der Jahresabrechnung. Es fehle aber an der Darstellung einer konkreten Pflichtverletzung der Verwaltungsbeiräte, zumal sich deren Prüftätigkeit auf die Kassenprüfung beschränkt habe. Da die Aufgaben eines Verwalters und der Verwaltungsbeiräte in Bezug auf eine Jahresabrechnung nicht deckungsgleich, sondern unterschiedlich seien, folge aus der im Fall erstinstanzlich für ungültig erklärten Jahresabrechnung nicht automatisch die zu versagende Entlastung der Verwaltungsbeiräte.

Zwar sei nach BGH, Urteil v. 4.12.2009, V ZR 44/09, Rn. 19, eine Entlastung der Verwaltungsbeiräte nicht ordnungsmäßig, wenn die von diesen geprüfte Jahresabrechnung fehlerhaft sei und geändert werden müsse. Das Urteil befasse sich aber weder mit einer Darstellung der unterschiedlichen Stellung von Verwalter und Verwaltungsbeiräten und der ihnen obliegenden unterschiedlichen Pflichten, noch werde in ihm eine konkrete Pflichtverletzung der Beiratsmitglieder festgestellt. So sei es auch in früheren oder späteren BGH-Entscheidungen gewesen.

Hinweis für die Verwaltungspraxis

Die Wohnungseigentümer können die Verwaltungsbeiräte für ein Geschäftsjahr entlasten. Diese »Entlastung« ist erstens die Billigung einer Amtsführung für einen bestimmten Zeitraum als dem Gesetz, der Gemeinschaftsordnung und den ggf. vertraglichen Pflichten entsprechend und als zweckmäßig. Zweitens wird dem Amtsträger für die künftige Tätigkeit Vertrauen ausgesprochen. Mit der Entlastung ist drittens die Folge eines negativen Schuldanerkenntnisses (§ 397 Abs. 2 BGB) verbunden. Da die Entlastung typischerweise in der Annahme gefasst wird, dass Ansprüche gegen den Verwalter nicht bestehen, zielt sie nicht auf die Wirkungen eines negativen Schuldanerkenntnisses; diese sind vielmehr lediglich Folge der geschilderten Vertrauenskundgabe.

Ein Entlastungsbeschluss entspricht ordnungsmäßiger Verwaltung, wenn keine Schadensersatzansprüche absehbar sind. Er widerspricht ihr hingegen, wenn Ansprüche in Betracht kommen und kein Grund ersichtlich ist, auf diese zu verzichten.

Entlastung des Verwalters
Beim Verwalter widerspricht eine Entlastung insbesondere dann einer ordnungsmäßigen Verwaltung, wenn der Verwalter eine fehlerhafte Jahresabrechnung oder einen mangelhaften Wirtschaftsplan vorgelegt hat und dadurch die Beschlüsse nach § 28 Abs. 1 Satz 1, § 28 Abs. 2 Satz 1 WEG mangelhaft sind, oder wenn ein tatsächliches Verhalten gebilligt wird, das einen schwerwiegenden und eindeutigen Gesetzesverstoß oder einen Verstoß gegen die Bestimmungen der Wohnungseigentümer darstellt.

Entlastung der Verwaltungsbeiräte
Die Entlastung der Verwaltungsbeiräte soll hingegen nach bislang h. M. einer ordnungsmäßigen Verwaltung bereits dann widersprechen, wenn die von den Verwaltungsbeiräten geprüfte, jedoch nicht beanstandete Jahresabrechnung fehlerhaft ist und geändert werden muss. In der Entscheidung wird gefragt, ob dies richtig ist – und verneint. Ich meine, die bislang h. M. sei richtig. Warum? Es geht nicht nur um Schadensersatz. Es geht auch um eine Billigung und Vertrauen. Beides ist ausgeschlossen, wenn den Verwaltungsbeiräten entgangen ist, dass die Jahresabrechnung fehlerhaft ist.

14.2 Bestellung eines Nichteigentümers?

AG Hamburg-St. Georg, Urteil v. 20.8.2021, 980a C 29/20
Sofern nicht eine Vereinbarung eine entsprechende Beschlusskompetenz einräumt, fehlt den Wohnungseigentümern die Beschlusskompetenz, Nicht-Wohnungseigentümer bzw. Dritte zum Verwaltungsbeirat zu bestellen.

Sachverhalt
Die Wohnungseigentümer bestellen im August 2020 den Ehemann Z einer Wohnungseigentümerin sowie Wohnungseigentümer X und Wohnungseigentümer Y zu Verwaltungsbeiräten. Gegen diesen Beschluss geht Wohnungseigentümer K vor. Er ist der Ansicht, die Bestellung eines Nicht-Wohnungseigentümers widerspreche einer ordnungsmäßigen Verwaltung. Die beklagten Wohnungseigentümer führen an, der Ehemann sei bereits in früheren Jahren im Einverständnis sämtlicher Wohnungseigentümer Verwaltungsbeirat gewesen. Im Übrigen habe sich außer X und Y kein Wohnungseigentümer gefunden, der bereit gewesen sei, sich zum Verwaltungsbeirat bestellen zu lassen.

Entscheidung
Die Anfechtungsklage hat Erfolg. Der angefochtene Beschluss widerspreche einer ordnungsmäßigen Verwaltung. Nach der bis zum 30. November 2020 gültigen Fassung des § 29 Abs. 1 Satz 2 WEG, auf die es ankomme, habe den Wohnungseigentümern eine Beschlusskompetenz gefehlt, Nicht-Wohnungseigentümer bzw. Dritte zum Verwaltungsbeirat zu bestellen.

Aus diesem Grunde sei auch der weitere Beschluss für ungültig zu erklären. Der Rechtsgedanke des § 139 BGB, der auch bei einer Beschlussanfechtung zu beachten sei, führe dazu, dass der gesamte Beschluss »infiziert« sei. Es sei von einer einheitlichen Willensbildung der Wohnungseigentümer auszugehen, sämtliche der im Beschluss genannten Personen zum Verwaltungsbeirat zu bestellen. Es könne daher nicht angenommen werden, dass die Wohnungseigentümer die Wohnungseigentümer X und Y ohne Z zu Verwaltungsbeiräten bestellt hätten.

> ### Hinweis für die Verwaltungspraxis
>
> Im Fall geht es vor allem um die Frage, ob man einen Nicht-Wohnungseigentümer zum Verwaltungsbeirat bestellen kann.
>
> #### Für den Verwaltungsbeirat geeignete Personen
> Nach § 29 Abs. 1 Satz 1 WEG können Wohnungseigentümer durch Beschluss zum Verwaltungsbeirat bestellt werden. Wie vom AG ausgeführt, entsprach daher die Wahl eines Nicht-Wohnungseigentümers im alten Recht – und nach § 29 Abs. 1 Satz 1 WEG auch im neuen Recht – nicht einer ordnungsmäßigen Verwaltung. Möglich ist es hin-

gegen, einen werdenden Wohnungseigentümer, einen Miteigentümer und selbst einen Treuhänder zum Verwaltungsbeirat zu bestellen. Ein Amtsträger wie der Testamentsvollstrecker, Zwangs- oder Insolvenzverwalter ist hingegen zwar in den meisten Belangen als »Wohnungseigentümer« anzusehen. Für das auf Dauer angelegte Amt des Verwaltungsbeirats ist er aber in der Regel ungeeignet (diese Frage ist streitig).

Ist eine juristische Person oder eine Personengesellschaft Wohnungseigentümer, kann sie nach § 29 Abs. 1 Satz 1 WEG zum Verwaltungsbeirat bestellt werden (diese Frage ist auch streitig). Der gesetzliche Vertreter eines Wohnungseigentümers wie beispielsweise seine Eltern, bei Erwachsenen ein Betreuer oder der Vorstand oder Geschäftsführer einer juristischen Person, ist kein Wohnungseigentümer. Die h. M. hält ihn dennoch für geeignet. Nicht bestellt werden kann hingegen der Gesellschafter eines Wohnungseigentümers.

Teilnichtigkeit
Sofern ein Beschluss – wie im Fall – teilbar ist und ein Mangel nur Teile des Beschlusses erfasst oder sofern nur ein Beschlussteil nichtig ist, ist es vorstellbar, einen Beschluss nur teilweise für ungültig zu erklären oder nur für bestimmte Teile festzustellen, dass sie nichtig sind.

Die Möglichkeit, einen Beschluss nur teilweise für ungültig zu erklären, setzt entsprechend § 139 BGB die Überzeugung des Gerichts voraus, dass nach dem tatsächlichen oder hypothetischen Willen der Wohnungseigentümer zweifelsfrei davon auszugehen ist, dass diese den Beschluss auch als Teilregelung gefasst hätten. Die Voraussetzung ist erfüllt, wenn anzunehmen ist, dass die Wohnungseigentümer bei Kenntnis der Teilnichtigkeit das objektiv Vernünftige gewollt hätten, und sie ist nicht erfüllt, wenn der unbeanstandet gebliebene Teil allein keinen Bestand haben kann und nicht anzunehmen ist, dass die Wohnungseigentümer ihn so beschlossen hätten.

Im dargestellten Fall lehnt das AG eine Teilbarkeit ab, weil bis zum 1.12.2020 stets drei Personen zu Verwaltungsbeiräten bestellt werden mussten. Seit dem 1.12.2020 ist dies aber nicht mehr der Fall. Im neuen Recht wäre der Beschluss mithin nur teilweise für ungültig zu erklären gewesen.

14.3 Kompetenzschutzklage

AG Mainz, Beschluss vom 15.10.2021, 73 C 30/21
Die durch den Verwalter vertretene Gemeinschaft der Wohnungseigentümer ist nicht berechtigt, gegen den Vorsitzenden des Verwaltungsbeirats vorzugehen, wenn dieser eine Versammlung einberuft.

14.3 Kompetenzschutzklage

Sachverhalt

Der Verwalter kündigt im Namen der Gemeinschaft der Wohnungseigentümer mit Schreiben vom 3. September 2021 an, zu einer Versammlung am 27. Oktober 2021 zu laden. Am 7. September 2021 verlangt der Vorsitzende des Verwaltungsbeirats, dass der Verwalter die Versammlung bereits zum 28. September 2021 einberuft und dort über die Abberufung des Verwalters beschlossen wird. Am 13. September 2021 lädt der Verwalter die Wohnungseigentümer entsprechend seiner Ankündigung. Auf der Tagesordnung ist als Gegenstand u. a. seine Abberufung aufgeführt. Der Vorsitzende des Verwaltungsbeirats lädt daraufhin mit Schreiben vom 30. September 2021 zu einer außerordentlichen Versammlung am 19. Oktober 2021 ein. Hauptgegenstand dieser Versammlung soll ein »Verwalterwechsel« sein. Gegen diese Einberufung geht die durch den Verwalter vertretene Gemeinschaft der Wohnungseigentümer im Wege der einstweiligen Verfügung mit dem Antrag vor, dem Vorsitzenden des Verwaltungsbeirats zu untersagen, eine Versammlung einzuberufen und durchzuführen.

Entscheidung

Die Gemeinschaft hat keinen Erfolg: Das AG ist der Ansicht, die Gemeinschaft der Wohnungseigentümer sei nicht befugt, gegen den Vorsitzenden des Verwaltungsbeirats vorzugehen. Wenn der Vorsitzende des Verwaltungsbeirats gestützt auf § 24 Abs. 3 WEG eine Versammlung einberufe, handele er als Organ der Gemeinschaft der Wohnungseigentümer. Eine Klage oder – wie im Fall – der Antrag auf Erlass einer einstweiligen Verfügung, sei daher gegen die Gemeinschaft der Wohnungseigentümer zu richten. Daraus ergebe sich, dass die Gemeinschaft der Wohnungseigentümer nicht klagen könne. Ein »Insichprozess« sei nämlich unzulässig.

> **Hinweis für die Verwaltungspraxis**
>
> Beruft der Vorsitzende des Verwaltungsbeirats, sein Vertreter oder ein dazu ermächtigter Wohnungseigentümer nach § 24 Abs. 3 WEG eine Versammlung ein, handeln sie jeweils als Organ der Gemeinschaft der Wohnungseigentümer. Verletzen sie dabei ihre Rechte, ist zu fragen, wer dies rügen kann. Das AG entscheidet sich gegen eine Kompetenzschutzklage der Gemeinschaft der Wohnungseigentümer. Diese Sichtweise dürfte aber nicht unumstritten sein.
>
> **Klage wegen Kompetenzüberschreitungen (Kompetenzschutzklage)**
> Das Recht, die Versammlung einzuberufen, ist das Recht der Gemeinschaft der Wohnungseigentümer und nicht das Recht des Verwalters oder eines anderen Organs. Wird dieses Recht verletzt, sollte die Gemeinschaft der Wohnungseigentümer dieses schützen können. Denn das Organ repräsentiert sie und die Gemeinschaft der Wohnungseigentümer muss nach § 31 BGB für das Organ einstehen. Vor diesem Hintergrund sind wenigstens drei Lösungen möglich: Entweder kann die Gemeinschaft der Wohnungseigentümer die Person und nicht das

Organ verklagen. Oder der Gemeinschaft der Wohnungseigentümer ist es – wie es das AG annimmt – versagt zu klagen, und es muss ein Wohnungseigentümer klagen. Oder man nimmt an, dass sowohl ein Wohnungseigentümer als auch die Gemeinschaft der Wohnungseigentümer klagen können. Ich selbst halte es mit der dritten Lösung, die im Gesellschaftsrecht vertreten wird. Einem Wohnungseigentümer, aber auch der Gemeinschaft der Wohnungseigentümer sollte es also möglich sein, gegen den pflichtwidrig handelnden Amtsträger vorzugehen (siehe dazu näher Elzer, ZMR 2021, S. 953 ff.).

15 WEG-Verfahrensrecht (§§ 43 bis 45 WEG)

Gegenstand der in diesem Abschnitt berichteten Entscheidungen sind prozessuale Fragestellungen jeder Art, soweit sie spezifisch wohnungseigentumsrechtlich sind oder sich in wohnungseigentumsrechtlichen Fällen stellen.

15.1 Falsche Rechtsmittelbelehrung

BGH, Beschluss vom 24.2.2022, V ZB 59/21
Die Klage der Gemeinschaft der Wohnungseigentümer gegen den Ex-Verwalter ist eine WEG-Streitigkeit.

Sachverhalt
Die Gemeinschaft der Wohnungseigentümer K und der ehemalige Verwalter B streiten, ob B Schadensersatz wegen nicht beigetriebener Hausgelder schuldet. Das AG verurteilt B. In der Rechtsmittelbelehrung des dem B am 26.3.2021 zugestellten Urteils wird das LG Halle als zuständiges Berufungsgericht bezeichnet. Dorthin richtet B seine Berufung. Nach einem Hinweis vom 1.6.2021, das zuständige Berufungsgericht sei das LG Dessau-Roßlau, nimmt B die Berufung beim LG Halle zurück. Anschließend legt er am 8.6.2021 Berufung beim LG Dessau-Roßlau ein, begründet diese und beantragt Wiedereinsetzung. Das LG weist den Wiedereinsetzungsantrag zurück und verwirft die Berufung als unzulässig. Dagegen wendet sich der B mit der Rechtsbeschwerde.

Entscheidung
B hat Erfolg: Die Ansicht, das Versäumen der Berufungsfrist durch B beruhe entscheidend auf dessen Verschulden, sei unzutreffend. Das LG habe dem B Wiedereinsetzung gewähren müssen. Dieser habe die Berufungs- und die Berufungsbegründungsfrist unverschuldet versäumt und die Wiedereinsetzungsfristen gewahrt. Schadensersatzansprüche einer Gemeinschaft der Wohnungseigentümer gegen den ehemaligen Verwalter seien eine WEG- Streitigkeit. Die Einlegung beim falschen Berufungsgericht habe auf der fehlerhaften Rechtsmittelbelehrung des AG beruht und einen unverschuldeten Rechtsirrtum begründet.

> #### Hinweis für die Verwaltungspraxis
>
> Im dargestellten Fall geht es um eine falsche Belehrung: Das AG schickt B zum falschen Gericht. Fraglich ist, ob B aus diesem Grunde wegen des Versäumens der Berufungseinlegungsfrist Wiedereinsetzung erlangen kann.

Rechtsmittel beim falschen LG: Grundsatz

Wird ein Rechtsmittel bei einem allgemeinen LG und nicht bei dem nach § 72 Abs. 2 GVG zuständigen gemeinsamen Berufungs- und Beschwerdegericht eingelegt, können die Parteien formlos Abgabe an das funktionell zuständige LG anregen. § 281 ZPO ist hingegen nicht unmittelbar und grundsätzlich auch nicht entsprechend anwendbar.

Rechtsmittel beim falschen LG: Ausnahme

Etwas anderes soll gelten, wenn für eine Fallgruppe erstens noch nicht höchstrichterlich geklärt ist, ob sie als WEG-Streitigkeit anzusehen ist, und wenn man zweitens über die Beantwortung dieser Frage mit »guten Gründen« unterschiedlicher Auffassung sein kann. Für die Verweisung bedarf es in diesem Fall – wie stets – eines Antrags, auf den das Gericht allerdings hinzuweisen hat.

Falsche Rechtsmittelbelehrung

Eine falsche Rechtsmittelbelehrung ändert an den Grundsätzen nichts. Der dadurch verursachte unverschuldete Rechtsirrtum führt nicht dazu, dass die bei dem funktionell unzuständigen Gericht eingelegte Berufung die Berufungsfrist wahrt und der Rechtsstreit auf Antrag in entsprechender Anwendung des § 281 ZPO an das zuständige Gericht zu verweisen ist. Vielmehr wird dem unverschuldeten Rechtsirrtum dadurch Rechnung getragen, dass die mit der Berufungseinlegung bei dem unzuständigen Berufungsgericht entstandene Fristversäumnis durch erneute Berufungseinlegung bei dem zuständigen Gericht verbunden mit einem Antrag gem. § 233 ZPO auf Wiedereinsetzung in den vorigen Stand behoben werden kann.

> **Achtung**
> Auch ein Rechtsanwalt, der Fachanwalt für Miet- und Wohnungseigentumsrecht ist, darf in der Regel darauf vertrauen, dass die Rechtsmittelbelehrung in Wohnungseigentumssachen und in Zivilsachen mit wohnungseigentumsrechtlichem Bezug zutreffend ist (BGH, Beschluss vom 28.9.2017, V ZB 109/16).

15.2 Zuständigkeit

15.2.1 Prüfung

BGH, Beschluss vom 9.12.2021, V ZB 12/21
Wird die Berufung gegen ein AG-Urteil nicht bei dem in der zutreffenden Rechtsmittelbelehrung benannten, für Wohnungseigentumssachen zuständigen LG, sondern bei dem für allgemeine Zivilsachen zuständigen LG eingelegt, kann das angerufene

Berufungsgericht seine Unzuständigkeit nicht »ohne Weiteres« bzw. »leicht und einwandfrei« erkennen, und der Rechtsmittelführer kann nicht darauf vertrauen, dass das Gericht seinerseits Maßnahmen ergreifen wird, um das Fristversäumnis abzuwenden.

Sachverhalt
Die Gemeinschaft der Wohnungseigentümer K verlangt von B als ehemaligem Verwalter die Herausgabe von Verwaltungsunterlagen. Das AG gibt der Klage weitgehend statt. Das Urteil wird B am 28.8.2020 zugestellt. In der Rechtsmittelbelehrung wird das LG Dortmund als zuständiges Berufungsgericht bezeichnet. Die Berufung geht am 21.9.2020 beim LG Essen ein.

Nachdem der gegnerische Prozessbevollmächtigte auf die Unzuständigkeit dieses LG hinweist, nimmt B die Berufung zurück und legt beim LG Dortmund Berufung ein, verbunden mit einem Antrag auf Wiedereinsetzung. Der Schriftsatz geht dort am 27.10.2020 ein. Das LG Dortmund weist den Wiedereinsetzungsantrag zurück und verwirft die Berufung als unzulässig. Mit der Rechtsbeschwerde will B Wiedereinsetzung in den vorigen Stand und die Durchführung der Berufung erreichen.

Entscheidung
B hat keinen Erfolg: Das Versäumen der Berufungsfrist beruhe auf einem B zurechenbaren Verschulden seines Prozessbevollmächtigten (§ 85 ZPO). Den hohen Sorgfaltsanforderungen sei der Prozessbevollmächtigte schon deshalb nicht gerecht geworden, weil er die zutreffende Rechtsmittelbelehrung des AG nicht befolgt habe.

Das funktionell unzuständige LG Essen sei auch nicht aufgrund der prozessualen Fürsorgepflicht gehalten gewesen, Maßnahmen zur Verhinderung des Fristversäumnisses zu ergreifen. Es bestehe keine generelle Fürsorgepflicht des unzuständigen Rechtsmittelgerichts, durch Hinweise oder andere geeignete Maßnahmen eine Fristversäumung des Rechtsmittelführers zu verhindern. Die Abgrenzung dessen, was im Rahmen einer fairen Verfahrensgestaltung an richterlicher Fürsorge verfassungsrechtlich geboten sei, könne sich nicht nur am Interesse des Rechtsuchenden an einer möglichst weitgehenden Verfahrenserleichterung orientieren, sondern müsse auch berücksichtigen, dass die Justiz im Interesse ihrer Funktionsfähigkeit vor zusätzlicher Belastung geschützt werden müsse. Danach müsse der Partei und ihrem Prozessbevollmächtigten die Verantwortung für die Ermittlung des richtigen Adressaten fristgebundener Verfahrenserklärungen nicht allgemein abgenommen und auf unzuständige Gerichte verlagert werden. Etwas anderes könne nur gelten, wenn die Unzuständigkeit des angerufenen Gerichts »ohne Weiteres« bzw. »leicht und einwandfrei« zu erkennen sei und die nicht rechtzeitige Aufdeckung der nicht gegebenen Zuständigkeit auf einem offenkundig nachlässigen Fehlverhalten des angerufenen Gerichts beruhe.

Um einen solchen Ausnahmefall gehe es nicht. Werde die Berufung gegen ein AG-Urteil nicht bei dem in der zutreffenden Rechtsmittelbelehrung benannten, für Wohnungseigentumssachen zuständigen LG, sondern bei dem für allgemeine Zivilsachen zuständigen LG eingelegt, könne das angerufene Berufungsgericht seine Unzuständigkeit nicht »ohne Weiteres« bzw. »leicht und einwandfrei« erkennen, und der Rechtsmittelführer könne nicht darauf vertrauen, dass das Gericht seinerseits Maßnahmen ergreifen werde, um das Fristversäumnis abzuwenden.

Hinweis für die Verwaltungspraxis

Wird ein fristgebundener Rechtsmittelschriftsatz irrtümlich beim falschen Gericht eingereicht und kann dieses seine Unzuständigkeit »ohne Weiteres« bzw. »leicht und einwandfrei« erkennen, ist der fehlgeleitete Schriftsatz im Rahmen des üblichen Geschäftsgangs an das zuständige Gericht weiterzuleiten. Geschieht dies nicht, geht das nachfolgende Fristversäumnis nicht zulasten des Rechtsuchenden, wenn und soweit die Weiterleitung im ordentlichen Geschäftsgang für eine Fristwahrung ausgereicht hätte. Eine der Kardinalfragen bei dieser Rechtsprechung ist neben den Fragen, wer wohl wann was erkennen kann, wie früh die Rechtsmittelschrift beim falschen Gericht eingehen muss, damit man auf eine Weiterleitung vertrauen darf.

»Ohne Weiteres« bzw. »leicht und einwandfrei«
Nach der Rechtsprechung ist die Unzuständigkeit »ohne Weiteres« bzw. »leicht und einwandfrei« zu erkennen und der Rechtsmittelführer darf auf eine Weiterleitung im ordentlichen Geschäftsgang vertrauen, wenn er die Rechtsmittelschrift versehentlich an das Ausgangsgericht gerichtet und damit für die Geschäftsstelle offenkundig falsch adressiert hat. Der V. Zivilsenat meint, im Fall liege es anders. Es sei möglich gewesen, dass der Berufungsführer es besser als das AG gewusst habe. Denn in Verfahren mit wohnungseigentumsrechtlichem Bezug sei regelmäßig gerade nicht »leicht und einwandfrei« zu erkennen, welches Gericht zuständig sei, weil die Zuständigkeitskonzentration nur dann eintrete, wenn es sich in der Sache um eine sogenannte Binnenstreitigkeit handele.

Prüfung der Zuständigkeit
Es ist nicht zu beanstanden, wenn die richterliche Prüfung der funktionellen Zuständigkeit nach Einlegung der Berufung unterbleibt, obwohl die Rechtsmittelbelehrung ein anderes Gericht benennt. Eine Zuständigkeitsprüfung zu diesem Zeitpunkt ist weder erforderlich noch sinnvoll, weil die Zuständigkeit erst nach Eingang der Akte, oft auch erst anhand der Rechtsmittelbegründung, abschließend beurteilt werden kann (BGH, Beschluss v. 12.11.2015, V ZB 36/15, Rn. 16; BGH, Beschluss v. 24.6.2010, V ZB 170/09, Rn. 9).

15.2.2 Ausgleichsanspruch

LG Karlsruhe, Beschluss vom 29.10.2021, 11 O 6/21
Es handelt sich auch dann um eine Streitigkeit nach § 43 Abs. 2 Nr. 1 WEG, wenn ein unter diese Vorschrift fallendes Recht von einem Rechtsnachfolger geltend gemacht wird (hier: Regressprozess des Hausratversicherers). Der verschuldensunabhängige, nachbarrechtliche Anspruch aus § 906 Abs. 2 Satz 2 BGB analog kommt auch im Verhältnis der Wohnungseigentümer untereinander in Betracht. Angesichts der Betroffenheit der zwischen den Wohnungseigentümern bestehenden Treue- und Rücksichtnahmepflichten handelt es sich regelmäßig um eine WEG-Streitigkeit.

Sachverhalt
Im Jahr 2017 tritt aus der Wohnung des B Wasser aus (ggf. aus einer Geschirrspülmaschine) und es kommt – das ist noch unklar – durch das Wasser wohl zu Schäden in der Wohnung von Wohnungseigentümer V, der beim Hausratsversicherer K versichert ist. K zahlt an V für Schäden 6.500 EUR. Diese Summe verlangt K kraft Legalzession nach § 86 VVG von B ersetzt. Fraglich ist, ob es sich bei diesem Rechtsstreit um eine WEG-Streitigkeit handelt.

Entscheidung
Das LG bejaht die Frage: Die sachliche Zuständigkeit für die WEG-Streitigkeiten i. S. v. § 43 Abs. 2 WEG bestimme § 23 Nr. 2 Buchstabe c) GVG. Danach umfasse die Zuständigkeit der Amtsgerichte in bürgerlichen Rechtsstreitigkeiten ohne Rücksicht auf den Wert des Streitgegenstandes Streitigkeiten nach § 43 Abs. 2 Nr. 1 bis Nr. 4 WEG. Diese Zuständigkeit sei ausschließlich. Die Wohnungseigentümer könnten die Zuständigkeit des Landgerichts also weder vereinbaren noch durch rügelose Verhandlung begründen. Es handele sich auch dann um eine Streitigkeit nach § 43 Abs. 2 Nr. 1 WEG, wenn ein unter diese Vorschrift fallendes Recht von einem Rechtsnachfolger geltend gemacht werde (Hinweis u. a. auf Hügel/Elzer, WEG, 3. Aufl., § 43 Rn. 53).

Zwar fielen Rechtsstreitigkeiten von Wohnungseigentümern untereinander wegen der Beschädigung von Allein- oder Sondereigentum nicht unter § 43 Abs. 2 Nr. 1 WEG. Etwas anderes gelte aber, wenn die gegenseitigen Rechte und Pflichten der Wohnungseigentümer betroffen seien. Eine solche Betroffenheit der gegenseitigen Rechte und Pflichten der Wohnungseigentümer sei im Fall anzunehmen. Geltend gemacht seien hier neben deliktischen Ansprüchen, die aber – was naheliegen dürfte – mangels Verschulden zu verneinen sein könnten, insbesondere verschuldensunabhängige Anspruchsgrundlagen aus nachbarrechtlichen Vorschriften des BGB, also insbesondere ein Anspruch aus § 906 Abs. 2 Satz 2 BGB analog. Dieses Ergebnis stehe auch in Einklang mit der sonstigen BGH-Rechtsprechung. Denn z. B. auch die Geltendmachung von Schadensersatzansprüchen aufgrund einer behaupteten Verletzung der zwischen den Wohnungseigentümern bestehenden Treue- und Rücksichtnahmepflichten sei eine WEG-Streitigkeit.

Hinweis für die Verwaltungspraxis

Im Vordergrund des dargestellten Falls steht die Frage, welches Gericht dazu berufen ist, den Rechtsstreit zwischen der Versicherung eines Wohnungseigentümers und einem Wohnungseigentümer, der gegebenenfalls dem Versicherten einen Schaden zugefügt hat, zu entscheiden.

Örtliche Zuständigkeit: Gemeinschaft der Wohnungseigentümer

Will ein Gläubiger die Gemeinschaft der Wohnungseigentümer verklagen, ist das Gericht örtlich zuständig, in dessen Bezirk das Grundstück liegt. Bei diesem Gericht kann nach § 43 Abs. 1 Satz 2 WEG auch die Klage gegen Wohnungseigentümer oder ehemalige Wohnungseigentümer im Fall des § 9a Abs. 4 Satz 1 WEG erhoben werden. Dieser Gläubiger kann einen mithaftenden Wohnungseigentümer oder einen mithaftenden ehemaligen Wohnungseigentümer aber auch an dessen allgemeinem Gerichtsstand verklagen. Für sämtliche anderen Klagen eines Dritten gegen einen Wohnungseigentümer ist das Gericht zuständig, an dem der Wohnungseigentümer seinen allgemeinen Gerichtsstand hat.

Dies gilt auch dann, wenn sich die Klage auf das Sondereigentum eines Wohnungseigentümers bezieht, z. B. das Sondereigentum betreffende Vergütungsansprüche eines Sondereigentumsverwalters, Vergütungsansprüche eines Rechtsanwalts in einer WEG-Sache oder den Auflassungsanspruch aus einem Kaufvertrag mit einem Wohnungseigentümer, aber auch Werk- oder Dienstverträge mit einem Wohnungseigentümer in Bezug auf das Sondereigentum oder Versorgerverträge. Ferner liegt es so bei der Klage eines Grundstückseigentümers gegen den oder die Wohnungserbbauberechtigten.

Örtliche Zuständigkeit: Binnenstreitigkeiten (§ 43 Abs. 2 Nr. 1 bis Nr. 4 WEG)

Für eine Binnenstreitigkeit, also einen Rechtsstreit, der § 43 Abs. 2 WEG unterfällt (»WEG-Streitigkeit«), ist das Gericht örtlich ausschließlich zuständig, in dessen Bezirk das Grundstück liegt. Für Verfahren, die Bezug auf eine WEG-Streitigkeit haben, kann das entsprechend gelten. Hier ein Überblick:

- **Arrest:** Für die Anordnung des Arrests ist nach § 919 ZPO sowohl das Gericht der Hauptsache als auch das Amtsgericht zuständig, in dessen Bezirk sich der mit dem Arrest zu belegende Gegenstand oder die in ihrer persönlichen Freiheit zu beschränkende Person befindet. Als Gericht der Hauptsache ist nach § 943 Abs. 1 ZPO das Gericht des ersten Rechtszuges und, wenn die Hauptsache in der Berufungsinstanz anhängig ist, das Berufungsgericht anzusehen. »Hauptsache« ist der prozessual geltend gemachte oder zukünftig geltend zu machende Anspruch.

- **Einstweilige Verfügungen:** Für den Erlass einstweiliger Verfügungen ist nach § 937 Abs. 1 ZPO das Gericht der Hauptsache zuständig. Als »Gericht der Hauptsache« ist nach § 943 Abs. 1 ZPO das Gericht des ersten Rechtszuges und, wenn die Hauptsache in der Berufungsinstanz anhängig ist, das Berufungsgericht anzusehen. »Hauptsache« ist der prozessual geltend gemachte oder zukünftig geltend zu machende Anspruch. Will also z. B. ein Wohnungseigentümer einen Anspruch geltend machen, der § 43 Abs. 2 Nr. 1 WEG unterfällt, ist das nach § 43 Abs. 2 WEG bestimmte Gericht zuständig.
- **Objektive Klagehäufung:** Ist nur einer von mehreren Streitgegenständen eine WEG-Streitigkeit, ist der andere Streitgegenstand nach § 145 ZPO abzutrennen.
- **Selbstständige Beweisverfahren (§§ 485 ff. ZPO):** Ist ein Rechtsstreit anhängig, so ist der Antrag nach § 486 Abs. 1 ZPO beim Prozessgericht zu stellen. Ist ein Rechtsstreit noch nicht anhängig, so ist der Antrag nach § 486 Abs. 2 Satz 1 ZPO bei dem Gericht zu stellen, das nach dem Vortrag des Antragstellers zur Entscheidung in der Hauptsache nach § 43 Abs. 2 WEG berufen wäre. In Fällen dringender Gefahr kann der Antrag nach § 486 Abs. 3 ZPO auch bei dem Amtsgericht gestellt werden, in dessen Bezirk sich die zu vernehmende oder zu begutachtende Person aufhält oder sich die in Augenschein zu nehmende oder zu begutachtende Sache befindet.
- **Zwangsvollstreckungsverfahren:** Als Vollstreckungsgericht ist nach §§ 764 Abs. 2, 802 ZPO, sofern nicht das Gesetz ein anderes Amtsgericht bezeichnet, das Amtsgericht ausschließlich als örtlich zuständig anzusehen, in dessen Bezirk das Vollstreckungsverfahren stattfinden soll oder stattgefunden hat.

Sachliche Zuständigkeit: Gemeinschaft der Wohnungseigentümer

Verklagt ein Dritter die Gemeinschaft der Wohnungseigentümer oder einen Wohnungseigentümer, gelten die allgemeinen Bestimmungen. Streitigkeiten über Ansprüche, deren Gegenstand an Geld oder Geldeswert die Summe von 5.000 EUR nicht übersteigt, sind nach § 23 Nr. 1 GVG mithin den Amtsgerichten zugewiesen. Eine ausschließliche sachliche Zuständigkeit besteht nicht. Ein Gerichtsstand kann vereinbart oder durch rügeloses Verhandeln begründet werden (§ 40 ZPO).

Für Streitigkeiten über Ansprüche, deren Gegenstand an Geld oder Geldeswert die Summe von 5.000 EUR übersteigt, sind gem. § 71 Abs. 1 GVG die Landgerichte zuständig.

Sachliche Zuständigkeit: Binnenstreitigkeiten (§ 43 Abs. 2 Nr. 1 bis Nr. 4 WEG)

Die sachliche Zuständigkeit für die WEG-Streitigkeiten i. S. v. § 43 Abs. 2 WEG bestimmt § 23 Nr. 2 Buchstabe c) GVG. Danach umfasst die Zuständigkeit der Amtsgerichte in bürgerlichen Rechtsstreitigkeiten ohne Rücksicht auf den Wert des Streitgegenstandes Streitigkeiten nach § 43 Abs. 2 Nr. 1 bis Nr. 4 WEG. Diese Zuständigkeit ist ausschließlich. Die Wohnungseigentümer können die Zuständigkeit des Landgerichts also weder vereinbaren noch durch rügelose Verhandlung begründen.

Internationale Zuständigkeit
Grundsätzlich ist das nach § 43 Abs. 1 oder Abs. 2 WEG örtlich zuständige WEG-Gericht im Zweifel auch international zuständig. Denn die örtliche Zuständigkeit indiziert regelmäßig die internationale Zuständigkeit. Die Regeln des autonomen deutschen Rechts sind allerdings nur anzuwenden, wenn die internationale Zuständigkeit nicht durch vorrangige Bestimmungen in internationalen Vereinbarungen oder im Unionsrecht geregelt wird. Im Wohnungseigentumsrecht ist vor allem die Brüssel Ia-VO zu beachten. Hier ein Überblick:

- **Hoheitsgebiet eines EU-Mitgliedstaates:** Hat der beklagte Wohnungseigentümer seinen allgemeinen Gerichtsstand im Hoheitsgebiet eines EU-Mitgliedstaates, bestimmt sich die internationale Zuständigkeit nach der Brüssel Ia-VO. Für Beschlussklagen i. S. v. § 44 Abs. 1 WEG ergibt sich aus § 24 Nr. 2 Brüssel Ia-VO eine Zuständigkeit des nach § 43 Abs. 1 WEG bestimmten Gerichts. Für Beseitigungs- und Schadensersatzklagen, die auf eine Eigentumsverletzung gestützt werden, folgt aus § 7 Nr. 2 Brüssel Ia-VO eine Zuständigkeit des nach § 43 Abs. 2 WEG bestimmten Gerichts. Für Hausgeldklagen ergibt sich aus § 7 Nr. 1 Buchstabe a) Brüssel Ia-VO eine Zuständigkeit des nach § 43 Abs. 2 WEG bestimmten Gerichts. Denn eine Hausgeldschuld betrifft i. S. der Brüssel Ia-VO einen Vertrag oder Ansprüche aus einem Vertrag.
- **Hoheitsgebiet eines Nicht-EU-Mitgliedstaates:** Im Verhältnis zu Island, Norwegen und zur Schweiz ist das Luganer Übereinkommen über die gerichtliche Zuständigkeit und die Anerkennung und Vollstreckung von Entscheidungen in Zivil- und Handelssachen vom 30.10.2007 (LugÜ) anzuwenden. Im Übrigen sind ggf. andere völkerrechtliche Abkommen anzuwenden.

Nachbarrechtlicher Ausgleichsanspruch
Nach der BGH-Rechtsprechung ist ein – verschuldensunabhängiger – nachbarrechtlicher Ausgleichsanspruch nach § 906 Abs. 2 Satz 2 BGB gegeben, wenn von einem Grundstück im Rahmen seiner privatwirtschaftlichen Benutzung Einwirkungen auf ein anderes Grundstück ausgehen, die das zumutbare Maß einer entschädigungslos hinzunehmenden Beeinträchtigung überschreiten. Der davon betroffene Eigentümer ist dabei aber aus besonderen Gründen gehindert, diese Einwirkungen nach § 1004 Abs. 1 BGB rechtzeitig zu unterbinden. Das Rücksichtnahmegebot, an das § 906 BGB anknüpft, ist auch für die Wohnungseigentümer relevant. Es besteht daher auch eine vergleichbare Interessenlage sowie eine planwidrige Regelungslücke. Die Vorschrift des § 906 Abs. 2 Satz 2 BGB war deshalb nach h. M. unter Wohnungseigentümern entsprechend anwendbar. Fraglich ist, ob diese Verortung weiterhin richtig ist oder ob der Anspruch – ohne

Änderung in der Sache – heute seine Grundlage in § 14 Abs. 3 WEG hat, der unter den Wohnungseigentümern eine Analogie zu § 906 Abs. 2 Satz 2 BGB entbehrlich machen könnte.

15.2.3 Vollzug eines Teilungsvertrags

LG Potsdam, Beschluss vom 26.11.2021, 10 175/21

Streitigkeiten über die in § 128 HGB angeordnete persönliche Haftung des Gesellschafters einer Wohnungseigentümerin für Beitragsrückstände sind als Wohnungseigentumssache i. S. v. § 43 Abs. 2 Nr. 1 WEG anzusehen.

Sachverhalt

A und B sind Teilhaber einer Bruchteilseigentümergemeinschaft an einem Grundstück. A verlangt von B, dass dieser ihr Versorgungs- und Bewirtschaftungskosten erstattet, die A für das Grundstück verauslagt hat. B verlangt mit einer Widerklage, dass A einem Teilungsvertrag sowie dessen Vollzug gegenüber dem Grundbuchamt zustimmt. Fraglich ist, ob das angerufene LG Potsdam oder das Amtsgericht zuständig ist.

Entscheidung

Das LG Potsdam meint, das Amtsgericht sei zuständig: Es liege eine WEG-Streitigkeit vor. Denn zu den Wohnungseigentumssachen gehörten gem. § 43 Abs. 2 Nr. 1 WEG u. a. Streitigkeiten über die sich aus der Gemeinschaft der Wohnungseigentümer ergebenden Rechte und Pflichten der Wohnungseigentümer untereinander. Diese Bestimmung sei weit auszulegen. Ausschlaggebend für die Zuständigkeit sei nicht die Rechtsgrundlage, aus der die Ansprüche hergeleitet werden, sondern der Umstand, ob das von einem Wohnungseigentümer in Anspruch genommene Recht oder die ihn treffende Pflicht in einem inneren Zusammenhang mit einer Angelegenheit stehe, die aus dem Gemeinschaftsverhältnis der Wohnungseigentümer erwachsen sei (Hinweis auf BGH, Urteil v. 13.12.2019, V ZR 313/16).

Bei der Widerklage handele es sich damit um eine WEG-Streitigkeit. Dass es noch kein in Wohnungseigentum aufgeteiltes Grundstück gebe, sei unerheblich. Zwar gehörten Ansprüche aus einem Vertrag über den Erwerb von Wohnungseigentum nicht zu den in § 43 Abs. 2 Nr. 1 WEG genannten Streitigkeiten (Hinweis auf BGH, Urteil v. 21.7.1974, V ZR 164/72). Die Parteien stritten aber nicht über kaufvertragliche Übereignungs- oder Zahlungsansprüche, sondern über die mit dem Kaufvertrag bereits verbindlich vereinbarte Aufteilung des Grundstücks in Wohnungseigentum. Die Parteien hätten in diesem Kaufvertrag schon vor der Aufteilung geltende Regelungen für die Ausgestaltung der Teilungserklärung sowie der Gemeinschaftsordnung festgelegt. Hierzu gehöre u. a.,

- dass die Kosten der Instandhaltung, der Wartung, der Instandsetzung und ggf. der Erneuerung der Heizungsanlage von beiden Parteien jeweils hälftig getragen werden,
- dass die Einspeisevergütung aus der auf dem Dach des Doppelhauses befindlichen einheitlichen Fotovoltaikanlage beiden Parteien zu jeweils 50 Prozent zustehe und auf das gemeinschaftliche WEG Konto fließen und somit für erforderliche Instandsetzungsarbeiten zur Verfügung stehen solle und
- dass bis zum Vollzug der Teilung jeder Miteigentümer die sein zukünftiges Sondereigentum betreffenden Kosten, insbesondere Verbrauchskosten, allein trage; die übrigen Kosten seien jeweils hälftig zu teilen.

Hinweis für die Verwaltungspraxis

Im dargestellten Fall geht es um die Frage, welches Gericht für eine Klage zuständig ist. Maßgeblich ist die Klage des K.

WEG-Streitigkeiten
Was eine WEG-Streitigkeit ist, bestimmt § 43 Abs. 2 WEG. Das Gericht, in dessen Bezirk das Grundstück liegt, ist danach ausschließlich zuständig für:
- Streitigkeiten über die Rechte und Pflichten der Wohnungseigentümer untereinander
- Streitigkeiten über die Rechte und Pflichten zwischen der Gemeinschaft der Wohnungseigentümer und Wohnungseigentümern
- Streitigkeiten über die Rechte und Pflichten des Verwalters einschließlich solcher über Ansprüche eines Wohnungseigentümers gegen den Verwalter
- Beschlussklagen gem. § 44 WEG

Keiner dieser Fälle liegt vor. Denn K und B sind keine Wohnungseigentümer und waren keine Wohnungseigentümer. Dass sie Wohnungseigentümer werden wollten oder wollen, ist unerheblich. Bruchteilseigentümer bilden keine Wohnungseigentümergemeinschaft. Ihre Binnenbeziehungen sind nicht Gegenstand des Gemeinschaftsverhältnisses der Wohnungseigentümer, sondern des allgemeinen Zivilrechts (BGH, Beschluss v. 20.2.2014, V ZB 116/13). Die gegenteilige Sichtweise des LG ist daher schlecht vertretbar (s. auch OLG Brandenburg, Beschluss v. 21.2.2022, 1 AR 2/22 [SA Z]).

Widerklage
Auf die Widerklage kam es nicht an – selbst dann, wenn die Voraussetzungen des § 33 Abs. 1 ZPO vorliegen würden (beim Gericht der Klage kann danach eine Widerklage erhoben werden, wenn der Gegenanspruch mit dem in der Klage geltend gemachten Anspruch oder mit den gegen ihn vorgebrachten Verteidigungsmitteln in Zusammenhang steht): Auch die Widerklage wäre offensichtlich keine WEG-Streitigkeit.

15.3 Probleme der Beschlussklagen

15.3.1 Anfechtungsklage und Rechtsschutzbedürfnis

LG München I, Urteil vom 12.8.2021, 36 S 2639/20
Das Rechtsschutzbedürfnis für eine Anfechtungsklage entfällt nur ganz ausnahmsweise. Dies ist der Fall, wenn ein Erfolg der Klage den Wohnungseigentümern oder der Gemeinschaft der Wohnungseigentümer keinen Nutzen mehr bringt und Auswirkungen der Beschlussanfechtung auf Folgeprozesse der Eigentümer untereinander, gegen den Verwalter oder gegen Dritte sicher ausgeschlossen werden können.

Sachverhalt
Wohnungseigentümer K erhebt vor dem 1.12.2020 eine Anfechtungsklage gegen einen Beschluss, mit dem die Wohnungseigentümer ihre Mängelrechte gegen den Bauträger vergemeinschaftet haben. Das AG weist die Anfechtungsklage ab. Dagegen richtet sich die Berufung von Wohnungseigentümer K. Fraglich ist u. a., ob die Klage am 1.12.2020 unzulässig geworden ist.

Entscheidung
Das LG verneint die Frage: K fehle es nicht an einem Rechtsschutzbedürfnis. Zwar sei § 10 Abs. 6 Satz 3 WEG am 1.12.2020 gestrichen worden. Im Schrifttum werde daher die Auffassung vertreten, dass Vergemeinschaftungsbeschlüsse ihre Wirkung im Außenverhältnis verloren hätten (Hinweis auf Lehmann-Richter/Wobst, WEG-Reform 2020, Rn. 251). Dieser Ansatz erscheine allerdings »problematisch«. Nach der Gesetzesbegründung lasse das WEMoG jedenfalls die Rechtsprechung zum Bauträgervertragsrecht unberührt. Dies werde damit begründet, dass diese Rechtsprechung nicht auf § 10 Abs. 6 Satz 3 WEG a. F. beruht habe, sondern bereits zur Rechtslage vor der WEG-Novelle 2007 auf der Grundlage eines vertragsrechtlichen bzw. bauträgervertragsrechtlichen Ansatzes entwickelt worden sei.

Bei einer Anfechtungsklage sei das Rechtsschutzbedürfnis im Regelfall aber nicht zu prüfen, weil es dem Interesse der Gemeinschaft an einer ordnungsmäßigen Verwaltung diene. Es entfalle deshalb nur ausnahmsweise, wenn ein Erfolg der Klage den Wohnungseigentümern oder der Gemeinschaft der Wohnungseigentümer keinen Nutzen mehr bringen könne und Auswirkungen der Anfechtung auf Folgeprozesse der Eigentümer untereinander, gegen den Verwalter oder gegen Dritte sicher ausgeschlossen werden könnten. Dies könne im Fall nicht angenommen werden. Bei Erfolg der Anfechtungsklage stünde im Verhältnis der Wohnungseigentümer untereinander als Folge der materiellen Rechtskraft fest, dass der Beschluss nicht ordnungsgemäßer Verwaltung entsprochen habe. Umgekehrt würde ein bestandskräftiger Beschluss in etwaigen Folgeprozessen den Einwand ausschließen, die Beschlussfassung habe nicht ordnungsgemäßer Verwaltung entsprochen.

Hinweis für die Verwaltungspraxis

Im dargestellten Fall haben die Wohnungseigentümer ihre Mängelrechte aus den Bauträgerverträgen durch einen Beschluss der Gemeinschaft der Wohnungseigentümer zur Ausführung zugewiesen (»Vergemeinschaftung«). Gegen diesen Beschluss wendet sich ein Wohnungseigentümer. Problematisch ist u. a., dass § 10 Abs. 6 Satz 3 WEG a. F. zum 1.12.2020 entfallen ist: Was gilt für Beschlüsse, die auf ihm fußen?

Wirkungsverlust für eine Vergemeinschaftung?

Es ist streitig, was für Beschlüsse gilt, für die es seit dem 1.12.2020 keine Beschlusskompetenz mehr gibt. Nach den Gesetzesmaterialien können auf Beschlüsse, mit denen die Wohnungseigentümer Rechte und/oder Pflichten vergemeinschaftet und der Gemeinschaft der Wohnungseigentümer zur Ausführung/Ausübung nach § 10 Abs. 6 Satz 3 WEG a. F. zugewiesen haben, keine weiteren Maßnahmen gestützt werden (BR-Drs. 168/20, 49; zweifelnd Häublein, ZWE 2020, S. 401, 408; a. A. Bruns, AnwZert MietR 13/2020). Das LG sieht diesen Ansatz als »problematisch« an. Allerdings verweist es zu Recht auf das Bauträgerrecht. Da soll eigentlich alles »beim Alten« bleiben.

Anfechtungsklage und Rechtsschutzbedürfnis

Das LG positioniert sich insoweit nicht abschließend. Es meint, das Rechtsschutzbedürfnis für die Anfechtungsklage gegen den Vergemeinschaftungsbeschluss sei »so oder so« nicht entfallen. Ich denke, mit diesem »Trick« kann man leben. Für die Klagebefugnis genügt grundsätzlich das Interesse eines Wohnungseigentümers, eine ordnungsmäßige Verwaltung zu erreichen. Das Rechtsschutzbedürfnis beispielsweise eines anfechtenden Wohnungseigentümers ist grundsätzlich gegeben und während des Anfechtungsverfahrens in der Regel nicht zu prüfen.

15.3.2 Anfechtungsklage: Anfechtungsbefugnis

BGH, Urteil vom 27.11.2020, V ZR 71/20

Dem Nießbraucher von Wohnungseigentum steht keine Befugnis zur Anfechtung eines von den Wohnungseigentümern gefassten Beschlusses zu. Erhebt ein Dritter (hier: Nießbraucher), der von dem Wohnungseigentümer hierzu ermächtigt worden ist, eine Anfechtungsklage, ist diese zwar zulässig, wenn die Voraussetzungen der Prozessstandschaft im Zeitpunkt der letzten mündlichen Tatsachenverhandlung objektiv vorliegen und vorgetragen sind. Begründet kann sie – vorbehaltlich etwaiger Nichtigkeitsgründe – aber nur sein, wenn die Ermächtigung zur Prozessführung bereits innerhalb der Klagefrist des § 45 Satz 1 WEG objektiv vorliegt und offengelegt wird oder offensichtlich ist.

Sachverhalt

Wohnungseigentümer K1 und K2 übertragen im Mai 2001 ihr Wohnungseigentum an ihre Tochter, wobei sie sich einen Nießbrauch an der Wohnung vorbehalten. Im Juni 2018 beschließen die Wohnungseigentümer, eine X-GmbH mit der Pflege der Außenanlage zu beauftragen. Diesen Beschluss greifen K1 und K2 im Juli 2018 an. Im September 2018 teilen sie dem Gericht die Eigentumsübertragung aus dem Jahre 2001 mit und reichen eine auf den Mai 2001 datierte Vollmacht ein, mit der sie von ihrer Tochter bevollmächtigt worden waren, deren Rechte in Gerichtsverfahren als Prozessstandschafter im eigenen Namen geltend zu machen. Das AG weist die Klage ab. Die Berufung bleibt ohne Erfolg. Mit der Revision möchten die Kläger weiterhin erreichen, dass der angefochtene Beschluss für ungültig erklärt wird.

Entscheidung

Die Kläger haben keinen Erfolg: Sie seien allerdings prozessführungsbefugt. Dem Nießbraucher von Wohnungseigentum stehe zwar keine Befugnis zur Anfechtung eines von den Wohnungseigentümern gefassten Beschlusses zu (Hinweis auf BGH, Urteil v. 10.7.2015, V ZR 194/14, NJW 2015, S. 2968 Rn. 8). Die Kläger seien aber von ihrer Tochter zur Prozessführung ermächtigt worden und hätten dies in der Tatsacheninstanz offengelegt. Eine Prozessstandschaft sei auch bei der Anfechtungsklage möglich. Das erforderliche eigene schutzwürdige Interesse an dieser Art der Prozessführung sei für den Nießbraucher des Wohnungseigentums im Hinblick auf dessen umfassende Nutzungsbefugnis (§ 1030 BGB) regelmäßig gegeben. Erhebe ein Nießbraucher, der hierzu ermächtigt worden sei, Anfechtungsklage, sei diese daher – wie im Fall – zulässig, wenn die Voraussetzungen der Prozessstandschaft im Zeitpunkt der letzten mündlichen Tatsachenverhandlung objektiv vorgelegen hätten und vorgetragen seien. Die Klage sei aber unbegründet, weil die Kläger bei der Klageerhebung nicht Wohnungseigentümer gewesen seien und nicht innerhalb der Klagefrist des § 45 Satz 1 WEG offengelegt hätten und auch nicht offensichtlich gewesen sei, dass sie die Klage in Prozessstandschaft für ihre Tochter erheben. Nur wenn der Gegner wisse, dass der Kläger für sich in Anspruch nehme, ein fremdes Recht im eigenen Namen geltend zu machen, könne er die behauptete Ermächtigung bestreiten oder auch das Rechtsschutzinteresse des Klägers infrage stellen. Zudem erstrecke sich bei der gewillkürten Prozessstandschaft die Rechtskraft des auf die Klage des Ermächtigten ergehenden Urteils auf den Ermächtigenden nur, wenn sich der Ermächtigte im Rechtsstreit auf die Ermächtigung gestützt habe.

Hinweis für die Verwaltungspraxis

Die Belastung eines Wohnungseigentums mit einem Nießbrauch ist zulässig. Es handelt sich um den Nießbrauch an einer Sache. Der auf dem Wohnungseigentum lastende Nießbrauch umfasst das gemeinschaftliche und das Sondereigentum. Der Nießbraucher ist nach § 1036 Abs. 1 BGB zum Besitz des

Wohnungseigentums berechtigt, er hat nach § 1036 Abs. 2 BGB bei der Ausübung des Nutzungsrechts die bisherige wirtschaftliche Bestimmung der Sache aufrechtzuerhalten und nach den Regeln einer ordnungsmäßigen Wirtschaft zu verfahren. § 1041 Satz 1 BGB ergänzt das dahin gehend, dass der Nießbraucher für die »Erhaltung« des Wohnungseigentums in seinem »wirtschaftlichen Bestand« zu sorgen hat. Ausbesserungen und Erneuerungen obliegen ihm nach § 1041 Satz 2 BGB nur insoweit, als sie zur gewöhnlichen Unterhaltung der Sache gehören – oder wenn etwas anderes vereinbart ist. Allerdings kann er vom Eigentümer – ist nichts vereinbart – auch keine Leistung verlangen. Daraus folgt, dass der Nießbraucher vom Eigentümer grundsätzlich nichts verlangen und es auch kein Interesse geben kann zu klären, ob es eine außergewöhnliche Erhaltung gibt (ein Streit, es handele sich um eine gewöhnliche Unterhaltung der Sache, ist nicht erkennbar – und wäre zwischen Nießbraucher und Eigentümer zu führen).

Ermächtigung zur Prozessführung
Ein Wohnungseigentümer kann einen Dritten ermächtigen, als gewillkürter Prozessstandschafter seine prozessualen Rechte wahrzunehmen. Vor allem der veräußernde Wohnungseigentümer kann den Erwerber zur Wahrnehmung seiner prozessualen Rechte (auch still) ermächtigen. Eine Vormerkung ist keine Voraussetzung für die Annahme einer solchen Ermächtigung. Die Prozessstandschaft muss allerdings – wie der BGH nochmals klarstellt – bis zum Ablauf der Klagefrist offengelegt werden. Eine Offenlegung der Ermächtigung ist nur entbehrlich, wenn für alle Parteien eindeutig klar, also offensichtlich ist, welches Recht eingeklagt wird. Der Eigentumserwerb durch Umschreibung im Grundbuch nach Ablauf der Anfechtungsfrist heilt die zunächst fehlende Prozessführungsbefugnis aus eigenem Recht nicht. Verfügt ein Dritter nicht über eine Ermächtigung, ist er nicht klagebefugt. Mietern steht daher aufgrund ihrer bloß schuldrechtlichen Beziehungen zum Beispiel kein originäres Klagerecht zu, auch wenn sie von einem Beschluss »betroffen« sind. Auch für dinglich Berechtigte wie Grundpfandrechtsgläubiger gilt nichts anderes.

15.3.3 Beschlussersetzungsklage

AG Mettmann, Urteil v. 6.9.2021, 26 C 11/21
Der Kläger einer Beschlussersetzungsklage muss alle für die begehrte Entscheidung und die dabei vorzunehmende Ermessensentscheidung notwendigen Tatsachengrundlagen darlegen und gegebenenfalls beweisen. Der Kläger muss die Ermessensentscheidung des Gerichts durch seinen Vortrag so vorbereiten, als wären die Wohnungseigentümer selbst mit der Entscheidung befasst.

Sachverhalt

Wohnungseigentümer K beantragt, dass das Gericht anstelle der Wohnungseigentümer folgenden Beschluss fasst:

»Der Verwalter wird beauftragt, auf Basis der vom Architekten M vorgelegten Baukostenübersicht ›Baukostensteigerung August 2020 zu Juni 2021, Basis vorliegende Angebote‹ vom 21.06.2021 zur Umsetzung der ersten plangerechten Herstellung der DG S-Straße die in dieser Übersicht bezeichneten Gewerke Abbruch, Rohbau, Zimmerer, Dachdecker, Fenster, Naturstein, Innenputz, Trockenbau/Rigips, Fassade, Metallbau, Fertigtreppen, Estrich und Innentüren an die in dieser Baukostenübersicht für diese Gewerke bezeichneten Unternehmen zu den in dieser Baukostenübersicht genannten Netto-Preisen jeweils zuzüglich der jeweils gültigen Mehrwertsteuer als pauschalierte Festpreise unter Beachtung der Bindungsfristen der Unternehmen an diese Festpreisangebote wie folgt zu beauftragen. [...] Für den Fall, dass die Beauftragung der vorbezeichneten Unternehmen hinsichtlich der vorbezeichneten Gewerke und der bezeichneten Leistungen außerhalb einer Angebotsbindungsfrist der Unternehmung für die Angebotsfestpreise erfolgt, wird der Verwalter beauftragt, unter Inanspruchnahme der Beratung durch den Architekten M und/oder eines anderen Architekten die gem. vorstehend dargestellter Baukostenübersicht zu den einzelnen Gewerken dargestellten Angebote der einzelnen Unternehmen bei jeweils gleicher Leistung preislich neu zu verhandeln und sodann unter Berücksichtigung auch einer eventuellen Kostensteigerung von bis zu 10% die jeweils preisgünstigsten Anbieter mit den zum jeweiligen Gewerk angebotenen Leistungen zu beauftragen. Jedem Miteigentümer ist eine Kopie der abgeschlossenen Werkverträge auf erstes Anfordern zur Verfügung zu stellen. Der Verwalter wird beauftragt, die in der vom Architekten M vorgelegten Baukostenschätzung vom 21.06.2021 aufgeführten Gewerke Gerüst, [...] entspr. der Vergabeempfehlungen des Architekten M und/oder eines anderen Architekten an den bei gleicher Leistung jeweils preisgünstigsten Anbieter zu vergeben und die Leistungen zu pauschalierten Festpreisen entspr. der jeweiligen Angebote dieser Unternehmen zu beauftragen, sobald insoweit – von dem Architekten M oder einem anderen Architekten erstellt – funktionale und/oder detaillierte Leistungsbeschreibungen mit den Angebotspreisen von Unternehmen unterlegt sind und insoweit drei Vergleichsangebote von Unternehmen vorliegen. [...]«

Entscheidung

K hat keinen Erfolg: Das Gericht dürfe bei einer Beschlussersetzungsklage nur eine Entscheidung treffen, die zur Gewährleistung eines effektiven Rechtsschutzes notwendig sei. Es müsse sich z. B. auf einen Grundlagenbeschluss oder die Vorgabe einer konkreten Maßnahme beschränken, um den Wohnungseigentümern die Möglichkeit zu eröffnen, zur Ausführung eigenverantwortlich weitere Entscheidungen zu treffen.

Gemessen an dieser Vorgabe widerspreche der von K begehrte Beschluss ordnungsmäßiger Verwaltung. Vielmehr seien weitere Planungs- und Ausschreibungsmaßnahmen erforderlich. Dies gehe zulasten des K. Denn K müsse dem Gericht alle für die begehrte Entscheidung und die dabei vorzunehmende Ermessensentscheidung notwendigen Tatsachengrundlagen darlegen und gegebenenfalls beweisen, beispielsweise – soweit erforderlich – Vergleichsangebote für eine Auftragsvergabe vorlegen, wenn ein Beschluss über eine Auftragserteilung angestrebt werde. K müsse also die Ermessensentscheidung des Gerichts durch seinen Vortrag so vorbereiten, als wären die Wohnungseigentümer selbst mit der Entscheidung befasst.

Dem werde das Vorbringen des K nicht gerecht. Es fehle bereits an einer ordnungsmäßigen Ausschreibung der »Gewerke« durch den beauftragten Architekten. Außerdem wären die durchzuführenden Arbeiten insgesamt festzulegen gewesen. Auch die Kostenvoranschläge seien keine ausreichende Grundlage. K selbst gehe nicht davon aus, dass die Beauftragung erschöpfend sei. Dementsprechend werde auch eine »Öffnungsklausel« beantragt. Eine solche übertrage allerdings das Auswahlermessen auf den Verwalter, was angesichts des Umfangs und der Bedeutung der Baumaßnahme nicht infrage komme. Vielmehr seien zunächst der Umfang sämtlicher Arbeiten festzulegen, Kostenvoranschläge einzuholen und dann das Auswahlermessen auszuüben. Erst danach sei auch die Höhe der Sonderumlage bestimmbar.

Hinweis für die Verwaltungspraxis

Im dargestellten Fall möchte ein Wohnungseigentümer, dass das Dachgeschoss als Maßnahme der erstmaligen ordnungsmäßigen Herstellung des gemeinschaftlichen Eigentums ausgebaut wird. Da der Antrag bei den anderen Wohnungseigentümern keinen Anklang findet, erhebt er nach § 44 Abs. 1 Satz 2 WEG eine Beschlussersetzungsklage.

Beschlussersetzungsklage
Geht es darum, die Zustimmung der übrigen Wohnungseigentümer zu einem Beschlussantrag (oder zur Durchführung einer bestimmten Maßnahme) zu erreichen, ist auf gerichtliche Beschlussersetzung gem. § 44 Abs. 1 Satz 2 WEG zu klagen. Bevor das Gericht angerufen werden kann, müssen mit Blick auf das Rechtsschutzbedürfnis die anderen Wohnungseigentümer grundsätzlich mit dem Begehren befasst werden, es sei denn, die Anrufung wäre reine Förmelei. Kläger kann jeder Wohnungseigentümer sein, auch der i. S. v. § 8 Abs. 3 WEG »werdende«. Beklagte einer Beschlussersetzungsklage ist nach § 44 Abs. 2 Satz 1 WEG die Gemeinschaft der Wohnungseigentümer.

Bei der Formulierung des Klageantrags ist zu beachten, dass das Beschlussersetzungsurteil nicht die zur Annahme eines Beschlussantrags fehlenden Stimmen ergänzt, sondern selbst regelt, was gilt. Er ist daher darauf zu richten, dass das Gericht im Wege der Gestaltung anstelle der Wohnungseigentümer einen Beschluss fasst. Bei der Formulierung des Beschlussersetzungsantrags genügt die Angabe eines Rechtsschutzziels, also die grobe Schilderung des Beschlussinhalts, auf den die Beschlussersetzungsklage zielt. Der Kläger kann den angestrebten Beschluss allerdings auch beispielhaft nennen und ausformulieren.

Im Rahmen der Entscheidung hat das Gericht den Grundsatz der Verhältnismäßigkeit zu wahren und darf nicht ohne Grund in die Privatautonomie der Wohnungseigentümer eingreifen, indem es Regelungen trifft, die deren Entscheidungsfreiheit über das erforderliche Maß hinaus einschränken. Ebenso wie die Wohnungseigentümer bei ihrer Beschlussfassung hat das Gericht bei Abfassung des Urteilstenors die materiellen Vorgaben des Wohnungseigentumsgesetzes und namentlich das Gebot ordnungsmäßiger Verwaltung zu beachten.

Das Gericht gibt einer zulässigen Beschlussersetzungsklage statt, wenn der vom Kläger begehrte Beschluss »notwendig« ist. Ein Beschluss ist notwendig, wenn der Kläger einen Anspruch auf den Beschluss hat. Ein Wohnungseigentümer hat Anspruch auf einen Beschluss, wenn dessen Gegenstand noch nicht durch Gesetz, Vereinbarung oder Beschluss geregelt ist, seine Fassung aber ordnungsmäßiger Verwaltung entspricht und er zum Zeitpunkt der mündlichen Verhandlung zwingend ansteht. Entsprechendes gilt, wenn es um andere Maßnahmen geht, die in der Verantwortung der Gemeinschaft der Wohnungseigentümer stehen, z. B. die Durchsetzung von Schadensersatzansprüchen. Besteht Ermessen, den Beschluss erst zu einem späteren Zeitpunkt zu fassen, ist die Klage als derzeit unbegründet abzuweisen.

Ein Anspruch auf einen Beschluss ist in seltenen Fällen vorstellbar, wenn die Wohnungseigentümer kein Ermessen haben, ihn nicht zu fassen. Ein Anspruch auf einen Beschluss ist weiter vorstellbar, wenn die Wohnungseigentümer für einen Beschluss zwar ein Ermessen haben, sich ihr Entschließungs- und auch ihr Auswahlermessen aber ausnahmsweise bereits auf einen konkreten Beschlussinhalt verengt haben. Und schließlich ist ein Anspruch auf einen Beschluss vorstellbar, wenn die Wohnungseigentümer zwar noch ein Auswahlermessen haben, sich jedoch das Entschließungsermessen, überhaupt eine Entscheidung zu treffen, bereits auf null reduziert hat.

Eine besondere Sachurteilsvoraussetzung der Beschlussersetzungsklage, die eine Ausprägung des Beibringungsgrundsatzes darstellt, ist die folgende: Der Kläger muss dem Gericht – ggf. nach Hinweis gem. § 139 ZPO – eine ausreichende tatsächliche »Schätzgrundlage« für eine richterliche Ermessensentscheidung verschaffen, wenn er nicht Anspruch auf einen konkreten Beschluss hat. Denn im ZPO-Verfahren obliegt es der klagenden Partei, den Prozessstoff darzustellen. Ihm ist eine Amtsermittlung grundsätzlich unbekannt. Muss das

Gericht nach § 44 Abs. 1 Satz 2 WEG ein Ermessen ausüben, ist es mithin am Kläger, die für diese Ermessensentscheidung erforderlichen Tatsachen beizubringen. Der Kläger muss die Ermessensentscheidung so vorbereiten, als wären die Wohnungseigentümer selbst mit dem Gegenstand befasst. Ihn entlastet nicht, dass es in der Versammlung grundsätzlich Aufgabe der Gemeinschaft der Wohnungseigentümer wäre, die entsprechenden Informationen zu geben oder zu organisieren. Ein die gerichtliche Ermessensentscheidung vorbereitender Vortrag des Klägers ist nur entbehrlich, wenn auch die Wohnungseigentümer ihn nicht benötigen würden. Im Einzelfall kann ferner die Gemeinschaft der Wohnungseigentümer nach den Grundsätzen der sekundären Darlegungslast einen weiteren Vortrag schulden.

Kommt der klagende Wohnungseigentümer seinen Pflichten auch nach Hinweis (§ 139 ZPO) und einer angemessenen Fristsetzung entsprechend § 356 ZPO nicht nach, ist die Klage in Ermangelung eines dann nicht mehr bestehenden Rechtsschutzbedürfnisses zu verwerfen, jedenfalls aber als unbegründet abzuweisen.

15.4 Hausgeldklagen

LG München I, Urteil vom 11.11.2021, 36 S 2936/21 WEG
Sind Einzelforderungen nach Grund und Höhe genau bezeichnet, ist es im Hinblick auf die in § 366 Abs. 2 BGB vorgegebene Verrechnungsmethode bei nicht ausreichenden Teilleistungen des Schuldners unschädlich, wenn sich der Kläger weder ausdrücklich noch vollumfänglich über die Anrechnung bzw. Verrechnung erfolgter Zahlungen oder erteilter Gutschriften erklärt. Der geltend gemachte Anspruch als solcher muss lediglich identifizierbar sein, was aber nicht abstrakt, sondern nur im Einzelfall beurteilt werden kann.

Sachverhalt
Die Gemeinschaft der Wohnungseigentümer K klagt gegen Wohnungseigentümer B auf Zahlung (B hat Hausgeld nicht gezahlt). Das AG weist die Klage als unzulässig ab. Es handele sich um eine Saldoklage, bei welcher der Klageantrag unbestimmt und der Klagegrund nicht eindeutig umfasst sei. Auch durch eine Zuziehung der von der K vorgelegten Anlagen sei es weder direkt noch im Wege der Auslegung möglich, eine Zuordnung der erfolgten Zahlungen zu konkreten Forderungen vorzunehmen. Gegen dieses Urteil legt die Gemeinschaft der Wohnungseigentümer Berufung ein. Sie meint, es genüge die Angabe, welcher Betrag für den gesamten Zeitraum geschuldet und in welcher Höhe er nicht beglichen worden sei. Außerdem habe sie die Vorauszahlungen der bestandskräftigen Hausgeldvorauszahlungen unter Berücksichtigung der erfolgten Zahlungen und der errechneten Nachzahlungsbeträge einzeln aufgeschlüsselt. Es komme einer Rechtsverweigerung nahe, dass sich das AG hiermit nicht befasse.

Entscheidung

Die Berufung ist zulässig und begründet. Sie führt zur Aufhebung des angefochtenen Urteils sowie zur Zurückverweisung der Sache an das AG. Ein Kläger dürfe zwar die Auswahl, über welche selbstständigen Ansprüche das Gericht entscheiden solle, nicht diesem selbst überlassen. Seien die Einzelforderungen jedoch nach Grund und Höhe genau bezeichnet, sei es im Hinblick auf die in § 366 Abs. 2 BGB vorgegebene Verrechnungsmethode bei nicht ausreichenden Teilleistungen des Schuldners unschädlich, wenn sich der Kläger weder ausdrücklich noch vollumfänglich über die Anrechnung bzw. Verrechnung erfolgter Zahlungen oder erteilter Gutschriften erkläre. Der geltend gemachte Anspruch als solcher müsse lediglich identifizierbar sein, was aber nicht abstrakt, sondern nur im Einzelfall beurteilt werden könne.

K habe danach bei der gebotenen sachgerechten Auslegung ihres Klagebegehrens den Inhalt und die Reichweite ihres Begehrens hinreichend bestimmt. Die von ihr beanspruchten Forderungen seien im Einzelnen nach Zeitraum, Höhe und Forderungsart bezeichnet. Zwar habe K Hausgeldzahlungen für das Wirtschaftsjahr 2019 in Höhe von 280 EUR pauschal von der »Zwischensumme« in Höhe von 3.953,88 EUR (der Summe der monatlich geschuldeten Wohngelder) abgezogen. Hieran sei problematisch, dass die »Zwischensumme« das Hausgeld für mehrere Wohnungseigentumsrechte und mehrere Monate sei, und K nicht angebe, mit welcher Einzelforderung sie die 280 EUR verrechnen wolle. Dies stelle aber die Bestimmtheit des Klageantrags nicht infrage, da auch ohne ausdrückliche Verrechnungs- oder Aufrechnungserklärung ein Rückgriff auf die gesetzliche Anrechnungsreihenfolge des § 366 Abs. 2 BGB in Betracht komme, dessen Anwendung dem Gericht von Amts wegen obliege.

Hinweis für die Verwaltungspraxis

Im dargestellten Fall klagt die Gemeinschaft der Wohnungseigentümer gegen einen Wohnungseigentümer Hausgeld ein. Fraglich ist, ob sie für jeden Monat, für den der Beklagte Hausgeld schuldet, sagen muss, welche Forderung noch unerfüllt ist.

Das Gesetz hilft

Das LG verneint die Frage. Es reiche, wenn das Gericht, wenn es § 366 BGB anwende, erkennen könne, welche Forderungen noch unerfüllt seien. Ich meine, die Gemeinschaft der Wohnungseigentümer hat Glück gehabt. Zwar vollzieht das LG nur die BGH-Rechtsprechung nach. Diese hatte mit einer alten Unsitte Schluss gemacht, mit der die Gerichte Zahlungsklagen aus formalen Gründen abgeschmettert hatten. Mir selbst ist aber nicht nachvollziehbar, warum es der Verwaltung im Rahmen ihres Inkassos und der Führung der Buchhaltungskonten nicht möglich war, präzise anzugeben, für welchen Monat sie welche Hausgeldforderung der Gemeinschaft der Wohnungseigentümer als unerfüllt ansieht. Dies gilt auch dann, wenn ein Wohnungseigentümer Eigentümer mehrerer Wohnungseigentumsrechte ist und in einer »Sammelzahlung« die Schulden, die sich auf mehrere Wohnungseigentumsrechte beziehen, (ggf. teilweise) erfüllt.

> **Achtung**
> Im Rahmen des Hausgeldinkassos ist zu beachten, ob die Gesellschafter für die Hausgeldschulden ihrer Gesellschaft haften. Ferner sind Verträge, nach denen ein Dritter haften kann, die Gemeinschaftsordnung, Bürgschaften, Garantien, Patronatserklärungen, Schuldbeitritte und ähnliche Instrumente in den Blick zu nehmen. Häufig haftet zum Beispiel neben einem Veräußerer der Käufer, weil der zwischen ihnen geschlossene Kaufvertrag ein Vertrag zugunsten der Gemeinschaft der Wohnungseigentümer ist.

15.5 Selbstständiges Beweisverfahren

15.5.1 Möglichkeit eines selbstständigen Beweisverfahrens

LG Baden-Baden, Beschluss vom 21.7.2021, 3 T 45/21
Die Durchführung eines gegen die Gemeinschaft der Wohnungseigentümer gerichteten selbstständigen Beweisverfahrens über Mängel am gemeinschaftlichen Eigentum setzt nicht voraus, dass der antragstellende Wohnungseigentümer sich zuvor um einen Beschluss bemüht hat, dass die Gemeinschaft der Wohnungseigentümer ein Sachverständigengutachten zu den behaupteten Mängeln einholt.

Sachverhalt
Wohnungseigentümer K beantragt gegen die Gemeinschaft der Wohnungseigentümer die Einleitung eines selbstständigen Beweisverfahrens zur Frage der Ursache von Feuchtigkeit und Schimmel in seiner Wohnung. Das AG verwirft den Antrag als unzulässig. Zur Begründung führt es an, das Vorbefassungsrecht der Gemeinschaft der Wohnungseigentümer sei nicht gewahrt worden. Es fehle daher am Rechtsschutzbedürfnis. Gegen diese Entscheidung wendet sich K.

Entscheidung
K hat keinen Erfolg: Gemäß § 485 Abs. 2 ZPO sei der Antrag auf Durchführung eines selbstständigen Beweisverfahrens zulässig, wenn die antragstellende Partei ein rechtliches Interesse an der Feststellung der Ursache eines Sachschadens habe. Ein rechtliches Interesse sei anzunehmen, wenn die Feststellung der Vermeidung eines Rechtsstreits diene. Der Begriff des rechtlichen Interesses sei weit zu fassen. Insbesondere sei es dem Gericht grundsätzlich verwehrt, bereits im Rahmen des selbstständigen Beweisverfahrens eine Schlüssigkeits- oder Erheblichkeitsprüfung vorzunehmen. Dementsprechend könne ein rechtliches Interesse nur in völlig eindeu-

tigen Fällen verneint werden, in denen evident sei, dass der behauptete Anspruch keinesfalls bestehen könne. Im vorliegenden Fall liege es aber so. Allerdings fehle es nicht schon deshalb an einem rechtlichen Interesse, weil eine vorherige Beschlussfassung notwendig sei. Zwar sei anerkannt, dass eine Leistungsklage im Fall fehlender Vorbefassung unzulässig ist (Hinweis auf BGH, Beschluss v. 14.3.2018, V ZB 131/17, NJW 2018, S. 1749 Rn. 15). Diese Konstellation sei aber nicht gegeben. Bei einem Beweisverfahren zur Feststellung von Mängeln am gemeinschaftlichen Eigentum durch einen Wohnungseigentümer gegen die Gemeinschaft der Wohnungseigentümer werde hinsichtlich des Ob und des Wie eine Entscheidung nicht vorweggenommen (Hinweis auf BGH, Beschluss v. 14.3.2018, V ZB 131/17, NJW 2018, S. 1749 Rn. 18). Im vorliegenden Fall spreche für diese Sichtweise im Übrigen, dass der Verwalter Maßnahmen abgelehnt habe, da aus seiner Sicht kein Mangel am gemeinschaftlichen Eigentum vorliege. Eine weitere Befassung sei seiner Auffassung nach nur denkbar, wenn erwiesen sei, dass die Ursache für die Feuchtigkeit und den Schimmel im Bereich des gemeinschaftlichen Eigentums liege. Hieraus ergebe sich, dass die Vermeidung eines Rechtsstreits erzielt werden könne, wenn das selbstständige Beweisverfahren durchgeführt werde. Dem stehe nicht entgegen, dass die BGH-Entscheidung zum WEG in alter Fassung ergangen ist. Es sei nicht ersichtlich, dass sie aufgrund des WEMoG hinfällig geworden sei.

Hinweis für die Verwaltungspraxis

Im besprochenen Fall geht es um die Frage, ob ein Wohnungseigentümer gegen die Gemeinschaft der Wohnungseigentümer ein selbstständiges Beweisverfahren führen kann, ohne sich zuvor um einen Beschluss bemüht zu haben, dass ein Gutachten eingeholt werden soll.

Durchführung eines gegen die Gemeinschaft der Wohnungseigentümer gerichteten selbstständigen Beweisverfahrens
Die Durchführung eines gegen die Gemeinschaft der Wohnungseigentümer gerichteten selbstständigen Beweisverfahrens über Mängel am gemeinschaftlichen Eigentum ist möglich. Sie setzt – wie vom LG erkannt – nicht voraus, dass der antragstellende Wohnungseigentümer sich zuvor um einen Beschluss bemüht hat, dass die Gemeinschaft der Wohnungseigentümer ein Sachverständigengutachten zu den behaupteten Mängeln einholt. Dieses Vorgehen ist – außer zur Beweissicherung – aber nicht sinnvoll. Da sich die Wohnungseigentümer nach ihrem Ermessen gegen eine Erhaltungsmaßnahme und – jedenfalls auf Grundlage eines weiteren Gutachtens – für ganz andere Maßnahmen entscheiden können, sollten die anderen Wohnungseigentümer stets mit der Frage, ob und wie das gemeinschaftliche Eigentum zu erhalten ist, vorbefasst werden. Allein dieses Vorgehen sichert, dass die Gemeinschaft der Wohnungseigentümer die Kosten eines etwaigen Gutachtens trägt. Für das selbstständige Beweisverfahren ist nämlich gem.

§ 22 Abs. 1 GKG allein der Antragsteller Kostenschuldner, wenn die Antragsgegner keine eigenen Anträge stellen. Eine Kostenentscheidung ergeht nicht; die Kosten des selbstständigen Beweisverfahrens sind vielmehr Kosten des anschließenden Rechtsstreits.

Einen solchen Rechtsstreit kann die Gemeinschaft der Wohnungseigentümer indes vermeiden, indem sie eine nach der Beweisaufnahme erforderliche Maßnahme rechtzeitig umsetzt. Kommt es nicht zu einem Hauptsacheverfahren, kann die Gemeinschaft der Wohnungseigentümer etwaige ihr im selbstständigen Beweisverfahren entstandene außergerichtliche Kosten, z. B. für die Vertretung durch einen Rechtsanwalt, unter den Voraussetzungen des § 494a Abs. 2 Satz 1 ZPO von dem antragstellenden Wohnungseigentümer erstattet verlangen. Dieser kann seinerseits, wenn er die Hauptsacheklage nicht erhebt, die Kosten des selbstständigen Beweisverfahrens hingegen nur erstattet verlangen, wenn hierfür eine materiell-rechtliche Anspruchsgrundlage besteht (BGH NJW 2018, S. 1749 Rn. 19). Daran wird es aber regelmäßig fehlen, wenn der Wohnungseigentümer vor der Durchführung des Beweisverfahrens keinen Beschluss über die Einholung eines Sachverständigengutachtens herbeigeführt hat.

15.5.2 Grenzen des selbstständigen Beweisverfahrens

LG Frankfurt a. M., Beschluss v. 9.12.2021, 2-13 T 74/21
Ein selbstständiges Beweisverfahren zwischen Wohnungseigentümern ist nach der WEG-Reform im Hinblick auf bauliche Veränderungen des gemeinschaftlichen Eigentums (nur) dann zulässig, wenn der Antragsteller eine davon ausgehende Störung im Bereich seines Sondereigentums geltend macht.

Sachverhalt
Wohnungseigentümer K beantragt ein selbstständiges Beweisverfahren. Er behauptet, nach Arbeiten in der Wohnung von Wohnungseigentümer B sei es in seiner Wohnung zu erheblichen Wassereintritten gekommen. K vermutet, dass B Abdichtungsschichten des gemeinschaftlichen Eigentums beschädigt hat. Das AG meint, K habe kein rechtliches Interesse an den Feststellungen. Er sei nämlich nicht berechtigt, Beseitigungsansprüche im Hinblick auf das gemeinschaftliche Eigentum geltend zu machen. Hiergegen richtet sich die sofortige Beschwerde.

Entscheidung
Die sofortige Beschwerde hat teilweise Erfolg: Ein rechtliches Interesse i. S. d. § 485 Abs. 2 ZPO liege vor, wenn die Beweistatsache zur Begründung eines materiell-rechtlichen Anspruchs des Antragstellers dienen könnte. Zwar sei K nach § 9a Abs. 2 WEG nicht befugt, Ansprüche in Bezug auf das gemeinschaftliche Eigentum geltend zu ma-

chen. Im vorliegenden Fall gehe es insoweit um Fragen des Brandschutzes. Im Übrigen sei das Bestehen eines Anspruchs aber nicht ausgeschlossen. Ein Wohnungseigentümer sei prozessführungsbefugt, soweit er seine Klage auf eine Störung im räumlichen Bereich des Sondereigentums stütze. Im vorliegenden Fall behaupte K, dass seinem Sondereigentum durch die Baumaßnahmen Schimmelgefahren drohten.

Hinweis für die Verwaltungspraxis

Im dargestellten Fall stellt ein Wohnungseigentümer den Antrag auf Durchführung eines selbstständigen Beweisverfahrens. Fraglich wird, ob der Wohnungseigentümer an der Durchführung ein rechtliches Interesse hat.

Selbstständiges Beweisverfahren: Grundsatz
Ist ein Rechtsstreit noch nicht anhängig, kann eine Partei nach § 485 Abs. 2 ZPO die schriftliche Begutachtung durch einen Sachverständigen beantragen, wenn sie ein rechtliches Interesse daran hat, dass der Zustand einer Person oder der Zustand oder Wert einer Sache, die Ursache eines Personenschadens, Sachschadens oder Sachmangels und/oder der Aufwand für die Beseitigung eines Personenschadens, Sachschadens oder Sachmangels festgestellt wird. Ein rechtliches Interesse ist anzunehmen, wenn die Feststellung der Vermeidung eines Rechtsstreits dienen kann.

Selbstständiges Beweisverfahren: Wohnungseigentumsanlagen
In einer Wohnungseigentumsanlage ist in Bezug auf die Ursache eines Sachschadens zwischen dem gemeinschaftlichen Eigentum und dem Sondereigentum zu unterscheiden. Hier ein Überblick:
- Rechte und Pflichten **in Bezug auf das gemeinschaftliche Eigentum** und seine Schäden können im Rechtsverkehr nach § 9a Abs. 2 WEG nur von der Gemeinschaft der Wohnungseigentümer wahrgenommen werden. Ein Wohnungseigentümer, der ein selbstständiges Beweisverfahren beantragt, um die Ursachen eines Sachschadens des gemeinschaftlichen Eigentums klären zu lassen, ist hierzu also nicht prozessführungsbefugt. Dementsprechend hat das LG – ebenso wie das AG – den Antrag des K als unzulässig angesehen. Um zu klären, ob B Abdichtungsschichten des gemeinschaftlichen Eigentums beschädigt hat, müsste also die Verwaltung initiativ werden und das Entsprechende veranlassen. Dabei geht es nicht nur um die Abdichtungsschichten, sondern auch um etwaige Schäden des gemeinschaftlichen Eigentums, beispielsweise der Zwischendecken und der tragenden Wände.
- Rechte und Pflichten **in Bezug auf das Sondereigentum** können im Rechtsverkehr nur von seinem Eigentümer wahrgenommen werden. Dementsprechend hat das LG – anders als das AG – dem Antrag des K insoweit stattgegeben.

16 Übergangsvorschriften (§ 48 WEG)

Gegenstand der in diesem Abschnitt berichteten Entscheidungen ist das Übergangsrecht. Gemeint sind die Normen, die regeln, ob das bis zum 30.11.2020 geltende Recht anwendbar ist oder das WEG in der vom 1.12.2020 an geltenden Fassung.

16.1 Störungsabwehr I

BGH, Urteil vom 7.5.2021, V ZR 299/19
Für die bereits vor dem 1.12.2020 bei Gericht anhängigen WEG-Streitigkeiten besteht die Prozessführungsbefugnis eines Wohnungseigentümers, der sich aus dem gemeinschaftlichen Eigentum ergebende Rechte geltend macht, zunächst fort. Sie endet erst, wenn dem Gericht eine schriftliche Äußerung des nach § 9b WEG vertretungsberechtigten Organs über einen entgegenstehenden Willen der Gemeinschaft der Wohnungseigentümer zugeht.

Sachverhalt

K und K1 bilden eine Wohnungseigentümergemeinschaft. Das Grundstück grenzt im Bereich des Gartens unmittelbar an das Grundstück des B. Im Jahr 2011 pflanzt B auf seinem Grundstück entlang der Grenze vier Zypressen mit einem Grenzabstand von unter vier Metern. Wohnungseigentümer K verlangt von B, diese Zypressen zu beseitigen. Das AG gibt der Klage statt. Das LG weist die Berufung zurück. Mit der Revision, die im Jahr 2021 zur Entscheidung ansteht, versucht B weiterhin zu erreichen, dass die Klage abgewiesen wird. Fraglich ist, welche Wirkungen § 9a Abs. 2 WEG hat. Genauer: Ob K durch § 9a Abs. 2 WEG die Möglichkeit verloren hat, gegen eine Störung des gemeinschaftlichen Eigentums vorzugehen.

Entscheidung

Der BGH verneint die Frage – im Grundsatz. Wenn die Prozessführungsbefugnis des K durch § 9a Abs. 2 WEG entfallen wäre, hätte dies zur Folge, dass sein Verfahren nutzlos wäre. Gegen die Annahme, dass diese Folge gewollt sei, spreche, dass die Gesetzesbegründung sich zum Problem von »Altverfahren« nicht äußere. Die so benannte Regelungslücke hätte der Gesetzgeber, hätte er sie erkannt, nach seinem Plan mit einer Regelung geschlossen, die sich an der Vorschrift des § 48 Abs. 5 WEG orientiert, zugleich aber auch den Rechtsgedanken des § 9a Abs. 2 WEG einbezieht. Die Zielsetzung des Gesetzgebers rechtfertige es, die Lücke dahin gehend zu schließen, dass für die bereits vor dem 1.12.2020 bei Gericht anhängigen Verfahren die Prozessführungsbefugnis eines Wohnungseigentümers, der sich aus dem gemeinschaftlichen Eigentum ergebende Rechte geltend mache, über diesen Zeitpunkt hinaus in Anwendung des Rechtsgedankens des § 48 Abs. 5 WEG fortbestehe, bis dem Gericht eine schriftliche

Äußerung des nach § 9b WEG vertretungsberechtigten Organs über einen entgegenstehenden Willen der Gemeinschaft der Wohnungseigentümer zur Kenntnis gelange.

Hinweis für die Verwaltungspraxis

Im dargestellten Fall geht es neben Problemen des Nachbargesetzes in Baden-Württemberg, die hier nicht weiter verfolgt werden sollen, um die Frage, welchen Einfluss das Inkrafttreten des WEMoG am 1.12.2020 auf bereits laufende Störungsbeseitigungsprozesse hatte. Bis Ende November 2020 war es nämlich kein Problem, dass ein Wohnungseigentümer gegen Dritte (auch) wegen einer Störung des gemeinschaftlichen Eigentums vorgegangen ist. Zwar hatten die Wohnungseigentümer die Möglichkeit, die Störungsabwehr zu »vergemeinschaften«. In diesem Fall wäre K nicht mehr befugt gewesen, selbst den Prozess zu führen. Einen Zwang zu einer Vergemeinschaftung gab es aber nicht. In dem seit dem 1.12.2020 geltenden Recht ist es hingegen anders. Denn nach § 9a Abs. 2 WEG i. V. m. § 1004 Abs. 1 Satz 1 BGB kann wegen einer Störung des gemeinschaftlichen Eigentums nur noch die Gemeinschaft der Wohnungseigentümer gegen einen Grundstücksnachbarn vorgehen. Eine Vergemeinschaftung ist daher gar nicht mehr vorgesehen. Über sie kann man eigentlich nur noch in Bezug auf das Bauträgerrecht nachdenken.

Störung des gemeinschaftlichen Eigentums
Macht ein Wohnungseigentümer geltend, durch die Benutzung des gemeinschaftlichen Eigentums, eines anderen Sondereigentums oder – wie im dargestellten Fall – durch die Nutzung eines benachbarten Grundstücks werde das gemeinschaftliche Eigentum unzulässig gestört, kann nach § 9a Abs. 2 WEG nur die Gemeinschaft der Wohnungseigentümer gegen diese Störung auf Unterlassung/Beseitigung vorgehen. Diese Störung kann in einem Geräusch, einem Geruch oder einer anderen Einwirkung, z. B. der Unterschreitung des gebotenen Abstandes, bestehen. Dies sieht der BGH nicht anders. Nur für eine Übergangszeit bejaht er die Möglichkeit, dass Wohnungseigentümer, die bereits gegen eine Störung gerichtlich vorgehen, nicht ihre Prozessführungsbefugnis verlieren. Allerdings sieht auch er das Problem, dass die Miteigentümer diese Klage vielleicht nicht wollen. Daher hat der BGH ein dogmatisch überraschendes Modell entwickelt. Zwar soll eine Klage ungeachtet des § 9a Abs. 2 WEG fortgesetzt werden können. Dies solle aber nicht gelten, wenn die Wohnungseigentümer den Kläger gleichsam »ausbremsen«.

Folgen für die Verwaltungen
Dieses BGH-Denken fordert den pflichtgetreuen Verwalter als Organ der Gemeinschaft der Wohnungseigentümer für eine Übergangszeit in einem ersten Schritt dazu auf zu ermitteln, ob ein Wohnungseigentümer seit einem Zeitpunkt, der vor dem 1.12.2020 liegt, bereits gerichtlich gegen einen anderen Wohnungseigentümer, gegen einen Drittnutzer, z. B. einen Mieter, oder einen Nachbarn vorgeht.

Dazu sollten die Wohnungseigentümer schriftlich oder in Textform mit Bezug auf die BGH-Entscheidung und die dort beschriebenen Möglichkeiten der Gemeinschaft der Wohnungseigentümer angeschrieben werden. Bleiben die Ermittlungen erfolglos, sollte das Ergebnis in den Verwaltungsakten vermerkt werden. Außerdem sollte der Verwaltungsbeirat informiert werden, da er den Verwalter nach § 29 Abs. 2 WEG überwacht. In der nächsten regulären Versammlung sollten die Wohnungseigentümer informiert werden, dass es Ermittlungen gab, diese aber erfolglos waren. Ferner kann hier nochmals nach Klagen gefragt werden.

Wird der Verwalter fündig, sollte er die Wohnungseigentümer zeitnah über die Lage informieren. Meines Erachtens muss er dazu in dringenden Fällen – wenn die aktuellen COVID-19-Bestimmungen dies erlauben – eine Versammlung einberufen. Die Dringlichkeit bemisst sich an der abzuwehrenden Störung und am Verfahrensstand. Eine Alternative, z. B. die bloße Information der Verwaltungsbeiräte, sehe ich nicht. Ist die Information nicht dringend, kann die nächste ordentliche Versammlung abgewartet werden. Sieht eine kleine Verwaltung das anders und informiert sie die Wohnungseigentümer nicht, ist es in einem seltenen Ausnahmefall vorstellbar, dass die Gemeinschaft der Wohnungseigentümer sie auf Haftung in Anspruch nimmt. In der Regel wird nichts passieren.

> **Muster: Verbotsbeschluss**
> Wohnungseigentümer ... (Name) klagt im Verfahren ... (Gericht/Aktenzeichen) seit dem ... (Datum) gegen ... (Name) wegen ... (Beschreibung des Klagegenstandes). Die Wohnungseigentümer wollen, dass die Gemeinschaft der Wohnungseigentümer ... (Name) eine außergerichtliche Lösung der Frage herbeiführt. Sie untersagen Wohnungseigentümer ... (Name) daher unter Hinweis auf BGH, Urteil vom 7.5.2021, V ZR 299/19, Wohnungseigentümer ... (Name) die Fortführung des im Satz 1 genannten Verfahrens.
> **Abstimmungsergebnis**
> Ja-Stimmen: ...
> Nein-Stimmen: ...
> Enthaltungen: ...
> Der Versammlungsleiter verkündet folgendes Beschlussergebnis:
> Der Beschluss, ... [Inhalt], wurde angenommen/abgelehnt.

DIGITALE EXTRAS

16.2 Störungsabwehr II

BGH, Beschluss vom 4.11.2021, V ZR 106/21
Der Verwalter hat eine Vertretungsmacht, bei Altverfahren ohne Beteiligung der Wohnungseigentümer für die Gemeinschaft der Wohnungseigentümer zu entscheiden, ob ein Altkläger weiterhin prozessführungsbefugt ist.

Sachverhalt

Wohnungseigentümerin K geht mit einer vor dem 1.12.2020 erhobenen Klage wegen einer Störung auf Unterlassung vor. Sie ist der Ansicht, zur Klage berechtigt zu sein, da das Sondereigentum, aber auch das gemeinschaftliche Eigentum zu entstören seien.

Entscheidung

Der BGH weist zur Vorbereitung seiner mündlichen Verhandlung darauf hin, die Ansicht, Ks Prozessführungsbefugnis für die geltend gemachten Unterlassungsansprüche könne (auch) aus dem Sondereigentum abgeleitet werden, erscheine zweifelhaft. Daher könne es entscheidend darauf ankommen, ob K auf der Grundlage der Ausführungen des Senats, Urteil v. 7.5.2021, V ZR 299/19, im Hinblick auf die Störung des gemeinschaftlichen Eigentums weiterhin ausübungsbefugt (also prozessführungsbefugt und aktiv legitimiert) sei. In der genannten Entscheidung habe der Senat ausgeführt, dass die Prozessführungsbefugnis fortbestehe, bis dem Gericht eine schriftliche Äußerung des nach § 9b WEG vertretungsberechtigten Organs über einen entgegenstehenden Willen der Gemeinschaft der Wohnungseigentümer mitgeteilt werde. Dabei habe der Senat ausdrücklich und unmissverständlich hervorgehoben, dass es insoweit auf die Wirksamkeit der Entscheidungsbildung der Wohnungseigentümer im Innenverhältnis, insbesondere die Wirksamkeit eines dazu gefassten Beschlusses, nicht ankomme. Aufgrund der Vertretungsmacht des Verwalters im Außenverhältnis (§ 9b Abs. 1 Satz 1 WEG) sei weder die Nichtigkeit eines gefassten Beschlusses zu prüfen, noch komme eine Aussetzung des Verfahrens im Hinblick auf ein etwaiges Beschlussanfechtungsverfahren in Betracht. Fehle es an der wirksamen Willensbildung im Innenverhältnis, könne dies allerdings Regressansprüche des klagenden Wohnungseigentümers begründen.

> ### Hinweis für die Verwaltungspraxis
>
> Im dargestellten Fall geht es um die Frage, ob und wie lang ein Wohnungseigentümer, der bereits vor dem 1.12.2020 für eine Entstörung des gemeinschaftlichen Eigentums gerichtlich kämpft (»Altkläger«), zur Führung dieses Prozesses befugt ist.
>
> ### Willensbildung der Gemeinschaft der Wohnungseigentümer
> Nach Ansicht des BGH müssen die Wohnungseigentümer im Innenverhältnis nach § 19 Abs. 1 WEG bestimmen, ob ein Altkläger die Prozessführungsbefugnis verliert. Der Beschluss bedarf einer einfachen Mehrheit.
>
> ### Rechte des Verwalters
> Der Verwalter ist nach § 27 Abs. 1 WEG im Innenverhältnis nicht befugt, auf die Prozessführungsbefugnis des Altklägers einzuwirken. Handelt er im Außenverhältnis dennoch, soll seine Erklärung im Namen der Gemeinschaft der Wohnungseigentümer wirksam sein. Der Verwalter kann dem Altkläger aber Schadensersatz schulden.

16.3 Beschlussersetzungsklage

LG Berlin, Urteil vom 3.6.2021, 55 S 115/20 WEG

§ 48 Abs. 5 WEG ist entsprechend auf eine vor dem 1.12.2020 anhängig gewordene Beschlussersetzungsklage anzuwenden.

Sachverhalt

Von einem Sachverständigen vorgeschlagene und zur Abstimmung gestellte alternative Maßnahmen finden keine Mehrheit. Wohnungseigentümer K will daher mit einer Anfechtungs- und Beschlussersetzungsklage erreichen, dass der Vorschlag des Sachverständigen umgesetzt wird. Das AG weist zwar die Anfechtungsklage ab. Nach § 21 Abs. 8 WEG a. F. ordnet es aber an, dass der Vorschlag des Sachverständigen umgesetzt wird. Dagegen richtet sich die Berufung der anderen Wohnungseigentümer. Fraglich ist, ob die Klage gegen die Wohnungseigentümer nach dem 1.12.2020 fortgeführt werden kann.

Entscheidung

Das LG bejaht diese Frage: Zwar habe die in § 21 Abs. 8 WEG a. F. geregelte Beschlussersetzungsklage erst mit Wirkung zum 1.12.2020 eine gesetzliche Ausgestaltung im dritten Teil des Wohnungseigentumsgesetzes erfahren. § 48 Abs. 5 WEG sei aber entsprechend anzuwenden. Diesem liege die Vorstellung zugrunde, dass Änderungen des Verfahrensrechts bereits anhängige Verfahren unberührt lassen, die Änderung verfahrensrechtlicher Vorschriften also auf den Ausgang eines bei Inkrafttreten der verfahrensrechtlichen Neuregelungen anhängigen Verfahrens keine Auswirkungen haben solle.

Die vom AG getroffenen Anordnungen seien auch inhaltlich nicht zu beanstanden. Die Gemeinschaft der Wohnungseigentümer könne die von einem Sachverständigen vorgeschlagenen Maßnahmen zur Mangelbeseitigung nicht allein mit der Begründung beiseiteschieben, mögliche weitere Auswirkungen der vorgeschlagenen Reparaturen auf andere Bauteile seien noch nicht hinreichend ermittelt und müssten noch aufgeklärt werden. Dies gelte jedenfalls dann, wenn lediglich eine allgemeine Befürchtung bestehe. Die die Räume begrenzende Kelleraußenwand werde auch nicht ausschließlich von K genutzt. Die Kelleraußenwand begrenze insgesamt das Gebäude nach außen und habe im Übrigen für das gesamte Gebäude eine wichtige statische Funktion. Hinzu komme, dass die Gemeinschaftsordnung den Wohnungseigentümern nur eine Instandhaltungs-, nicht aber auch eine Instandsetzungspflicht zuweise (Hinweis auf BGH, Urteil v. 9.12.2017, V ZR 124/16).

Hinweis für die Verwaltungspraxis

Nach § 48 Abs. 5 WEG sind für die bereits vor dem 1.12.2020 bei Gericht anhängigen Verfahren die Vorschriften des dritten Teils des WEG in ihrer bis dahin geltenden Fassung weiter anzuwenden. Dies waren die §§ 43 bis 50 WEG a. F. Die

Beschlussersetzungsklage fand sich indessen in § 21 Abs. 8 WEG a. F. und damit im 3. Abschnitt des ersten Teils des WEG a. F. Diese stets zweifelhafte Verortung einer WEG-Verfahrensvorschrift hatte man bei Schaffung des WEMoG und der Formulierung des § 48 Abs. 5 WEG übersehen. Zwar hat man die Beschlussersetzungsklage in den § 44 WEG »versetzt«. Das »Folgeproblem« wurde bei § 48 Abs. 5 WEG aber nicht mitgeregelt.

Lösung: Analogie
Um zum richtigen Ergebnis zu kommen, dass anhängige Beschlussersetzungsklagen gegen die Wohnungseigentümer nach altem Verfahrensrecht fortzusetzen sind, muss man diese versehentliche Regelungslücke daher ausmachen und im Wege der Analogie füllen. So macht es das Berliner Landgericht – und so haben es davor und danach alle Landgerichte gemacht und Kommentatoren befürwortet.

Berufung des K
Auch K hatte sich gegen die AG-Entscheidung gewandt. Diese Berufung hatte keinen Erfolg: Es kam nach der LG-Ansicht nicht in Betracht, einen Negativbeschluss für ungültig zu erklären, wenn die mehrheitliche Ablehnung des zur Abstimmung gestellten Antrags den Grundsätzen ordnungsmäßiger Verwaltung entspricht. Maßgeblicher Zeitpunkt für die Beurteilung sei der Zeitpunkt der Eigentümerversammlung (Hinweis u. a. auf BGH, Urteil v. 16.1.2009, V ZR 74/08, und LG Bremen, Urteil v. 7.10.2016, 4 S 250/15, ZWE 2017 S. 269).

16.4 Schadensersatz gegen den Verwalter

LG Frankfurt a. M., Beschluss vom 23.2.2021, 2-13 S 12/20
Schadensersatzansprüche, bei denen der dem Schadensersatzanspruch zugrunde liegende Sachverhalt vor dem 1.12.2020 abgeschlossen wurde, sind nach den bis zum 30.11.2020 geltenden WEG-Vorschriften zu beurteilen.

Sachverhalt
Wohnungseigentümer K begehrt von Verwalter B Schadensersatz wegen einer vermeintlichen Pflichtverletzung (Absterben von Fischen und Korallen in einem Aquarium durch Unterbrechung der Stromzufuhr). Das AG weist die Klage ab. Mit der Berufung verfolgt K seinen erstinstanzlichen Antrag, B zu verurteilen, an ihn 2.696 EUR Schadensersatz nebst Zinsen zu zahlen, weiter.

Entscheidung
K hat keinen Erfolg: Ihm stehe gegen B nach den Vorschriften des Wohnungseigentumsgesetzes in der bis zum 30.11.2020 geltenden Fassung kein Anspruch auf Schadensersatz zu. Das Vorliegen eines Schadensersatzanspruchs sei nach den bis zum

30.11.2020 geltenden WEG-Vorschriften zu beurteilen. Zwar habe der Gesetzgeber für das anzuwendende materielle Recht keine Übergangsvorschrift geschaffen, sodass grundsätzlich auch in bereits oder noch anhängigen Verfahren das am 1.12.2020 in Kraft getretene Recht gelte.

Eine Ausnahme gelte allerdings für die Beurteilung eines Schadensersatzanspruchs, wenn der dem Schadensersatzanspruch zugrunde liegende Sachverhalt vor Inkrafttreten des neuen Rechts abgeschlossen worden sei. Die Anwendung der am 1.12.2020 in Kraft getretenen Vorschriften würde im Wege der (echten) Rückwirkung in einen bereits abgeschlossenen Sachverhalt eingreifen. Ein entsprechender Wille des Gesetzgebers sei nicht ersichtlich. Die echte Rückwirkung sei zudem grundsätzlich unzulässig. Eine etwaige Pflichtverletzung des Handwerkers könne B nicht nach § 278 Abs. 1 BGB zugerechnet werden. Die Pflicht des B zur Beschlussdurchführung habe nur die Beauftragung des Handwerkers, nicht aber die eigentliche Auftragsdurchführung umfasst.

Hinweis für die Verwaltungspraxis

Ich sehe es wie das LG. Die Gemeinschaft der Wohnungseigentümer kann auch meiner Ansicht nach nicht für Pflichtverletzungen des Verwalters haften, die vor dem 1.12.2020 liegen. Im Übrigen dürfte eine nicht angekündigte Unterbrechung der Stromzufuhr außer in Notfällen tatsächlich eine schuldhafte Pflichtverletzung des Verwalters sein.

17 COVID-19-Pandemie

Die in diesem Abschnitt berichteten Entscheidungen befassen sich mit der COVID-19-Pandemie.

17.1 Versammlung

17.1.1 Versammlung unter 2 G+-Bedingungen?

AG München, Beschluss vom 6.12.2021, 1293 C 19127/21 EVWEG
Einer Versammlung steht es nicht entgegen, dass nach landesrechtlichen Vorschriften nur Geimpfte und Genesene mit negativem Corona-Test teilnehmen dürfen.

Sachverhalt
Der Vorsitzende des Verwaltungsbeirats A meint, eine Versammlung, die nach dem öffentlichen Recht nur Personen besuchen dürfen, die geimpft oder genesen sind und zusätzlich einen negativen COVID-19-Test vorweisen können, sei wohnungseigentumsrechtlich unzulässig. Er beantragt daher im Wege einer einstweiligen Verfügung, einen Verwalter zu bestellen.

Entscheidung
A hat keinen Erfolg: Es bestehe kein Verfügungsanspruch. A müsse zunächst die anderen Wohnungseigentümer mit dem Gegenstand befassen. Dies sei auch möglich. Eine Versammlung, die nach dem öffentlichen Recht nur Personen besuchen dürfen, die geimpft oder genesen sind und zusätzlich einen negativen COVID-19-Test vorweisen können, sei wohnungseigentumsrechtlich zulässig und verletze nicht den Kernbereich des Wohnungseigentumsrechts. Wer sich eigenverantwortlich gegen eine Impfung entscheide, müsse die sich aus dieser Entscheidung ergebenden Konsequenzen tragen.

> **Hinweis für die Verwaltungspraxis**
>
> Im dargestellten Fall geht es um die viel diskutierte Frage, ob die Rechte der Wohnungseigentümer verletzt werden, wenn eine Versammlung einberufen wird, an der von Gesetzes wegen nur Genesene oder Geimpfte teilnehmen dürfen.
>
> **Kernbereich des Wohnungseigentums**
> Ein Beschluss oder eine Vereinbarung sollen nach h. M. nichtig sein, wenn sie in den »Kernbereich des Wohnungseigentums« eingreifen. Zum Kernbereich sollen vor allem die Rechte eines Wohnungseigentümers gehören, die sein Eigentum in

besonderer Weise »auszeichnen«, vor allem die Verwaltungsrechte. Das Recht zur Teilnahme an einer Versammlung gehört unter anderem nach h. M. zu den unentziehbaren Rechten eines Wohnungseigentümers. Diese »Kernbereichslehre« hat also eine Funktion zwischen den Wohnungseigentümern und begrenzt ihre Möglichkeiten, ihre Sachen selbst zu organisieren.

Hierum geht es nicht, wenn der Staat den Wohnungseigentümern Grenzen setzt und beispielsweise die Teilnahme an einer Versammlung an Bedingungen knüpft. In diesem Fall organisieren die Wohnungseigentümer nicht ihre Dinge, sondern der Staat beschreibt Rahmenbedingungen für die Eigentümer. Vor diesem Hintergrund ist es fernliegend und eigentlich ausgeschlossen, dass Coronaverordnungen in den Kernbereich des Wohnungseigentums eingreifen. So sieht es auch das AG, das einen Kernbereichsverstoß als Folge der Gesetzeslage und der Entscheidung eines Wohnungseigentümers, sich gegen eine Impfung auszusprechen, ablehnt.

Natürlich könnte man das Gesetz, nämlich die Coronaverordnung, auf seine Rechtmäßigkeit prüfen (das hat man im Münchener Amtsgericht nicht getan). Dass die Verordnung die Rechte der Wohnungseigentümer verletzt, was nicht erkennbar ist, dürfte unter den Wohnungseigentümern aber keine Rolle spielen.

Hausrecht und Benutzungsbeschluss

Anders stellt sich die Rechtslage dar, wenn die Wohnungseigentümer selbst sich Regeln geben. Hier meine ich beispielsweise, es sei nicht möglich, sich »2 G« (gar »+« oder »++«) selbst zu verordnen. So weit geht das Hausrecht nicht und das erlaubt auch § 19 Abs. 1 WEG nicht. Hier werden Rechte verletzt. Etwas anderes gilt bei »3 G«, wenn die Gemeinschaft der Wohnungseigentümer den Test stellt und man sich vor der Teilnahme in Anwesenheit der Verwaltung prüfen kann. Wer das nicht will, bleibt der Versammlung eben fern und nimmt sich einen Vertreter.

Schrifttum

Im Schrifttum (siehe z. B. Gerle, IMR 2022, S. 1; Klimesch, IMR 2022, S. 3) ist streitig, ob es einer Versammlung entgegensteht, dass nach landesrechtlichen Vorschriften nur Geimpfte und Genesene mit negativem Corona-Test teilnehmen dürfen (siehe z. B. Gerle, IMR 2022, S. 1; Klimesch, IMR 2022, S. 3). Ich selbst bin mit dem AG der Auffassung, dass bei Anwendung der 2 G-Regelung Mitgliedschafts- und Teilnahmerechte nicht verletzt werden. Richtig ist, dass dann voraussichtlich einige Wohnungseigentümer oder Wohnungseigentümerinnen daran gehindert sind, persönlich an einer Versammlung teilzunehmen. Das allein macht die dort gefassten Beschlüsse aber weder anfechtbar noch nichtig. Würde man es anders sehen, müsste man annehmen, dass die landesrechtlichen Corona-Verordnungen insoweit rechtswidrig sind. Richtig ist aber auch, dass die Verwaltungen sehr sorgfältig prüfen sollten, ob die Gegenstände, die zur Beschlussfassung anstehen, es rechtfertigen, sich zum jetzigen Zeitpunkt zu versammeln. Das ist eine Frage des Einzelfalls und einer schwierigen Abwägung. Hier haben die Verwaltungen ihre Rechte zu beachten, die ihnen § 27 Abs. 1 WEG oder ein Beschluss oder eine Vereinbarung der Wohnungseigentümer geben.

Das öffentliche Recht
Das öffentliche Recht ändert sich im Übrigen häufig nach wenigen Tagen, jedenfalls nach wenigen Wochen. Die Verwaltung muss sich hier immer auf dem Laufenden halten. Eine informative Seite, die neben Gesetzen zur COVID-19-Pandemie (Bund und Länder) auch Rechtsprechung und Fachaufsätze nachweist, findet sich unter: https://lexcorona.de/doku.php. Anwendbar ist im Übrigen immer das Recht, das am Tag der Versammlung gilt. Es kann daher sein, dass die einzuhaltenden Bestimmungen zwischen der Einladung und der Abhaltung der Versammlung strenger sind oder sich die Anforderungen erleichtert haben.

17.1.2 Anspruch auf Versammlung

LG Frankfurt a. M., Beschluss vom 16.2.2021, 2-13 T 97/20
Ein Verwalter darf sich nicht unter Hinweis auf die COVID-19-Pandemie weigern, eine Versammlung durchzuführen, wenn die Durchführung mit vertretbarem Aufwand möglich ist, öffentlich-rechtliche Beschränkungen nicht entgegenstehen und die Versammlung zu einem Zeitpunkt begehrt wird, zu dem Schulen und Geschäfte vollständig geöffnet waren. Die Verlängerung der Verwalterbestellung nach § 6 Abs. 1 COVMG macht eine Versammlung, auf der über die Verwalterneubestellung entschieden werden soll, nicht entbehrlich.

Sachverhalt
Die Bestellung von Verwalter V endet am 31.12.2020. Der Beiratsvorsitzende fordert daher V im August 2020 auf, eine Versammlung einzuberufen, um über die Weiterbestellung zu beschließen. V weigert sich unter Hinweis auf die COVID-19-Pandemie und die Regelung zur Weiterbestellung des Verwalters in § 6 Abs. 1 COVMG (der galt bis zum 31.8.2022). Für eine Verwalterwahl bestehe danach kein Bedürfnis. Hierauf lädt der Beiratsvorsitzende selbst zu einer Versammlung ein. Wohnungseigentümer K begehrt, ihm dies durch eine einstweilige Verfügung zu untersagen. Das AG weist diesen Antrag zurück. Hiergegen richtet sich die sofortige Beschwerde des K.

Entscheidung
K hat keinen Erfolg: Der Beiratsvorsitzende sei berechtigt gewesen, nach § 24 Abs. 3 WEG zu einer Versammlung zu laden. Die Voraussetzungen dieser Bestimmung lägen vor. Die COVID-19-Pandemie habe den Verwalter nicht davon entbunden, Versamm-

lungen durchzuführen. Da die Versammlung der zentrale Ort für Entscheidungen der Eigentümer sei, bestehe, soweit diese durchführbar seien, ein Anspruch auf Durchführung von Versammlungen. Im vorliegenden Fall gebe es zwar mehr als 50 Wohnungseigentümer. K habe aber selbst vorgetragen, dass üblicherweise nur 20 davon erscheinen würden. Selbst dann, wenn bei einer Verwalterwahl mit einem höheren Teilnahmegrad zu rechnen wäre, sei in der derzeitigen Situation davon auszugehen, dass die Wohnungseigentümer in erheblichem Umfang davon Gebrauch machen würden, Vollmachten zu erteilen.

Da zum Zeitpunkt der Versammlung nach den öffentlich-rechtlichen Bestimmungen Zusammenkünfte von bis zu 50 Personen zulässig gewesen seien, hätten einer Versammlung auch keine öffentlich-rechtlichen Beschränkungen entgegengestanden. Allein die Pandemielage als solche habe jedenfalls im Oktober 2020, als Schulen und Geschäfte vollständig geöffnet gewesen seien, nicht ohne weitere Gründe eine Weigerung des Verwalters, eine Versammlung einzuberufen, gerechtfertigt. Aus § 6 Abs. 1 COVMG folge nichts anderes. Wenn eine Versammlung durchführbar sei, könne die automatische Verlängerung der Amtsstellung nicht angeführt werden, um eine Willensbildung der Eigentümer über die Person des Verwalters zu verhindern.

Hinweis für die Verwaltungspraxis

Nach § 6 Abs. 1 COVMG bleibt der zuletzt bestellte Verwalter i. S. d. Wohnungseigentumsgesetzes bis zu seiner Abberufung oder bis zur Bestellung eines neuen Verwalters im Amt. Diese Bestimmung soll die Verwaltung des gemeinschaftlichen Eigentums erleichtern. Dies gilt aber nur – und das ist der Kern der Entscheidung –, wenn es den Wohnungseigentümern nicht möglich ist, sich zu versammeln. Denn dann könnte die Bestellung eines Verwalters ablaufen und die Verwaltung der Wohnungseigentumsanlage wäre jedenfalls erheblich erschwert. Ist indessen eine Versammlung möglich – und so war es unstreitig im dargestellten Fall –, muss der Verwalter auch in Zeiten der COVID-19-Pandemie seine Pflichten als Organ der Gemeinschaft der Wohnungseigentümer erfüllen und wenigstens einmal im Jahr eine Versammlung einberufen. Beraumt der Verwalter allerdings eine Versammlung an, obwohl das öffentliche Recht diese nicht zulässt, sind alle dort gefassten Beschlüsse anfechtbar. Es ist auch vorstellbar, dass der Verstoß gegen das öffentliche Recht die Nichtigkeit der gefassten Beschlüsse nach sich zieht. Jedenfalls ist kein Wohnungseigentümer gezwungen, zu so einer Versammlung zu erscheinen.

Versammlung ist möglich

Ist eine Versammlung möglich, obliegt es dem Ermessen des Verwalters, wann, wo, zu welchem Zeitpunkt, an welchem Ort und an welcher Stätte die Versammlung einberufen wird. Um den besonderen Anforderungen der COVID-19-Pandemie zu entsprechen, kann es im Einzelfall z. B. richtig sein, eine Versammlung auf einem zur Wohnungseigentumsanlage gehörenden Spielplatz durchzuführen, wenn der Grundsatz der Nichtöffentlichkeit gewahrt bleibt. Bestimmt der Verwalter eine ungeeignete Versammlungsstätte, dürfte kein Wohnungseigentümer verpflichtet sein, an der Versammlung teilzunehmen, und es dürften, sind Wohnungseigentümer wegen der Ungeeignetheit der Versammlungsstätte der Versammlung ferngeblieben, gefasste Beschlüsse dennoch einer ordnungsmäßigen Verwaltung widersprechen. Sie sind zwar nicht nichtig, aber anfechtbar.

Die Pflicht, für die Einhaltung des öffentlichen Rechts während der Versammlung zu sorgen, ist Aufgabe der Versammlungsleitung und damit des Verwalters als Organ der Gemeinschaft der Wohnungseigentümer. Ihm obliegt es z. B., für den Mindestabstand zwischen den Teilnehmern zu sorgen und auch auf die Hygiene zu achten. Was im Einzelnen gilt, ist eine Frage des Infektionsschutzes und der aktuellen Bestimmungen.

Die Wohnungseigentümer können nach § 23 Abs. 1 Satz 2 WEG beschließen, dass Wohnungseigentümer an der Versammlung auch ohne Anwesenheit an deren Ort teilnehmen und sämtliche oder einzelne ihrer Rechte ganz oder teilweise im Wege elektronischer Kommunikation ausüben können. Diese Möglichkeit ist kein »Selbstläufer« und in Bezug auf die COVID-19-Pandemie auf kürzere Sicht nur eine kleine Hilfe. Denn stets bedarf es vorher eines Beschlusses, künftig eine Online-Teilnahme zu erlauben.

Neben einer Online-Teilnahme an einer Präsenzversammlung ist es möglich, eine solche Versammlung zu simulieren. Sämtliche Wohnungseigentümer können dem Verwalter vorab und ohne Einladung eine Vollmacht erteilen. In diesem Fall ist der Verwalter berechtigt und verpflichtet, aufgrund der Vollmachten mit sich selbst eine Versammlung abzuhalten. Dieser Weg ist für die Wohnungseigentümer gefahrlos, wenn sie den Verwalter vorher und im Einzelnen angewiesen haben, wie er abstimmen soll. Einen Zwang, eine Vollmacht zu erteilen, gibt es nicht. Auch in Zeiten einer Pandemie besteht ein Anspruch der Wohnungseigentümer auf eine persönliche Teilnahme an Versammlungen, und es ist unzulässig, Versammlungen dahin gehend zu beschränken, dass lediglich eine Teilnahme einzelner Personen gewährleistet wird und die übrigen Eigentümer Vollmachten zu erteilen haben oder gar von vornherein lediglich zu Vertreterversammlungen geladen wird, bei denen sich die Eigentümer nur vertreten lassen können.

17.1.3 Vollmachtsversammlung

17.1.3.1 Anfechtbarkeit

AG Augsburg, Urteil vom 30.9.2021, 31 C 2231/20 WEG
Lädt der Verwalter die Wohnungseigentümer mit dem Hinweis, kein Wohnungseigentümer dürfe zur Versammlung erscheinen und alle Wohnungseigentümer müssten ihm eine Vollmacht erteilen, sind die Wohnungseigentümer im Kernbereich ihres Wohnungseigentums verletzt. Dennoch gefasste Beschlüsse sind auf Anfechtung hin für ungültig zu erklären.

Sachverhalt
Der Verwalter lädt die Wohnungseigentümer am 27. April 2020 für den 6. Mai 2020 zu einer außerordentlichen Versammlung ein. Das Einladungsschreiben enthält den Hinweis, im Hinblick auf die COVID-19-Pandemie und ein damit einhergehendes Versammlungsverbot dürfe kein Wohnungseigentümer persönlich erscheinen, sodass es wichtig sei, dass jeder Wohnungseigentümer eine beiliegende Vollmacht verwende, um seine Weisung geltend zu machen. In der Versammlung wird dann beschlossen, im Namen der Gemeinschaft der Wohnungseigentümer Rechtsanwälte gegen Wohnungseigentümer K zu beauftragen. Gegen diesen Beschluss geht K vor. Er meint u. a., die Versammlung sei nicht ordnungsmäßig einberufen worden, da den Wohnungseigentümern der Sache nach die Teilnahme an der Versammlung verboten worden sei.

Entscheidung
Die Klage hat Erfolg! Das AG erklärt den Beschluss für ungültig. Die Wohnungseigentümer seien durch die Formulierungen im Ladungsschreiben an ihrer Teilnahme und an einer Stimmabgabe gehindert und damit im Kernbereich ihrer Rechte verletzt worden. Die COVID-19-Pandemie ändere daran nichts. Im Übrigen hätte der Verwalter die Versammlung verschieben können. Denn es sei absehbar gewesen, dass die bayerischen Corona-Einschränkungen in den folgenden Wochen abgemildert werden würden.

> **Hinweis für die Verwaltungspraxis**
>
> Herrscht eine Pandemie, muss sich die Verwaltung fragen, ob und, wenn ja, auf welche Weise sie eine Versammlung organisieren kann.
>
> **Öffentliches Recht lässt Versammlungen nicht zu**
> Die Gemeinschaft der Wohnungseigentümer muss sich stets an das öffentliche Recht halten und dieses 1 : 1 umsetzen. Verbietet das öffentliche Recht die Abhaltung von Versammlungen, muss die Verwaltung daher für alle Maßnahmen nach § 27 Abs. 1 Nr. 1 und Nr. 2 WEG vorgehen und Entscheidungen selbst treffen. Wird dennoch eine Versammlung anberaumt, sind alle dort gefassten Beschlüsse

anfechtbar. Es ist sogar vorstellbar, dass der Verstoß gegen das öffentliche Recht eine Nichtigkeit der gefassten Beschlüsse nach sich zieht. Jedenfalls ist kein Wohnungseigentümer gezwungen, zu so einer Versammlung zu erscheinen.

Öffentliches Recht lässt Versammlungen zu
Erlaubt das öffentliche Recht Versammlungen, sind diese abzuhalten. Die COVID-19-Pandemie ist kein Grund, keine Versammlung abzuhalten. Bei der Abhaltung der Versammlung sind allerdings die örtlich geltenden Bestimmungen einzuhalten. Die Verwaltung muss vor allem eine Versammlungsstätte wählen, die es ermöglicht, dass der notwendige Mindestabstand zwischen den Versammlungsteilnehmern und den Mitarbeitern sowie die weiteren Hygienemaßnahmen wie das Händewaschen und eine Desinfektion eingehalten werden können. Wird eine ungeeignete Versammlungsstätte gewählt, dürfte kein Wohnungseigentümer verpflichtet sein, an der Versammlung teilzunehmen, und dürften, sind Wohnungseigentümer wegen der Ungeeignetheit der Versammlungsstätte der Versammlung ferngeblieben, dennoch gefasste Beschlüsse einer ordnungsmäßigen Verwaltung widersprechen. Sie sind zwar nicht nichtig, aber anfechtbar.

Die Pflicht, für die Einhaltung des öffentlichen Rechts während der Versammlung zu sorgen, ist ein Teil der Versammlungsleitung. Der Verwaltung obliegt es z. B., für den Mindestabstand zwischen den Teilnehmern zu sorgen und auch auf die Hygiene zu achten. Was im Einzelnen gilt, ist eine Frage des Infektionsschutzes und der aktuellen Bestimmungen. Die Wohnungseigentümer sind berechtigt, durch Beschluss Weisungen zu erteilen. Am Verwalter als geborenem Versammlungsleiter ist es auch zu entscheiden, ob eine Versammlung aus hygienischen Gründen unterbrochen, verlegt oder vertagt wird. Die Wohnungseigentümer sind auch insoweit berechtigt, durch Beschluss Weisungen zu erteilen, und können Beschlüsse zur Geschäftsordnung fassen. Insoweit gelten die allgemeinen Regelungen.

Vollmachtsversammlung
Sämtliche Wohnungseigentümer können der Verwaltung vorab und ohne Einladung eine Vollmacht erteilen. In diesem Fall ist die Verwaltung berechtigt und verpflichtet, aufgrund der Vollmachten mit sich selbst eine Versammlung abzuhalten. Dieser Weg ist für die Wohnungseigentümer gefahrlos, wenn sie die Verwaltung vorher und im Einzelnen angewiesen haben, wie abzustimmen ist. Einen Zwang, eine Vollmacht zu erteilen, gibt es allerdings nicht. Auch in Zeiten der COVID-19-Pandemie besteht ein Anspruch der Wohnungseigentümer auf eine persönliche Teilnahme an Versammlungen. Es ist unzulässig, Versammlungen dahin gehend zu beschränken, dass lediglich eine Teilnahme einzelner Personen gewährleistet wird und die übrigen Eigentümer Vollmachten zu erteilen haben oder gar von vornherein lediglich zu Vertreterversammlungen geladen wird, bei denen sich die Eigentümer nur vertreten lassen können.

Bei der Einladung zu einer solchen Versammlung ist außerdem Vorsicht geboten. Weist der Verwalter die Wohnungseigentümer in seinem Einladungsschreiben darauf hin, dass sein Büro wegen der COVID-19-Pandemie für den Publikumsverkehr geschlossen ist und Versammlungen mit Anwesenheit wegen der Kontaktsperre nicht stattfinden können, bittet er die Wohnungseigentümer ferner darum, ihm eine Vollmacht zu erteilen und auf einem beigefügten Protokoll ihre Abstimmungswünsche anzukreuzen, und fordert er dann die Wohnungseigentümer noch auf, nicht persönlich zur Versammlung zu erscheinen, ist das der Sache nach eine »Ausladung«.

Eine Einladung, die tatsächlich eine »Ausladung« ist und den Wohnungseigentümern suggeriert, sie dürften nicht zur Versammlung kommen und müssten der Verwaltung eine Vollmacht erteilen, widerspricht einer ordnungsmäßigen Verwaltung. Es liegt dann ein formaler Beschlussmangel vor. Dieser rechtfertigt es, Beschlüsse, die auf ihm beruhen, auf eine fristgemäße Anfechtung hin für ungültig zu erklären. Fraglich ist demgegenüber, ob das nicht ordnungsmäßige Tun sogar einen »Kernbereichsverstoß« darstellt. In der Regel dürfte das zu verneinen sein (vgl. Häublein, ZfIR 2020, 789). Die Bitte, eine Vollmacht zu erteilen, ist beispielsweise unschädlich. Wenn für einen Wohnungseigentümer außerdem die Möglichkeit bleibt, selbst zu erscheinen und keine Vollmacht zu erteilen, wird er allenfalls an der Wahrnehmung seiner Rechte behindert. Anders kann es aber liegen, wenn die Versammlungsstätte es gar nicht zulässt, dass Wohnungseigentümer an der Versammlung teilnehmen, oder wenn die Verwaltung die Rechtslage so darstellt, dass die Erteilung einer Vollmacht alternativlos ist (siehe AG Hamburg-St. Georg, Urteil v. 28.1.2022, 980a C 23/21).

17.1.3.2 Nichtigkeit

AG Augsburg, Urteil vom 30.9.2021, 31 C 2231/20 WEG
Lädt ein Verwalter zu einer Versammlung ein, bittet die Wohnungseigentümer aber, nicht zu erscheinen, und kündigt er an, bei einer Zuwiderhandlung die Versammlung abzubrechen, sind dennoch gefasste Beschlüsse nichtig.

Sachverhalt
Ein Verwalter lädt am 19.6.2020 zu einer Versammlung am 21.7.2020 ein. In dem Einladungsschreiben heißt es: »Wir laden mit den beiliegenden Unterlagen ordnungsgemäß zu einer Eigentümerversammlung ein, zu der Sie aber bitte nicht erscheinen. Sollten Eigentümer/innen erscheinen, wären wir zum sofortigen Abbruch der Veranstaltung gezwungen.« Der Einladung sind Vollmachten für den Verwalter zur Abstimmung beigefügt. Am 21.7.2020 findet die Eigentümerversammlung statt, auf welcher der Beschluss zu TOP 8 »Änderungen der Hausordnung« gefasst wird. Wohnungseigentümer

K geht gegen diesen Beschluss vor. Er meint, dieser sei u. a. wegen Verstoßes gegen sein Teilnahmerecht unwirksam.

Entscheidung
Die Anfechtungsklage hat Erfolg: Der angefochtene Beschluss sei nichtig. Die Beschlussfassung verstoße gegen § 23 Abs. 1 WEG. Danach seien Beschlüsse nichtig, wenn sie in den Kernbereich des Wohnungseigentums eingreifen. Zu diesem Kernbereich gehöre das Recht der Wohnungseigentümer, an den Versammlungen teilzunehmen. Durch die Formulierung im Einladungsschreiben sei den Wohnungseigentümern die Teilnahme verwehrt worden. Sie seien ausdrücklich aufgefordert worden, nicht zu erscheinen. Ein Wahlrecht, gleichwohl zu erscheinen, eröffne diese Formulierung nicht. Darüber hinaus sei angekündigt worden, die Veranstaltung abzubrechen, wenn einzelne Eigentümer erscheinen würden. In der Gesamtschau seien diese Formulierungen als Verbot zu verstehen.

> ### Hinweis für die Verwaltungspraxis
>
> Die COVID-19-Pandemie ist kein Grund, keine Versammlung abzuhalten. Ob der Verwalter zu einer Versammlung einladen muss und nach Ablauf der Jahresfrist einem Ersuchen der Wohnungseigentümer oder des Verwaltungsbeirats nachkommen muss, richtet sich allein danach, ob eine Einladung rechtlich und tatsächlich möglich ist. Was gilt, kann sich von Landkreis zu Landkreis unterscheiden. Der Verwalter ist gehalten, sich über die Rechtslage für jede Wohnungseigentümergemeinschaft angemessen zu informieren.
>
> **Öffentliches Recht**
> Verbietet das öffentliche Recht Versammlungen, darf der Verwalter keine anberaumen. In diesem Fall darf und muss er alle Verwaltungsentscheidungen nach § 27 Abs. 1 Nr. 1, Nr. 2 WEG selbst treffen. Stützt der Verwalter eine Maßnahme auf § 27 Abs. 1 Nr. 2 WEG, muss er darauf achten, nur das unbedingt Notwendige zu veranlassen. Alle Entscheidungen, die vertagt werden können, sind auch zu vertagen. Im dargestellten Fall war z. B. die Änderung der Hausordnung nicht eilig. Aber selbst dann, wenn es anders gewesen wäre, hätte der Verwalter keinen Benutzungsbeschluss nach § 19 Abs. 1, Abs. 2 Nr. 1 WEG fassen können. Er hätte hingegen die Wohnungseigentümer und/oder Mieter abmahnen und darauf hinweisen können, dass das Abstellen von Schuhen im Treppenhaus gegen § 14 Abs. 1 Nr. 2 WEG verstößt und auch ohne besondere Regelung unzulässig ist. Erlaubt das öffentliche Recht Versammlungen, sind Versammlungen abzuhalten. Dies gilt auch dann, wenn sich nicht sämtliche Wohnungseigentümer versammeln dürfen.
>
> Ferner ändern die COVMG-Bestimmungen zum Wirtschaftsplan und zur Weiterbestellung des Verwalters nichts. Die Verlängerung der Verwalterbestellung nach § 6

Abs. 1 COVMG macht eine Versammlung, auf der über die Verwalterneubestellung entschieden werden soll, mithin nicht entbehrlich (LG Frankfurt a. M., Beschluss v. 16.2.2021, 2-13 T 97/20). Ist eine Versammlung möglich, liegt es im Ermessen des Verwalters, wann, wo, zu welchem Zeitpunkt, an welchem Ort und an welcher Stätte er die Versammlung einberuft. Um den besonderen Anforderungen der COVID-19-Pandemie zu entsprechen, kann es im Einzelfall z. B. richtig sein, eine Versammlung auf einem zur Wohnungseigentumsanlage gehörenden Spielplatz durchzuführen, wenn der Grundsatz der Nichtöffentlichkeit gewahrt bleibt.

Vollmachtsversammlung

Nach ganz h. M. können sämtliche Wohnungseigentümer der Verwaltung eine Vollmacht erteilen, sie in der Versammlung zu vertreten (siehe nur Zehelein/Elzer, COVID-19, Miete in Zeiten von Corona, 1. Aufl. 2020, § 5 Rn. 44). Einen Zwang, einem Vertreter eine Vollmacht zu erteilen, gibt es aber nicht. Auch in Zeiten einer Pandemie besteht ein Anspruch der Wohnungseigentümer auf eine persönliche Teilnahme an Versammlungen. Es ist mithin unzulässig, Versammlungen dahin gehend zu beschränken, dass lediglich eine Teilnahme einzelner Personen gewährleistet wird und die übrigen Eigentümer Vollmachten zu erteilen haben oder gar von vornherein lediglich zu Vertreterversammlungen geladen wird, bei denen sich die Eigentümer nur vertreten lassen können (LG Frankfurt a. M., Urteil v. 17.12.2020, 2-13 S 108/20).

Bei der Einladung zu einer Vertreterversammlung ist daher große Vorsicht geboten. Die Verwaltung darf den Wohnungseigentümern zwar die Möglichkeit einer Vollmacht vorstellen. Sie darf insoweit aber keinen – auch nur mittelbaren – Zwang ausüben. Weist die Verwaltung die Wohnungseigentümer im Einladungsschreiben z. B. darauf hin, dass wegen der COVID-19-Pandemie ihr Büro für den Publikumsverkehr geschlossen sei und Versammlungen mit Anwesenheit wegen der Kontaktsperre nicht stattfinden könnten, bittet sie die Wohnungseigentümer ferner auf, ihr eine Vollmacht zu erteilen und auf einem beigefügten Protokoll ihre Abstimmungswünsche anzukreuzen, und fordert sie dann die Wohnungseigentümer noch, nicht persönlich zur Versammlung zu erscheinen, ist das der Sache nach eine »Ausladung«. Auf einer solchen Versammlung gefasste Beschlüsse sind anfechtbar, anders als das AG meint, aber nicht nichtig.

> **Achtung**
> Soweit die Benutzung des gemeinschaftlichen Eigentums und des Sondereigentums nicht bereits durch Vereinbarung geregelt ist, können die Wohnungseigentümer zweifellos nach § 19 Abs. 1 WEG über eine ordnungsmäßige Benutzung beschließen (Benutzungsbeschluss). Insoweit kommt im Hinblick auf die Covid-19-Pandemie eine ganze Reihe von Regelungen in den Blick. Bei keiner ist zurzeit vollständig gesichert, dass sie abstrakt oder konkret

ordnungsmäßiger Verwaltung entspricht. Insoweit muss die Rechtsprechung abgewartet werden. Es liegt aber nahe, dass die meisten Regelungen einer gerichtlichen Überprüfung standhalten werden. Beispiele dazu sind:
- Der Beschluss, wie viele Personen einen Personenaufzug gleichzeitig benutzen dürfen.
- Der Beschluss, welches von mehreren Treppenhäusern zu nutzen ist.
- Der Beschluss, dass im Bereich des gemeinschaftlichen Eigentums ein Mindestabstand einzuhalten ist.
- Der Beschluss, dass im Personenaufzug und im Treppenhaus Mund-Nasen-Bedeckungen zu tragen sind.
- Der Beschluss, dass man im Treppenhaus nicht grüßen, nicht singen und sich nicht unterhalten darf.
- Der Beschluss, dass man aus Gründen der besseren Belüftung das Treppenhausfenster nicht schließen darf – oder jedenfalls nur zu bestimmten Zeiten.
- Der Beschluss, dass Außenflächen oder ein im gemeinschaftlichen Eigentum stehendes Schwimmbad gesperrt sind.
- Der Beschluss, wie Außenflächen gebraucht/genutzt werden dürfen.
- Der Beschluss, dass in bestimmten Bereichen Desinfektionsmittel einzusetzen sind, z. B. an Klinken oder Handläufen.

Ob der Verwalter befugt ist, auch ohne einen Beschluss entsprechende Benutzungsbestimmungen zu treffen, ist eine Frage des § 27 Abs. 1 WEG. So würde es liegen, wenn eine Maßnahme eine untergeordnete Bedeutung hat und nicht zu erheblichen Verpflichtungen führt. Ich selbst denke, es fehlte bereits an der ersten Voraussetzung. Denn ich meine, der Verwalter sei auch nach § 27 Abs. 1 Nr. 1 WEG nicht befugt, eigenständig eine Benutzungsbestimmung zu treffen. Folgte man dieser Sichtweise, hätte der Verwalter im Fall seine Pflichten überschritten und verletzt. Anders wäre es, wenn man die Maßnahmen als i. S. v. § 27 Abs. 1 Nr. 2 WEG dringlich/eilig ansieht. Das ist in Pandemiezeiten vorübergehend möglich.

17.1.4 Anspruch auf Absage

LG Frankfurt a. M., Beschluss vom 29.3.2021, 2-13 T 7/21
Bestehen zum Zeitpunkt der geplanten Versammlung objektiv Unsicherheiten, ob die Durchführung zulässig ist, besteht ein Anspruch auf Absage.

Sachverhalt

Verwalter B lädt zu einer Versammlung am 7. November 2020 ein. Unter Hinweis auf die am 2. November 2020 in Kraft tretende hessische Corona-Schutzverordnung vom 29. Oktober 2020 (CoronaSchutzVO) verlangt Wohnungseigentümer K, B die Durchführung der Versammlung zu untersagen. Er befürchtet durch die Teilnahme an der Versammlung die Begehung einer Ordnungswidrigkeit (§ 1 CoronaSchutzVO sieht vor, dass Aufenthalte im öffentlichen Raum nur allein oder mit den Angehörigen eines weiteren Hausstandes bis zu einer Gruppengröße von höchstens zehn Personen gestattet sind. Ausnahmen sind nur vorgesehen für Zusammenkünfte von Personen, die aus geschäftlichen, beruflichen, dienstlichen oder betreuungsrelevanten Gründen unmittelbar zusammenarbeiten müssen, sowie Sitzungen und Gerichtsverhandlungen). Das AG erlässt die einstweilige Verfügung. Hiergegen wendet sich B mit seinem Widerspruch, den er, nachdem die Parteien den Rechtsstreit in der Hauptsache angesichts des Zeitablaufs übereinstimmend für erledigt erklärt haben, auf die Kostenfolge beschränkt. B meint, der Versammlungsort, ein abgeschlossener Raum einer geschlossenen Gaststätte, sei kein öffentlicher Raum i. S. d. CoronaSchutzVO. Außerdem sei in den Auslegungshinweisen der Hessischen Ministerien für Wirtschaft und Soziales klargestellt worden, dass »Wohnungseigentümerversammlungen« zulässig seien. Das AG erlegt B dennoch die Kosten auf. Dagegen führt B die Beschwerde.

Entscheidung
B hat keinen Erfolg: Während einer Pandemie sei die Abhaltung einer Versammlung nicht ordnungsmäßig, wenn öffentlich-rechtliche Beschränkungen eine Durchführung nicht gestatten. Maßgeblich sei die Sach- und Rechtslage zum Zeitpunkt der Versammlung. Es bestehe ein Anspruch auf Absage, wenn aufgrund der Rechtslage die Teilnahme an der Versammlung ordnungswidrig sei oder zumindest aufgrund einer unklaren Rechtslage für die Teilnehmer die Gefahr bestehe, sich ordnungswidrig zu verhalten. So sei es im Fall gewesen.

> ### Hinweis für die Verwaltungspraxis
>
> Im aktuellen Recht wäre der Antrag des klagenden Wohnungseigentümers gegen die Gemeinschaft der Wohnungseigentümer zu richten gewesen. Denn auch bei der Einladung zur Versammlung handelt der Verwalter (nur) als Organ der Gemeinschaft der Wohnungseigentümer.

17.2 Schutz- und Hygienekonzepte

LG München I, Beschluss vom 18.11.2021, 1 S 7900/21
Die Verwaltung kann nach dem öffentlichen Recht verpflichtet sein, ein im gemeinschaftlichen Eigentum stehendes Schwimmbad abzusperren.

Sachverhalt
Der Verwalter B versperrt im Mai 2020 wegen der COVID-19-Pandemie das im gemeinschaftlichen Eigentum stehende Schwimmbad. Dagegen geht Wohnungseigentümer K vor.

Entscheidung
K hat keinen Erfolg: Nach der im Mai 2020 geltenden bayerischen Corona-Verordnung seien Schwimmbäder zu schließen gewesen. Dies habe auch für im Privateigentum stehende Freizeiteinrichtungen gegolten. B sei daher zu einer Maßnahme nach den

Vorschriften der Geschäftsführung ohne Auftrag berechtigt gewesen. Denn die Übernahme der Geschäftsführung in Form der Schließung des Schwimmbades habe dem mutmaßlichen Willen der Gesamtheit der Wohnungseigentümer entsprochen, da ohne eine solche Maßnahme der Gemeinschaft der Wohnungseigentümer und möglicherweise auch den Wohnungseigentümern selbst als Betreibern des Schwimmbades eine Geldbuße oder eine Strafe gedroht hätte und die vorherige Herbeiführung eines Beschlusses nicht möglich bzw. nach § 23 Abs. 3 Satz 1 WEG nicht erfolgversprechend gewesen wäre und auch zu viel Zeit in Anspruch genommen hätte.

Auf den entgegenstehenden Willen des K komme es nicht an, da auf den mutmaßlichen Willen sämtlicher Wohnungseigentümer abzustellen sei. Zudem wäre ein entgegenstehender Wille gem. § 679 BGB unbeachtlich gewesen. Zwar wäre ein Schutz- und Hygienekonzept möglich gewesen. Dieses habe B aber nicht bestimmen können. Die Ausarbeitung eines Schutz- und Hygienekonzepts sowie dessen Umsetzung wäre auch mit nicht unerheblichen Kosten verbunden gewesen und habe daher nicht dem mutmaßlichen Willen der Gesamtheit der Wohnungseigentümer (§ 678 BGB) entsprochen. So hätte B zumindest eine Zusatzvergütung verlangen können. Es habe auch nicht einfach durch eine entsprechende Programmierung des Türöffnungsmechanismus sichergestellt werden können. Zudem hätte die Einhaltung der in der gemeinsamen Handlungsempfehlung der Staatsministerien für Wirtschaft, Landesentwicklung und Energie, des Inneren, für Sport und Integration und für Gesundheit und Pflege in Abstimmung mit dem Bayerischen Heilbäderverband vorgeschriebenen Abstands- und Maskenpflicht überwacht, die Dokumentation der Kontaktdaten vorgenommen und das Reinigungskonzept erstellt und umgesetzt werden müssen.

Seit dem 1.12.2020 sei im Übrigen die Gemeinschaft der Wohnungseigentümer als Zustandsstörerin anzusehen.

Hinweis für die Verwaltungspraxis

Im dargestellten Fall geht es um die Frage, welche Befugnisse die Verwaltung hat (hier: Hygienemaßnahmen), ohne die Wohnungseigentümer befassen zu müssen.

Grundsatz
Welche Aufgaben und Befugnisse die Verwaltung hat, ergibt sich aus § 27 WEG oder einem diese Bestimmung ergänzenden Beschluss oder einer entsprechenden Vereinbarung. Von Gesetzes wegen ist die Verwaltung berechtigt und verpflichtet, Maßnahmen zu treffen, die eine untergeordnete Bedeutung haben und nicht zu erheblichen Verpflichtungen führen oder zur Wahrung einer Frist oder zur Abwendung eines Nachteils erforderlich sind. Welche Maßnahmen hierher gehören, ist eine Frage des Einzelfalls, die nicht abstrakt beantwortet werden kann. Anders ist es, wenn die Verwaltung und die Wohnungseigentümer gemeinsam

Vorsorge getroffen und die Wohnungseigentümer bestimmt haben, welche Maßnahmen in der Hand der Verwaltung liegen sollen.

Öffentliches Recht ordnet eine Maßnahme an
Ordnet das öffentliche Recht ein »Tun« an (im Fall die Schließung von Freizeiteinrichtungen), gelten die allgemeinen Grundsätze. Die Verwaltung muss die Wohnungseigentümer also mit den Anforderungen des öffentlichen Rechts befassen, es sei denn, sie selbst wäre nach § 27 Abs. 1 WEG, nach einem Beschluss oder einer Vereinbarung befugt, zu handeln. Im dargestellten Fall war die Verwaltung befugt, nach § 27 Abs. 1 Nr. 2 WEG zu handeln. Denn die Maßnahmen waren dringend. Es ist bedauerlich, dass das LG dies nicht aufzeigt. Es geht vielmehr einen rechtlichen Umweg, weil es meint, es habe eine Geschäftsführung ohne Auftrag vorgelegen. Diese Geschäftsführung aber ist der Gegenstand von § 27 Abs. 1 Nr. 2 WEG. Zwar galt im Fall noch altes Recht. Aber auch in diesem Recht war der Verwalter zu Notmaßnahmen für die Gemeinschaft der Wohnungseigentümer berechtigt und verpflichtet.

Richtiger Beklagter
Am Ende seiner Entscheidung weist das LG darauf hin, dass die Verwaltung im aktuellen Recht stets als Organ der Gemeinschaft der Wohnungseigentümer handelt. Sperrt daher ein Verwaltungsmitarbeiter die Tür ab, die Zugang zu einer Freizeiteinrichtung gibt, handelt rechtlich betrachtet die Gemeinschaft der Wohnungseigentümer und stört die Wohnungseigentümer im Mitgebrauch des gemeinschaftlichen Eigentums. Die Klage müsste sich daher im aktuellen Recht gegen die Gemeinschaft der Wohnungseigentümer richten und nicht gegen die Verwaltung.

Glossar

Zur Vereinfachung und Klarheit habe ich mich bei allen Darstellungen wieder sehr darum bemüht, die gleichen Begriffe »gleich« zu gebrauchen. Dies macht es leichter, in den allermeisten Entscheidungen Begriffe »auszutauschen« bzw. »anzugleichen«, da die Gerichte ebenso wie das Schrifttum mit ihnen völlig willkürlich verfahren und mit denselben Begriffen häufig anderes meinen – manchmal in ein und derselben Entscheidung. Die in diesem Buch angeführten Begriffe bedeuten jeweils Folgendes und werden stets gleich verwendet:

Abgeschlossenheitsbescheinigung
Eine Bescheinigung der Baubehörde, dass die im → Sondereigentum stehenden Wohnungen oder sonstigen Räume in sich »abgeschlossen« sind. Eine Wohnung ist die Summe der Räume, welche die Führung eines Haushalts ermöglichen; dazu gehören stets eine Küche oder ein Raum mit Kochgelegenheit sowie Wasserversorgung, Ausguss und WC; die Eigenschaft als »Wohnung« geht nicht dadurch verloren, dass einzelne Räume vorübergehend oder dauernd zu beruflichen oder gewerblichen Zwecken benutzt werden.

Abgeschlossene Wohnungen sind Wohnungen, die baulich vollkommen von fremden Wohnungen und Räumen abgeschlossen sind (zum Beispiel durch Wände und Decken, die den Anforderungen der Bauaufsichtsbehörden (Baupolizei) an Wohnungstrennwände und Wohnungstrenndecken entsprechen) und einen eigenen abschließbaren Zugang unmittelbar vom Freien, von einem Treppenhaus oder einem Vorraum haben. Zu abgeschlossenen Wohnungen können zusätzliche Räume außerhalb des Wohnungsabschlusses gehören. Wasserversorgung, Ausguss und WC müssen innerhalb der Wohnung liegen (diese Räume stehen im unselbstständigen Teileigentum und dürfen nicht bewohnt werden, Nebenräume). Zusätzliche Räume, die außerhalb des Wohnungsabschlusses liegen, müssen verschließbar sein. Bei »nicht zu Wohnzwecken dienenden Räumen« gelten diese Erfordernisse sinngemäß.

Stellplätze gelten als abgeschlossene Räume.

Abmeierung
Die Abmeierung ist der Zwang gegen einen → Wohnungseigentümer, sein → Wohnungseigentum zu veräußern oder es gegen seinen Willen zwangszuversteigern. Der Begriff meinte ursprünglich den vorzeitigen Entzug eines Meierhofs, also die Vertreibung des Meiers durch den Grundherrn.

Abrechnung (Jahresabrechnung)
Die Abrechnung über den → Wirtschaftsplan. Da das Wirtschaftsjahr das Kalenderjahr ist, heißt es im Gesetz »Jahresabrechnung«.

Die Abrechnung besteht aus der Gesamtabrechnung und den Einzelabrechnungen. Das Ziel der Gesamtabrechnung ist vor allem die Transparenz der Einnahmen und Ausgaben, das Ziel der Einzelabrechnungen ist die Errechnung der Nachschüsse der einzelnen Wohnungseigentümer.

Additionsverfahren
Beim Additionsverfahren erfolgt eine getrennte Auszählung der Ja- und Nein-Stimmen. Die Zahl der abgegebenen Stimmen wird durch Addition der Ja- und Nein-Stimmen ermittelt. Stimmenthaltungen müssen nicht ausgezählt werden, da sie für die Ermittlung der erforderlichen Mehrheit keine Rolle spielen. Das Additionsverfahren ermöglicht eine zuverlässige Ermittlung des Abstimmungsergebnisses und ist rechtlich unbedenklich. Es bietet weniger Angriffspunkte als das → Subtraktionsverfahren.

Amtsträger
Der Inhaber eines Amtes (zum Beispiel eine Person, die Inhaber des Amtes eines »Verwalters« ist).

Anstellung
Ein Vertrag mit einem bestellten oder zu bestellenden Amtsträger, in der Regel der Geschäftsbesorgungsvertrag des Verwalters. Wird häufig verwechselt mit oder nicht unterschieden von der → Bestellung.

Auflassungsvormerkung
Zur Sicherung des Anspruchs auf Auflassung kann eine Vormerkung in das Grundbuch eingetragen werden. Sie bewirkt, dass eine Verfügung, die nach der Eintragung der Vormerkung über das Grundstück oder das Recht getroffen wird, insoweit unwirksam ist, als sie den Anspruch vereiteln oder beeinträchtigen würde. Dies gilt auch, wenn die Verfügung im Wege der Zwangsvollstreckung oder der Arrestvollziehung oder durch den Insolvenzverwalter erfolgt. Der Rang des Rechts, auf dessen Einräumung der Anspruch gerichtet ist, bestimmt sich nach der Eintragung der Vormerkung.

Aufopferungsanspruch
Schadensersatzanspruch, der kein Verschulden voraussetzt.

Aufteilungsplan
Eine von der Baubehörde mit Unterschrift und Siegel oder Stempel versehene Bauzeichnung, aus der die Aufteilung des Gebäudes sowie die Lage und Größe der im → Sondereigentum und der im → gemeinschaftlichen Eigentum stehenden → wesentlichen Gebäudebestandteile ersichtlich sind.

Aufwendung
Ausgaben, die der Beauftragte zum Zwecke der Ausführung eines Auftrags getätigt hat. Solche Ausgaben fallen häufig bei → Verwaltungsbeiräten an.

Aufzugsanlage
Eine Aufzugsanlage, kurz »Aufzug«, »Fahrstuhl«, »Lift« oder »Personenaufzug« genannt, ist eine Anlage, mit der Personen oder Lasten in einer beweglichen Kabine, einem Fahrkorb oder auf einer Plattform in vertikaler oder schräger Richtung zwischen zwei oder mehreren Ebenen transportiert werden können.

Barrierefreiheit
Barrierefrei sind bauliche Anlagen, wenn sie für Menschen mit Behinderung in der allgemein üblichen Weise ohne besondere Erschwernis und grundsätzlich ohne fremde Hilfe zugänglich und nutzbar sind.

Bauliche Veränderung
Baumaßnahmen, die über die ordnungsmäßige → Instandhaltung oder → Instandsetzung des → gemeinschaftlichen Eigentums hinausgehen.

Bauträger
Ein gewerblich handelnder Unternehmer, der die Errichtung oder den Umbau eines Hauses oder eines vergleichbaren Bauwerks sowie die Übertragung von Eigentum an einem Grundstück oder die Bestellung und Übertragung eines Erbbaurechts verspricht.

Bauträgervertrag
Vertrag zwischen einem → Besteller und einem → Bauträger mit dem Ziel, dem Besteller ein → Wohnungseigentum oder ein → Wohnungserbbaurecht zu verschaffen.

Benutzung
Oberbegriff für → Gebrauch und → Nutzung.

Beschluss
Ein Beschluss ist ein mehrseitiges Rechtsgeschäft in der besonderen Form eines Gesamtaktes, durch den mehrere gleichgerichtete Willenserklärungen gebündelt werden. Der Beschluss ist damit die rechtliche Fassung eines einheitlichen Willens aus den Einzelwillen der an der Beschlussfassung Teilnehmenden.

Der Beschluss entsteht, wenn der Verwalter auf einen → Beschlussantrag das Ergebnis der auf den Antrag hin abgegebenen Stimmen feststellt und verkündet.

Beschlussantrag
Der Antrag eines → Wohnungseigentümers oder des → Verwalters, der auf einen → Beschluss zielt.

Beschlussersetzungsklage
Eine Klage auf → Beschluss.

Beschlusskompetenz
Das Recht der → Wohnungseigentümer, über einen Gegenstand einen → Beschluss zu fassen. Das Recht kann den Wohnungseigentümern von Gesetzes wegen zustehen oder ist das Ergebnis einer → Öffnungsklausel.

Beschlussquorum
Die notwendige Anzahl von Stimmen, die ein → Beschlussantrag erreichen muss, damit ein → ordnungsmäßiger → Beschluss entstehen kann. Das Gesetz selbst kennt kein Beschlussquorum. Nach § 25 Abs. 1 WEG reicht es, wenn mehr Wohnungseigentümer für den → Beschlussantrag mit Ja stimmen als Nein-Stimmen vorliegen.

Bestandskraft
Bestandskraft meint, dass ein → Wohnungseigentümer einen → Beschluss nicht mehr angreifen kann. Die Bestandskraft schützt einen nicht ordnungsmäßigen, aber nicht nichtigen Beschluss vor einer gerichtlichen Aufhebung.

Die Wohnungseigentümer sind durch die Bestandskraft eines Erstbeschlusses nicht daran gehindert, über dieselbe Angelegenheit im Wege des → Zweitbeschlusses und seiner Regeln erneut zu beschließen.

Besteller
Eine Person, die ein Wohnungseigentum vom → Bauträger bestellt (der Begriff »kauft« wäre falsch, da der Bauträgervertrag kein Kaufvertrag ist).

Bestellung
Der Akt, mit dem eine Person ein Amt übernimmt, zum Beispiel der → Verwalter oder ein → Verwaltungsbeirat. Wird häufig verwechselt mit oder nicht unterschieden von der → Anstellung.

Blockheizkraftwerk
Ein Blockheizkraftwerk (BHKW) erzeugt gleichzeitig elektrischen Strom und Wärme. Die Abwärme der Stromerzeugung wird lokal als Wärme genutzt. Der Strom kann entweder im Gebäude verbraucht oder ins Netz des Energieversorgers eingespeist werden.

Contracting
Die → Gemeinschaft der Wohnungseigentümer schließt mit einem gewerblichen Wärmelieferanten (dem Contractor) einen Wärmeliefervertrag i. S. v. § 2 der Verordnung über die Umstellung auf gewerbliche Wärmelieferung für Mietwohnraum (Wärmelieferverordnung, WärmeLV). Beim Contracting errichtet und betreibt der Contractor die Energieanlage auf eigenes Risiko und auf eigene Kosten auf der Basis von langfristigen Energielieferverträgen mit der Wohnungseigentümergemeinschaft.

COVMG
Gesetz über Maßnahmen im Gesellschafts-, Genossenschafts-, Vereins-, Stiftungs- und Wohnungseigentumsrecht zur Bekämpfung der Auswirkungen der COVID-19-Pandemie v. 27.3.2020 (BGBl. I S. 569).

De-minimis-Erklärung
Bei De-minimis-Beihilfen handelt es sich um Förderungen, die so gering sind, dass ihre Auswirkungen auf den Wettbewerb in der EU nicht spürbar sind. Um die Einhaltung des De-minimis-Höchstbetrags sicherzustellen, ist bei Antragstellung eine sogenannte De-minimis-Erklärung abzugeben, in der mitgeteilt wird, welche De-minimis-Beihilfen man erhalten hat.

Direktionsrecht (Mitbestimmungsrecht)
Den Wohnungseigentümern ist es bei einem Genehmigungsbeschluss vorbehalten, die Art und Weise von Arbeiten »mitzubestimmen«, auf die ein Wohnungseigentümer Anspruch hat, zum Beispiel den konkreten Ort im Dachbereich des Gebäudes, an dem eine Parabolantenne angebracht werden darf.

Doppelgarage
→ Doppelparker

Doppelparker
Ein → Mehrfachparker, der es ermöglicht, mehrere Autos auf einem Stellplatz übereinanderzustellen.

Duplexparker
→ Doppelparker

Eigentümerversammlung
→ Versammlung

Eigentumswohnung
Das Gesetz kennt keine »Eigentumswohnung«. Gemeint ist in der Regel das einem → Wohnungseigentümer zugewiesene → Sondereigentum.

Einheit

Die zusammenhängenden, im → Sondereigentum stehenden Räume. Zur Einheit gehören häufig → Nebenräume. Diese stehen dann im → unselbstständigen Teileigentum.

Endenergie

Endenergie ist die Menge an Energie, die der Anlagentechnik eines Gebäudes (beispielsweise Heizungsanlage, raumlufttechnische Anlage, Warmwasserbereitungsanlage) zur Verfügung stehen muss, um die insbesondere für den Mieter erforderliche Nutzenergie (diejenige Menge an Energie, die für eine bestimmte Energiedienstleistung am Ort des Verbrauchs, beispielsweise erwärmter Raum, warmes Wasser etc., erforderlich ist) sowie die Verluste der Anlagentechnik bei Übergabe, Verteilung (Leitungsverluste, beispielsweise bei einer Zentralheizung, Hilfsenergie, beispielsweise Pumpenstrom), Speicherung und Erzeugung (z. B. Heizkessel) im Gebäude zu decken. Die zur Versorgung eines Gebäudes benötigte Endenergie wird an der »Schnittstelle« Gebäudehülle gemessen und dort in Form von Heizöl, Erdgas, Braunkohlenbriketts, Holzpellets, Strom, Fernwärme etc. übergeben.

Energieausweis

Der Energieausweis ist ein Dokument, das ein Wohngebäude energetisch bewertet.

Erhaltung (Sanierung)

Maßnahmen, die der Instandhaltung oder Instandsetzung des → gemeinschaftlichen Eigentums dienen. Die Gerichte sprechen auch gern von »Sanierung«.

Eine Instandsetzung ist die Wiederherstellung des ursprünglichen ordnungsmäßigen Zustandes. Eine Instandsetzung bezweckt nicht die Sicherung, sondern die Wiederherstellung eines einmal vorhanden gewesenen Zustandes und des bestimmungsgemäßen → Gebrauchs. Dieser Begriff umfasst also die Beseitigung größerer Schäden und Mängel, die zum Beispiel durch Alterung, Abnutzung, Witterungseinflüsse, unterlassene oder unzureichende Durchführung der laufenden Instandhaltung oder durch Einwirkung Dritter entstanden sind oder auf außergewöhnlichen Umständen und Ereignissen beruhen.

Eine Instandhaltung ist der Inbegriff der Maßnahmen, die geeignet sind, normale und gebrauchsbedingte Abnutzungserscheinungen zu beseitigen und das gemeinschaftliche Eigentum vor drohenden Schäden zu bewahren. Die Maßnahmen müssen dazu dienen, den bei der Begründung des Wohnungseigentums bestehenden technisch einwandfreien gebrauchs- und funktionsfähigen Zustand sowie den bestimmungsgemäßen Gebrauch einer baulichen Anlage aufrechtzuerhalten. Dies geschieht durch pflegende, erhaltende und vorsorgende Maßnahmen.

Erhaltungsrücklage
Die für die → Erhaltung des → gemeinschaftlichen Eigentums angesammelten Mittel.

Fahrstuhl
→ Aufzugsanlage

Gebrauch
Die selbstnützige, tatsächliche Verwendung des → Sonder- und/oder → gemeinschaftlichen Eigentums, vor allem Gehen, Laufen, Schlafen, Spielen, Treten, Wohnen. Gebrauch wird häufig verwechselt mit → Nutzung.

Gemeinschaft der Wohnungseigentümer (Verband Wohnungseigentümergemeinschaft)
Die Gemeinschaft der Wohnungseigentümer i.S.v. §9a Abs. 1 Satz 1 WEG. Sie kann Rechte erwerben und Verbindlichkeiten eingehen, vor Gericht klagen und verklagt werden.

Die Gerichte sprechen auch von »Gemeinschaft«, »Verband«, »Wohnungseigentümergemeinschaft«.

Gemeinschaftliches Eigentum
Das Eigentum, an dem jeder → Wohnungseigentümer → Miteigentum hat.

Gemeinschaftsordnung
Die → verdinglichten → Vereinbarungen der → Wohnungseigentümer.

Gemeinschaftsverhältnis
Die → Wohnungseigentümer stehen als Miteigentümer des → gemeinschaftlichen Eigentums in einer besonderen schuldrechtlichen Sonderbeziehung, dem auf einem gesetzlichen Schuldverhältnis beruhenden »Gemeinschaftsverhältnis«. Im Gemeinschaftsverhältnis »wurzeln« umfangreiche ungeschriebene Rechte. Das Gemeinschaftsverhältnis ist anzuwenden, wenn die Wohnungseigentümer keine abweichenden → Vereinbarungen getroffen haben.

Grundbuchamt
Die Amtsgerichte, soweit sie die Grundbücher führen.

Hausgeld (Wohngeld)
Die Zahlungen, welche die Wohnungseigentümer nach einem Beschluss nach §28 Abs. 1 Satz 1, Abs. 2 Satz 1 WEG schulden. Der synonyme Begriff »Wohngeld« wird hier nicht verwendet.

Hausgeldinkasso
Der Begriff »Inkasso« ist ein Begriff aus der Betriebswirtschaftslehre und bedeutet dort Einzug von Forderungen. Im Wohnungseigentumsrecht ist mit dem Begriff »Inkasso« in der Regel die Einziehung des der Gemeinschaft der Wohnungseigentümer zustehenden → Hausgeldes im engeren und weiteren Sinne als Teil des Verwaltungsvermögens durch den Verwalter oder eine andere Stelle gemeint.

Instandhaltung
→ Erhaltung

Instandsetzung
→ Erhaltung

Jahresabrechnung
→ Abrechnung

Kostenanschlag
→ Kostenvoranschlag

Kostenverteilungsschlüssel
→ Umlageschlüssel

Kostenvoranschlag
Ein Kostenvoranschlag ist eine kaufmännische Vorkalkulation. Ein Kostenvoranschlag dient dazu, sich eine Vorstellung davon zu verschaffen, was eine vertragliche Leistung kosten würde.

Legionellen
Legionellen sind Bakterien. Sie können unter anderem die Legionellose oder Legionärskrankheit verursachen. Ihr Vorkommen wird häufig in »koloniebildenden Einheiten« (KBE) bezogen auf 100 ml Probe angegeben.

Mehrfachparker
Ein System, das es ermöglicht, mehrere Autos auf einem Stellplatz übereinanderzustellen.

Mehrhausanlage
Eine → Wohnungseigentumsanlage mit mehreren Gebäuden oder einer Trennung von Bereichen.

Mehrheitsbeschluss

Mehrheitsbeschluss meint, dass ein → Beschluss einer Mehrheit von Ja-Stimmen gegenüber den gegen den → Beschlussantrag abgegebenen Nein-Stimmen bedarf. → Beschlussquorum.

Miteigentum

Wenn ein dingliches Recht mehreren gemeinschaftlich zusteht, zum Beispiel ein Grundstück, ein Wohnungseigentum oder ein → Doppel-/Mehrfachparker. Die Wohnungseigentümer sind Miteigentümer des → gemeinschaftlichen Eigentums.

Miteigentumsanteil

Die → Wohnungseigentümer sind Miteigentümer des Grundstücks und der darauf stehenden Gebäude sowie der → wesentlichen Bestandteile, soweit daran kein → Sondereigentum besteht.

Jeder Wohnungseigentümer hat am Grundstück einen Miteigentumsanteil (MEA). Für jeden Miteigentumsanteil wird von Amts wegen ein besonderes Grundbuchblatt (→ Wohnungsgrundbuch, Teileigentumsgrundbuch) angelegt.

Die Miteigentumsanteile können dieselbe Größe haben. Die Regel ist allerdings, dass die Anteile verschieden groß sind.

Das Verhältnis der Miteigentumsanteile zueinander – ihre jeweilige Größe – ist der gesetzliche Umlageschlüssel für die Kosten (Betriebs- und Verwaltungs- sowie Erhaltungskosten), für die Lasten sowie für die Nutzungen des → gemeinschaftlichen Eigentums. Ihre jeweilige Größe gibt ferner an, in welcher Höhe ein → Wohnungseigentümer einem Dritten für Verbindlichkeiten der Gemeinschaft der Wohnungseigentümer haftet. Auch für Abstimmungen spielt die Höhe eines Miteigentumsanteils eine Rolle.

Nachteil

Nachteil ist jede nicht ganz unerhebliche, vermeidbare und zu vermeidende Beeinträchtigung. Nur konkrete und objektive Beeinträchtigungen können ein Nachteil sein. Entscheidend ist, ob sich nach der Verkehrsanschauung unter Beachtung der Grundrechte, der Wertungen des öffentlichen Rechts und technischer Grenz- und Richtwerte ein Wohnungseigentümer in der entsprechenden Lage verständlicherweise beeinträchtigt fühlen kann.

Nebenräume

Einzelne Räume (Boden-, Hobby- oder Kellerräume), die zu einer → Einheit (Sondereigentum, Eigentumswohnung) gehören und in der Regel im Ergebnis im → Teileigentum stehen (unselbstständiges Teileigentum), also nicht bewohnt werden dürfen.

Niederschrift (Protokoll)
Urkunde über die in der → Versammlung gefassten → Beschlüsse. Sie ist vom Vorsitzenden und einem Wohnungseigentümer und, falls ein → Verwaltungsbeirat bestellt ist, auch von dessen Vorsitzendem oder seinem Vertreter zu unterschreiben. Jeder Wohnungseigentümer ist berechtigt, die Niederschriften einzusehen.

Nießbrauch
Die Belastung des Wohnungseigentums mit dem Inhalt, dass derjenige, zu dessen Gunsten die Belastung erfolgt, berechtigt ist, die → Nutzungen des Wohnungseigentums zu ziehen und dieses allein zu gebrauchen.

Nutzung
Die Früchte des → gemeinschaftlichen oder des → Sondereigentums. Nutzung wird häufig verwechselt mit → Gebrauch oder als Begriff gleichbedeutend dazu verwendet.

Öffnungsklausel
Eine → Vereinbarung, nach der die → Wohnungseigentümer auch über solche Gegenstände einen Beschluss fassen dürfen, für die das Gesetz selbst keine → Beschlusskompetenz vorsieht.

Ordnungsgemäß
→ Ordnungsmäßig

Ordnungsmäßig
Jeder Wohnungseigentümer kann von der Gemeinschaft der Wohnungseigentümer nach § 18 Abs. 2 WEG eine ordnungsmäßige Verwaltung und Benutzung verlangen. Dies ist der Fall, wenn die Verwaltung des gemeinschaftlichen Eigentums sowie die Benutzung des gemeinschaftlichen Eigentums und des Sondereigentums dem Interesse der Gesamtheit der Wohnungseigentümer nach billigem Ermessen und, soweit solche bestehen, den gesetzlichen Regelungen, → Vereinbarungen und → Beschlüssen entsprechen.

Im Interesse der Gesamtheit der → Wohnungseigentümer liegt eine → Verwaltung, wenn sie bei objektiv vernünftiger Betrachtungsweise unter Berücksichtigung der besonderen Umstände des Einzelfalls nützlich ist.

Eine Maßnahme ist nützlich, wenn sie bei objektiv vernünftiger Betrachtungsweise unter Berücksichtigung der besonderen Umstände des Einzelfalls dem geordneten Zusammenleben der Wohnungseigentümer als Eigentümer dient.

Für die Beurteilung der Nützlichkeit spielt neben der konkreten Situation der Anlage auch die finanzielle Leistungsfähigkeit der Wohnungseigentümer eine Rolle. Bei der

Beurteilung von Ordnungsmäßigkeit/Nützlichkeit ist auf den Maßstab eines vernünftigen, wirtschaftlich denkenden und sinnvollen Neuerungen gegenüber aufgeschlossenen Hauseigentümers abzustellen.

Eine ordnungsmäßige Maßnahme muss einen angemessenen Ausgleich zwischen den Interessen aller Wohnungseigentümer an einem reibungslosen Zusammenleben einerseits und den Individualinteressen des einzelnen Wohnungseigentümers andererseits finden.

Primärenergie
Primärenergie ist diejenige Energiemenge, die durch vorgelagerte Prozesse (Schnittstelle ist die Gebäudehülle) außerhalb des Gebäudes zur Gewinnung, Umwandlung und Verteilung benötigt wird (zum Beispiel Bohrung zur Gewinnung von Erdöl, Raffinierung zu Heizöl und Transport zum Abnehmer, Verstromung des Heizöls durch Verbrennung).

Protokoll
→ Niederschrift

Sanierung
→ Erhaltung

Sondereigentum
Die Räume und → wesentlichen Gebäudebestandteile, die im Alleineigentum eines Wohnungseigentümers stehen.

Sondereigentumsverwalter
Ein → Verwalter, der für einen Wohnungseigentümer dessen → Wohnungseigentum verwaltet.

Sondernutzungsrecht
Das Recht eines Wohnungseigentümers, einen im → gemeinschaftlichen Eigentum stehenden Raum oder eine im gemeinschaftlichen Eigentum stehende Fläche allein und grundsätzlich unter Ausschluss der anderen Wohnungseigentümer zu → gebrauchen. Welche weiteren Rechte der Sondernutzungsberechtigte hat (→ bauliche Veränderungen, → Nutzungen, → Verwaltung), ist eine Frage des Einzelfalls.

Sonderumlage
Die Entscheidung der → Wohnungseigentümer, jenseits des → Wirtschaftsplans → Hausgeldzahlungen zu beschließen. In der Regel wird eine Sonderumlage beschlossen, um eine unterjährige mangelnde Liquidität auszugleichen oder Mittel für eine Erhaltung oder Modernisierung anzusammeln.

Subtraktionsverfahren

Beim Subtraktionsverfahren wird nach Ermittlung der Ja-Stimmen (oder der Nein-Stimmen) und der Enthaltungen durch Subtraktion von den insgesamt vertretenen Stimmen auf die Zahl der nicht abgefragten geschlossen und so das Ergebnis festgestellt.

Teileigentum

Teileigentum ist das → Sondereigentum an nicht zu Wohnzwecken dienenden Räumen eines Gebäudes in Verbindung mit dem → Miteigentumsanteil an dem → gemeinschaftlichen Eigentum, zu dem es gehört.

Für das Teileigentum gelten die Vorschriften über das → Wohnungseigentum entsprechend.

Teileigentümer

Der Eigentümer eines → Teileigentums.

Teilrechtsfähig

Die Gerichte verwenden im Zusammenhang mit der → Gemeinschaft der Wohnungseigentümer gern den Begriff »teilrechtsfähig«. Er soll beschreiben, dass der Gemeinschaft der Wohnungseigentümer nicht alle Rechte zustehen, die ihr zustehen könnten.

Da die → Gemeinschaft der Wohnungseigentümer, soweit ihr Rechte zustehen, vollrechtsfähig ist, wird der Begriff – der nur verwirrt – hier nicht verwendet.

Teilungserklärung

Die Teilungserklärung ist die Erklärung eines Alleineigentümers, meist eines → Bauträgers, gegenüber dem Grundbuchamt, dass sein Alleineigentum untergehen und stattdessen → gemeinschaftliches Eigentum und → Sondereigentum entstehen sollen.

Mit der Teilungserklärung werden die Anzahl und die Größe der → Miteigentumsanteile bestimmt. Ferner wird für jeden Miteigentumsanteil angegeben, ob – bezogen auf das Sondereigentum und seine Zwecke – er mit einem → Wohnungs- und/oder → Teileigentum verbunden ist.

Die Teilungserklärung wird häufig verwechselt mit der → Gemeinschaftsordnung.

Mit der Teilungserklärung muss der »Aufteiler« einen → Aufteilungsplan und eine → Abgeschlossenheitsbescheinigung beim → Grundbuchamt einreichen.

Teilungsvertrag

Der Teilungsvertrag ist der Vertrag mehrerer Eigentümer, dass ihr Miteigentum untergehen und stattdessen → gemeinschaftliches Eigentum und → Sondereigentum entstehen sollen → Teilungserklärung.

Typisierende Betrachtungsweise

Ein Wohnungs-/Teileigentümer ist nicht darauf beschränkt, sein Wohnungs-/Teileigentum ausschließlich so zu gebrauchen, wie es vereinbart ist, zum Beispiel als »Laden«. Aus Art. 14 GG in Verbindung mit § 13 Abs. 1 WEG folgt das Recht, ein Wohnungs- und/oder Teileigentum auch zu anderen Zwecken zu gebrauchen. Entscheidend ist, dass ein anderer → Gebrauch die übrigen Wohnungseigentümer nicht über das Maß hinaus beeinträchtigt, das bei einem typischen Gebrauch (typisierende Betrachtungsweise) zu erwarten ist.

Für eine typisierende Betrachtungsweise ist in einem ersten Schritt zu prüfen, welche Störungen und Beeinträchtigungen von einem bestimmungswidrigen Gebrauch ausgehen. Ein »Begriffswandel« muss nicht in die Bewertung einbezogen werden. In einem zweiten Schritt ist dann zu klären, ob der tatsächliche Gebrauch nach einem objektiven Maßstab mehr stört als der bestimmungsgemäße Gebrauch.

Umbauter Raum

Das Raumvolumen. Der umbaute Raum ist in m^3 anzugeben (siehe dazu auch die Anlage 2 der zweiten Berechnungsverordnung).

Umlageschlüssel

Das Maß, nach dem Kosten und Lasten sowie Nutzungen in der → Abrechnung auf die → Wohnungseigentümer umgelegt werden. Häufig – aber nicht hier – wird auch der Begriff »Kostenverteilungsschlüssel« verwendet.

Untergemeinschaft

Das Ergebnis einer → Vereinbarung, wonach bestimmte → Wohnungseigentümer, meist die, deren → Sondereigentum in einem von mehreren Häusern einer → Mehrhausanlage liegt, bestimmte Rechte und Pflichten haben.

Manchmal werden auch die → Teileigentümer eines Garagengebäudes oder einer Tiefgarage als Untergemeinschaft verstanden.

Veräußerungszustimmung

Die nach § 12 Abs. 1 WEG notwendige Zustimmung zur Veräußerung.

Verdinglichung

Der Akt, mit dem ein Recht oder eine Pflicht zum Inhalt des → Sondereigentums gemacht wird.

Vereinbarung

Die Verträge der Wohnungseigentümer zum → Gebrauch und zur → Verwaltung sowie zur → Gemeinschaft der Wohnungseigentümer.

Vergemeinschaftung
Der Akt, mit dem die Wohnungseigentümer ein Recht oder eine Pflicht der → Gemeinschaft der Wohnungseigentümer zur Ausführung zuweisen. Das ist gegebenenfalls in Bauträgerfällen möglich in Bezug auf bestimmte Mängelrechte der Wohnungseigentümer.

Verkehrssicherungspflicht (Verkehrspflicht)
Wer eine Gefahrenquelle (Anlagen, Einrichtungen, Gebäude, Maschinen, Treppenhaus, Wege) schafft oder unterhält, hat die Pflicht, die notwendigen und zumutbaren Vorkehrungen zu treffen, um Schäden anderer zu verhindern. Diese Pflicht nennt man Verkehrssicherungspflicht (Verkehrspflicht). Die Verkehrssicherungspflicht kann gesetzlich angeordnet sein. Wenn nicht, folgt sie aus deliktischen (= aufgrund einer unerlaubten Handlung) Überlegungen.

Versammlung
Die Versammlung der → Wohnungs- und → Teileigentümer.

Vertragsendpunkt
Verträge in Bezug auf das gemeinschaftliche Eigentum werden zur Entlastung der jeweiligen Wohnungseigentümer von der → Gemeinschaft der Wohnungseigentümer geschlossen. Die Gemeinschaft der Wohnungseigentümer ist daher der »Vertragsendpunkt«, nicht die Wohnungseigentümer.

Verwalter
Zum einen das Amt »Verwalter«, dem das Gesetz, aber auch die Wohnungseigentümer Rechte und Pflichten zuordnen können.

Zum anderen die Person, die dieses Amt – vorübergehend – ausübt. Der amtierende Verwalter ist die Person, die zum Verwalter → bestellt wurde und die gemeinsam mit den → Wohnungseigentümern und den → Verwaltungsbeiräten das → gemeinschaftliche Eigentum verwaltet. Eine → Anstellung der Person ist daneben die Regel, aber nicht zwingend.

Die Gerichte sprechen auch von »Verwaltung« oder »Verwaltungsgesellschaft«.

Verwaltervertrag
Der Geschäftsbesorgungsvertrag des → Verwalters. Er wird zwischen der → Gemeinschaft der Wohnungseigentümer und dem Verwalter geschlossen. Gibt es einen Verwaltervertrag, ist der Verwalter → angestellt.

Verwaltung
Die Zusammenfassung der im weiteren Verbandsrecht genutzten Begriffe »Geschäftsführung« und »Vertretung« und mit deren Inbegriff jedenfalls in weiten Teilen

deckungsgleich. Inhaltlich umfasst der Begriff zum einen die Verwaltungsentscheidungen, zum anderen die Verwaltungsmaßnahmen.

Verwaltungsbeirat
Verwaltungseinheit zur Unterstützung und Überwachung des → Verwalters. Der Verwaltungsbeirat kann aus einem oder mehreren → Wohnungseigentümern bestehen.

Vollmacht
Das Recht, einen Dritten vertreten zu dürfen. Der Vollmachtnehmer ist der Vertreter, der Vollmachtgeber der Vertretene. Zum Teil – aber nicht hier – wird auch die Urkunde, aus der sich die Vertretungsmacht ergibt, als Vollmacht angesprochen.

WEMoG
Gesetz zur Förderung der Elektromobilität und zur Modernisierung des Wohnungseigentumsgesetzes und zur Änderung von kosten- und grundbuchrechtlichen Vorschriften (Wohnungseigentumsmodernisierungsgesetz – WEMoG) v. 16.10.2020 (BGBl. I S. 2187).

Wesentlicher Bestandteil
Bestandteile einer Sache, die voneinander nicht getrennt werden können, ohne dass der eine oder der andere zerstört oder in seinem Wesen verändert wird.

Zu den wesentlichen Bestandteilen eines Grundstücks gehören die mit dem Grund und Boden fest verbundenen Sachen, insbesondere Gebäude, sowie die Erzeugnisse des Grundstücks, solange sie mit dem Boden zusammenhängen. Samen wird mit dem Aussäen, eine Pflanze wird mit dem Einpflanzen wesentlicher Bestandteil des Grundstücks.

Zu den wesentlichen Bestandteilen eines Gebäudes gehören die zur Herstellung des Gebäudes eingefügten Sachen.

Wirtschaftsplan
Ein jeweils für ein Kalenderjahr aufgestellter Plan, der in der Regel wenigstens drei Teile enthält:
- die voraussichtlichen Einnahmen und Ausgaben bei der → Verwaltung des → gemeinschaftlichen Eigentums
- die anteilmäßige Verpflichtung der → Wohnungseigentümer zur Kostentragung (= den von ihnen zu leistenden Vorschuss)
- die Beitragsleistung der Wohnungseigentümer zur → Erhaltungsrücklage (= der von ihnen insoweit zu leistenden Vorschuss)

Wohngeld
→ Hausgeld

Wohnungseigentum
Das → Sondereigentum an einer Wohnung in Verbindung mit dem → Miteigentumsanteil an dem → gemeinschaftlichen Eigentum, zu dem es gehört.

Wohnungseigentümer
Wohnungseigentümer ist, wer zu Recht im → Wohnungsgrundbuch eingetragen ist.

Wohnungseigentümer ist ferner, wer durch Erbfall oder durch Zuschlag gemäß § 90 Abs. 1 ZVG → Wohnungseigentum erwirbt.

Steht ein Wohnungseigentum mehreren zu, ist nach herrschender Meinung jeder i. S. d. Gesetzes Wohnungseigentümer.

Wohnungseigentümer, werdender (§ 8 Abs. 3 WEG)
Wer einen Anspruch auf Übertragung von Wohnungseigentum gegen den teilenden Eigentümer hat, der durch Vormerkung im Grundbuch gesichert ist, gilt gegenüber der Gemeinschaft der Wohnungseigentümer und den anderen Wohnungseigentümern anstelle des teilenden Eigentümers als Wohnungseigentümer, sobald ihm der Besitz an den zum Sondereigentum gehörenden Räumen übergeben wurde.

Wohnungseigentümergemeinschaft
Die Gemeinschaft der Wohnungseigentümer nach Bruchteilen i. S. v. §§ 741 ff. BGB.

Wohnungseigentumsanlage
Das im → Miteigentum stehende Grundstück und sämtliche dort errichteten Anlagen und Gebäude.

Wohnungserbbaurecht
Steht ein Erbbaurecht mehreren gemeinschaftlich nach Bruchteilen zu (→ Miteigentum), so können die Anteile in der Weise beschränkt werden, dass jedem der Mitberechtigten das → Sondereigentum an einer bestimmten Wohnung oder an nicht zu Wohnzwecken dienenden bestimmten Räumen in einem aufgrund des Erbbaurechts errichteten oder in einem zu errichtenden Gebäude eingeräumt wird (Wohnungserbbaurecht, Teilerbbaurecht).

Wohnungsgrundbuch
Für jeden → Miteigentumsanteil wird ein besonderes Grundbuchblatt (Wohnungsgrundbuch, Teileigentumsgrundbuch) angelegt.

Auf diesem ist das zum → Miteigentumsanteil gehörende → Sondereigentum und als Beschränkung des → Miteigentums die Einräumung der zu den anderen → Miteigentumsanteilen gehörenden Sondereigentumsrechte einzutragen.

Zweckbestimmung mit Vereinbarungscharakter
Eine → Vereinbarung zum Gebrauch.

Zweitbeschluss
Der → Beschluss über einen Gegenstand, über den die → Wohnungseigentümer bereits einmal beschlossen haben.

Übersicht: Gemeinschaftliches Eigentum und Sondereigentum

Die im Folgenden abgedruckte Tabelle erfasst häufige Zweifelsfragen und ist wie folgt zu lesen: Die Tabelle äußert sich grundsätzlich nur zu wesentlichen Gebäudeteilen und grundsätzlich nur zu der Frage, was von Gesetzes wegen nach § 5 Abs. 1 Satz 1 und 2 WEG gilt, wenn die wesentlichen Gebäudeteile zu einem Raum gehören, der zum Gegenstand des Sondereigentums bestimmt ist. Gehört ein wesentlicher Gebäudeteil zu einem Raum, der im gemeinschaftlichen Eigentum steht, steht auch das wesentliche Gebäudeteil im gemeinschaftlichen Eigentum. Diese Fälle spart die Tabelle grundsätzlich aus.

Nicht berichtet werden auch die Fälle des Annexeigentums (§ 3 Abs. 2 WEG) und bestimmte Besonderheiten beim Stellplatzeigentum (§ 3 Abs. 1 Satz 2 WEG). Besteht Annex- oder Stellplatzeigentum, kann z. B. eine dort errichtete Garage oder ein Gartenhaus vollständig im Sondereigentum eines Wohnungseigentümers stehen.

Soweit sich Teilungserklärung/Teilungsvertrag zu wesentlichen Gebäudeteilen äußern und diese zum Gegenstand des Sondereigentums machen, sind sie nichtig. Ob ein Raum im gemeinschaftlichen Eigentum oder im Sondereigentum steht, ordnet die Teilungserklärung/der Teilungsvertrag an.

§ 5 Abs. 1 bis Abs. 3 WEG

(1) Gegenstand des Sondereigentums sind die gemäß § 3 Abs. 1 WEG bestimmten Räume sowie die zu diesen Räumen gehörenden Bestandteile des Gebäudes, die verändert, beseitigt oder eingefügt werden können, ohne dass dadurch das gemeinschaftliche Eigentum oder ein auf Sondereigentum beruhendes Recht eines anderen Wohnungseigentümers über das nach § 14 WEG zulässige Maß hinaus beeinträchtigt oder die äußere Gestaltung des Gebäudes verändert wird.

(2) Teile des Gebäudes, die für dessen Bestand oder Sicherheit erforderlich sind, sowie Anlagen und Einrichtungen, die dem gemeinschaftlichen Gebrauch der Wohnungseigentümer dienen, sind nicht Gegenstand des Sondereigentums, selbst wenn sie sich im Bereich der im Sondereigentum stehenden Räume befinden.

(3) Die Wohnungseigentümer können vereinbaren, dass Bestandteile des Gebäudes, die Gegenstand des Sondereigentums sein können, zum gemeinschaftlichen Eigentum gehören.

Übersicht: Gemeinschaftliches Eigentum und Sondereigentum

Gegenstand	Gemeinschaftliches Eigentum	Sondereigentumsfähig nach § 5 Abs. 1 und 2 WEG
Abdichtungen	x	x (sofern nicht das gemeinschaftliche Eigentum geschützt wird)
Abfahrtsrampe	x	
Abflussrohr	x (im Bereich des gemeinschaftlichen Eigentums)	x (ab dafür vorgesehener Absperrvorrichtung im räumlichen Bereich des Sondereigentums; siehe auch Versorgungsleitungen)
Absperrventil	x	x (soweit es nur einer Anlage dient, die im Sondereigentum steht; diese Frage ist streitig)
Abstellplatz	x	x (in Garage, wenn Zuweisung erfolgt ist; dann aber als Raum)
Abwasserhebeanlage	x	x (wenn die Anlage nur einem Sondereigentum dient)
Alarmanlage	x (im Bereich des gemeinschaftlichen Eigentums)	x (als Alleineigentum)
Anschlussleitungen (Gas, Strom, Wasser)	siehe Versorgungsleitungen	
Anstrich Fassade	x	
Antenne (außen) (Gemeinschaftsantenne, Kabelanschluss, Satellitenschüssel)	x	
Antennensteckdose	x (im Bereich des gemeinschaftlichen Eigentums)	x
Armaturen	x (beispielsweise im Heizungsraum)	x
Attika (Aufmauerung oder eine Abschlusswand zur Verdeckung des Dachs)	x	
Aufzug (Personenaufzug)	x	x (ggf. dann, wenn die Anlage nur einem Sondereigentum dient)
Außenjalousien (Außenrollläden)	x	

Gegenstand	Gemeinschaftliches Eigentum	Sondereigentumsfähig nach § 5 Abs. 1 und 2 WEG
Außenwand	x	
Badewanne	x (im Bereich des gemeinschaftlichen Eigentums)	x
Badezimmertür	x (im Bereich des gemeinschaftlichen Eigentums)	x
Bad- und Duscheinrichtung	x (im Bereich des gemeinschaftlichen Eigentums)	x (im räumlichen Bereich des Sondereigentums)
Balken- und Trägerkonstruktionen	x	
Balkon	x (im Bereich des gemeinschaftlichen Eigentums)	x (im räumlichen Bereich des Sondereigentums; in der Regel nur der Oberbodenbelag)
Baum	x	
Belüftungsanlage	x	x (wenn die Anlage nur einem Sondereigentum dient und nicht zur äußeren Gestaltung des Gebäudes gehört; fraglich ist, ob das auch gilt, wenn die Anlage im gemeinschaftlichen Eigentum liegt)
Bewässerungsanlage für das gemeinschaftliche Eigentum	x	
Blitzableiter	x	
Bodenbelag (Fliesen, Kacheln, Laminat, Parkett, PVC-Linoleum-Schicht, Teppich)	x (im Bereich des gemeinschaftlichen Eigentums)	x (im räumlichen Bereich des Sondereigentums, wenn es sich um Bretter über einer Balkenlage mit Einschub und Füllung aus Schlacke oder Sand oder Stroh handelt)
Brandmauer	x	
Briefkästen, auch das dazugehörige Schild und das dazugehörige Schloss	x	
Brunnenanlage	x	
Carport	x	

Gegenstand	Gemeinschaftliches Eigentum	Sondereigentumsfähig nach § 5 Abs. 1 und 2 WEG
Dach, auch in Mehrhausanlagen	x	
Dachboden	x (im Bereich des gemeinschaftlichen Eigentums)	x (dann aber als Raum)
Dachrinne	x	
Decken	x (tragende Geschossdecke; die Decke kann aus Beton sein, aber auch eine Balkenlage mit Einschub und Füllung aus Schlacke oder Sand oder Stroh sowie Rauspund [= Bretter])	x (im räumlichen Bereich des Sondereigentums, beispielsweise eine abgehängte Zwischendecke)
Deckenverkleidung	x (im Bereich des gemeinschaftlichen Eigentums)	x (im räumlichen Bereich des Sondereigentums)
Doppelparker	siehe Mehrfachparker	
Dusche	x (im Bereich des gemeinschaftlichen Eigentums)	x
Estrich	x (wenn und solange er – wie üblich – der Trittschall- und Wärmedämmung dient)	x (sofern keine Funktion für das gemeinschaftliche Eigentum vorhanden, beispielsweise Gefälle- oder Ausgleichsestrich)
Etagenheizung	x	x (wenn sie nur einem Sondereigentum dient und sich im räumlichen Bereich des Sondereigentums befindet)
Fallrohr	x	
Fassade	x	
Fenster, auch Doppelfenster, Beschläge und Scheiben, Fenstergitter, Fensterbank	x	
Flächen außerhalb des Gebäudes (Abstellflächen, Kfz-Stellplatz usw.)	x	x (ggf. nach § 3 Abs. 1 Satz 2 oder als Annexeigentum)
Fliese	hängt davon ab, ob Fliese Wasser am Eintreten in das gemeinschaftliche Eigentum hindern soll (= gemeinschaftliches Eigentum) oder nicht (= sondereigentumsfähig)	

Gegenstand		Gemeinschaftliches Eigentum	Sondereigentumsfähig nach § 5 Abs. 1 und 2 WEG
Fugen		hängt davon ab, ob Fuge Wasser am Eintreten in das gemeinschaftliche Eigentum hindern soll (= gemeinschaftliches Eigentum) oder nicht (= sondereigentumsfähig)	
Fundament		x	
Fußbodenheizung		wie Heizung (nach anderen stets gemeinschaftliches Eigentum)	
Garage	Wände	x	
	Raum		x (wenn zugewiesen)
	Tor	x	
Garten		x	x (im räumlichen Bereich von Annexeigentum)
Gegensprechanlage	bis Abzweigung ins Sondereigentum	x (ggf. anders, wenn nur das Sondereigentum versorgt wird)	
	nach Abzweigung ins Sondereigentum		x
Gemeinschaftsvermögen		Eigentum der Gemeinschaft der Wohnungseigentümer	
Glasbausteine		x (im Bereich des gemeinschaftlichen Eigentums, Fassade oder Treppenhaus)	x (Einzelfall, beispielsweise in nicht tragender Wand oder im Badezimmer)
Grundstück		x	
Hauptleitung(en) (Gas, Strom, Wasser)		siehe Versorgungsleitungen	
Hauseingangstür		x	
Hebeanlage		x	x (ggf. dann, wenn die Anlage nur einem Sondereigentum dient; streitig; fraglich ist, ob das auch gilt, wenn die Anlage im gemeinschaftlichen Eigentum liegt)
Hecke		x	
Heizöl		Gemeinschaftsvermögen	

Übersicht: Gemeinschaftliches Eigentum und Sondereigentum

Gegenstand		Gemeinschaftliches Eigentum	Sondereigentumsfähig nach § 5 Abs. 1 und 2 WEG
Heizung	zentrale Heizungsanlage	x	
	Steigleitungen (Leitungssystem)	x	
	Leitungen	siehe Anschlussleitung	
	Heizkörper	x (im Bereich des gemeinschaftlichen Eigentums)	x (es sei denn, der einzelne Heizkörper ist für den Betrieb der gesamten Heizungsanlage unverzichtbar)
	Heizungs- und Thermostatventile und ähnliche Aggregate	siehe Ventile	
	Heizkostenverteiler	x	
	Heizungsraum	x	
Hof		x	
Innenanstrich		x (im Bereich des gemeinschaftlichen Eigentums)	x
Isolierung		x	x (wenn sie nur einem Sondereigentum dient); fraglich ist, ob das auch gilt, wenn die Isolierung im gemeinschaftlichen Eigentum liegt.
Jalousien außen (auch Jalousiengurt und Gurtführung)		x	
Jalousien innen (auch Jalousiengurt und Gurtführung)		x (im Bereich des gemeinschaftlichen Eigentums)	x (im Bereich des Sondereigentums; dann aber als Alleineigentum)
Kabelanschluss	bis Abzweigung ins Sondereigentum	x (ggf. anders, wenn nur das Sondereigentum versorgt wird)	
	nach Abzweigung ins Sondereigentum (zum Beispiel Kabelanschlussdose)		x

Gegenstand		Gemeinschaftliches Eigentum	Sondereigentumsfähig nach § 5 Abs. 1 und 2 WEG
Kacheln		x (im Bereich des gemeinschaftlichen Eigentums)	x (wenn sie das gemeinschaftliche Eigentum nicht schützen)
Kaltwasserzähler		x	
Kaminzug		x	
Keller		x	x (als Raum)
Kellerdecke		x	x (Einzelfall, beispielsweise in Reihenhausanlagen)
Kellerwände		x	x (ggf. als Nachbareigentum)
Kinderspielplatz		x	x (Ausnahme, wenn Kinderspielplatz kein wesentlicher Bestandteil ist)
Klimaanlage		x	x (ggf. als wesentlicher Bestandteil eines im Sondereigentum stehenden Raums, wenn es nur dem Sondereigentum dient)
Klingelanlage	bis Abzweigung ins Sondereigentum	x	
	nach Abzweigung ins Sondereigentum		x (als wesentlicher Bestandteil eines im Sondereigentum stehenden Raums)
Klingeltableau		x	
Lichtschacht		x	
Loggia		x	x (wenn ins Sondereigentum verwiesen)
Luftschacht		x	
Markise		Die Frage ist streitig: Sieht man eine Markise als wesentlichen Gebäudebestandteil an, steht sie wohl im gemeinschaftlichen Eigentum. Sieht man die Markise als keinen wesentlichen Gebäudebestandteil an, steht sie nicht im Sonder-, sondern im Alleineigentum des Käufers.	
Mauer		x (tragend)	x (nicht tragend)

Gegenstand	Gemeinschaftliches Eigentum	Sondereigentumsfähig nach § 5 Abs. 1 und 2 WEG
Mehrfachparker	Der Mehrfachparker als Ganzes (was für die Stellplätze gilt, ist unklar) ist nach herrschender Ansicht ein Raum. Steht dieser Raum im Sondereigentum (das ist nicht zwingend; häufig bestehen an Stellplätzen eines Mehrfachparkers Sondernutzungsrechte), gilt das auch für die zu ihm gehörenden wesentlichen Gebäudebestandteile, beispielsweise die Hebeanlage, wenn sie nur einem Mehrfachparkerraum dient.	
Messgerät	x	x (wenn es nur einem Sondereigentum dient); fraglich ist, ob das auch gilt, wenn das Messgerät im gemeinschaftlichen Eigentum liegt.
Müllabwurfanlage	x	
Müllschlucker	x	
Mülltonnen	können Wohnungseigentümergemeinschaft, Wohnungseigentümern oder Entsorgungsunternehmen gehören	
Parabolantenne, fest	x	
Personenaufzug	siehe Aufzug	
Putz	x (im Bereich des gemeinschaftlichen Eigentums)	x
Rauchwarnmelder	x (beispielsweise im Treppenhaus)	x (streitig, allerdings als Alleineigentum); ggf. auch Verwaltungsvermögen
Rollläden (außen)	x	
Rollläden (innen)		x
Schließzylinder	x (Außentüren)	x
Schornstein	x	
Schwimmbad	x	x
Silikonfuge	x (im Bereich des gemeinschaftlichen Eigentums)	x (wenn sie das gemeinschaftliche Eigentum nicht schützt)

Gegenstand		Gemeinschaftliches Eigentum	Sondereigentumsfähig nach § 5 Abs. 1 und 2 WEG
Tankraum		x	
Tapeten		x (im Bereich des gemeinschaftlichen Eigentums)	x
Terrassen		x	x (im räumlichen Bereich von Annexeigentum)
Tiefgarage	Mauern und Decken	x	
	Stellplätze		x (wenn ins Sondereigentum verwiesen)
Tragende Teile		x	
Treppenhaus		x	
Trittschalldämmung		x	
Tür (jeweils mit Beschlägen, Glas, Klinken usw.)	Außentür	x	
	Gartentür	x	
	Hauseingangstür	x	
	Innentür	x (wenn der dazugehörige Raum gemeinschaftliches Eigentum ist)	x (im »Reihenhaus«)
	Wohnungseingangstür	x	
Ventile		hängt davon ab, welchem Bestandteil die Ventile dienen: Eigentum folgt der Hauptsache; im Bereich des gemeinschaftlichen Eigentums wohl stets gemeinschaftliches Eigentum	
Verbrauchserfassungsgeräte		x	x (soweit nur der Verbrauch eines Wohnungseigentums gemessen wird)

Gegenstand	Gemeinschaftliches Eigentum	Sondereigentumsfähig nach § 5 Abs. 1 und 2 WEG
Versorgungsleitungen (für Wasser, Abwasser, Gas, Heizung, Strom)	x (soweit sie im räumlichen Bereich des gemeinschaftlichen Eigentums verlaufen. Für die dingliche Zuordnung bleibt außer Betracht, dass einzelne Teile des Leitungsnetzes, die sich im räumlichen Bereich des gemeinschaftlichen Eigentums befinden, nur ein Sondereigentum versorgen. Das gilt auch, wenn es sich um eine Mehrhausanlage handelt und die Leitung ein Gebäude versorgt, in dem es nur ein Wohnungseigentum gibt. Zu dem im gemeinschaftlichen Eigentum stehenden Versorgungsnetz gehören die Leitungen jedenfalls bis zu der ersten für die Handhabung durch den Sondereigentümer vorgesehenen Absperrmöglichkeit)	Wasser (auch Abwasser): im räumlichen Bereich des Sondereigentums ab dafür vorgesehener Absperrvorrichtung; gibt es keine Absperrvorrichtung, steht die ganze Wasserleitung im gemeinschaftlichen Eigentum Heizung: ab dafür vorgesehener Absperrvorrichtung oder ab Heizkörper, sofern die Gesamtanlage nicht im gemeinschaftlichen Eigentum steht (ggf. bei einer Einrohrheizung)
Verwaltungsunterlagen	Eigentum der Gemeinschaft der Wohnungseigentümer	
Wand	x (tragend)	x (nicht tragend)
Wärmedämmung	x	
Waschbecken	x (wenn der dazugehörige Raum gemeinschaftliches Eigentum ist)	x
Waschküche	x	
Wasserhahn	x (wenn der dazugehörige Raum gemeinschaftliches Eigentum ist; Garten)	x
Wasseruhr	x	
Wege und Straßen	x	
Wohnräume	x (ohne Zuweisung zum Sondereigentum)	x
Zaun	x	
Zwischendecke		x

Abkürzungsverzeichnis

a.A.	anderer Ansicht
Abs.	Absatz
AG	Aktiengesellschaft
AGB	Allgemeine Geschäftsbedingungen
AnwZert MietR	Anwaltszertifikat online Miet- und Wohnungseigentumsrecht
Art.	Artikel
BayObLG	Bayerisches Oberstes Landesgericht
BDSG	Bundesdatenschutzgesetz
BeckOK	Beck'scher Online-Kommentar
BetrKV	Betriebskostenverordnung
BGB	Bürgerliches Gesetzbuch
BGH	Bundesgerichtshof
BT-Drs.	Bundestagsdrucksache
COVMG	Gesetz über Maßnahmen im Gesellschafts-, Genossenschafts-, Vereins-, Stiftungs- und Wohnungseigentumsrecht zur Bekämpfung der Auswirkungen der COVID-19-Pandemie
DNotZ	Deutsche Notar-Zeitschrift
GBO	Grundbuchordnung
GenG	Genossenschaftsgesetz
GG	Grundgesetz
GKG	Gerichtskostengesetz
GmbH	Gesellschaft mit beschränkter Haftung
GmbHG	GmbH-Gesetz
GVG	Gerichtsverfassungsgesetz
HeizkostenV	Heizkostenverordnung
IMR	Immobilien- und Mietrecht (Zeitschrift)
LG	Landgericht
MietRB	Der Miet-Rechtsberater (Zeitschrift)
NJW	Neue Juristische Wochenschrift
NJW-RR	NJW-Rechtsprechung-Report Zivilrecht
Nr.	Nummer
NZM	Neue Zeitschrift für Miet- und Wohnungsrecht
OLG	Oberlandesgericht
OVG	Oberverwaltungsgericht
TOP	Tagesordnungspunkt
VDI	Verein Deutscher Ingenieure
VG	Verwaltungsgericht
VVG	Versicherungsvertragsgesetz
WärmeLV	Wärmelieferverordnung
WEG	Wohnungseigentumsgesetz

WEMoG	Gesetz zur Förderung der Elektromobilität und zur Modernisierung des Wohnungseigentumsgesetzes und zur Änderung von kosten- und grundbuchrechtlichen Vorschriften (Wohnungseigentumsmodernisierungsgesetz – WEMoG)
ZfIR	Zeitschrift für Immobilienrecht
ZPO	Zivilprozessordnung
ZVG	Zwangsversteigerungsgesetz
ZWE	Zeitschrift für Wohnungseigentumsrecht

Stichwortverzeichnis

A

Abgeschlossenheitsbescheinigung 345
Abmahnung
 — Entziehung 175
 — Rechtsanwaltskosten 176
Abmeierung 345
Abrechnung 345
 — Heiz- und Warmwasserkosten 163
Absenkungsbeschluss 38
Abstandsflächen 57
Additionsverfahren 346
AGB-Recht
 — Erhöhungsklausel 276
Amtsträger 346
Anfechtungsbefugnis
 — Anfechtungsklage 310
Anfechtungsklage 43
 — Rechtsschutzbedürfnis 309
Anstellung 346
Auflassungsvormerkung 346
Aufopferungsanspruch 346
Aufteilungsplan 346
Aufwendung 347
Aufwendungsersatz 106
 — Ex-Wohnungseigentümer 106
Aufzugsanlage 347
 — Wiederinbetriebnahme 177
Auskunftrecht
 — Umfang 209
Auskunftsrecht
 — Beschwerde gegen Mieter 207
 — Umfang 182

B

Balkon
 — Sondernutzungsrecht 156
Barrierefreiheit 347
Baugenehmigung
 — öffentliche Bekanntmachung 57
 — Vorgehen dagegen 57
bauliche Veränderung 215, 347
 — altes Recht 221
 — Anspruch 215
 — Eigentumsverhältnisse 225
 — Entstörungskompetenz 226
 — Klimaanlage 218
 — Kostenverteilung 221
 — Lademöglichkeit für E-Autos 215
 — Müllplatzverlegung 220
 — neues Recht 221
 — Unzulässigkeit 225
 — Wallbox 216
Bauträger 347
 — Mängelrechte 86, 310
Benutzungsbeschluss 34, 183, 184
 — Benutzungsverbot 183
 — E-Autos 185
 — Grenzen 183
Benutzungsvereinbarung
 — Keller 135
Beschluss 347
 — Absenkungsbeschluss 38
 — Ankündigung 288
 — Anpassung von Vorschüssen 288
 — Antragsformulierung 38
 — ausreichende Tatsachengrundlage 289
 — außerhalb einer Versammlung 36, 40
 — Aussetzung 42, 43
 — Balkon 38
 — bauliche Veränderung nach altem Recht 239
 — bauliche Veränderung nach neuem Recht 239
 — Bestandskraft 348
 — Bestimmtheit 34, 188, 239, 274
 — Bezeichnung 237, 238
 — Bindungswirkung 272
 — Einforderung von Nachschüssen 288
 — Ermessen 290
 — Gegenstand 287
 — grundlose Wiederholung 44
 — Initiative 37
 — mangelhafter Nachschussbeschluss 284
 — Modernisierung 38
 — Möglichkeiten der Beschlussfassung 40
 — notwendige Unterlagen 259
 — Ordnungsmäßigkeit 290
 — Sondervergütung 277

Stichwortverzeichnis

— Teilnichtigkeit 296
— Teilunwirksamkeit 36
— über Wirtschaftsplan 281
— Verstöße gegen öffentliches Recht 77
— Vorbereitung 274
— Zweitbeschluss 42
Beschlussantrag 348
Beschlussersetzungsklage 312, 348
— Übergangsvorschriften 327
Beschlusskompetenz 27, 281, 348
— bauliche Veränderung 28
— Benutzungsbeschluss 185
— E-Autos 186
— gemeinschaftlicher Gebrauch 33
— gemeinschaftliches Eigentum 28
— Kostenverteilung Wallboxen 223
— neues Recht 310
— Sondereigentum 31
— Standheizung 188
— Verwaltung des Sondereigentums 29
— Zustimmungsvorbehalt bei Vermietung 31
Beschlussmangel 22
Beschlussquorum 348
Beschwerde gegen Mieter
— Auskunftsrecht 207
Besteller
— Wohnungseigentum 348
Betretungsrecht 104
— Duldungsverpflichtung 105
Binnenstreitigkeiten
— Zuständigkeit 304
Blockheizkraftwerk 348
Bruchteilseigentümergemeinschaft 307

C
Checkliste
— Sachenrecht 67
— Zuordnung von Räumen und Gebäudebestandteilen 67
Contracting 349
COVID-19-Pandemie 331
— Anfechtbarkeit einer Vollmachtsversammlung 336
— Anspruch auf Absage der Versammlung 341
— Anspruch auf Versammlung 333
— Bedingungen für Versammlung 331
— Benutzungsbeschluss 340
— COVMG 19

— Hygienekonzepte 342
— keine Versammlung möglich 336
— Nichtigkeit einer Vollmachtsversammlung 338
— öffentliches Recht 336, 339, 344
— Schutzkonzepte 342
— Versammlung 19
— Versammlung möglich 334, 337
— Vollmachtsversammlung 337, 340
COVMG 19, 349

D
Darlehensvertrag
— keine Vertretungsbefugnis 78
Datenschutz
— Beschwerde gegen Mieter 208
— Videoüberwachung 210
De-minimis-Erklärung 349
Direktionsrecht
— Wohnungseigentümer 349
Doppelgarage 349
Doppelparker 349
DSGVO
— Datenverarbeitung 206
— Einwilligung zur Datenverarbeitung 206
— Grundsätze 205
— Verantwortung für Datenschutz 205
— Videoüberwachung 211
Duplexparker 349

E
Eigentum
— Altenpflege 120
— Gebrauch 119
— Nutzung 119
Eigentümerversammlung 349
Eigentumswohnung 349
Einheit
— Sondereigentum 350
Einsichtnahme
— Verwaltungsunterlagen 179
einstweilige Verfügung 42
— Erhaltungsmaßnahme 198
— Verfügungsgrund 200
— Voraussetzungen 199
Einzelabrechnung 346
Elektromobilität
— Anspruch auf Lademöglichkeit 216
— Brandgefahr 186

— Förderung 186
— Kostenverteilung Ladestationen 221
— Lademöglichkeit 186
Endenergie 350
Energieausweis 350
Energiekrise
— Überprüfung des Umlageschlüssels 172
Entstörung
— Sachenrecht 80
— Schuldrecht 81
— Sondernutzungsrecht 147
Entziehung
— Abmahnung 175
Entziehungsbeschluss
— Hausgeldschulden 175
Erbbaurecht
— Bestellung 64
Erhaltung 350
Erhaltungsbeschluss
— Aufgaben des Verwalters 198
— Ermessensentscheidung 197
— Voraussetzungen 195
Erhaltungsmaßnahmen
— Anspruch 192
— einstweilige Verfügung 198
— Kosten 193
Erhaltungsrücklage 351
Erhaltungssatzung
— Schutzzwecke 65
Ersatzzustellungsvertreter
— Kosten 157
Ex-Verwalter
— WEG-Streitigkeit 299
Ex-Wohnungseigentümer
— Ansprüche 107
— Aufwendungsersatz 106

F
Fahrstuhl 351
faktischer Verwalter 235
— Haftung 264
— Pflichten 264
Feuerversicherung 112
Folgenbeseitigungsanspruch 212
— Definition 213
formaler Beschlussmangel 260

G
Garagenverordnung 191
Garten
— Baumfällung 152
— Benutzungsrecht 150
— Errichtung einer Mauer 152
— Errichtung eines Steinsockels 153
— Flächenabgrabung 153
— Gartenpflege 151
— Pflanzung von Sträuchern und Büschen 153
— Sondernutzungsrecht 156
— Umgestaltung 152
Gebäudeversicherung
— Anspruch eines Eigentümers 200
Gebrauch 351
— des Eigentums 119
— des Sondereigentums 215
Gebrauchsbestimmung
— E-Autos 186
— Überblick 150
Gebrauchsregelung
— Standheizung 188
Gebrauchsvereinbarung
— Standheizung 189
Gemeinschaft der Wohnungseigentümer 69, 351
— Aufhebung 185
— Binnenstreitigkeiten 308
— Drittbetroffene 56
— internationale Zuständigkeit bei Gerichtsstreitigkeiten 306
— nachbarrechtlicher Ausgleichsanspruch 306
— sachliche Zuständigkeit bei Binnenstreitigkeiten 305
— sachliche Zuständigkeit bei Klagen 305
— Schadensersatzansprüche der Wohnungseigentümer 85
— Verbraucherin 72
— verwalterlose 97
— Widerklage 308
gemeinschaftliches Eigentum 51, 351
— Abnahme 88
— Anspruch auf Erhaltung 179
— Entstörung 74, 79

— Gebrauch 33
— kaufrechtliche Mängelansprüche 83
— Lasten 55
— Mitgebrauchsrecht 52
— Mitstörung durch Mieter 142
— Schadensersatz 82
— Schlüssel 52
— Störung 148, 324
— Übersicht 363
— Übersicht über Erhaltungsanspruch 194
— Zerstörung 185
Gemeinschaftsordnung 22, 23, 27, 47, 229, 351
— Benutzungsvereinbarung 131
— Hausordnung 188
— Haustier 24
— Laden 131
— Sauna 27
— Schwimmbad 27
— Sondernutzungsrecht 145
— Tiefgarage 46
— Veräußerungsbeschränkung 118
Gemeinschaftsverhältnis 351
Genehmigungsvorbehalt 63
Gesamtabrechnung 346
Grundbuchamt 351
— Vollzug eines Teilungsvertrags 307
Grundstückskaufvertrag
— keine Vertretungsbefugnis 77

H
Hausgeld 351
— Inkasso 318
— Klage 316
— Schuldner 279
— Zahlungsverpflichtung 280
Hausgeldinkasso 352
Hausgeldschulden
— Entziehungsbeschluss 175
— Höhe 175
— Veräußerungsverlangen 173
Hausordnung 191
— Bindung 142
— Gemeinschaftsordnung 188
— Mieter 142
Haustierhaltung 24
Heizkosten
— Fußbodenheizung 170
— getrennte Nutzergruppe 171

— Kürzungsrecht 165
— Schätzung 166
— Umlageschlüssel 168
— unverhältnismäßig hohe Kosten 170
— verbundene Anlagen 163
— Verteilungsgerechtigkeit 172
— Wärmemengenzähler 163
HeizkostenV
— Aufgaben des Verwalters 166
— Erfassung des Verbrauchs 164
— Schätzung des Verbrauchs 167
— Umlageschlüssel 168
Heizkostenverteiler 163
Heiz- und Warmwasserkosten 163
— Kürzungsrecht des Mieters 165

I
Inhaltskontrolle 22
Instandhaltung 352
Instandsetzung 215, 352

J
Jahresabrechnung 352
— Beschlussgegenstand 287
— Darstellung der Kostenpositionen 283
— Klage 291
— Kosten des Ersatzzustellungsvertreters 157
— Mängel 286
— Zusammenfassung von Kostenpositionen 284

K
Kaltwasserleitung
— Eigentum 137
Keller
— Nutzungsbestimmungen 134
— Umbau 79
— Wohnung 79
Klimaanlage
— bauliche Veränderung 218
Kompetenzschutzklage
— Verwalter 266, 268
— Verwaltungsbeirat 296
Kopfstimmrecht
— Fälle 242
— Veräußerung 243
Kostenanschlag 352
Kostenvoranschlag 352

L

Laden 131
Legionellen 352
Legionellenbefall
— Datenschutz 203
— Grundsätze 204
— Maßnahmen 204
Lieferfahrzeuge
— Duldung 74

M

Mehrfachparker 352
Mehrhausanlage 45, 352
— Anrecht auf Schlüssel 50
— Definition 47
— Gemeinschaftsordnung 45
— hausbezogene Abrechnung 50
— Jahresabrechnung 264
— Untergemeinschaft 45, 48
— Verwalter 261
— Wirtschaftsplan 49
Mehrheitsbeschluss 353
Mehrwertsteuerrichtlinie 70
Mieter
— E-Auto 187
— Lademöglichkeit E-Auto 187
Miteigentum 353
Miteigentumsanteil 353
modernisierende Instandsetzung 215
Modernisierung 215
Müllplatzverlegung
— bauliche Veränderung 220
Muster
— Absenkungsbeschluss 41
— Beschluss Darlehensvertrag 79
— Beschluss Grundstückskaufvertrag 78
— Beschluss über Vorschüsse 282
— Beschluss zu Sondervergütung 277
— Erweiterung der Verwalterrechte 195
— Streitbeitritt 100
— Umlagevereinbarung 50
— Verbotsbeschluss 325
— Verwaltervertrag mit Staffelklausel 277
— Vollmacht 17
— Vorgaben an Messdienstleister 169

N

Nachbaransprüche
— öffentlich-rechtliche 90
Nachbarbauvorhaben
— Verwaltung des gemeinschaftlichen Eigentums 58
— Verwaltung des Sondereigentums 59
Nachbarrechte 56
Nachschussbeschluss
— Mängel 284
Nachteil 353
Nebenräume 353
Nichtbeschluss
— wirkungsloser 36
Niederschrift 354
Nießbrauch 354
— Anfechtungsbefugnis 310
Normenkontrollantrag 53
Nutzung 354
— Eigentum 119

O

Objektstimmrecht 243
öffentliches Recht 52
Öffnungsklausel 354
ordnungsgemäß 354
ordnungsmäßig 354
ordnungsmäßige Verwaltung
— Brandgefahr bei E-Autos 187
— Standheizung 190
ordnungswidriger Beschluss
— Bindung 213

P

Preisklauselgesetz
— Erhöhungsklausel 275
Primärenergie 355
private Sonderinteressen 250
Protokoll 354, 355
Prozessführung
— Ermächtigung 312
Prozessführungsbefugnis 90

R

Rauchwarnmelder 110
— altes Recht 111

Raum
— Übersicht 68
Rechtsschutzbedürfnis
— Anfechtungsklage 309

S
Sachenrecht 61
— Teilungserklärung 61
Sanierung 350, 355
Schadensersatz
— Entfernung von Pflanzen 82
— Übergangsvorschriften 328
Scheinverwalter 265
Schwimmbad
— Stilllegung 27
Selbstauskunft 115
Selbstorganisationsrecht
— Wohnungseigentümer 190
selbstständiges Beweisverfahren 319
— Grundsatz 321
— Möglichkeit 318
— Wohnungseigentumsanlage 321
Sondereigentum 355
— Abwicklung eines Schadensfalls 201
— Beschlusskompetenz 29, 31
— Mängel 29
— Störung 140, 148
— Störung durch bauliche Veränderung 224
— Störung durch Markise 224
— Übersicht 363
— Vermietung 136, 138, 140
— Zustimmungsvorbehalt bei Vermietung 31
Sondereigentümer
— Anspruch auf Erhaltung 191
Sondereigentumsverwalter 355
Sondernutzungsrecht 145, 355
— Balkon 156
— E-Autos 186
— Eintragung 145, 146
— Entstörung 147
— Erhaltungslast 155
— Gartenfläche 156
— Kernbereich 189
— Stellplatz 156, 188
— Störung 148
— Terrasse 154, 156

— Überblick 150
— Übersicht über bauliche Veränderungen 156
— Umfang der Gartennutzung 150
— Vermietung 154, 155
Sonderumlage 279, 355
Sozialverbindlichkeiten 107
Staffelklausel
— Verwaltervertrag 275
Standheizung
— Gebrauchsvereinbarung 189
Stellplatz
— E-Autos 186
— Hybridfahrzeug 186
— Sondernutzungsrecht 156, 188
Stimmrecht
— Ausschluss für Mehrheitseigentümerin 246
— Ausschluss für Verwalterin als Vertreterin 246
— Fälle 242
— Formen 243
— Majorisierung 251
— mehrere Wohnungseigentumsrechte 241
— Veräußerung 243
— Verbot 244, 246
— Wohnungseigentümer 48
— Wohnungseigentümerversammlung 241
Stimmverbot 244, 246
— abhängige Unternehmen 248
Störung
— gemeinschaftliches Eigentum 77, 148, 324
— Sondereigentum 148, 224
— Sondernutzungsrecht 148
— Zigaretten 120
Störung des Sondereigentums
— Fälle 75
Subtraktionsverfahren 356

T
Teileigentum 122, 356
— Benutzungsvereinbarung 131
— Gemeinschaftsordnung 129
— Störungen 129
— typisierende Betrachtung 123, 133

— Umwidmung 123
— Unterlassung der Nutzung 123
— Vergleichsbetrachtung 128
— Verwalterzustimmung 128
— Wasserschaden 136
— Wohnen 122, 129
— Wohnen im Hobbyraum 126
— Wohnen im Souterrain 127
— Wohnen im Spitzboden 127
— Wohnen und Gewerbe 124
— Zweckbestimmung im engeren Sinne 133
— Zweckbestimmung im weiteren Sinne 133
— zwei Gebäude 127
Teileigentümer 356
Teileigentumsanlage 127
Teilrechtsfähigkeit 356
Teilungserklärung 16, 61, 133, 356
— Inhalt 63
— Umdeutung 63
— Umgehungsfälle 64
Teilungsvertrag 15, 16, 307, 356
— Zuständigkeit für Vollzug 307
Terrasse
— Sondernutzungsrecht 156
Tiefgarage 45
typisierende Betrachtungsweise 357

U
Übergangsvorschriften 323
— Beschlussersetzungsklage 327
— Schadensersatz gegen den Verwalter 328
— Störungsabwehr 323, 325
umbauter Raum 357
Umlageschlüssel 49, 157, 352, 357
— Änderung 157
— Heizkostenverordnung 168
— Übersicht 158
— Umdeutung 159
Umlagevereinbarung
— Erhaltungsmaßnahmen 193
Umsatzsteuer
— Wärmelieferung 69
Universalversammlung 230
Untergemeinschaft 45, 48, 357

V
Veräußerung 116
— Definition 116
— Überblick 116
Veräußerungsbeschränkung 113
— Fälligkeitsbestätigung 114
— Gemeinschaftsordnung 118
— Klage auf Zustimmung 116
— Nachweis der Bestellung 113, 114
Veräußerungsverlangen
— Anspruchsgegner 177
— Hausgeldschulden 173
— Pflichtverletzung 177
— Verwirkung 176
Veräußerungszustimmung 357
Verdinglichung 357
Vereinbarung 357
— Auslegung von Altvereinbarungen 17, 20
— Haustier 24
— Kellernutzung 135
— unbestimmte 26
Verfahrensrecht 299
— Ausgleichsanspruch 303
— Beschlussersetzungsklage 312
— Beschlussklagen 309
— falsche Rechtsmittelbelehrung 299
— Hausgeldklage 316
— Prüfung der Zuständigkeit 300
— selbstständiges Beweisverfahren 318
Vergemeinschaftung 358
Verkehrssicherung 91
— Delegierung 94
— Dokumentation 97
— Grundsätze 91
— länderübergreifende Räum- und Streupflicht 96
— Pflichten 92
— Räum- und Streupflicht 94
— Wasseraufbereitungsgerät 91
— Wohnungseigentumsrecht 93
Verkehrssicherungspflicht 358
Vermieter
— Haftung 136
Vermietung 140
— Sondereigentum 136
— Sondernutzungsrecht 155

— Widerspruch zur Benutzungsvereinbarung 143
— Zustimmmung 138
Vermögensbericht 291
— Mängel 286
Versammlung 227, 358
— Beschlussfähigkeit 20
— COVID-19-Pandemie 19
— Einberufung 23
— Ladungsfiktion 23
Vertragsendpunkt 358
Vertreterversammlung 20
Verwalter 358
— Abberufung 43, 263
— Alternativangebote bei Bestellung 258
— Anspruch auf Abberufung 266
— Aufgaben 91
— Aufwendungsansprüche 270
— Bereicherungsansprüche 270
— Bestellung 257
— erlaubte Vertragsschlüsse 272
— Forderungsverzicht der Eigentümer 273, 274
— Klage auf Abberufung 261
— Kompetenzschutzklage 266, 268
— nachträgliche Genehmigung von Verträgen 272
— ordnungsmäßiger Bestellungsbeschluss 258
— Rechte und Pflichten 257
— Vertrag mit Kostenelementeklausel 275
— Vertrag mit Leistungsvorbehaltsklausel 275
— Vertrag mit Staffelklausel 275
verwalterlose Gemeinschaft 97
— Einberufungsermächtigung 100
— Geschäftsführung 99
— Streithelfer 100
— Vertretung 99
Verwaltervertrag 358
Verwaltung 358
— Begriff 177
— des gemeinschaftlichen Eigentums 173
— Entlastung 30
Verwaltungsbeirat 293, 359
— Bestellung eines Nichteigentümers 295
— Entlastung 293, 294
— geeignete Personen 295
— Kompetenzschutzklage 296
Verwaltungsunterlagen
— Anspruchsteller 182
— Auskunft 179
— Auskunftsrecht 180, 182
— Einsichtnahme 179
— Einsichtsrecht 180
— Klage auf Einsicht 181
— Verpflichteter 182
Verwirkung
— Veräußerungsverlangen 176
Videoüberwachung
— Datenschutz 210
— DSGVO 211
Vollmacht 359
Vollmachtsversammlung
— COVID-19-Pandemie 336

W

Wallbox
— E-Auto 215
Warmwasserversorgungsanlage 163
Wasserschaden
— Teileigentum 136
WEG-Streitigkeit
— Ex-Verwalter 299
WEMoG 359
werdende Eigentümergemeinschaft
— Verwalterbestellung 229
Wertstimmrecht 243
wesentlicher Bestandteil
— Sache 359
wirkungsloser Nichtbeschluss 36
Wirtschaftsplan 279, 280, 359
— Abrechnung 279
— Anspruch auf Vorschuss 279
Wohngebäudeversicherung
— Mietausfallschaden 202
Wohngeld 351, 359
Wohnungseigentum 360
— Pflege kranker Menschen 119
— Tausch 66
— Übertragung 66
— Umfang 65
Wohnungseigentümer 360
— Pflichten 74
— Rechte 74
— Versicherung 200
— werdender 15, 360

Wohnungseigentümergemeinschaft 360
Wohnungseigentümerversammlung 227
— Anhänge zur Einladung 228
— Berichtigung der Niederschrift 253
— Beschlussbezeichnung 237
— Bezeichnung des Beschlussgegenstandes 238
— Einberufung 228
— Einberufungsfrist 238
— Einladungsschreiben 236
— elektronische Kommunikation 252
— fehlerhafte Niederschrift 254
— formaler Ladungsmangel 237
— Gemeinschaftsordnung 228
— Irreführung der Eigentümer 235
— Jahresabrechnung 235
— Ladung 228, 234
— Ladung durch Nichtberechtigten 230, 231
— Majorisierung 251
— Nichtvermietung eines Stellplatzes 240
— Rechtsgeschäft 248
— Stimmrecht 241, 250
— Stimmrechtsausschluss 248
— Stimmverbot 244, 246
— Tag 227
— Übersicht über Vertreter 232
— Universalversammlung 230, 253
— Vertreter eines Eigentümers 232
— Vertreterklausel 232
— Vollmachten 236
— Zeit 227
Wohnungseigentumsanlage 360
Wohnungseigentumsrecht
— Überblick über Gebäudeeigentümer 165
Wohnungserbbaurecht 360
Wohnungsgrundbuch 360

Z
Zigaretten
— Störung 120
Zugangsfiktion 22
Zweckbestimmung
— mit Vereinbarungscharakter 361
Zweiergemeinschaft 291
— Aufwendungsersatz 108
— Klimaanlage 218
— Verwalterbestellung 109
— zerstrittene 108
Zweitbeschluss 42, 361
— inhaltsgleicher 45

Der Autor

Dr. Oliver Elzer beschäftigt sich seit fast 20 Jahren mit allen Fragen des Wohnungseigentumsrechts und ist Autor von Anmerkungen, Aufsätzen und Fachbüchern zum Wohnungseigentumsrecht. Im Nebenamt ist er als Referent und Seminarleiter zum Wohnungseigentumsrecht tätig. Er trägt bundesweit vor Anwälten, Notaren, Richtern, Wohnungseigentümern und Verwaltern zum Wohnungseigentumsrecht vor und bildet Anwälte zu Fachanwälten im Miet- und Wohnungseigentumsrecht aus. Dr. Elzer ist daneben gefragter Ansprechpartner der Bundesministerien in Fragen des Wohnungseigentumsrechts und seit Langem einer der am häufigsten zitierten und wirkungsmächtigsten Juristen im Bereich des Wohnungseigentumsrechts. Bei der WEG-Reform 2020 war er einer der Sachverständigen, die der Rechtsausschuss des Bundestages angehört hat.

Mit digitalen Extras: Exklusiv für Buchkäuferinnen und Buchkäufern!

Ihre Arbeitshilfen zum Download:
▶ http://mybook.haufe.de/
▶ **Buchcode:** DVC-7384

HAUFE.

Werden Sie uns weiterempfehlen?

www.haufe.de/feedback-buch

NOTIZEN

NOTIZEN

NOTIZEN

NOTIZEN

NOTIZEN

NOTIZEN